U0518917

专利三十六计

董新蕊 著

知识产权出版社
全国百佳图书出版单位

图书在版编目（CIP）数据

专利三十六计/董新蕊著.—北京：知识产权出版社，2015.9（2017.12 重印）
ISBN 978-7-5130-3731-0

Ⅰ.①专…　Ⅱ.①董…　Ⅲ.①专利权法—案例—中国　Ⅳ.① D923.425

中国版本图书馆 CIP 数据核字 (2015) 第 202047 号

内容提要

三十六计是我国古代三十六个兵法策略，是根据我国古代军事思想和丰富的斗争经验总结而成的兵书，是我国的宝贵文化遗产。专利作为一个新事物，出现于近代，兴盛于现在，是一种保护技术创新和权利人利益、促进社会经济发展的制度。这两个有点风马牛不相及的事物会发生什么关系呢？且听本书作者向您演绎精彩的"专利三十六计"。

责任编辑：胡文彬　　　　　　　　　责任校对：董志英
装帧设计：麒麟轩设计　　　　　　　责任出版：刘译文

专利三十六计
Zhuanli Sanshiliuji
董新蕊　著

出版发行：知识产权出版社有限责任公司		网　　址：http://www.ipph.cn	
社　　址：北京市海淀区气象路 50 号院		邮　　编：100081	
责编电话：010-82000860 转 8031		责编邮箱：huwenbin@cnipr.com	
发行电话：010-82000860 转 8101/8102		发行传真：010-82000893/82005070/82000270	
印　　刷：北京科信印刷有限公司		经　　销：各大网上书店、新华书店及相关专业书店	
开　　本：720mm×1000mm 1/16		印　　张：23	
版　　次：2015 年 9 月第 1 版		印　　次：2017 年 12 月第 2 次印刷	
字　　数：400 千字		定　　价：66.00 元	

ISBN 978-7-5130-3731-0

序　一

邓小平同志指出：科学技术是第一生产力。当今时代，是一个知识创新、科技创新的时代。科学技术的迅猛发展，使世界格局和人类社会发生了翻天覆地的变化。日益激烈的国际竞争，归根结底是综合国力和科学技术的竞争。

应当看到，作为体现科学技术发明创造的专利，占有世界上90％～95％的科学技术信息源，自然而然地成为科技竞争的首选目标和主要战场。在这样一场没有硝烟的专利战场上，如何做到纵横捭阖、指挥若定、稳操胜券？这是摆在我们面前必须认真对待和回答的一个重大课题。

专利战是以发明创造的专利权为竞争武器，与竞争对手进行商业对抗，或占领对手的市场，获取最大的经济利益；或用专利权进行有效的竞争防御，避免更大的市场损失。可以说，专利战关乎一个国家经济的繁荣昌盛，关乎一个企业的生死存亡。专利之争的激烈残酷，不亚于战场上刺刀见红的白刃格斗。

在这样一场特殊战斗的战场上，本书作者创造性地运用中国古代兵学的杰出代表——《三十六计》的基本原则和精髓，从历史与现实的结合上，进行全面、系统的研究总结，深入浅出地揭示了《三十六计》对现代专利战的指导意义。特别要指出的是，本书作者作为80后新生代，能够将中国传统文化中的战略战法，有机地结合到专利战中，并有着自己独到的见解和系统的总结，着实难能可贵。对于后WTO时代的中国企业，谋定专利战略，将会产生积极而深远的影响。

本书以全新视角，用专利战来解读、继承、发扬、丰富、发展中国传统文化，对各个计策的来源、应用技巧等进行了归纳、总结、完善，三十六项策略总结、一百单八个案例整理，无不展现了作者对专利战和三十六计两者娴熟的运用技巧和深厚的功底。

本书站位高、落点实、立意新颖、内容丰富，指导性、可读性和操作性强，真可谓是一卷在手，纵览古今中外，横跨东西文化，实为求知者的饕餮盛宴，是一部不可多得的精品力作。

总参军训部原副部长、

中国科普作家协会原副理事长、少将

陈有元

2015 年 5 月 15 日于京华

序 二

目前世界处于经济全球化过程中，中国是其中的活跃分子。以我的观点来看，这个全球化并不是给各个企业提供了一个大家都能免费分享的舞台，而是加速了各个企业在知识产权尤其是专利方面的竞争力度。换言之，专利不单只承载着技术和法律层面上的内涵，其更主要的目的是作为企业商业目标的武器而存在，甚至可称作一种"谋略"。

广义上，"专利战"可以包括双方或者多方当事人围绕专利挖掘、专利布局、专利申请、专利确权、专利无效、专利侵权、专利购买、专利规避、专利许可、专利分析、专利保险、专利融资等进行的竞争活动。专利战如同带兵打仗，必须在每场战争来临之前做好充分的准备，把握本行业的发展现状，对敌我双方的专利形势进行分析，并制定相应的专利战略。

在当今群雄逐鹿的国际市场，中国企业如何构筑我们的"专利长城"，保护国内市场；中国企业在"走出去"的过程中，如何跨过跨国公司设置的种种"专利鸿沟"，甚至问鼎世界，一直是摆在中国企业面前十分紧迫的课题。

本书以专利的视角解读《三十六计》，并通过在专利审查、课题研究和实践调研中的经验去继承、发扬、丰富、发展中国传统文化，将专利知识、专利布局、专利战略整合融入每一计策中，展现了对专利和三十六计娴熟的运用技巧，并赋予中华传统经典以新的时代内涵。

本书视角新颖、构思巧妙、文笔风趣，对中国古老的智谋进行了大胆的创新，将其应用到企业专利战略中非常合适。一气读完，意犹未尽，掩卷沉思：如何打草惊蛇、知己知彼，了解预警行业信息？如何以逸待劳、排兵布阵，保护我们的产业？如何无中生有、因势利导，增加专利储备？如何远交近攻、攻城略地，拓展产品市场？如何反客为主、迎头赶上，在技术创新方面跨越竞争对手？

如何树上开花、规划运营，提升企业的核心竞争力……

　　本书撰写构思巧妙，作者对每一条计谋都进行了系统、独特的解析，并用经典案例进行佐证，更增添了阅读的乐趣。本书的作者在保质保量地完成自己的专利审查工作之余，充分利用了自身的专业特长和研究积累，创造性地从一个十分有价值的角度研究专利战，将专利移植在辉煌的几千年中华文明土壤上汲取养分，取得了一定的创新成果。

　　本书受众面广，不但为知识产权领域的新兵、老将提供创新思路，为企业的科研人员提供学习专利布局、运营的技巧，还为企业的经营、管理人员提供学习管理策略和企业战略，为军事爱好者提供思维启迪，也为各行各业追求创新、追求突破的人士带来一定的启发。

　　是为序。

国家知识产权局专利局机械发明审查部部长

王澄

2015 年 6 月 1 日

前　言

现代管理学之父彼得·德鲁克认为："任何组织或制度想要取得成功，都必须拥有一套自己的事业理论。"对于我国的专利事业而言，自然也不例外。

随着经济全球一体化的日益加快和深化，专利对于国家经济发展的重要程度与日俱增，制定合理的专利布局战略已成为企业进一步开展技术创新、提升核心竞争力的重要手段。当前，中国企业已经接触并运用了层出不穷的西方专利管理理论、工具、方法等（如 TRIZ 理论），但是很少将专利真正走进并运用那些根植于中国传统文化土壤中的管理思想，中国企业、知识产权人必须拥有一套自己的专利事业理论。《三十六计》中蕴含的战略思维体系和方法论，就是中国知识产权人选择自己的"事业理论"较好的依托之一。

2014 年 4 月 26 日，国家知识产权局局长申长雨提出："知识产权既要当好'攀枝花'，又要做好'顶梁柱'，更好地支撑经济社会发展。"

作者发现，申长雨局长比喻的"攀枝花"与"树上开花"之计的运用有契合之处；"顶梁柱"则和"偷梁换柱"之计功能相似，且《三十六计》每一计都与企业在专利战中不同阶段的专利战略有一定的契合之处，都要求讲究全局谋划、局部破敌。将《三十六计》中大道至简、易于应用的战术策略应用到企业专利布局中，对于后 WTO 时代的中国企业制定合理的专利战略有着一定指导作用。作者尝试着写了系列文章在《中国发明与专利》杂志上进行连载，在业内引起了一定的反响，于是作者就有了将这一系列文章整理成书的想法。

首先，从我国古代哲学中最重要的范畴——阴阳理论来分析，专利制度与《三十六计》有着完美的契合。古人认为，世界上的一切现象都有正反两个方面，它们既互相对立，又互相统一，从而推动事物的不断发展变化，于是应用"阴阳"来解释宇宙间所有事物互相对立统一和互相维系消长的现象。《三十六计》认为，在需要将帅掌握的诸多的"数"中，最重要的、能够知一度万的，就是"阴阳燮理"，所有的机窍都在这一原理之中和谐统一。三十六计中，有大量的对偶性范畴，如死生、攻守、迂直、久速、专分、奇正、虚实、常变、刚柔、仁诡、迟速、动静、患利、屈伸、围阙、赏罚、文武、高下、远近等，中国古代的兵学家们大都是以这些范畴为基础来论述他们的军事思想的。专利制度，本身就是基于公开和垄断、保护和无效、维持和放弃、诉讼和和解、进攻和防御、投入和运营、权利和义务等具有相辅相成、对立统一特点的对偶性范畴，也就是说专利本身也在"阴阳"这一范畴涵盖之中。因此只要做到专利的"阴阳燮理"，掌握了对立统一变化的奥秘，也就算掌握了专利"用术"的机窍。

其次，从专利与谋略的对应性角度分析，专利活动大都与《三十六计》中的每一计密切相关。例如，专利分析预警对应"打草惊蛇"，因为专利战"战要慎，知要先"；专利布局对应"关门捉贼"，因为"用兵之法，十则围之"；专利防御对应"以逸待劳"，讲究"先行防御，而后发制人"；专利诉讼对应"釜底抽薪"，通过无效等手段"去其根本"；专利技术产业化对应"树上开花"，要视势而事、顺势而为、因势利导、借局布势；专利申请时的"潜水艇战略"对应"暗度陈仓"，待利用了其技术的产品被广泛普及后，再"趁火打劫"收取专利许可费；无效专利的运用对应"借尸还魂"，运用核心是巧借"无用之用"的内部或外部力量；专利联盟的"放水养鱼"策略对应"欲擒故纵"，先放任企业利用联盟的专利，而当企业发展到一定规模时，则"收网捕鱼"，提起诉讼并要求高额赔偿；王牌专利和王牌竞争对手对应"擒贼擒王"，力图"打蛇打七寸，牵牛要牵牛鼻子"……

再次，从专利布局的角度分析，企业的专利竞争力水平与《三十六计》每一套计谋都密切对应。专利实力占优时，企业采取"胜战计"套路，使专利保护和技术秘密相结合，通过技术秘密"瞒天过海"，通过专利布局"以逸待劳"；专利实力势均力敌时，企业采取"混战计"套路，采取"远交近攻"的专利外交战略，通过"浑水摸鱼"混战得利；专利实力处于劣势时，采取"败战计"套路，必要时刻采取"空城计"设疑中之疑，关键时刻采取"走为上计"保全自己。

最后，从专利本身蕴含的意义上分析，本书中每一计又都是独一无二的。例如，最具有专利性的是第十七计"抛砖引玉"，因为专利制度本身创建的初衷就是一种用专利权来鼓励发明创新的"抛砖引玉"大计；最运筹帷幄的是第二十三计"远交近攻"，因为它是集专利、市场、技术、外交等因素综合运用于一体的上兵之谋；最具有智慧的是第二计"围魏救赵"，它表面上给人以南辕北辙、舍近求远的假象，实际上是抓住重点，将自己的专利资源价值最大化的最好方式；最美的是第三十一计"美人计"，专利中自有黄金屋，专利中亦有颜如玉，"专利之美"更多是借助于专利产品晕染出来；最胆大心细的是第三十二计"空城计"，考验的是在敌众我寡的专利局势下"大军来临之际，坐在城楼观山景"的胆量和淡定；最灵活的是第十二计"顺手牵羊"，利用专利行为"顺手牵羊"获得发展机会，所谓来去顺路、得之顺手、赢之顺时；最总括集大成的是第三十五计"连环计"，它其实是对专利三十六计谋略的优化创新和灵活运用，是"专利计中计"，可称为"三十六计之王"。

总之，对于我国而言，专利制度本身是一个"舶来品"，由于中国的专利制度建立较晚，中国经济发展以及科技进步等与世界发达国家相比存在很大差距，中国相应的知识产权创造、运用、管理和保护等方式也大都是借鉴国外专利制度而设立。在中国逐渐崛起的大形势下，如何尽快消化西方国家专利制度的百年精华，让民众尽快接受它，以及结合中国国情发挥其应用作用迎头赶上，甚至"反客为主"完成超越，打造具有中国特色的专利核心竞争力，是我们当前面临的迫切任务。中国的知识产权的推广和发展，应以中国传统文化为媒介，调动现有的优势，与时俱进地去弥补其他方面的差距，巩固和完善知识产权的创造、运用、管理、保护和服务机制。

"天下难事必作于易"，专利战略的制定要大道若简，贵在清晰、条理的思路；"天下大事必作于细"，专利战术的制定要讲究细节，贵在可执行性和可操作性。

以此作为出发点和目标，本书定会助您一臂之力，通过"计策解读"版块让您对每一计的计策渊源有深入浅出的了解，通过"运用技巧"版块让您在运筹帷幄中精通专利布局，通过"总结陈词"版块让您迅速把握计策内涵，通过"画龙点睛"版块让您以点带面概览全局，通过"活学活用"版块的 108 个精选案例让您在寓教于乐的愉快氛围中学习专利知识。

希望本书可以使您逐步了解专利知识，深入掌握专利战应用技巧，培养果断而聪慧的胆识和深谋远虑的专利战略头脑，学习捕捉稍纵即逝的专利战商机，使您无论对专利三十六计的单独运用还是交叉混合运用，都能应变自如。

由于作者的时间、精力及知识所限，有关专利三十六计的研究才刚刚起步，书中难免出现纰漏和错误，敬请广大读者批评指正。

目　录

第一套　胜战计

第二套　敌战计

第三套　攻战计

目
录

第四套 混战计

第五套 并战计

专利三十六计

第一套　胜战计

所谓胜战计，是指不战而胜的上策，是专利实力处于绝对优势地位时所经常运用的计谋，是君御臣、大国御小国之术，"亢龙有悔"。具体包括瞒天过海、围魏救赵、借刀杀人、以逸待劳、趁火打劫、声东击西六计，分别对应欺之、分之、假之、伺机、趁乱、佯攻的战略核心。

企业在实施专利战略时使用该套计谋的条件是：研发能力较强，具备比较雄厚的研究开发条件，拥有一支技术过硬的研发队伍；经济实力较强，具有比较雄厚的研发资金和技术设备；拥有比较完善的专利情报网络，有较强的技术预测和市场预测能力；具有较高的专利经营、管理水平，善于以专利手段开展技术创新、技术商品化等活动，提高企业市场竞争力。

在专利实力我强敌弱的局势下，可以使用专利独占策略、技术秘密策略、专利许可策略、专利和品牌商标相结合策略、专利和商品绑定策略、专利与标准结合策略、专利出售策略等。

正确运用胜战计，不用真正交手就能掌控专利战的主动局面，不战而屈人之兵；当然，也不能轻敌，要充分把握对手势力的变化，区别对待、灵活运用计谋，并要求在专利战前就具备胜算的条件、胜利的方案、胜利的把握和胜利后的规划等统筹安排。

第一计　瞒天过海

一、计策解读

"瞒天过海"的产生本是出于一次善意的欺骗：《薛仁贵征东》中薛仁贵向尉迟恭献上一计好让天子过海征东，瞒着害怕渡海的唐太宗，运用木船装扮成岛屿上的豪宅的样子，使之在不知不觉中渡过大海。因为皇帝贵为"天子"，所以叫做"瞒天过海"。

作为三十六计中的第一计，该计的核心是"瞒"，就是以假乱真、隐真示假，而这正是所有的计谋都具有的特点。

《三十六计》中原文为："备周则意怠，常见则不疑。阴在阳之内，不在阳之对。太阳，太阴。"其意思是，防备越周密，往往越容易导致思想麻痹，意志松懈；司空见惯的事情就不会产生疑惑，以致丧失警惕。"小隐隐于野，中隐隐于市，大隐隐于朝"，密谋就隐藏在公开的行动之中，并不是与公开行动相对立的，最公开的行动当中往往隐藏着最秘密的计谋。

《孙子兵法》曰："兵者，诡道也。故能而示之不能，用而示之不用，近而示之远，远而示之近。"与"瞒天过海"之计有着异曲同工之妙。"二战"中，德军攻克马奇诺防线是用的瞒天过海之"出其不意"，盟军诺曼底登陆用的是瞒天过海之"攻其不备"。

二、运用技巧

反竞争情报（Counter Intelligence 或 Defensive Intelligence），又称为风险管理保护模式，是企业为保护自己的商业秘密而采取的一系列的积极防御方法，企业通过采取措施抵销竞争对手的情报搜集活动，保护企业秘密和正常专利经营。在专利战中，三十六计之第一计"瞒天过海"与反竞争情报有着些许类似之处。

孙子曰："故形兵之极，至于无形；无形，则深间不能窥，智者不能谋。""瞒天过海"所包含的"隐真"思想在专利经营中的运用，常常是着眼于人们在见怪不怪乃至"隐形"的信息中，由于对某些信息的习见不疑而自觉不自觉地产生了疏漏和松懈，故能乘虚而示假隐真，掩盖自己的专利布局和专利战术，把握时机，出奇制胜。

"瞒天过海"所包含的"示假"思想在专利战中的运用，是指通过"误导性的示形"打乱竞争对手的专利跟踪战略，通过"模糊性的示形"削弱对手的专利战略有效反应能力。

1.隐迹潜踪，虚实结合

如果企业在专利战略的制定中缺乏对自身的充分认识和恰当的保护，忽略了竞争对手对自己专利信息数据搜集、对抗及其情报防范，将会付出惨重的代价。因此可采用专利保护和技术秘密相结合的方式，虚实结合地对重要专利和核心专利进行保护。

通过专利保护和技术秘密（know-how）相结合，在技术保护的范围上分为专利保护部分和技术秘密保护部分，在技术保护时期上合理选择专利申请时机，在专利申请文件上采取策略性的撰写方式，来保护自己企业的新技术的知识产权，为企业的科技创新保驾护航。

与专利保护相比，技术秘密具有以下优势：竞争对手难以知悉利用、保护期限可以不受限制、没有官费的负担、保护范围相对来说更宽泛、容易规避《反不正当竞争法》等的打击。

在具体选择的操作手段上，专利保护与技术秘密应综合衡量。对发明创造中容易被他人模仿且不容易保密的部分申请专利保护，对于技术难度大不容易被仿造的部分作为技术秘密保护。例如，在专利申请文件中首先应充分公开体现发明目的的基本技术内容，防止"公开不充分"而不能获得专利权；对于影响技术效果的工艺、优先配方、最佳实施条件等则不进行公开。这样做的好处是，即使他人按照专利说明书记载的技术方案生产专利产品，在没有掌握核心技术秘密的前提下其产品质量和工艺水平仍然不会对我方造成威胁。

需要注意的是，专利保护与技术秘密并非两条永不相交的平行线，技术秘密在一定条件下还可主动地转化为专利保护的形式：在竞争对手可能有攻克我方技术秘密的前景时，适时将以前作为技术秘密的发明创造转向专利申请；为防范技术秘密许可中的泄密风险，将技术秘密申请专利保护以强化许可权利的稳定性；前任员工或技术间谍泄露我方技术秘密时，根据《专利法》第24条第

（3）项的规定，在 6 个月的宽限期内申请专利保密以弥补损失。

2. 示假隐真，以假乱真

通过专利信息分析不仅仅能了解专利的技术情况，还能通过专利申请文件的著录项目了解专利技术的申请人、技术发明人、代理机构等信息，通过追踪申请人可以了解企业的研发动向；通过分析发明人信息可以分析出企业的核心发明人、技术人员规模、专利人才、专利策略等；通过研究合作申请或系列申请能够分析出企业的产学研合作伙伴。

比如，可以通过对某一企业在某一技术点发明阵容的新老比较，查看其在该技术上投入的人力和物力情况。若该公司新老发明人都比较多且有领军人才，说明企业在该技术上持续投入且不断引进人才，同时拥有研发骨干；若老发明人多新发明人少，说明企业后期研发的投入力量降低；若企业的核心技术属于合作研发的技术而非拥有独立知识产权，我方乘隙而入"反客为主"的希望就会大增。

我国企业在专利申请过程中，往往缺乏对自身的充分认识和恰当的保护，因而忽略了竞争对手对自己的数据搜集、对抗及自身的情报防范。应用"瞒天过海"之计，可以主动地制造己方掌握的专利信息优势地位，在专利申请时可以对发明信息示假隐真，让竞争对手不易把握己方的研发动向和研发投入，可以策略性地对申请人、发明人和代理机构等进行易名，让竞争对手的情报分析无从下手，权利人的利益则通过公证、合同等手段进行保护。

3. 转移视听，出其不意攻其不备

毛泽东曾经说过："通过采取各种欺骗措施，很有可能将敌人引导到进行错误判断，采取错误行动的圈圈中，进而使其丧失优势和积极性。" 在策略性的专利布局中，基于情报防范的考虑，通过隐瞒公司真正在进行的专利技术研发工作，结合"声东击西"之计，对实际根本不存在的计划的宣传，就有可能将竞争对手的注意力从真正重要、真正保密的计划上引开，而为自身专利技术的实施成功赢得时间和空间上的保证。

在具体实施过程中，可结合专利三十六计的第二十九计"树上开花"，通过利用产品差异化的形式分散专利技术的研发热点，利用外围专利技术或集成创新专利技术构建"火树银花不夜天"般的专利池来制造声威气势，故意透露自己公司内部与实际未来专利战略逆道而行的信息。虚实难辨，令竞争对手无

从下手，使其丧失专利进攻的主动性。最后结合第七计"无中生有"，最终具有真正完备的专利布局，出其不意攻其无备，令对手防不胜防。

4.胆大心智，瞒天不瞒地

"瞒天过海"之计在专利战中，无论是技术研发、专利申请、技术秘密、专利运用，瞒的时候要大胆决策，瞒的过程要智谋策划、恰到好处、抓住重点，千万不要粉饰过度或人为设计的痕迹太明显，被对方识破后容易弄巧成拙，被对方以三十六计中的"假痴不癫""以逸待劳""欲擒故纵""反客为主""连环计"等计策来加以克制。

另外，"瞒天过海"之计在专利战中使用时一定要"接地气"，要根据实际的市场价值诉求、产业发展现状、企业专利战略和竞争对手的专利战术来把脉问诊，不能墨守成规、掩耳盗铃，即要遵循所谓的"瞒天不瞒地"的原则。

三、总结陈词

"瞒天过海"的核心就是"瞒"，这种"瞒"不是泛指一般的欺骗行为，而是根据物极必反的原理进行的一种公开的、细腻的隐真示假。专利战中"瞒"的实质就是指，无论是在专利进攻还是专利防守中，通过真假难辨的手段建立、健全企业的反竞争情报机制，在激烈的专利竞争中，有效地防御对手的进攻，保护企业的核心技术信息资源。

不识庐山真面目，只缘身在此山中。专利战中对付"瞒天过海"最好的方式就是纵览全局，收集完备的专利竞争信息资料，通过各种专利分析方法分析后知己知彼，全面了解竞争对手专利布局的真实意图。通过结合"将计就计""假痴不癫""瞒天过海""以逸待劳""欲擒故纵""反客为主""连环计"等计谋应用到自己的专利战术中来加以克制。

四、画龙点睛

专利大战之首计，瞒天过海反侦缉。

技术秘密是基础，专利保护协制敌。

示假隐真握主动，转移视听巧布局。

出其不意攻不备，切记瞒天不瞒地。

五、活学活用

双管齐下，可口可乐公司牢牢"瞒"住配方秘密

世界上应用"瞒天过海"之计将专利保护和技术秘密相结合应用最好的公司之一，是美国的可口可乐公司（The Coca-Cola Company）。

可口可乐（Coca-Cola）碳酸水的配方"7X 商品"，自 1886 年在美国亚特兰大由约翰·彭伯顿医生（Dr. John S. Pemberton）发明以来，已保密接近 130 年之久。为了保住这一秘方，可口可乐公司享誉盛名的元老罗伯特·伍德拉夫在 1923 年成为公司领导人时，就把保护秘方"7X 商品"作为首要任务，他将保密配方藏在亚特兰大银行的保险库中，并声明要查询秘方必须先提出申请，经由信托公司董事会批准，才能在有官员在场的情况下，在指定的时间内打开。绝密配方"7X 商品"成绝对秘密，据说它由 3 种关键成分组成，这 3 种成分分别由可口可乐公司的 3 个高级职员掌握，3 人的身份被绝对保密。同时，他们签署了"绝不泄密"的协议，而且连他们自己都不知道另外两种成分是什么。3 人不允许乘坐同一交通工具外出，以防止发生飞机失事等事故导致秘方失传。

事实上，可口可乐的主要配料是公开的，包括糖、碳酸水、焦糖、磷酸、咖啡因、"失效"的古柯叶等，其核心技术就是在可口可乐中占不到 1% 的神秘配料——"7X 商品"。可口可乐凭借存在占总量不到 1% 的"神秘物质"，使得可口可乐维系了一个多世纪的荣光。而在与合作伙伴的贸易中，可口可乐公司只向合作伙伴提供半成品，获得其生产许可的厂家只能得到将浓缩的原浆配成可口可乐成品的技术和方法，却得不到原浆的配方及技术。

除了对可口可乐配方绝对保密外，可口可乐公司对专利和商标的保护也非常重视。从 DWPI 专利数据库中检索到，截至 2014 年 3 月，可口可乐公司共申请 1258 件专利，在中国共申请 488 件专利。

1887 年，约翰·彭伯顿在美国专利局注册了"可口可乐糖浆及浓缩液"商标，取得其知识产权；1893 年，可口可乐的斯宾塞体商标在美国专利局正式注册；1899 年，艾萨凯德勒把瓶装可口可乐的销售权卖出，保留神秘配方及可口可乐名称的所有权；1915 年，亚历山大·萨米尔森设计了可口可乐弧形瓶的原型，由鲁特玻璃公司持有专利；1915 年 11 月 16 日，弧形瓶模具申请了专利；1924 年，

注册六瓶纸盒装专利；1942 年，可口可乐申请了纸杯专利；1945 年，"coke"成为可口可乐公司的注册商标；1960 年 4 月 21 日，可口可乐曲线瓶获得专利权；从 1985 年开始，陆续推出樱桃味可口可乐、香草味可口可乐、青柠味健怡可口可乐，并分别申请专利；2005 年，推出铝制弧形瓶，推出无糖产品——零度可口可乐，并分别申请专利；2009 年，推出植物环保瓶，该瓶部分采用植物基材料制成，可完全回收再利用，并申请专利。除此之外，可口可乐公司还申请了几百件设备相关的专利。

在发明了神奇药水之后的 130 年里，可口可乐公司通过牢牢"瞒"住技术秘密，结合不断创新的市场策略将产品价值发挥到极致，又通过专利与商标保护把可口可乐辐射产品的利益牢牢抓在自己手里，这种利用知识产权保护"瞒天过海"的市场经营策略值得我国企业深思学习。

例 1-2

飘洋过海，万艾可公开不充分造成的专利无效风险

1998 年，世界上第一个口服有效的治疗阳痿药物在美国上市，该药的通用名称为 sildenafil（西地那非），商品名称为 viagra（中文翻译为"伟哥"），该药的上市得到了广大阳痿患者的欢迎。而早在 1994 年 5 月 13 日，该药的研发商辉瑞在中国国家知识产权局申请了"用于治疗阳痿的吡唑并嘧啶酮类"专利申请，申请号为 94192386.X，2001 年 9 月 19 日该专利申请被授予专利权。

2001 年 9 月 19 日，国内 12 家药企和潘华平个人共计 13 位无效宣告请求人对该专利提出无效宣告请求，主要理由为该专利的说明书公开不充分，不符合《专利法》第 26 条第 3 款的规定。具体为，辉瑞在该专利说明书中给出了 9 个化合物（枸橼酸西地那非是其中之一）和可以诱发阳痿男性的阴茎勃起的相关活性数据，但没有指出该相关活性数据归属于上述 9 个化合物中哪一个，即本领域技术人员不通过创造性劳动，无法证明"枸橼酸西地那非"就是那个有效成分。

2004 年 7 月 5 日，国家知识产权局专利复审委员会作出第 6228 号无效宣告请求审查决定书，认为该专利不符合《专利法》第 26 条第 3 款的规定，决定宣告其发明专利权无效。

万艾可专利诉讼案至尘埃落定共经历了 7 年，后来由于中美政府高层的介

入，经过法院二审后以辉瑞的胜诉为最终结果，但是已经给辉瑞带来了巨大的经济损失。

我们姑且不论最终谁胜谁败，围绕整个案件我们发现，三方的争执焦点一直是《专利法》第 26 条第 3 款——"说明书公开是否充分"。

《专利法》第 26 条第 3 款规定："说明书应当对发明或者实用新型作出清楚、完整的说明，以所属技术领域的技术人员能够实现为准；必要的时候，应当有附图。摘要应当简要说明发明或者实用新型的技术要点。"

我们可以这样理解，说明书是否对请求保护的发明作出了清楚、完整的说明是以所属技术领域的技术人员能否实现该发明为判断标准的。所谓能够实现，是指所属技术领域的技术人员按照说明书记载的内容，就能够实现请求保护的发明的技术方案，解决其技术问题，并且产生预期的技术效果。

中国万艾可专利诉讼案争论的焦点是，专利文件中公开的技术方案的描述不完整，过于简单，只公开了必要特征的一部分内容，其余的作为"技术诀窍"不公开，如克拉维酸的发酵提取方法，申请人隐瞒了萃取过程中乙酸乙酯、异丙醇、丙酮等溶媒的用量，造成公开不充分。

2012 年 11 月 8 日，加拿大最高法院判决辉瑞的"万艾可"专利无效。该案争议的焦点也在于，专利申请时，辉瑞是否对发明进行了充分公开。加拿大最高法院通过援引先例和专利法的相关规定，细化了判断充分公开的标准，最终作出宣告专利无效的判决。

毫无疑问，辉瑞在专利保护与技术秘密操作手段上，将专利文件中应充分公开的基本技术内容没有衡量好"瞒"与"公开"的度，导致产品"漂洋过海"拓展市场时"水土不服"，被多个国家抓住了其专利申请公开不充分的小辫子而纷纷提起无效宣告请求，甚至不能获得专利权，从而给辉瑞带来了巨大的经济损失和市场掣肘。

例 1-3

瞒天过海，摩托罗拉试图转移华为保密信息被诉

2011 年 2 月 22 日，美国芝加哥当地法院就华为起诉摩托罗拉和诺基亚西门子公司（以下简称"诺西公司"）一案正式作出裁决，禁止摩托罗拉向诺西公司转移华为的保密信息。

在此次法院颁布的初步禁止令中，禁令范围不仅包括此前临时限制令中提出的禁止摩托罗拉向诺西公司转移华为的保密信息，还要求摩托罗拉聘请独立第三方进行华为保密信息的安全删除检查，及允许华为对诺西公司维护摩托罗拉设备的服务记录进行审计等要求。

在诉讼请求得到美国法院的支持后，华为发表声明，要求摩托罗拉必须遵守合同约定，保护华为的商业秘密和知识产权。

据悉，自2000年起，华为就与摩托罗拉建立了广泛的合作，涉及无线接入、核心网等多个领域。在合作中，摩托罗拉大量地使用华为的技术和知识产权，向客户转售华为无线网络产品，并提供相关服务。

自2010年7月诺西公司宣布收购摩托罗拉无线网络业务资产以来，华为就一直主动与摩托罗拉沟通，以确保摩托罗拉不将华为知识产权和商业秘密转移给诺西公司。华为表示，如果其知识产权在这项收购中被摩托罗拉转移，其将蒙受不可估量的损失。

不过，华为认为摩托罗拉未能采取必要措施确保华为知识产权和商业秘密的安全，这迫使其最终选择以法律手段保护自身的合法权益。因此，2011年1月24日，华为向美国地区法院提起诉讼，旨在阻止摩托罗拉非法向诺西公司转移华为自主研发的知识产权。

这次胜诉也被业界认为是华为在经受了2002年思科和2009年摩托罗拉的侵权起诉后的一次胜利反击，同时也是华为为保护自己的商业秘密而采取的一系列的积极防御方法。华为通过采取措施抵销之前的合作伙伴企图"瞒天过海"的情报泄密活动，保护了1万多名华为工程师为提供给摩托罗拉知识产权的开发付出的努力，保护了华为的核心技术信息资源，保证了其技术秘密的维护和正常专利经营。

第二计　围魏救赵

一、计策解读

"围魏救赵",源自战国时期齐、魏两国的桂陵之战,齐军大将孙膑通过围困魏国都城大梁解了赵国被围之困。后来比喻采取间接的方法摆脱困境,绝处逢生,最终实现战略目的的一种方法和手段。

《三十六计》中原文为:"共敌不如分敌;敌阳不如敌阴。"其意思是,进攻兵力集中、实力强大的敌军,不如使强大的敌军分散减弱了再攻击;攻击敌军的强势部队,不如攻击敌军的薄弱部分来得有效。现主要是借指用包抄敌人的后方来迫使其撤兵的战术。

用在军事上"围魏救赵"是指,当面对实力强大的敌人时,要避免和强敌正面决战,应该采取迂回战术,迫使敌人分散兵力,然后抓住敌人的薄弱环节发动攻击。

"围魏救赵"之计与现代管理学中的"交叉规避""间接战略"相似,即当一个企业在某个领域中开展一项行动,而其竞争者的反应是在对发起者有影响的另一领域中采取行动。如果市场占有率的差别非常大,则交叉规避策略可能是约束竞争者的一种很有效的工具。

二、运用技巧

"围魏救赵"是三十六计中最考验智慧的计谋之一,它需要以逆向思维的方式,以大局为重、由表及里地从问题的根源去解决问题,从而能起到损失最少、一招制胜的效果。

《孙子兵法·虚实篇》中云:"夫兵形象水,水之形,避高而趋下,兵之形,避实而击虚。"这就是说用兵的规律像水一样,水流动的规律是避开高处而向低处流。"围魏救赵"在专利战中使用的规律是避开敌人坚实之处而攻其虚弱的地方。

专利运用像用兵打仗一样，专利竞争取胜的关键，是需要在千变万化的环境中寻找竞争对手的专利布局短板或空隙；在专利进攻中，分散竞争对手的专利力量，各个击破；在竞争对手先入为主的局面下，要将手中有限的专利资源价值最大化，避实就虚，此时使用"围魏救赵"之计则不失为上策。本节将"围魏救赵"之计的"避实就虚，攻其必救"的内涵与战略思维应用于专利之道，总结了以下几点运用技巧供大家参考。

1. 以迂为直，以患为利

《孙子兵法·军争篇》曰："军争之难者，以迂为直，以患为利。"以迂为直，就是在企业长远发展的全局专利战略引导下，通过绕过对手的专利壁垒，后发而先至、避免急功近利的一种专利运用战术。

在专利战中遇到难题时，要避免"头疼医头，脚疼医脚"的治标不治本的做法。应借鉴中医"治病必求其本"的理论，从整体专利布局着手，利用专利分析等手段，通过"农村包围城市"的方式巧妙地寻找外围专利技术突破；或"以迂为直"地攻击上下游产业链，来实现"围点打援"的战术策略；或通过结合"隔岸观火""远交近攻""离间计"等计策设法瓦解其专利联盟，寻求各个击破。

或使用迂回包抄的手段，用反不正当竞争法和反垄断法检验对方的专利，增加对方专利诉讼负担；利用自己的优势专利反诉对方，争取达成和解并实现专利交叉许可；结合"远交近攻"之计，调查外国企业在本国是否违法违规，以此施加压力，力图达成和解。

或使用绕过战略，也叫"木桩篱笆"战略，在他人基本专利周围布置自己的专利网或关键专利技术，来达到遏制竞争对手的基本专利。这主要通过围绕基本专利不断进行研发，获取一系列外围专利以覆盖该基本专利。一般而言，如果一个企业能将基本专利与外围专利相结合，其就获得相当的竞争优势。对于无法开发、申请基本专利的企业而言，可以绕开对方的基本专利，发掘对方的"空隙技术"，形成外围专利网，以达到控制对手、与持有基本专利的竞争对手分庭抗礼的目的。

通过对上述"以迂为直"和绕过战略等战略的运用，企业通过对本领域的专利进行更深入的分析，了解哪些技术是可以突破甚至形成主流技术标准的、哪些专利是可以再开发利用形成改进型专利的、哪些专利是绕不开必须要付专利费的，采取什么样的措施可以将费用降低到最小，同时避免侵权。

2. 避实击虚，从易者始

避实击虚，就是通过收集专利信息了解竞争动态，通过"SPSS 聚类分析法""5W2H 七何分析法""SWOT 态势分析法"等分析方法厘清敌我双方的优势对比情况，知己知彼、避实击虚地"拣软柿子捏"。

用在专利战中具体是指，在专利诉讼中选择对手专利联盟中实力相对较弱的一方进攻，然后用"围点打援"的方式对其专利联盟各个击破；在进行专利市场推广时，利用"间隙理论"，抓住多个获利较小的专利空隙，通过合理的资源整合，组建新的专利池；在进行专利技术突破时，选择同一领域专利壁垒相对薄弱的专利技术进行技术替代，或从专利技术的外围专利进行专利规避和突破，或通过攻击其他领域易于突破的专利壁垒，力图达成与自己所需技术专利间的交叉许可。

3. 蛇打七寸，攻其必救

"围魏救赵"之计的核心是"围魏"和"救赵"之间的博弈，此计运用成功的关键之处，是所围之"魏"必须足以解"赵国之围"，从而令对手放弃进攻对象，即攻其必救。

在专利战中，可通过集中力量攻击对手专利联盟中的不可或缺的一方，令其首尾难以兼顾；通过攻击上下游产业链的专利布局，来打乱对手的供需链和推广链；通过攻击外围产业链或其他领域中不可或缺的技术分支，在原有专利技术的基础上提高研发起点，寻求二次研发创新，并力争对其专利技术实现技术替代。即只有通过专利分析知己知彼后，"蛇打七寸"般地集中力量攻击对手专利布局薄弱的"专利命门"，才能"以逸待劳"与竞争对手的专利布局形成有效对抗，甚至在相关技术要点上构成反制以实现"反客为主"。

4. 胸有成竹，专利防范

在专利战中如何防守"围魏救赵"之计呢？作战根本是根据市场实际需求，作出详尽专利分析的结果，明晰敌我双方的真实专利实力对比。在专利进攻之前，要立足现状"瞻前顾后"，走一步看十步；一旦被对手实施"围魏救赵"之计，我方要从大局出发，"李代桃僵"使损失最小化；经过专利风险评估后，如果发现被围的专利能有一定的防御基础，则采取速战速决的方式，先对付我方的既定专利目标,再循序渐进地"杀他个回马枪",争取重新稳固己方原有专利布局的主动权。

三、总结陈词

"围魏救赵"用在专利战中,表面上给人以南辕北辙、舍近求远的假象,实际上是抓住重点,将自己的专利资源价值最大化的最好方式。专利战中,"围魏救赵"是三十六计中从根本上解决问题的典范,其具有以下特点:

第一,"围魏救赵"之计是经过专利分析、专利风险评估后,用低成本、小代价的"以迂为直"的专利策略,来追求高收益、高回报的一个专利运营过程。

第二,"围魏救赵"追求剑走偏锋,要避开对手的专利锋芒,避实就虚地用专利无效、异议、侵权诉讼、技术规避等手段,对付对手重要专利布局的空白点和薄弱点,利用优势专利或优势产业来"抑敌之长,攻敌之短",争取起到"釜底抽薪"的效果;在专利诉讼中选择对手专利联盟中实力相对较弱的一方进攻,然后用"围点打援"的方式对其专利联盟各个击破。

第三,"围魏救赵"追求攻其必救,只有打击对手重要专利布局中的薄弱点,打蛇打七寸,才能令其放弃既定目标;如果攻其所不必救,打得对方不痛不痒,则有可能在专利战中"赔了夫人又折兵"。

四、画龙点睛

专利大战第二计,围魏救赵最睿智。

以迂为直识大体,避实击虚要谨记。

攻其必救打要害,以逸待劳伏歼敌。

专利分析能预警,顾后瞻前莫懈怠。

五、活学活用

例 2-1

以迂为直,S3 Graphics 公司通过"围魏救赵"对抗英特尔

台湾威盛电子旗下的合资公司 S3 Graphics 公司,是开拓全球个人计算机

3D 绘图芯片市场的先锋与领导供货商，为一线的笔记本电脑制造业者提供了低耗电、高效能、商业等级的 3D 绘图子系统产品。

在 2001 年初期，它还是一家独立的芯片设计公司，其所开发的高质量图形处理芯片很受用户欢迎。这就使它成了英特尔（Intel）打击的对象，英特尔的专利诉讼声称威盛电子发布的 P4X266、P4M266 芯片组侵犯了英特尔的专利，和威盛电子一起在芯片组方面合作的 S3 Graphics 公司也在这个诉讼中成了被告。该诉讼请求包括了赔偿金以及一个永久性禁止威盛电子及与其合作的 S3 Graphics 公司销售芯片组的禁令。

全面的专利战迫在眉睫。为了防止英特尔进一步的专利攻击，S3 Graphics 公司采取隐姓埋名"瞒天过海"的方法，在一次拍卖会上斥资 1 000 万美元先于英特尔买下了濒临破产的芯片制造商指数技术公司（Index），并获得了该公司的所有专利。S3 Graphics 公司从而在专利布局上领先于英特尔的 Merced 芯片技术，极大地威胁着英特尔的下一代处理器技术。S3 Graphics 公司的大胆行动果然有效，当英特尔发现是 S3 Graphics 公司购买了该件专利后，不得不勉强同意 S3 Graphics 公司继续使用其许可证，作为交换，S3 Graphics 公司也承诺不挑战英特尔的 Merced 芯片技术，双方达成了专利许可协议。

作为小公司，S3 Graphics 公司面对行业巨头的专利进攻敢于亮剑，结合"瞒天过海"之计先下手为强，"无中生有"地拥有了能够与行业巨头英特尔相抗衡的专利技术，通过"围魏救赵"之计，使自己脱离险境。这种小块头大智慧的战略值得我国的中小企业在激烈的专利战中思考和学习，来应对大公司的打压。

例 2-2

攻其必救，威盛电子与英特尔达成交叉许可协议

不光 S3 Graphics 公司会使用"围魏救赵"，其母公司台湾威盛电子也会用"围魏救赵"之计对抗英特尔。

威盛电子作为我国台湾地区的集成电路设计公司，是世界上最大的独立主板芯片组设计公司，同时也是英特尔的兼容芯片组生产商。

然而，合作双方风云突变。在早些时候的许可证谈判破裂后，1999 年 6 月，

英特尔撤销了发给威盛电子的专利许可证，并控告其侵犯专利权。这对于一个依靠生产兼容芯片的公司而言无异于晴天霹雳。

但是，威盛电子不畏强敌，首先使用"假途伐虢"之计，收购了美国国家半导体公司的克莱克斯芯片制造部，因为这个部门拥有英特尔发放的专利许可证，且尚未到期。根据美国相关法律，克莱克斯芯片制造部可以委托威盛电子制造其相关的产品。这样，英特尔的专利攻势瞬间被化解于无形。面对这样的结局，英特尔也只能吃个哑巴亏，于2000年7月与威盛电子双方达成和解。

不甘心的英特尔于2001年9月再次发起诉讼，控告威盛电子的P4X266和P4M266芯片组侵犯其专利权。这一次，英特尔使用"连环计"共提起了11起诉讼，这些案件涉及美国、德国、英国和中国香港等5个国家或地区的27件专利权，试图令威盛电子应接不暇、头尾难以兼顾。

这一次，威盛电子仍然没有退缩，而是使用"围魏救赵"之计，拿出了它早就准备好的防患于未然的秘密武器——1999年并购IDT旗下Centaur分支部门时所取得的专利组合，在中国台湾地区和美国同时反诉英特尔的P4芯片和845芯片组侵犯了Centaur的专利权；另外威盛电子还指控英特尔欲通过技术授权条款来限制市场正常竞争，违反了不正当竞争条例，因而没有资格执行其专利权。

2001年11月，美国联邦法院针对英特尔指控威盛电子K7系列芯片组侵犯其AGP2.0专利的争议，作出英特尔败诉的判决，并认定威盛电子系合法使用英特尔开放于产业界使用的公开专利；随后在法院持续判决威盛胜电子诉以及英特尔自行撤回部分起诉的情况下，双方的K7芯片组诉讼案的第一审阶段遂于2001年12月告一段落，威盛电子大获全胜。

2003年4月7日，英特尔和威盛电子就当时进行中的一系列芯片组与处理器诉讼案，达成正式的和解协议。此项和解协议涵盖双方于5个国家或地区所分别提起的11件诉讼案，共涉及27件专利争议。双方之间长达20个月的诉讼案终于结束。

对于英特尔而言，虽然威盛电子与其曾经有过多次交手，可威盛电子每次都通过"围魏救赵"等巧妙战术化险为夷，且英特尔发现威盛电子始终都扮演着一个自己不可缺少的最强的支持提供者的角色。

于是，当两方都需要对方的时候，一切的纷争也就都不存在了，和解也就成了在所难免或者说是十分必要的一种选择。

例 2-3

围魏救赵，爱立信与中兴专利大战背后的市场博弈真相

2011 年 4 月 1 日，西方传统"愚人节"这天，在通信业再次发生"捉对厮杀"事件：爱立信分别向英国、意大利、德国法院提起一项诉讼，称中兴侵犯了其 GSM 和 WCDMA 技术专利。同时，中兴发表了声明回应，称爱立信单方面中断谈判，诉讼无效，甚至将反击其"专利恐吓"行为。

由于爱立信和中兴都是全球排名前 5 位的设备制造商，欧洲市场是来自瑞典的爱立信的主场，而中国则是中兴的"大本营"，因此，该事件引起了包括英国《金融时报》等媒体的热炒。更为巧合的是，4 月 1 日是"愚人节"，诸多都市类的媒体增加了娱乐调侃的因素；也由于 4 月 26 日是世界知识产权日，所以，爱立信的"恐吓"，让号称通信业国际专利申请第一的中兴显得并不轻松。

从相关的诉讼报道看，为此双方争执持续了 4 年之久，未能达成协议。据内部消息称，爱立信起诉书就有 60 多页，可见爱立信对此蓄谋已久。不过，从爱立信的诉讼专利看，涉及 GSM 和 WCDMA 技术，主要是 2G 和 3G 技术，其请求英国、德国、意大利三国停止销售中兴的手机等终端产品。

通信业内人士纷纷表示对爱立信的诉讼行为不理解，观点主要总结为以下三点：

第一，谈判进行了 4 年，为何戛然而止？

第二，既然中兴侵权，其实应该禁止其在全球任何一个国家，包括中国销售终端产品，只要是和 GSM 和 WCDMA 技术相关，为何只在乎英国、德国、意大利等欧洲主流市场？

第三，爱立信一年来一直忙于 TD-LTE，为何突然对 2G 技术如此兴师动众？

通过对事件来龙去脉以及背景的分析不难发现：中兴和爱立信的互诉，实质是对欧洲通信市场的争夺，也就是未来 LTE 市场的争夺。

首先，爱立信醉翁之意不在酒。《金融时报》称，爱立信此次诉讼说明，以华为和中兴为首的中国企业，已发展成为爱立信的强劲竞争对手。中兴和华为在国际上"走出去"中"蚕食"了不少爱立信的市场，尤其是欧洲。2010年，中兴的终端出货量达到9 000万部，其中占比最大的是GSM/WCDMA手机。最具有戏剧性的是，中兴在TD-LTE商用方面，在全球12个国家18个全球运营商建设TD-LTE实验局和商用网络。尤其是在瑞典，部署全球最大的LTE TDD/FDD融合商用网络，也是北欧第一个TD-LTE商用网络。中兴将LTE的火烧到爱立信"老巢"，强攻欧洲市场。卧榻之侧，岂容他人鼾睡？由此可推测，爱立信的诉讼，主要是阻击中兴进入欧洲市场，实施"围魏救赵"之计划。

其次，专利持有水平和研发能力不差上下，爱立信不敢大动干戈。在通信市场，除了高通在专利方面有绝对的优势外，爱立信、中兴、华为等国际制造商不相上下。尽管爱立信拥有全球超过35％的GSM/GPRS/EDGE市场份额，以及40％的WCDMA市场份额，但是在专利研发投入和产出上中兴不落下风。根据中兴声明显示，截至2010年底，中兴拥有专利总量达3.3万件。其中，2010年在世界知识产权组织（WIPO）获得的PCT专利申请高达1 863件，位居全球所有企业第二位、通信行业第一位。这些从一个侧面证明了中兴对知识产权和创新的尊重，导致爱立信不敢轻举妄动发动大规模的专利战，只能"以迂为直"地实行间接战略。

第三计　借刀杀人

一、计策解读

"借刀杀人"指自己不出面，假借别人的手去实现自己既定目标。常用来比喻为了保存自己的实力而巧妙地利用矛盾的谋略。

《三十六计》中原文为："敌已明，友未定，引友杀敌，不自出力，以《损》推演。"其意思是，在对手情况已经明确，友军态度尚未稳定时，应引导友军与对手拼杀，不必自己出兵攻打，以保存实力。这源自《易经》的"损卦的损下益上"之求胜之法，巧妙地利用敌人的内部矛盾，使其自相残杀，以达到克敌制胜的目的。

古人按语说："敌象已露，而另一势力更张，将有所为，便应借此力以毁敌人。"竞争对手已经很明显，而另一种不明敌友的势力又在发展，将要有所行动，就应该借这股正在发展的力量去打击竞争对手。

"刘备借刀斩温侯"是刘备借曹操之刀杀劲敌，"希特勒借苏联之刀杀图哈切夫斯基"是借苏联的疑心肃清劲敌，"曹操不便杀祢衡，刘表借刀计更高"是借刀杀人的二次元，"晏子二桃杀三士"则是齐国宰相晏婴利用"齐国三杰"的相互猜疑之心巧除内患。

二、运用场景

"借刀杀人"用在专利战中，是在自己不便于出面时，借他人之手或第三方之力来打击竞争对手或达到自己专利布局目的的一种手段。此计如能运用得当，就能使企业用最小的代价实现专利战略的快速发展。

借刀，既有明借和暗借之分，又有诱借和强借之别。"借"是借用、借助、假借的意思。"刀"在这里应该理解为自己没有而他人有的工具（如专利技术、研发人才），或创造条件可以借用的工具（如人才、物力、财力、事件、媒体、专利法律法规、政策、社会舆论、声势等外在一切可以利用的机会与条件），主要是通过这些可以为我所用的矛盾和力量给对方压力。"杀人"是运用计谋的根本目的，主要用来泛指对付对己方有威胁的专利竞合对象或影响行业健康发展的对手。

在现代专利战中，"借刀杀人"有其特殊含义，这就是通过借钱财、借技术、借人才、借设备、借资源、借形势、借盟友等方式，以壮大发展自己的企业，从而去战胜竞争对手。在专利战的应用中，具体可以分为以下运用场景。

1. 借（假）敌之手

专利战中，竞争对手的竞争对手就有可能是自己的盟友，此时竞争对手之间的专利斗争可能给己方的发展创造机会或给己方的专利布局赢得宝贵的喘息时间，此时应用"借刀杀人"之计应结合第五计"隔岸观火"来使用，笑看鹬蚌相争后，坐收双方渔利时。

竞争对手专利联盟中的内讧，也是我方在专利战中可用之刀，可以结合"离间计"挑起竞争对手联盟内部的争斗，也是在专利战中"四两拨千斤"有效借用他力的重要手段之一。

2. 巧借东风

诸葛亮巧借东风是利用天时胜似百万雄兵，专利战中也有很多"巧借东风"的方式。

可以合理借用别人看来与自己完全不相干的第三方力量，暗自通过鼓动独立的第三方力量与自己的竞争对手进行专利诉讼，或通过研发专利技术的要素替代来击败竞争对手。

也可像苹果借用"英国 IP 申请发展有限公司"等名称一样，自己主动创造对方不知情的第三方力量出面来进行专利诉讼或专利并购，而自己隐藏起来避免正面冲突，借助他人之言，与对方进一步讨价还价，实现谈判成功的最终目的。

也能像中国企业在 DVD 专利权之争中，借用社会力量、社会公众舆论之风等给对手（皇家菲利普电子有限公司）施加压力，迫使其放弃部分专利权来达成自己的目的。

3. 借财之力

与竞争对手的专利战正面冲突胜面不大，且自己不想露面的情形下，资产雄厚的一方可以借用己方对产业链的上下游的强大的影响力来打击竞争对手的专利布局和市场推广，令其出现产业链供应和／或销售链断裂或专利布局顾此失彼的情况，能起到与第二计"围魏救赵"异曲同工之妙。

也可借用第三方财团的力量，通过金融手段使竞争对手陷入财政危机，无法支撑其正常的专利战略，我方从而乘隙进攻"反客为主"赢得专利战胜利。

4.借才兴业

企业提供设备、资金等物力与第三方研发单位进行合作开发，借用外脑或外部研发力量，进行竞争对手专利技术要素替代研发。在较短时间内解决替代技术研发难题，完成高水平的研发成果突破，是一种上水平、争时间、抢速度、高效率的"借刀杀人"式的专利技术开发模式。

5.借势起飞

可以借助法律条文或财经制度规定等驳斥对方的无理要求，维护自己的正当利益。

可以有效借助政策法规的力量（如专利诉前临时禁令、专利强制许可条款、市场准入机制、美国的"337条款"等本国保护政策）来应对国外竞争对手的强势冲击。

也可借助对竞争对手不利的产业机遇（如互联网营销对传统产业行业的冲击）来构建新的专利布局，蚕食对手的既有专利市场，进而实现取而代之的目的。

例如，在我国被美国"337条款"起诉的多件知识产权案件中，有很多是有日资背景的"美国本土企业"在策划、组织、实施针对中国企业的专利战略。美国本土已经没有彩电企业，日本彩电企业为了打压中国彩电的对美出口，授意一些美国企业在美发动反倾销调查和"337调查"。

三、应用技巧

在激烈的专利战中，夹缝求生的中小企业欲赢得市场，须巧用借术，以最小的投入创造最大的产出，实现"四两拨千斤"的效应。作为专利三十六计中使用最广泛、花样翻新最多的计谋之一，"借刀杀人"之计运用时还需要注意以下几点。

第一，此计用在专利战中不是不劳而获，要通过准确的专利分析来明晰为何借刀（why）、何时借刀(when)、借什么刀(what)、何处借刀(where)、向谁借刀（who）、如何借刀(how)、怎样引人杀敌(how to use)。

第二，随时可以用，有时机要求无时间限制。

第三，此计的精髓是运用者本人务必不能露面。只有隐藏自己、甘居幕后，才能有效利用"借刀杀人"，并结合第九计"隔岸观火"和第五计"趁火打劫"来打组合拳。

第四，善用外力（他人专利、他人技术或他人财力等），四两拨千斤，以他战来避己战。

第五，所借之刀不能是把专利"双刃剑"，防止误伤自己。

第六，迟人半步亦妙招。专利战中，大都讲究"先发制人""争夺专利制高点"，谓之抢先一步天地宽。但是在特定时期、特定产业或特定条件下，通过"迟人半步"的专利布局战略，避敌锋芒借敌铺路，取人之长克敌之短，也不失为专利布局的妙招。

第七，一攻一防方能立于不败之地。"借刀杀人"之计用在正义之师手中，可以有效地打击敌人，但己方也要防止被对手所利用。防范之计是令对方的"借刀杀人"之计失去基础，即要通过专利信息分析，客观地了解既有和潜在的竞争对手，由表及里地明晰专利技术生命周期，制定专利技术发展路线，全面分析市场推广，完善专利布局。

四、总结陈词

"借刀杀人"之计貌似邪恶，实则中庸。在敌人已经明了，友军还未确定的情况下，隐藏自己的专利战略，借用外力"借刀杀人，以战避战"，能够在混乱的专利战中避免不必要的损失而自保。其核心是"避战"，大多数情况下是中小企业在面临生存危机时的一种"借力打力"的智慧自保之法。

无论是专利进攻还是防守，进行专利信息分析、了解竞争对手专利战略、明晰专利技术生命周期、制定专利技术发展路线、完善己方的专利布局，从而知己知彼，都是在专利战中使用"借刀杀人"之计的根本和基础。

五、画龙点睛

专利大战第三计，借刀杀人善借力。

貌似邪恶实中庸，以战避战不损失。

假敌之手妙除敌，巧借东风胜雄兵。

借才兴业用外脑，借势起飞创奇迹。

六、活学活用

例 3-1

借刀杀人，诺基亚等巨头利用"专利蟑螂"为自己服务

2011 年 9 月，在手机专利战"烽火连三月"中，诺基亚免费移交 2 000 多件专利，给一家叫 Mosaid 的专业"专利授权"公司，即业内常称的"专利蟑螂""专利海盗"或"专利流氓"。这家公司不是所谓的"实业从业者"，它不生产手机、计算机，但却手上抓着一堆专利，追着大厂打官司、要钱。台面上的许多大厂，包括佳能、华硕、HTC 甚至戴尔、英特尔，都吃过它的亏。

诺基亚这一招，就是专利战上的"借刀杀人"之计，即利用 Mosaid 这家专业的专利诉讼公司来打击自己竞争对手的"战略高招"。之前，诺基亚这 2 000 多件专利权躺在公司内，作为"休眠专利"无法发挥核弹效果，如果诺基亚要用其攻击对手，就要耗费大量的人力、物力、财力去研究、兴讼。但这次通过这种"移交"，诺基亚不必投入资源，却能"活化专利权资产"，将其化为攻击对手的武器。

据说，如果 Mosaid 诉讼成功有收益，则分 1/3 给诺基亚。这等于诺基亚不花任何成本，就有马前卒心甘情愿地以专利权攻击、干扰对手，诺基亚可坐收渔翁之利；告赢了还可以"吃红利"。即使诉讼失败，自己也不必承受太大的风险和责任，也会令竞争对手大伤元气。

"专利蟑螂"实际上不生产任何产品，更未创造任何有价值的专利权；它们只是设法收购各种专利，再以此专利大兴诉讼。许多大厂为了避免诉讼影响公司营运与产品上市，宁可花钱和解。就社会意义而言，"专利蟑螂"生产力是零，毫无存在价值，其作为如吸血鬼。过去，"正道大厂"多不屑与之为伍，"专利蟑螂"与大厂间多为敌对关系。

诺基亚这次的"借刀杀人"之计，可以说最大限度地利用了"专利蟑螂"为自己服务，是专利战中的创新手段。宛如高明者借刀杀人，自己并不出面，而是假手于人，这样不仅达到了杀人的目的，而且转移了视线，落得个两手干净。但是遗憾的是，纵然诺基亚"妙计安天下"，纵使诺基亚连续 15 年占据手机市场份额第一的位置，因为没有把握住智能手机专利技术发展的大趋势，而难以

逃脱有朝一日自己的手机业务被合作伙伴微软所收购的命运。

例 3-2

离间制胜，苹果智囊建议离间 Android 阵营

2012 年 1 月 1 日，《福布斯》杂志网络版发表署名为尼亚姆·阿罗亚（Nigam Arora）的撰稿人致苹果 CEO 蒂姆·库克（Tim Cook）的一封公开信，他催促库克与知名度较低的 Android 厂商达成专利授权，从而"离间"Android 阵营，取得专利战胜利。全文的主题无处不透露着其企图"借刀杀人"的计策，试图结合"离间计"挑起竞争对手联盟内部的争斗，在专利战中"四两拨千斤"，有效借用他力。

以下是公开信全文：

亲爱的库克：

今天我写信给你是想催促你考虑新的策略来赢得专利战争。

迄今为止，苹果使用的是焦土策略（军队撤退时摧毁一切敌军可用之物），已故创始人史蒂夫·乔布斯先生（Steve Jobs）曾表示他愿针对 Android 发动一场热核战争，这一点比以往更为清楚。

目前为止苹果的专利战策略已经收到了成效。苹果所提交的专利诉讼已经分散了谷歌、三星、HTC 等竞争对手管理层的注意力，后者为此花费了大笔诉讼费，谷歌还被迫花费上百亿美元收购了摩托罗拉移动。

也许是来自苹果相关专利诉讼的压力使得微软在 Android 手机制造商身上捞取了大笔专利授权费。据称微软现在已经与 55% 的 Android OEM（原始设备制造商）厂商达成了专利授权协议，这些协议覆盖了 53% 的美国 Android 市场。

苹果目前所处的形势远好于微软。苹果目前是领先厂商，获得的专利授权费应该比微软所得还要高出很多。对于 OEM 厂商来说，微软所拥有一些专利的重要性和苹果专利对等。比如，微软拥有的系统专利可决定何时擦除闪存、管理联系人数据库、响应请求、在同一个文件系统中实现长短文件名。

非常现实地说，苹果本应该从每部售出的 Android 手机中获取 10～15 美元。苹果肯定是想禁止竞争对手在其产品中提供用户喜欢的苹果产品功能，进而从中获益，但是这非常有限。

近期苹果赢得的对 HTC 专利诉讼就证明了这一点，虽然这对 HTC 来说是

一个打击，但是相比苹果此前的预想，此次胜利只能说是小胜。而在近期与韩国三星的另外一项诉讼中，德国法官表示他不大可能支持对 Galaxy 产品的进口禁令，澳大利亚法院也推翻了此前对三星的不利诉讼。

问题的关键在于，苹果现有策略未来将在两方面存在风险：第一，苹果的优势可能会逐渐缩小；第二，长此以往，苹果竞争对手将会找到突围的方法。

我并不赞成苹果为此和对手达成授权协议，因为维持产品差异化对于苹果来说很重要。但我认为苹果应该选择性地达成专利授权以突显专利价值，同时继续维持其产品优势。

进一步说，我赞成"离间制胜"的策略。苹果先与知名度较低的 Android OEM 厂商达成专利授权协议，这将使得这些厂商可以更好地与三星、HTC 等知名 Android 厂商竞争，达到弱化知名 Android 厂商竞争力的目的，同时苹果还为此获得数十亿美元收益，还不影响苹果产品的差异性和垄断竞争力。

苹果可能还可以考虑扩大上述策略范围，选择性购买柯达和专利运营公司 InterDigital 的专利。苹果甚至还可以考虑将专利授权给诺基亚，这并不是痴人说梦。未来诺基亚新手机侵蚀的 Android 份额很可能高于苹果。

致以深切的问候！

尼亚姆·阿罗亚

2012 年 1 月 1 日

例 3-3

借力打力，移植创新公司利用专利权人的瑕疵反诉对方获胜

在专利诉讼过程中，如果发现专利权人在申请专利的过程中有瑕疵，比如隐瞒了某些重要的信息，那就可以就此提出反诉，借力打力，不但不赔偿侵权损失，还可以要求"专利权人"赔偿损失。

这在美国诺贝尔制药公司起诉移植创新公司一案中有很好的证明。在这一专利诉讼案中，专利权人诺贝尔制药公司因为故意隐瞒事实不得不向侵权人移植创新公司支付 1000 万美元。

诺贝尔制药公司是美国专利 US4330891A（一项牙齿移植技术）的专利权人。

该专利是使移植物和周围骨组织之间的黏结更为牢固的发明，方法是让移植物的连接面包含一个大小与骨组织细胞直径相当的微穴。诺贝尔制药公司发现移植创新公司有相关产品，就对后者提起侵权诉讼，指控被告从事销售带有专利所公开的规格范围的微穴的移植物。

在移植创新公司的反诉中，被告辩解道，申请人诺贝尔制药公司违反了美国专利法中的"discovery"程序❶，一本由发明人之一作为共同作者著述的书中通过展示移植物的用途而公开了该发明，因为所展示的移植物带有微穴，并且微穴的直径与专利中所要求的相符。该书在美国专利商标局的专利申请日前的一年多之前出版，这一日期处于美国专利法允许的宽限期之外。它进一步辩解道，申请人诺贝尔制药公司故意对美国专利商标局隐瞒了有关该书出版的信息。

陪审团也从诺贝尔制药公司工作人员那里获得确切证据，表明该公司在向法院提起侵权诉讼之前就意识到了该书的出版及其对专利侵权诉讼和专利有效性的消极后果。

事实上，还有证据表明在专利说明书的初始草稿中提到了该书，但在向美国专利商标局提交的说明书中却删除了这些内容。陪审团认为这一行为是"反托拉斯的违法行为"，因其是为了骗取一件专利而拒绝如实向美国专利商标局叙述事实的行为。

最后，法院作出了有利于被告的判决。由于故意隐瞒事实，赔偿数额乘以3倍，这样，诺贝尔制药公司反过来支付移植创新公司总额达1 000万美元的损害赔偿金。

移植创新公司在不利的局面下，利用美国专利制度中的"discovery"程序，抓住诺贝尔制药公司的漏洞，借力打力获得胜利，究其本质，是一种"取于彼而胜于彼"的"借刀术"。

---

❶美国专利制度中的"discovery"程序，是指专利发明人及申请人在专利申请及审查过程中，附有披露所有已知与该发明的可专利性有实质重要关联信息的义务，若有积极的虚伪陈述或消极的隐匿信息行为，称为"不正当行为"（inequitable conduct），此种不正当行为即相当于专利申请人的虚伪陈述，其可能会使专利主管机关陷于错误而授权。美国法院一旦认定专利权的取得存在不正当行为，立即会判决该专利为不可执行（unenforceable）。

第四计　以逸待劳

一、计策解读

"以逸待劳"也作"以佚待劳"。在《三十六计》中原文为："困敌之势，不以战；损刚益柔。""以逸待劳"之计，就是在敌人气势正盛之际，采取不直接进攻的战略，而是坚守住自己的阵地，消磨敌人士气，使敌人疲于奔命；同时审时度势，寻找最有利的战机，从而后发制人、一举破敌。

《孙子兵法·虚实篇》云："凡先处战地而待敌者佚，后处战地而趋战者劳，故善战者，致人而不致于人。"《孙子兵法·军争篇》又云："善用兵者，避其锐气，击其惰归，此治气者也。以治待乱，以静待哗，此治心者也。以近待远，以逸待劳，以饱待饥，此治力者也。"古人按语："兵书论敌，此为论势，则其旨非择地以待敌；而在以简驭繁，以不变应变，以小变应大变，以不动应动，以小动应大动，以枢应环也。"

即善用兵者，主动出击者比被动趋战者更占据气势上、心理上、准备上和体力上的优势，战争的精髓在于要调动敌人而不是被敌人调动。"以逸待劳"的核心关键点除了先行防御而后发制人，还要避锐击惰、以静待哗、以简驭繁、以不变应万变、以小变应大变、以不动应万动、以小动应大动。

各种战例中，"陆逊火烧蜀军七百里连营"是以逸待劳；"孙膑于马陵道伏击庞涓"是主动的以逸待劳；象棋棋谱中的"屏风马气死巡河炮"是"以静制动"的以逸待劳；《曹刿论战》中用"一鼓作气，再而衰，三而竭"的战术理论击退强大的齐军，更是以逸待劳的成功案例的典范。毛泽东根据以逸待劳的内涵提出了游击战"十六字诀"："敌进我退，敌驻我扰，敌疲我打，敌退我追。"

二、运用技巧

本节将"以逸待劳"之计的"最好的进攻就是防守"的内涵与战略思维应用于专利之道，旨在能够帮助企业进一步强化知识产权创造、运用、管理和保护，增强其自主创新能力。

专利战争是商业战争的高级体现形式，必须在每场硬战来临之前做好充分的迎击准备。在专利战中使用"以逸待劳"，也必需一个明确而具体的总体设计和战略调整策略。笔者根据此计运用的核心内涵总结出了以下"九字诀"——"预""养""布""标""待""诱""疲""静""必"，尝试为企业打造在运用计策的过程中有章可循的基础。

1. 预

预，是指专利情报的收集分析和专利预警。凡专利事，预则立不预则废，专利情报和专利预警是"以逸待劳"之计运用成功的基础。

分析利用专利情报，通过专利技术预测和市场预测，能够在技术项目的遴选、技术目标的确定、技术路径的选择、技术效果的应用、专利战地理市场的布局中占得先机，预测竞争对手或潜在竞争对手的专利技术动向，提前进行专利布局和市场防御，从而从容防御应对。

2. 养

养，就是养精蓄锐、储备专利。在专利战争发生之前，技术研发积累、专利技术储备是企业养精蓄锐、蓄势待发的必要条件。进行专利储备可以按照以下3个步骤进行：

首先，要在总体上秉承生产、储备、研发、制造、改进的专利技术研发战略，进行技术点的积累和创新；其次，开发原创性技术并获得相应专利，并完成针对原创性技术的基础专利、应用专利和外围专利的专利组合布局；最后，针对国外公司的原创技术专利，迅速申请外围技术专利，使国外公司的盈利空间缩小，并争取专利交叉许可进行二次开发。

3. 布

布，就是专利布局。除了坚守住自己的固有的专利阵地外，还应在同类产品、产业链的上下游进行专利布局，专利布局围而不攻、以不变应万变，在一定范围内形成稳固的专利壁垒，使竞争对手专利申请无法突破我方专利布局。

专利布局要综合产业、市场和法律等因素，对既有专利进行有机组合，结合专利收购和专利合作，涵盖企业利害相关的时间、地域、技术和产品等维度，构建严密高效的专利保护网，最终形成对企业有利格局的路障式、围墙式、地毯式或丛林式等专利组合。另外企业的专利组合还应该具备一定的数量规模，保护层级分明、功效齐备，从而获得在特定领域的专利竞争优势。

4. 标

标，就是标准。商业竞争的潜规则是："三流企业卖劳力，二流企业卖产品，一流企业卖专利，超一流企业卖标准"。谁先掌握了专利战中的标准，谁就能以逸待劳把握先机。

对于产品而言就是指标准化必要专利技术，也就是说将一些难以被替代或被规避的专利技术布局为国际标准。标准是围绕产品所布局的专利技术实现其价值增值的最高体现形式之一，只有将产品技术化、技术专利化、专利标准化、标准全球化作为专利战略的目标，主动布局，才能占得市场先机。

5. 待

待，就是等待时机，但不是消极被动地等待。以逸待劳，不同于守株待兔，要综合考虑天时、地利、人和等因素，伺机或主动地创造条件，把专利战争的焦点引到自己的专利布局包围圈中。

如在专利申请中可以使用以逸待劳、伺机而动的战术。对于短期内未打算实施的储备技术和他人难以利用反向工程得出的技术，企业在核心技术研发结束后可暂且作为技术秘密保护，同时研发外围专利。根据产品市场推广的需要、竞争对手的研发情况等因素，等待时机提交专利申请。

6. 诱

诱，就是诱敌深入，诱其露出破绽。通过结合三十六计中"抛砖引玉""打草惊蛇""欲擒故纵"等战策，让竞争对手暴露自己的专利布局的缺陷，从而有可能牵着对手鼻子进入己方既定的专利包围圈中，主动做局使之满足"以逸待劳"的条件。

7. 疲

疲，就是令对手疲惫。通过不断地对对手专利进行无效、异议、专利诉讼等疲惫策略骚扰竞争对手，使其疲于应付，最终被我方拖垮。

《孙子兵法》曰："善战者，致人而不致于人"，令对手为了专利诉讼疲于奔命，而抓不到己方的把柄，从而达到拖垮敌人的目的。在专利决战之前，可通过连续的长时间的无效谈判、侵权谈判和合作谈判等谈判方式令对手疲倦；也可通过在谈判中主动使问题复杂化，并不断提出新问题进行纠缠，令对手消耗。如果竞争对手感觉耗不起而主动和解或认输，则会利用"以逸待劳"之计起到不战而胜的效果。

8.静

静，就是以静待哗、以静制动，以不变应万变。根据自己的专利布局，关好大门围而不攻，或以守为攻巧妙周旋，审时度势，寻找最有利时机后发制人。

正如毛泽东主席在《西江月·井冈山》中所描述的一样："山下旌旗在望，山头鼓角相闻。敌军围困万千重，我自岿然不动。"又如，《孙子兵法·九地篇》曰："是故始如处女，敌人开户；后如脱兔，敌不及拒。"

9.必

必，就是必要条件。全面的竞争情报收集和分析、对市场和技术的正确判断、完备的专利布局、牢固的专利联盟、雄厚的资金储备等，都是实施"以逸待劳"之计的必要条件，需要在专利战实施"以逸待劳"之计前不断地准备和完善，才能在以逸待劳时不至于"弹尽粮绝"。

三、总结陈词

"以逸待劳"之计在专利战中，就是处理好动与静、盈和亏的关系。通过跟踪竞争对手的专利以静制动，后发制人；通过专利互补战略以盈养亏，以亏促盈；通过完备的专利战略处盈虑亏，有备无患。

应用"以逸待劳"之计在策略性专利进攻时，要借助于天时、地利、专利布局、技术储备、标准化专利技术等有利条件，以静制动而占据主动地位，围而不攻，让对手陷入被动、疲于应付；或通过"围点打援"的方式，打乱竞争对手的整体专利布局。

应用"以逸待劳"之计在专利防御时，则应养精蓄锐，以不变应万变，以小变应大变，以不动应动，以小动应大动，抓住时机而后发制人。

四、画龙点睛

专利大战第四计，以逸待劳静制动。
专利进攻需主动，以静制动待良机。
专利防御要蓄锐，后发制人应万变。
预养布标是根本，待诱疲静必牢记。

五、活学活用

例 4-1

一战成名，宝丽来凭一次性成像专利战完胜行业巨头柯达

宝丽来与柯达围绕一次性成像技术而展开的长达 14 年的专利诉讼大战，是专利战争史上一个著名的案例。这场专利诉讼战也是宝丽来用"以逸待劳"战术战胜柯达的"反客为主"战术的一个典型战例。

双方诉讼争执的一次性成像技术，也叫即时成像技术。1947 年，宝丽来推出了它的第一批即时成像照相机，来自日本的宝丽来非常注意保护其专利权产品，依据核心专利技术和外围专利技术构建严密高效的专利保护网，最终形成对企业有利格局的地毯式专利组合。到 20 世纪 60 年代，该行业的产业链已被宝丽来完全控制，宝丽来当时在这方面拥有 150 件专利，基本上完成了"以逸待劳"所必需的专利技术储备、在技术必经点设置专利壁垒、基本控制上下游的关键点的配置。

20 世纪 60 年代早期，柯达就开始关注市场前景开阔的快照市场，开始了小规模的研究工作，开发快照照相机和即显胶卷技术，以期能抢夺快照商品的市场。两家公司在早期还签订过联合开发协议，宝丽来甚至还向柯达展示过其下一代产品的设计秘密（当然已被专利权保护）。当时柯达的高级行政官员和研发经理很清楚地知道，沿着宝丽来已经被专利权牢牢保护的研发老路走存在潜在的知识产权侵权危险。于是，柯达在初期采用了日本人发明的"专利规避"战略。然而柯达前期的研发工作基本失败，因为其研究开发的产品质量不过硬，完全不具备与宝丽来竞争的能力，所有努力都付诸东流。由此可见宝丽来专利布局的壁垒的严密程度。

到了 20 世纪 60 年代晚期，宝丽来快速照相机的销售量达到了全美所有相机销售量的 15％，这使得柯达的高层管理人士更加眼红。因为新市场的商业利润太高，令人无法抗拒诱惑，1969 年，柯达不遗余力地发起了新一轮研究浪潮，取名"130 工程"。这一次柯达不想像上次一样另辟蹊径了，它已经很清楚地意识到，除了开发一些与宝丽来相似的，且已受专利权保护的技术以外别无选择。基于这些考虑，柯达聘请了专业的律师事务所为柯达研发部门提供有关专利权

咨询服务,柯达加快了仿制宝丽来的研发步伐。这时宝丽来仍然采取"以逸待劳"战术,继续完善自己的专利布局,围而不攻,以不变应万变。

柯达于 1976 年 4 月 20 日推出了一系列的新的快照相机和胶卷。依靠自己成熟的营销网络和品牌影响力,7 天之后,快照相机的相关销售额达到了宝丽来年销售额的 90%。此时,宝丽来认为反击的时机已到,控告柯达侵犯了其 12 件快照摄影技术专利权。开始时,法庭对专利权解释采用了传统的限定性原则,认为柯达的产品成功"绕过了"宝丽来的专利,没有侵害专利权。但里根总统上台后,等价原则慢慢发生了影响。1980 年,证据认定开始偏向宝利来。

到 1985 年,美国波士顿的法院法官瑞安·佐贝尔认定柯达侵犯了宝丽来的 7 件专利权。她在判决书中这样写道:"柯达公司的官员、代理商、服务人员、雇员、律师以及那些与上述人员协同作战的人都应该停止生产、使用和销售快照相机、胶卷。" 法院判决柯达赔偿 9.25 亿美元的损失费。此时的赔偿损害金额是按照故意侵权计算的,是一般赔偿数额的 3 倍。除直接的侵权损害赔偿外,柯达还被迫关闭资产为 15 亿美元的生产设备,解雇了 700 名工人,并花费了近 5 亿美元买回柯达在 1976 ~ 1985 年售出的 1 600 万架快照相机。在长达 14 年的法庭斗争中柯达也花费了 1 亿美元的律师费用。除此之外,柯达长达十几年的研发工作取得的所有成果都随着败诉而灰飞烟灭。

宝丽来一战成名,通过完备的专利布局"以逸待劳"地击败了实力数倍于自己的"挑战者"柯达。

例 4-2

以逸待劳,"中国神药"被 PolaRx 公司利用专利布局"拦路打劫"

1972 年,哈尔滨医学院第一附属医院以张亭栋为代表的研究人员借鉴北宋的《开宝详定本草》、明朝李时珍的《本草纲目》等古本的记载,制备了含有三氧化二砷(俗称砒霜)的"癌灵一号"白血病治疗注射液,对于治疗各种白血病均有不同程度的疗效,被国外媒体称为"中国神药"。

由于当时我国的专利制度刚刚起步,研发人员对于专利保护的敏感度不够、对于自主知识产权成果转化意识匮乏等原因,20 世纪 90 年代,相关临床试验及其研究成果被毫无保留地发表在《哈尔滨医科大学学报》《黑龙江医药》《中西医结合杂志》等杂志上。哈尔滨医学院第一附属医院并与上海第二医科大学上海血液学研究所合作，从分子水平上解释了其治疗原理，相关研究成果也是毫无保留地发表在 1996 年的《Blood》杂志上。

1997 年 3 月，也就是中国医学工作者们的研究成果在《Blood》杂志上公开发表不久后，美国某风险投资机构派拉蒙迅速发现了商机，成立了 PolaRx 公司（PolaRx Biopharmaceuticals Inc.）。PolaRx 公司是专门为 Trisenox (As$_2$O$_3$) 药物运作成立的虚拟公司，前期只有 3 名雇员，其余都是顾问。

PolaRx 公司没有投资任何产品，只在专利保护和临床实施上下功夫。1997 年 10 月，在没有开展任何实质性研究的情况下，PolaRx 公司申请了一件美国临时专利（US60/062375）。

随后，PolaRx 公司为 Trisenox 药物套上了严密的专利保护网。1998 年 10 月，PolaRx 公司以临时申请 US60/062375 为优先权申请了一件 PCT 申请（WO99/18798），保护范围扩大至 Trisenox 药物适用于各种肿瘤、癌症的治疗方法及其制剂，并以此为基础在 20 个国家申请了 54 件同族专利申请进行布局。同时，在 1998 年 11 月，PolaRx 公司申请了一件 PCT 申请（WO99/24029），将 Trisenox 药物的适应症进一步扩大，并对制剂、制备方法、使用方法进行了保护，随后在 17 个国家布局了 44 件同族专利。可以说，PolaRx 公司通过 Trisenox 药物对适应症、制备方法、给药方法等进行全面的专利保护，其专利族基本上做到了对相关领域的无隙覆盖。

而国内与国外相比，却是冰火两重天。大型药企对哈尔滨医学院第一附属医院的"癌灵一号"不感冒；这个药虽然临床效果很好，但适应症过窄，跨国药厂也看不上。在国内遍寻买家竟然无人问津，最终只能自己组建药厂进行报批和产业转化。除了国内市场，"癌灵一号"还希望从美国市场打开国际市场的大门"走出去"。但是，多年过去后，相关的美国专利和临床试验毫无进展，投资者也没有找到。

而正在此时，PolaRx 公司已经投资上千万美元，申请了多件专利并进行了全球布局，开发出了拥有特别配方和工艺的制剂，在临床方面也已经取得了重大的进展。短短 3 年时间，PolaRx 公司已经完成了药品用途开发、专利布局、新药审批等多个环节的工作，"以逸待劳"等待哈尔滨医学院第一附属医院的挑战。

哈尔滨医学院第一附属医院无奈之下，只能与 PolaRx 公司合作。

万事俱备，只欠东风，PolaRx 公司用中国已经公开发表的人体数据，说服美国 FDA 给予许多临床前工作的减免，这样至少省下 1 年时间。另外，由于有充足的数据证明中国和美国 I 期临床试验类似的数据，美国 FDA 同意 PolaRx 公司可以把 II 期临床试验和 III 期临床试验合二为一做，可以进入快速审批通道，保证 6 个月内批准该药，只要求 PolaRx 公司在 Trisenox 上市后再补做一些儿童药代动力学试验及其他安全追踪数据。

这是美国 FDA 批准一个新药上市最快的速度，这个纪录至今没有被打破。这里有 PolaRx 公司"以逸待劳"成功利用中国元素和中国医生的重要贡献的重要原因。PolaRx 公司作为一家仅成立 3 年的小微型公司，将其他公司需要 10 ~ 20 年的新药开发周期缩短在 3 年之内，只不过几千万美元的投入，获益 3 亿美元，真是成功利用专利布局的奇迹！由于对专利布局的不重视，中国医学工作者 20 多年的研究成果被美国虚拟公司成功"以逸待劳"打伏击，也是令人唏嘘不已！

例 4-3

早有蓄谋，展会查抄成为国外公司惯用的"以逸待劳"行为

2008 年 8 月 29 日，在德国柏林国际消费电子展（IFA）上，德国海关以"可能侵犯专利权"为由，突袭了 69 家企业展位，并没收了大量电视机、MP3 和手机等展品。这其中包括中国大陆和台湾地区的多家知名企业。

作为 MP3 专利的代理公司，SISVEL 公司与多家中国企业就 MP3 专利在电视等产品上的收费问题一直处于谈判状态，有的甚至直接约定在 IFA 上进一步地协商。令这些参展厂商万万没有想到的是该公司不仅没有赴约继续洽谈，反而从背后下手，在 IFA 开幕的第一天就强行通过当地海关拆走了多家企业的展品，甚至是把没有争议的产品也同时拆走，并纠集当地媒体进行现场采访和报道，致使中国及亚洲其他国家 60 多家厂商的展览一时间中断，在当地经销商中造成了不良影响。

业内人士称，IFA 已从全球最大的消费电子展会，变成德国厂商"以逸待劳"

打击其竞争对手的"全球最大的查抄大会"。

早在 2007 年 3 月 15 日的 CeBIT 上，开展第一天，SISVEL 公司就通过同样的手段将来自中国大陆和台湾地区的华旗、纽曼、台积电等企业的产品拆走，给这些企业造成了极其恶劣的影响。这一次，SISVEL 公司故技重演，而查抄的对象还是以中国品牌为主，尤其是在欧洲市场表现不俗的中国及亚洲其他地区等多个品牌，试图以歧视性和不公正的待遇，让这些品牌的市场开发受到阻碍。

据了解，SISVEL 公司每年都参与 CeBIT、CES、IFA 等展会，寻找涉嫌侵权的产品，然后向法院提交强制执行申请，给相关企业造成重大声誉影响后，发现是一场"误会"，最后双方达成专利授权。SISVEL 公司成立于 1986 年，实则是一个专门发放专利许可证的专利收费公司，其主要职能在于为专利持有人代为收取专利费，法国电信和飞利浦等企业均是其授权方。如果这些企业一方面在中国取得了巨大的经济利益，另一方面又希望阻碍中国企业在欧洲的市场开发，通过 SISVEL 公司这样的代理公司毁损中国企业也许是它们不错的选择。

由于德国法律规定知识产权权利人在无须提供担保的情况下即可以通过执法机构对其怀疑的所谓"或许侵权"产品采取诉前强制措施，这事实上为专利权人的权利滥用提供了可乘之机，再加上在德国诉讼的繁琐和众多不便，这必将对中国企业进入欧洲形成限制和壁垒，这是对中国企业的极大不公平。

主流观点认为，亚洲大面积的参展厂商在展览现场受到德国海关的不公平待遇，这说明德国相关部门和机构是有蓄谋的"以逸待劳"行为，在看到亚洲尤其是中国品牌的崛起背景下，认为受到了威胁，采取这种不符合国际惯例的程序和手段，采取歧视和不公正的政策，让这些品牌进入欧洲市场时遭遇更多壁垒。

境外参展，本来是中国向世界展示自身实力的舞台，国际展会上屡遭查抄，不仅阻碍了企业的市场拓展良机，更极大地损害了我国企业的国际形象，削弱了我国企业在国际上立足的竞争优势。而中国企业也应该联合起来，坚决反对知识产权的滥用和利用标准进行垄断，反对假借"知识产权"限制自由贸易和公平竞争。同时，更要通过提前进行专利分析和评议工作，了解国外参展规则和竞争对手的专利战略，明确参展不侵权的证明，最大限度地降低展会被查抄的风险以及纠纷带来的损失。

第五计　趁火打劫

一、计策解读

"趁火打劫"之计的本意是指趁人家失火、一片混乱的时候去抢劫，比喻乘人之危谋取私利。

在《三十六计》中原文为："敌之害大，就势取利。刚决柔也。"其指的是利用敌人处境艰难的时机，己方正好乘此有利机会出兵，坚决、果断地打击敌人，以取得胜利。

"趁火打劫"之计用在军事上指的是当敌方遇到麻烦或危难的时候，就要乘此机会进兵出击，从中取利乃至制服对手。《孙子兵法·始计篇》云："乱而取之。"讲的也是这个道理。

《西游记》第十六回中描述黑熊怪："正是财动人心，他也不救火，他也不叫水，拿着那袈裟，趁火打劫，拽回云步，经转山洞而去。"这是对"趁火打劫"最早的文字描述；明末清初多尔衮趁着中原内部战火纷飞，利用李自成和吴三桂的矛盾，不费一兵一马挥军进入山海关是"趁火打劫"；寓言故事中的"螳螂捕蝉，黄雀在后"和"鹬蚌相争，渔翁得利"，则是"隔岸观火"和"趁火打劫"联合应用构成"连环计"的形象体现。

二、运用技巧

美国前总统林肯曾经说过："专利制度是天才之火添上利益之油"，保证专利权人的利益是激励自主创新的重要手段之一。在专利战中，用火上浇油、趁火打劫的方式攫取利益的案例也不胜枚举。如果将"趁火打劫"之计的"乘机搏乱，就势取利，趁危取利"的内涵与战略思维应用于专利之道，能够帮助企业进一步强化知识产权创造、运用、管理和保护能力，增强其专利运用和专利防御能力。

在专利战中，"趁火打劫"之计不同于"浑水摸鱼"的乘乱取利，而是强调就势取利、顺势取胜。所谓"趁火",即在专利战中抓住对方遇到困难、麻烦的时机发动进攻;所谓"打劫",可以劫财——高价卖出专利或低价买进重要专利,可以劫才——趁机网罗研发人才和专利人才,可以劫路——加强对上下游产业链的专利布控,可以劫市——趁机占领对方专利地理市场。具体而言,趁火打劫在专利战中有以下应用技巧。

1. 洞若观火,有备而来

专利战中,趁火打劫之"火"就是指竞争对手遇到的困难,其不外乎有两个方面,即内忧和外患。

应用"趁火打劫"之计,进入火区前的专利情报的收集、专利分析、专利风险预警非常重要,专利情报的分析要做到明察秋毫、洞若观火。要利用"七何分析法"明晰所遇之"火"的起火时间(when)、地域(where)、情形(what)、交战方(who)、火源(why)、价值所在(how much value)、如何利用(how to use)后,才能有备而来,入火分利;如果分析不到位或分析有偏差,进入火区后无异于火中取栗、惹火烧身。

2. 趁危取利,随机应变

古人按语说:"敌害在内,则劫其地;敌害在外,则劫其民;内外交害,败劫其国。"其意思是,敌人发生内乱时应攻打其城池;敌人发生外患时,应打开城门接纳人才;内忧外患同时发生时,这个国家离灭亡不远了。

专利战中对于企业而言,核心技术的缺乏、专利布局的漏洞、遭遇技术瓶颈、资金短缺、产品积压、研发人才外流、专利联盟内讧等都是内忧;遭遇贸易壁垒、专利侵权诉讼、专利条款打压都是外患。

毛泽东曾经讲过外因是变化的条件,内因是变化的决定因素,专利战中的内忧和外患从来也不是孤立地存在的。"趁火打劫"之计在应用时要根据情形随机应变,适时获利,要有一双火眼金睛能够对竞争对手的情况"洞若观火",善于分析"火势",善于从竞争对手的"水深火热"中发现有利战机。当竞争对手有内忧时,就趁机进行专利交叉许可、占领其市场或抢夺其研发骨干人员,当竞争对手有外患时,就借机对其进行高价的专利交易;当竞争对手同时面临内忧外患,岌岌可危时,就借机兼并它。

3. 明火执仗,稳操胜券

专利战中的明火执仗,就是利用对方在该场景下的一些迫切需求毫无顾忌地趁火打劫。

例如，利用竞争对手在资产重组、并购、减资、破产、专利联盟瓦解等时机，抢购重要专利、网罗研发人才、占领专利地理市场；利用专利布局不完善的竞争对手在上市、融资的时机，高价推销专利包；利用竞争对手为应付反倾销调查而焦头烂额时，收取高额的专利侵权费用等，这些都属于公开的场合下"明火执仗"般的专利获利，而这些情况下对方一般只能别无选择地接受趁火打劫方提出的要求。

4. 煽风点火，星火燎原

"趁火打劫"一般情况下是指等待机会去趁危取利，但是也不排除企业主动出击，通过煽风点火、火上浇油的方式，自己制造机会，然后趁机取利达成自己意图的情形。

优势的专利战机稍纵即逝，应用"趁火打劫"之计要善于寻找"火源"，敏感地把握住机会，利用竞争对手的潜在危机趁势出击，适当的时候对"星星之火"可以采取煽风点火、火上浇油的手段，放大对手的危机造成"燎原之火势"，抓住对方的专利布局软肋掌握战争主动权。

5. 未雨绸缪，防患于未然

唐朝杜牧评价"趁火打劫"时说："敌有昏乱，可以乘而取之。"《周易·既济》中言："君子以思患而豫防之。""趁火打劫"所利用的是对方的昏乱，因此在激烈的专利战中，要保持清醒的头脑和冷静的大局观，需要防患于未然，这样，危险突然降临时才不至于手忙脚乱，才不至于被人趁火打劫而一败涂地。

对于防范一方而言，应有放眼全局的专利战略格局和防患于未然的专利战术布局，才能有效避免内忧和缓解外患。通过重视知识产权保护、完善人才培养机制、巩固专利联盟等管理方式消除内忧，通过专利预警、整合产业链、完善专利布局等方式尽量解决外患。即使在专利战中遇到了难以规避的困难，也应放平心态两面看待，利用激烈的专利战来检验"烈火真金"的专利技术；同时能够借机认清专利盟友的立场和底线，用类似于股市中"庄家震仓"的方式甩掉专利立场不坚定的"跟风盘"。

不同于缺少专利布局的企业在上市时被人趁火打劫，未雨绸缪，拥有完备专利布局的企业，在上市过程中往往会起到积极的作用。拥有完备的专利布局，有助于获得证监会等上市审查机构对于企业创新能力的认可，进而有利于企业上市审批的通过；有利于投资者根据专利市场询价，从而促进发行方获得较高的发行价格；有益于作为高科技企业招股说明书中的亮点，争取到更多的投资。

三、总结陈词

"趁火打劫"的策略核心是洞若观火，时而备之，乱而取之，善用对手之不稳、大局之纷乱来直接获利；或通过煽风点火，主动地制造机会图利。

"趁火打劫"用在专利战的主要特点是，趁竞争对手由于内忧或外患处于危险、混乱境地的时机，坚决果断地打击竞争对手，并趁热打铁，收获"专利战利品"或借机进行专利布局或抢占专利市场。

生活中我们要提倡乐于助人的"雷锋精神"，但是在专利战中要敢用、乐用、多用"趁火打劫"之计，为企业的"天才之火"多浇"利益之油"，"劫取"社会生产力发展的科技成果，促进社会创新和经济进步的可持续性发展。

四、画龙点睛

> 专利大战第五计，趁火打劫捡便宜。
> 洞若观火有备来，敌我优势早明晰。
> 趁危取利随机变，内忧外患不孤立。
> 明火执仗无顾忌，稳操胜券来获利。
> 煽风点火助燎原，优势战机莫丧失。
> 未雨绸缪防未然，布局专利早防御。

五、活学活用

例 5-1

趁火打劫，雅虎以及众多专利流氓盯上网络新贵 Facebook

Facebook 起源于美国大学校园，于 2004 年 2 月正式上线，截至 2011 年底，其月活跃用户量达到 8.45 亿人次，日登录网站用户数量达到 4.83 亿人次；总营业收入达 37 亿美元。2012 年 2 月 1 日，Facebook 向美国证券交易委员会正式递交了首次公开募股（IPO）申请，计划融资 50 亿美元。Facebook 的上市是美国历史上最大规模的科技公司 IPO 交易，市场预计其估值将会达到 750 亿～1000 亿美元。这种以真实的人际关系为基础网络，综合现实社区和虚拟社区优势的商业模式不仅使得 Facebook 成为全球最大的社交网站，与谷歌、苹果、亚马逊等科技巨头展开竞争，其发展模式也被众多 SNS 社交网站所模仿。

随着 Facebook 资金实力的不断增强和注册用户的不断增多，Facebook 迅速成为社交网络的巨头，但与此同时其也越来越频繁地成为专利攻击的目标。

美国专利商标局公布的数据显示，截至 2011 年 12 月，Facebook 仅拥有 56 件授权专利和 503 件正在申请的专利，并且 73％的专利申请是在 18 个月内提出的。另外，在已授权的 56 件专利中，有 39 件是 Facebook 通过收购所得。换句话来说，自 2004 年创立的 8 年间，Facebook 自己所拥有的专利寥寥无几。专利数量的薄弱和专利防御能力有限使 Facebook 成为一些为了提高自己的知名度或趁机索要高额专利许可费的中小企业或专利流氓攻击的靶子。

对于计划上市的公司来说，提出 IPO 申请就意味着其必须努力展示出能够带来丰厚回报以及较低风险的能力，因此这些公司会极力避免出现影响公司创新形象的专利诉讼；如果避免不了，就希望通过和解速战速决，而这一想法却被一些公司所利用。比如 2004 年在谷歌进行 IPO 申请前，雅虎就通过专利诉讼为自己换取了相当多数量的谷歌股票。在此次 Facebook 提出 IPO 申请后，雅虎又故技重演，在美国加利福尼亚北区地区法院对 Facebook 提起专利侵权诉讼。市场研究公司 comScore 的报告称，2011 年第一季度，Facebook 在广告市场占据了 31.2％的市场份额，雅虎以 10％的市场占有率位居第二。面对 Facebook 迅猛的发展态势，在付费搜索、展示广告和社交网络领域拥有关键专利的雅虎对 Facebook 展开专利围剿也在意料之中，只是雅虎选择围剿的时间点恰恰是在 Facebook 提出 IPO 申请之后，不能不说是思谋良久后的一招"趁火打劫"的妙棋。

从 Facebook 现有的专利诉讼来看，除了雅虎外，诉讼对象多来自中小企业和"专利流氓"，但随其逐步扩展自己商业发展的"边界"，Facebook 或许还将面临其他老牌企业的专利威胁。如在数据和文件管理、信息存储方面，谷歌创建了一些数据库并公布了其在数据库领域取得的部分成果，包括 Facebook 在内的很多公司都使用了这些信息来创建自己的数据中心，而谷歌的很多专利都与关键的数据创新中心有关。谷歌和 Facebook 在搜索服务、数据中心、社交网络服务等方面已展开直接竞争，不排除谷歌以数据方面专利侵权来对 Facebook 提起诉讼以遏制其快速发展，并且甲骨文、IBM 和微软等老牌企业花费了数十年时间申请了大量与文件管理和信息存储相关的技术专利，Facebook 对与这些技术相关的开源软件的免费使用也存在风险。一旦老牌企业决定使用这些专利武器，Facebook 将面临巨大挑战。另外，一些著名的咨询公司如埃森哲在网络社交 / 电子商务专利领域拥有相当多的知识产权，美国专利商标局公布的数据显示，埃森哲拥有 2 700 多个专利组合，在与电子商务相关的专利中，其数量已经超过 eBay。随着 Facebook 与其他公司的专利战不断升温，不排除埃森哲、高盛等咨询公司也会加入其中。

面对自己专利短板带来的威胁，Facebook 并非坐以待毙，而是积极在关键技术领域如社交网络服务、搜索服务、地理位置服务、云计算等方面展开专利布局，通过专利质量上的优势来防御潜在的专利攻击。

如在社交网络服务方面，Facebook 获得 News Feed 技术专利，此件专利包括了广泛运用于社交网络业界的多项技术；在搜索服务方面，Facebook 获得一件名为"依据某社交网站一定群体的用户点击频率进行搜索结果排名"的专利，谷歌等搜索服务商也希望将基于点击次数的分析添加到搜索引擎排名算法中，因此 Facebook 获得这项技术将给搜索行业带来影响；在地理位置服务方面，Facebook 获得了 LBS 核心专利，这将对其他地理位置服务商形成威胁；在云计算方面，Facebook 积极取得在照片存储、后台日志分析、智能推荐等方面的专利。

除了积极研发申请专利之外，Facebook 还通过收购起诉者或者老牌企业的一些专利来避免自己面临的专利威胁，并迅速扩充自己的专利弹药库。如 Walker Digital 公司在 2010 ~ 2011 年向 Facebook 提起了 3 次专利侵权诉讼，2011 年 7 月，Facebook 收购获得 Walker Digital 公司、LLC 公司的 7 件专利。此外，Facebook 还从 IBM、惠普、英国电信等公司购买了多件专利，专利覆盖范围涉及软件、网络工程等诸多领域。

同时，除了专利以外，Facebook 还未雨绸缪，虽仍未进入中国，但已开始着手抢注中文商标。据中国国家工商行政管理总局的官方信息显示，Facebook

在中国境内申请注册的各类商标规模高达 60 余个，包括"FACEBOOK""菲思布克""脸谱"等，而且 Facebook 也已经展开了对其域名的早期注册，以防万一。

可以看出，专利已不仅仅是一个企业技术实力和创新能力的象征，已逐渐成为被企业灵活运用的竞争武器，专利布局处于短板的企业将会不断面临来自竞争对手和"专利流氓"的专利攻击。Facebook 的创新型商业模式给 SNS 产业带来变革和发展动力的同时，其不断遭遇的专利诉讼也给我国互联网企业的发展敲响警钟。或许当我们在旁学习 Facebook 的商业模式时，更应该学习其面对专利威胁时的应对之道，正所谓"亡羊补牢，未为迟也"。

例 5-2

一举两得，微软"趁火打劫"向三星索要专利费

在专利纠纷上，三星曾经陷入了美国互联网"双煞"的联合夹击：一方面是与巨头苹果的专利大战不断升级；另一方面微软趁火打劫，2011 年 7 月 6 日向三星索要 Android 手机专利授权费。微软要求三星每销售一部 Android 手机，就得支付 15 美元专利授权费，理由是 Android 使用了微软多项专利技术。

这让在专利纠纷中本已焦头烂额的三星疲于奔命。

三星 Android 手机的产销已经进入佳境，销量很大，2011 年 4～6 月，三星销售了 1 900 万部智能手机，而 Android 手机占据绝大部分。如果微软能够得偿所愿，将大大削减三星的利润所得，因为三星一年向微软支付的专利授权费或高达 10 亿美元以上。之前，微软已经成功地向 HTC、纬创、Velocity Micro、General Dynamics 和 Onkyo 达成了专利授权协议。这种趁火打劫的"索取"成功或让微软尝到甜头，对三星更加不愿轻易放弃。两家公司于 2011 年底签订协议。根据协议，三星将在 7 年时间里向微软支付专利授权费，以使用微软的专利技术。根据协议规定，三星可以在自己旗下推出的 Android 设备上搭载微软软件产品，但需要向微软支付一定的专利许可费，费率约为每台设备 5 美元。

微软在这个时候选择向三星索要专利授权费，有两方面的原因：一是由于三星 Android 手机已经在规模销售，有暴利可图；二是三星正忙于和苹果打官司，不愿两面开战，作出让步的可能性较大，微软正好趁火打劫。

微软提供的数据显示，三星智能手机销量自 2011 年签署专利交叉许可协议后增长了近 3 倍，从 2011 年的 8 200 万部增长到 2013 年的 3.14 亿部，如果按照当初双方约定的费率计算，微软每年可以从三星获得几十亿美元的专利许可费。据了解，目前，市场上约有 70% 的 Android 品牌智能手机制造商都需要向微软支付专利许可费，这不仅增加了竞争对手 Android 设备生产成本，同时也让微软大赚一笔，可谓一举两得。

例 5-3

明火执仗，IBM 在 Twitter 上市之际向其兜售专利

2013 年 11 月 7 日，美国知名的社交网站 Twitter 在美国纽约股票交易所顺利上市，该股以 44.9 美元收盘，较发行价暴涨 73%，按收盘价格计算，市值 312.2 亿美元。但是与大多数科技公司相比，Twitter 在专利方面的态度较为开放。这种开放态度给 Twitter 带来的后果之一就是 Twitter 的专利数目少得可怜——在美国仅有 9 件，存在巨大的 IPO 隐患。

Twitter 当初埋下的隐患在上市前爆发了，2013 年 11 月 4 日 Twitter 在 IPO 前夕 IBM 邀请 Twitter 就专利侵权问题进行磋商。与此同时 Twitter 将自己的 IPO 发行价从每股 17 ～ 20 美元上调到每股 23 ～ 25 美元，并且提前一天结束申购。

IBM 向 Twitter 发出官方通知声称 Twitter 至少侵犯了 3 件 IBM 的专利。在信函中 IBM 指出了 3 件可能被 Twitter 侵犯的专利，它们是：美国专利 US6957224（统一资源定位符的高效检索）、美国专利 US7072849（在交互型业务上广告呈现方式）、美国专利 US7099862（共同联系人的算法挖掘）。

IBM 表示相对于在法庭上兵戎相向，其更倾向于私底下和谈解决。但 Twitter 这边态度则不同，刚开始认为自己可以应付来自 IBM 的指控。但是 Twitter 很快发现，应对 IBM 的专利纠纷费时费力，且对自己的招股融资将造成很大的冲击，同时由于自己专利布局的漏洞，其很可能沦为行业内其他公司的刀下鱼肉。

根据 Twitter 于 2014 年 3 月 7 日向美国证券交易委员会提交的文件，Twitter 为购买 IBM 900 件专利花费 3600 万美元。Twitter 在给美国证券交易委员会的文件中称，与 IBM 签署的这项协议是 Twitter 首次为专利技术达成交易，交易后该

公司目前拥有956件美国专利，已提交申请的专利数量为100件。

在Twitter上市前，IBM利用自己雄厚的专利布局对其"敲竹杠"是"趁火打劫"应用场景中的"明火执仗"。但是需要肯定的是，在签署新协议后Twitter将能得到更好的知识产权保护，拥有更大的创新自由和发展空间，长远来说对使用者肯定是有好处的，Twitter与IBM应该是实现了共赢的"正和博弈"局面。

第六计　声东击西

一、计策解读

"声东击西"之计源自唐代社佑编撰的《通典》："声言击东，其实击西。"用在军事上是使敌人产生错觉的一种战术，掩盖自己真实的作战意图，转移对手的注意力，使之对自己的进攻目标疏于防范，甚至作出完全错误的判断，然后出其不意攻其不备。

《三十六计》中原文为："敌志乱萃，不虞，坤下兑上之象，利其不自主而取之。"此计是运用"坤下兑上"卦象的象理，比喻当敌人处于错失丛杂、危机四伏的处境时，己方则要抓住敌人不能自控的混乱之势，机动灵活地运用时东时西、似打似离、不攻而示之以攻、欲攻而又示之不攻等具体战术，进一步造成敌人的阵脚错乱，出其不意地一举获胜。

《孙子兵法》中说："兵者，诡道也。……近而示之远，远而示之近。"就是指隐真示假、声东击西，通过佯攻造成敌方错综复杂、危机四伏的处境，然后抓住敌人不能自控的混乱局面，似打非打、似撤非撤，然后出其不意一举制胜。毛泽东在《论持久战》一文中写道："'声东击西'，是造成对手错觉之一法。在优越的民众条件具备，足以封锁消息时，采用各种欺骗敌人的方法，常能有效地陷敌于判断错误和行动错误的苦境，因而丧失其优势和主动。'兵不厌诈'，就是指的这件事情。"

二、运用技巧

俗话说：商场如战场，作战中成败的铁律同样也适用于专利战。

在专利战中，"声东"是用专利佯攻虚晃一枪，目的在于吸引竞争对手显露出真实的专利战略意图，进而令竞争对手露出其专利布局破绽；"击西"才是真正的专利进攻目的，要集中优势兵力进攻其露出的专利布局破绽。

"声东击西"在专利战中取得胜利最常用的战术体现，就是"明攻无市之技术，暗袭有用之专利"。或瞒天过海、混淆视听，迷惑其专利战略布局，从而避开竞争对手的注意力；或故布疑兵，增加竞争对手的顾虑，牵制、分散其专利力量，松懈其主动进攻的意愿，然后出其不意、攻其不备地发动专利进攻。从专利战略上看，作者将"声东击西"分为两个层次和步骤进行：专利佯攻和专利主攻，佯攻的战术核心是真假难辨、以假乱真，主攻的战术核心是稳、准、快。

1. 专利佯攻

专利佯攻，是指为了掩护专利主攻力量而进行的虚假攻击。在企业从事产品研发、专利申请、专利运用、技术秘密探界或市场推广等与专利相关的活动时，通过发警告函、提起专利侵权诉讼、申请专利行政执法援助等手段发动专利佯攻，能够兼具专利防御和专利进攻的双重作用。

专利佯攻的防御作用在于，通过专利佯攻迫使或诱使竞争对手暴露其真实的专利布局和专利进攻战略，从而能使己方集中优势专利力量以逸待劳地防守主要专利阵地；专利佯攻的进攻作用在于，发动专利战时，派出部分专利力量作为疑兵向对手发起攻击，令对手无法准确判断己方的具体攻击方向、位置和力量，从而做到分敌之势、掩护己方主攻力量夺取专利战胜利的目的。

专利佯攻应采取"侦""算""瞒""试"四步骤相结合的方式，才能够侦察敌情，并最大限度地为专利主攻做好铺垫。

（1）侦

侦，就是指专利竞争情报信息的检索、收集和运用，这是专利佯攻的基础。

孙子云："用师之本，在知敌情。"在专利竞争中，情报信息是决策的依据、行动的先导，不论是技术开发、战略决策、专利申请还是专利运营，都必须要求准确、全面、快速的专利情报信息做保障。

（2）算

算，就是专利分析和专利预警，这是专利佯攻的有效保障。

通过专利分析能够知己知彼，通过对比现有技术，了解对手的专利布局，寻找对手的专利技术薄弱点进行攻击；通过专利预警分析，能够及时掌握对手的专利竞争动态，实时调整己方专利战略，有效避免专利侵权和重复性研发。

（3）瞒

瞒，就是指用"瞒天过海"之计进行合理隐瞒，这是专利佯攻的战术核心。

通过在专利申请和／或专利运用中隐迹潜踪、示假隐真、转移视听等手段，主动地诱使敌人作出错误判断，让对手不易把握我方的研发动向和专利进攻目标。

（4）试

试，就是指测试对手专利布局之虚实，这是专利佯攻的关键步骤。唐太宗李世民说："用兵识虚实之势，则无不胜焉。"

"试"的目的有两个，第一个目的是，对竞争对手的专利技术、专利布局地理市场采取"忽东忽西""即打即离"的专利战术来探其虚实，对竞争对手的专利研发动向和重要专利采取"打草惊蛇""引蛇出洞"的专利战术来投石问路。来进一步判断对手的专利竞争力的深层次信息，从而制定针对性的专利竞争战略。

"试"的第二个目的是，通过真假进攻相结合的方式使对手的专利战略发生混乱，通过专利进攻的似可为而不为，似不可为而为之，对手就无法推知我方意图，被假象迷惑，作出错误判断，我方则趁机进行专利主攻。

2. 专利主攻

通过专利佯攻时采取的"侦""算""瞒""试"，已经能够明晰竞争对手的专利布局的态势、专利市场推广以及敌我双方的力量对比情况。通过专利佯攻，能够发现对手专利壁垒相对薄弱的重要专利，厘清对手产业链布局中的关键的专利空隙，探明对手专利联盟中实力相对较弱又不可或缺的一方等。在此基础上，需要避实就虚地发动真正的专利主攻。

主攻是和佯攻相对应的，佯攻的目的就是主攻、真攻，俗话说得好："佯攻不攻，等于自废武功。"主攻与佯攻要符合同时、同步、异标的要求，即在分散竞争对手兵力的同时要做到同时、同步出击，才能有效地防止对手重新集结兵力反戈一击。

进行专利主攻时，需要与专利佯攻同时同步进行，需要集中优势专利力量稳准快地行动。利用己方的拳头专利和尖刀专利，或迅速请求宣告对手的重要专利无效，或着重打击其专利布局漏洞的专利软肋，或在其产业链和供应链的重要位置设置专利壁垒，或通过专利许可抢占其市场，或逼迫对手完成重要技术的交叉许可，或通过人才挖角打击其专利研发命脉，才能釜底抽薪，然后一击致命。

3.佯攻即主攻，主攻亦佯攻

一般而言，往往将虚、小、快的轻资产专利作为专利佯攻力量，将重、大、慢的重资产专利作为专利主攻中坚。但是在专利战中，应注意虚虚实实、虚实结合、以实击虚，这才是"声东击西"之计灵活运用的真谛。正如《孙子兵法·虚实篇》所言："故兵无常势，水无常形，能因敌变化而取胜者，谓之神。"

需要明确的是，专利战中应用"声东击西"之计，在战略中可分佯攻和主攻，在战术布置和具体执行时都需要当作主攻目标来做，不能有轻重、主次、缓急之分，甚至在大多数情况下专利佯攻应占据更大的比重。强调佯攻主攻不分家，一是能够以正隐奇，令专利佯攻最大限度地真实化，使竞争对手无法识别我方的真正目标，从而分敌之势；二是一旦对手识破我方计谋，则从佯攻目标"顺手牵羊"，以便微利必取。

三、总结陈词

"醉翁之意不在酒，在乎山水之间也。"北宋诗人欧阳修《醉翁亭记》中的一句诗不经意间道出了"声东击西"之计的精髓所在。"声东击西"作为专利进攻中最常用的计谋之一，其核心思想就是，用尽佯攻和牵制的一切手段让对手顺情推理，我方因势利导、谋势而为，出其不意攻其不备。

古人按语说："然则声东击西之策，须视敌志乱否为定。乱，则胜；不乱，将自取败亡，险策也。"即"声东击西"是一条"胜利险中求"的计策，如果对手发生混乱则胜利，如果对手识破自己的计策反牵制自己，将自取灭亡。作者认为，如果在使用"声东击西"之计时秉承专利佯攻和专利主攻不分家的原则，用"虚张声势""指哪儿打哪儿"的虚实结合的专利进攻套路来完成专利主攻，将会大大降低此计使用的风险指数。

四、画龙点睛

专利大战第六计，声东击西要谨记。
声言出东分敌势，其实击西攻其隙。
侦算瞒试去佯攻，稳快准狠来真取。
佯攻主攻心要齐，同步同时不同矢。

五、活学活用

例 6-1

声东击西，德国拜耳借收购滇虹药业布局中药产业

36 亿元！2014 年 12 月，德国拜耳以大幅超出业内估值一倍多的价格完成了对滇虹药业的整体收购，这也是继收购原东盛集团旗下的感冒药"白加黑"之后，德国拜耳再次大手笔收购国内药企，而其高溢价收购中药企业背后颇耐人寻味。

据拜耳公布的数据显示，滇虹药业 2013 年的销售额为 1.23 亿欧元 (约合人民币 9.44 亿元)，本次收购拜耳斥资 36 亿元，收购包括滇虹药业在昆明、上海和成都的 4 个生产基地和 1 个研发中心。拜耳高层称，未来将会把滇虹药业在中药领域的专长与 2013 年收购的德国中草药制造商 Steigerwald 公司结合起来。

拜耳保健消费品部全球总裁 Erica Mann 声称滇虹药业旗下的康王、皮康王等品牌都是家喻户晓的品牌，这使得拜耳能够快速进入 OTC(非处方药) 领域的皮肤科品类之中，此外滇虹药业还有其他一系列非常知名的中国中药品牌，如丹莪妇康煎膏等，这笔收购让拜耳同时进驻了 OTC 领域 4 个不同品类的业务。

尽管拜耳收购滇虹药业后不断释放出收购的目的是继续加码 OTC 业务提供帮助的信息，但是拜耳真正的主攻方向是进军中药市场。"醉翁之意不在酒，在乎山水之间也。"与 2008 年收购盖天力制药以增加非处方药物份额的用意不尽相同，拜耳此次重金收购综合竞争力有下降趋势的滇虹药业，或只是其进军中药市场"声东击西"之计的佯攻跳板。

长期关注中药产业的某业内人士提醒行业内企业，德国拜耳的此次收购或意味着真正精通中草药研发的外资药企开始对中药产业动真格儿的了，一旦德国拜耳在中药的研发和营销上完成整体布局，中药企业未来或将直接面临一个强大的竞争对手。

因为，目前中国的医药政策正在大力支持中药市场的发展，而在专利垄断竞争激烈的药品市场上，中草药的细分市场更像一块未经深耕的处女地——中国的中草药企业在专利申请上存在短板，创新能力低、申请数量少；并且专利又多以提取物、制剂、组合物居多，仍有较大技术研发的空间。相比之下，滇虹药业拥有的授权专利数量相对较多。作为国家知识产权试点企业，滇虹药业

目前拥有授权专利 196 件，不但申请量一直保持明显增幅，就连专利技术实施率也远高于市场的平均水平，达到了 85％以上，这应该是拜耳真正看中的地方。

与此前外资药企对于中药企业从资源、流通的角度去收购不同，此次拜耳收购滇虹药业，既获得了滇虹药业在云南的植物资源，也获得了其 OTC 渠道；更值得注意的是，还"顺手牵羊"获得了外资药企难以直接获得的中药专利以及中药批文，此次拜耳收购滇虹药业可谓一步到位。

一旦中药在全球医药市场的认可度获得提升，一旦拜耳解决了中药的标准化问题，并能有效降低中药重金属离子浓度，凭借拜耳的营销渠道和研发，未来抢占中药市场份额或无障碍。用中药领域所获得的现金流和时间空当来弥补西药专利到期后新药研发的时间和资金成本，未来的拜耳或将发展为凭借中西药两条腿走路的药企。到那个时候，中药企业更难与之抗衡。

除了拜耳自身实力之外，中德关系的不断升温也为拜耳在华业务扩张提供了"树上开花"的良好契机，此番通过"声东击西"之计收购滇虹药业是拜耳迄今为止布局中国市场的最大一笔收购，但无疑将不会止步于此。

例 6-2

虚晃一枪，谷歌成功收购摩托罗拉移动

2011 年 8 月 15 日，谷歌以每股 40 美元现金收购摩托罗拉移动，总额约 125 亿美元。该消息极具爆炸性，为什么谷歌的竞争对手苹果和微软能够轻易地放弃收购摩托罗拉移动成为一大谜团。

谷歌收购摩托罗拉移动，极有可能是谷歌的 CEO 拉里·佩奇（Larry Page）玩了一个漂亮的"声东击西"战术，他先在 Novell 和北电（Nortel）的专利争夺战中虚晃一枪进行佯攻，故意抬高专利收购底价，让苹果和微软等咬牙出血，无力再参与大宗的专利并购。而暗地里却把主攻目标锁定在专利数量和专利质量更高的摩托罗拉移动，并一举拿下，把竞争对手都耍了。

一部智能手机可能涉及 25 万件专利，专利的重要性在智能手机的市场竞争中的作用毋庸置疑。2010 年底收购 Novell 数百件专利（其中有涉及 Unix 的重要专利）实际上是微软、苹果、甲骨文（Oracle）和 EMC（易安信）组成的财团击败谷歌的成果；到了 2001 年 7 月 1 日，又是苹果、微软、索尼、RIM、EMC 等 6 家公司组成的财团以 45 亿美元击败谷歌，成功拿下北电 6 000 多件专利。

现在看来，谷歌参与这两笔专利收购实际上有可能是即打即离的"专利收购佯攻"。

摩托罗拉移动业务一直在亏损，市场排名和份额仍然不断下滑，被收购是迟早的事情，摩托罗拉移动才是谷歌的真正收购目标！通过收购摩托罗拉移动，一是能获取大宗有价值的专利，应付竞争对手发起的专利诉讼，保护自身产业链；二是能进行资源配置的垂直整合，提供更有竞争力的用户体验。谷歌通过"声东击西"的专利收购战术收购摩托罗拉移动后，最直接的战果是与手机相关的 17 000 件专利权，还有 7 500 件在申请中的专利。然而更具体的是，一家有 80 多年历史、与自己有巨大差异的老牌硬件制造商，以及以电子、硬件工程师和底层嵌入式开发人员为主的研发团队等"人才宝库"。谷歌的这笔收购交易，对于 Android 平台成长为全球最大的移动平台功不可没。

虽然谷歌在收购摩托罗拉移动的专利战中通过"声东击西"之计获得了收购胜利，但是事后证明谷歌的此次收购也是风险很高的无奈之举。2014 年 1 月 30 日，中国的联想集团（Lenovo）以 29.1 亿美元收购谷歌旗下的子公司摩托罗拉移动，包括品牌与商标、3 500 名员工、2 000 件专利以及全球 50 多家运营商合作伙伴。谷歌的现实、摩托罗拉移动的无奈、联想集团的接盘的背后，反映的是目前大变革时代的一些逆流，但是涉及摩托罗拉移动收购的专利战对手机市场的竞争格局产生重大影响，则是不争的事实。

例 6-3

双管齐下，珠海炬力成功上演专利诉讼大逆转

美国矽玛特公司（SigmaTel）成立于 1993 年，为老牌的 MP3 播放器芯片厂商，其产品应用于便携式多媒体播放器、笔记本、数码相机、数字电视以及机顶盒等设备。珠海炬力集成电路设计有限公司（以下简称"珠海炬力"）成立于 2001 年，是一家致力于集成电路设计与制造的大型半导体公司。珠海炬力仅用 3 年时间，就从矽玛特公司手中抢到了近一半的全球市场份额。

面对日益增加的竞争压力，动用专利武器成为矽玛特公司丢失市场份额后的救命稻草，矽玛特公司希望利用"337 调查"将珠海炬力排挤出美国市场，赢得市场保卫战。

2005 年 3 月 14 日，矽玛特公司向美国国际贸易委员会（ITC）提交"337 调查"申请，认为珠海炬力通过进口、为进口而销售以及进口到美国市场后销售某些

音频处理集成电路以及包含该部件的产品，侵犯了其 3 件电源管理的省电技术专利：US6366522（控制集成电路功率消耗的方法和装置，授权日为 2002 年 4 月 2 日）、US6633187（启动独立集成电路的方法和装置，授权日为 2003 年 10 月 14 日）、US6137279（可调整的功率控制模块及其应用，授权日为 2000 年 10 月 24 日）。

2006 年 3 月 20 日，ITC 作出初步裁定，认定珠海炬力违反了"337 条款"，被指控部分产品侵犯了矽玛特公司的专利权。

在初步判决结果对自己不利的情形下，珠海炬力使用"声东击西"之计进行应对：立即着手向 ITC 申诉进行专利佯攻吸引矽玛特公司的注意力，而实际上同时将主攻方向放在"337 条款"之外的一系列措施上。

第一，珠海炬力尽快完成了产品的规避设计。通过专利分析认清了矽玛特公司专利的保护范围，积极应诉的同时努力设计替代方案绕开其专利保护范围，进行"偷梁换柱"。

第二，珠海炬力寻找矽玛特公司专利漏洞和可以宣告无效的理由，积极反诉。2006 年 12 月，珠海炬力向美国专利商标局提起矽玛特公司 US6366522 和 US6633187 两件涉诉案件的无效宣告请求，对矽玛特公司"釜底抽薪"。

第三，珠海炬力在中国法院发起针对矽玛特公司的专利诉讼。利用"调虎离山"之计，珠海炬力在自己的主场（深圳和西安）先后两次对矽玛特公司发起专利诉讼。

第四，珠海炬力积极向美国法院上诉。2007 年 1 月，珠海炬力向美国联邦巡回上诉法院提起上诉，要求对 2006 年 9 月的 ITC 最终裁决进行诉讼审查。

2007 年 6 月，双方宣布达成全面和解协议：双方撤销对对方的诉讼，未来 3 年内互不诉讼，且就专利相互许可达成了一致。

在"337 调查"面对不利局面的情况下，珠海炬力通过"专利佯攻"吸引矽玛特公司的注意力争取了缓冲时间，然后通过专利分析摸清了对手的专利、产品，有了知己知彼的底气，找到了反击的方向。通过一系列的提起上诉、申请诉前禁令、发起专利诉讼、申请宣告专利无效等手段，多管齐下进行"专利主攻"，成功迫使对方在不到一年的时间里达成和解。更为重要的是，珠海炬力通过这次诉讼反击，名声大震，市场份额一直稳步增长，而矽玛特公司却免不了由于亏损严重最终被其他公司收购的命运。

第二套　敌战计

　　企业如果无法做到不战而胜,那就争取与之和平共处,奉行毛泽东提出的"你打你的,我打我的",进行防守竞争的敌战计。

　　所谓敌战计,是指专利实力处于势均力敌地位时所经常运用的计谋,"或跃于渊"。具体包括无中生有、暗度陈仓、隔岸观火、笑里藏刀、李代桃僵、顺手牵羊六计。

　　企业实施专利战略时使用该套计谋的条件是:研发能力、经济实力、专利情报网络、专利经营管理水平和技术转化能力各方面与竞争对手不相上下,或者能互相掣肘。此时,可以应用专利交叉许可策略、专利协作策略、专利规避设计策略等,争取在胶着中各取所需、各有所得。

　　在敌我双方对峙的情况下,应有意识地主动创造有利于我方的条件和时机,造成敌方的错觉,使之专利局势处于被动,受制于我方,从而实现企业的整体专利战略。

第七计　无中生有

一、计策解读

"无中生有"之语出自老子《道德经》第40章："天下万物生于有，有生于无。"老子揭示了万物的有与无相互依存、相互变化的规律。

《三十六计》中原文为："诳也，非诳也，实其所诳也。少阴，太阴，太阳。"意为用假象欺骗敌人，但并不是完全弄虚作假，而是要巧妙地由假变真，由虚变实，以各种假象掩盖真相，造成敌人的错觉，出其不意地打击敌人。这就是《易经》中所说的少阴、太阴、太阳互相转化的道理。

此计用在军事中，关键在于真假要有变化，虚实必须结合，一假到底，易被敌人发觉，难以制敌。先假后真，先虚后实，无中必须生有。指挥者必须抓住敌人已被迷惑的有利时机，迅速地以"真"、以"实"、以"有"、以出奇制胜的速度，攻击敌方，等敌人头脑还来不及清醒时，即被击溃。秦国张仪"无中生有"许诺600里土地的空头支票，妙计骗楚怀王；唐朝张巡通过真假草人大败叛将令狐潮，巧用"无中生有"保住雍丘城；诸葛孔明妙计安天下，"无中生有"草船借箭等历史典故，都是无中生有的典型战例。

二、运用技巧

鲁迅先生说过：世上本没有路，只是走的人多了，便成了路。任何事物都有一个从无到有、从量变到质变的积累过程，专利也不例外。

通过专利价值评估，使企业做到"心中有数"，变"无形专利"为"有形"资产，这样的话企业不仅能够摸清自己的家底，而且还能使专利资产在企业转换经济机制、建立现代企业制度、进行产权交易时充分发挥效能。

而专利三十六计中的"无中生有"不单指莫须有的、从无到有的过程，而是指真真假假、虚虚实实，真中有假、假中有真的过程。作者认为，专利战中的无中生有，分为有而示之无的"声东击西"型和无而示之有的"树上开花"型两种情况。

（一）声东击西，有而示之无，无中生有需看势

企业在策略性的专利布局中，基于情报防范的考虑，往往隐瞒真正在进行的专利技术研发工作。结合"声东击西"之计，对实际根本不存在的计划的宣传，就有可能将竞争对手的注意力从真正重要、真正保密的计划上引开，而为自身专利技术的实施成功赢得时间和空间上的保证。

在具体实施过程中，可结合专利三十六计之"树上开花"之计，通过利用产品差异化的形式分散专利技术的研发热点，利用外围专利技术或集成创新专利技术构建"火树银花不夜天"般的专利池来制造声威气势，故意透露与公司实际的专利战略逆道而行的虚假信息。虚实难辨，令竞争对手无从下手，使其丧失专利进攻的主动性。

在时机成熟时，利用"无中生有"之计迅速亮剑，利用自己真正的、完备的专利布局，顺势而为、谋势而动，出其不意攻其不备，令对手防不胜防。

（二）树上开花，无而示之有，无中生有需迅速

在专利战中此计主张以"无"道假象迷惑敌人，趁敌人对"无"习以为常之际，化无为有，以虚为实，出其不意，打击敌人。

作者将其分解为三部曲：第一步，通过结合瞒天过海、空城计、树上开花等计谋示敌以假，构造假大空的泡沫专利布局让敌人误以为真，或用"莫须有"的方式对竞争对手发起专利诉讼；第二步，制造机会故意让敌方识破我方专利布局之假，掉以轻心；第三步，趁对方放松警惕的机会，我方迅速变假为真，实施真正的专利打击。趁敌方思想已被扰乱，迅速变虚为实、变假为真、变无为有，出其不意地攻击敌方，主动权就被我方掌握。

专利战中"无中生有"之计的关键在于第三步，"虚、假、无"只是幌子，一切都要落实在真正的目的——"生有"上，且变换的过程要迅速，做到神不知鬼不觉。迅速"生有"的过程包括迅速获取信息情报、迅速积累专利储备和筹码、迅速获得发展资金等。

1. 迅速获得信息情报

据世界知识产权组织的相关数据显示，世界上发明成果的70%～90%首先在专利文献中公开，专利信息数据库是个无比巨大的"原材料"资源。

利用专利信息对技术开发方向进行分析，除了能够了解本企业产品涉及专

利的全球、区域布局，还能够快速了解竞争对手的技术开发活跃程度、技术覆盖面、关键性的重要专利以及技术体系。

利用专利信息分析扩展事业的可能性，能够快速了解新技术的研发动向、了解产业链和供需链、了解本企业进一步参与的可能性，明晰本企业是否能够纵向深入、是否有机会拓展海外市场，厘清产品实施时需要注意的权利风险、迫切需要引进的专利技术，明确专利合作的类型，使得利益最大化。

2. 迅速积累专利储备和筹码

通过"专利倍增计划"，能够迅速提高专利申请量，构建完善专利布局，积累专利战的武器，反击的同时壮大自己。在迅速构建专利布局时，在国内申请时可以合理利用加快审查程序；在国外申请时可以提出"专利审查高速公路"（PPH）请求，这种成本低、质量高、授权快的审查合作模式，能够大大减少申请人在国外获取专利保护的时间和费用；也可以参加 2014 年 1 月 6 日开始运行的"全球专利审查高速路"(GPPH) 项目，根据该项目，若任一参与局经审查确定专利申请具有授权前景，申请人即可向其他参与局请求加速审查。参与GPPH 项目的国家或组织目前为加拿大、澳大利亚、丹麦、芬兰、俄罗斯、匈牙利、西班牙、瑞典、葡萄牙、以色列、挪威、冰岛、日本、美国、韩国和英国以及北欧专利组织。

除了在短时间内自己大量申请专利之外，迅速构建专利布局的手段有专利并购、专利许可、专利交叉许可、专利联盟、专利保险等方式。

企业在专利并购时，要根据企业技术互补度进行选择。技术互补度表示不同企业在自身弱势领域的互补程度，据此能够找到并购市场上符合自身发展的并购对象，从而提升企业自身的市场竞争水平。例如，当宝洁斥资 570 亿美元并购吉列后，其原有产品线从注重女性用品市场进一步扩大到了男性用品市场，不仅增强了企业的专利覆盖领域和专利布局，还进一步提升了企业的综合实力。

另外，专利并购尤其涉及海外并购时，要做好知识产权评议工作，一是分析评议知识产权总体情况，确保对其专利的全面收购，防止重要专利在收购中流失；二是分析评议知识产权实际价值，全面考量带来的竞争优势及其可持续性；三是分析评议知识产权法律诉讼，对知识产权风险进行预警评估，避免出现"花钱买官司"的尴尬局面。

专利联盟是一种广义上的交叉许可战略。专利权人通过参加专利联盟，将相关的专利集中在一起，设立关于"专利池"的共同许可条款，能够快速构建所需的专利布局。专利联盟的价值体现在：清除阻止性专利，降低交易成本，降低专利技术的实施成本和诉讼成本，整合互补性专利、促进技术转移，促进知识产权保护在全球范围内的加强。

专利保险是投保人通过获得虚拟的专利布局，把专利风险转移给保险公司的一种专利行为。通过专利保险迅速构建虚拟专利布局的行为有一定的局限性，仅用于解决专利侵权和诉讼目的，难以支持后续研发和市场推广等活动。

3. 迅速获得发展资金

高科技企业在发展过程中遇到资金问题，完全可以利用知识产权资本化来无中生有。在通过专利无中生有获得现金流的过程中，专利价值评估是核心基础，通过专利的无形资产评估，是企业对自己的专利价值心中有数，变无形为有形。这样企业不仅可以摸清自己的家底，还能增强企业对专利无形资产的价值意识，在企业转化经营机制、建立现代企业制度、进行产权交易时发挥重要效能。

迅速获得专利收益的主要途径有：专利许可收益、专利转让收益、专利融资收益、专利诉讼收益等。

专利许可收益是获得专利资金的最主要形式，专利权人一般借助于独占许可、非独占许可、排他许可、交叉许可、分许可等基本类型，通过颁发专利许可证、收取专利许可费的形式获得资金。近年来，专利许可逐渐向组建专利联盟、组建专利池、将专利与标准捆绑收费等形式转变。

专利转让也叫专利销售、专利剥离，其将专利全部独占权，不加限制地转让给他人来获取资金收益。对于专利转让收益，一定要从产业链、价值链、供应链以及业务发展的角度综合考虑，做到物尽其用。

专利融资收益是指以专利权为虚拟资本在金融市场通过金融手段来获取现金流的方式，其包括专利担保、专利信托、专利证券化、专利质押贷款、专利入股、专利保险、专利产业转化众筹等形式。

专利诉讼收益是用来维护专利权市场竞争优势和保持专利技术市场份额或市场利润的重要手段，专利诉讼的目的不是置对手于死地，应以诉讼威胁达到企业的商业目的，而获取相关的专利技术许可使用费和巨额赔偿金。

三、总结陈词

在今天这个开放的市场经济时代，全球资源、科学技术和产品都可以被整个世界共享，"无中生有"既是专利从无到有的一个发展演变过程，更是专利三十六计中最有效率的一种专利创新实现方式。

"无中生有"也暗示了明枪易躲、暗箭难防的道理，因此无论是专利进攻还是专利防御的过程中，必须认识到"打铁还需自身硬"，要注重提高专利的整体质量，专利布局不仅追求数量，更要注重质量、产品和运营的有机结合，"数量布局，质量取胜"。

四、画龙点睛

> 专利大战第七计，无中生有走三步。
> 瞒天过海第一步，示敌假象先铺路。
> 假痴不癫第二步，诱敌松懈巧布局。
> 变假为真第三步，出其不意要迅速。

五、活学活用

例 7-1

无中生有，日本专利制度基于本国产业的利益而求变

部分国家的专利制度直接反映了产业界的意志与利益，为了本国产业的利益往往采取"无中生有"的专利战略。美国和日本对于半导体芯片的保护就是最好的例证，在本国产业发展导向下，两国在专利的行政立法、执法方面均采取了"无中生有"的策略。

在 20 世纪下半叶，日本在集成电路领域与美国展开了激烈的市场竞争，起初是日本产业界对美国的集成电路产品进行大量仿制和反向工程，使得本国的集成电路工业迅速崛起，并在得到日本政府的政策支持和资金补贴后获得长足发展，日本在集成电路技术方面不但缩短了与美国的差距，甚至在 1986～1992 年成为全球最大的集成电路生产国。

由于当时日本暂时在技术上和市场份额上占据一定优势，美国拒绝采用已有的版权法对集成电路布图设计进行保护。而是通过"无中生有"地单独制定集成电路法案（1978 年）和半导体芯片保护法（1984 年），对本国半导体产业和本国市场进行针对性的保护。与此同时以德州仪器为首的美国集成电路芯片产业强势出击，从两个方面开始向日本集成电路厂商迅速发难：一方面，积极向日本特许厅（JPO）申请专利、进行专利布局，争取获得专利技术上的垄断地位和日本境内的专利法保护；另一方面，向使用了得州仪器技术的日本厂商大规模地收取技术使用费，通过许可合同来增加竞争对手的生产成本。

日本特许厅则采用"无中生有"的审查策略作为应对措施，对得州仪器等美国公司集成电路技术的专利申请案采取了拖延战术，延缓竞争对手的专利申请授权，起到了为本国相关产业发展争取一定时间的效果。

作为日本政府组成部分的日本特许厅在既有法律法规之外，以专利审查拖延的"无中生有"独特方式达到的法律效果和产业帮助，能够获得立法和司法流程根本无法比拟的便利性优势，专利审查这样的一项程序的执行，将美国半导体业的大举进攻的"专利兵力"抵挡在日本国门之外。

由此可见，"无中生有"之计在国家专利战中的体现往往是：国家执行经济功能，加入产业间的纷争中，使得原属于产业竞争的集成电路市场之争与专利侵权之争演变成国家经济利益之争，民事诉讼升格为国际争端，民事责任以单边经济制裁形式表现出来。

对于我国而言，由于正处于经济转型升级、产业结构调整和经济发展方式转变的"新常态"时期下，一些专利领域的新问题不断涌现，有必要及时对这些问题进行重点分析研究，"从无到有"进一步完善专利制度。例如，可针对"互联网＋"和"万众创业"的商业模式进行知识产权保护"无中生有"的创新。

例 7-2

自曝造假，湖北泰晶公司赢了官司却输了前途

如果当时不出意外的话，湖北泰晶电子科技股份有限公司（以下简称"湖北泰晶公司"）或将成为湖北省随州市这个地级市的首家上市公司。但是随着湖北泰晶公司与李正军的专利权发明（设计）人署名权及专利奖励、报酬纠纷一

案被媒体关注，不为人知地利用专利装点门面等试图"无中生有"的内幕被披露曝光，湖北泰晶公司的上市之路从此蒙上了阴影。

从专利官司的情况来看，湖北泰晶公司似乎是完胜。2011年6月，湖北泰晶公司前员工李正军因3件专利的发明人署名权及职务发明创造发明人的奖励、报酬问题，向深圳市中级人民法院提起对深圳泰晶公司、喻信东和湖北泰晶公司的诉讼。2013年9月3日，深圳市中级人民法院作出一审判决，驳回了李正军的全部诉讼请求。李正军不服提起上诉后，广东省高级人民法院终审判决"驳回上诉，维持原判"。2014年6月，李正军向最高人民法院申请再审。

但从诉讼过程来看，湖北泰晶公司是"赢了官司，却输了前途"。湖北泰晶公司为了证明李正军不是涉案专利的发明人，自证"涉案专利不具备授予专利权的条件，是为了满足申报高新技术企业对专利数量的要求而申请的，自己企业IPO过程纯粹是无中生有"。为证明其主张，湖北泰晶公司甚至向法院提交了委托国家知识产权局检索中心所作的检索报告，来证明其专利不具备创造性。但就是这些涉案专利让其2010年、2013年被认定为"国家级高新技术企业"，享受按照15%税率缴纳企业所得税优惠。也就是说，湖北泰晶公司为了赢得官司，在法庭上自证其利用专利装点门面、骗取"国家级高新技术企业"称号。

放眼望去，近年来，不仅仅是湖北泰晶公司，众多企业特别是创业板企业，在上市前夜发生专利纠纷、突击申请专利装点门面及申请高新技术企业材料造假等问题频频曝出。出现这一现象，首当其冲的当然是这些企业自身的诚信问题，但更深层次的原因又是什么呢？为什么上市企业热衷于利用专利装点门面呢？

现有制度下很多信息如高新技术企业认定、上市信息的披露，只注重表面的专利数量，利用专利装点门面很难被公众特别是投资者所认知。专利可以带来利益，专利证书很受重视，诸如认定高新技术企业就对专利有相关要求。据了解，湖北泰晶公司利用专利装点门面被认定为国家级高新技术企业后，连续3年享受优惠税率，减免企业所得税：2011年度减免469万元，2012年度减免428万元，2013年度减免540万元，合计共达到1437万元。如此巨大的利益，加上违法成本低，众多企业都铤而走险，通过造假等手段"无中生有"地去骗取"高新技术企业"的光环来上市。

《首次公开发行股票并上市管理办法》中明确规定，发行人不得有一系列影响持续盈利能力的情形，其中就包括"发行人在用的商标、专利、专有技术以及特许经营权等重要资产或技术的取得或者使用存在重大不利变化的风险"。专利造假行为直接关系着发行人违背信息披露的义务，需要承担法律责任。

利用专利装点门面只是企业 IPO 造假的冰山一角。对于 IPO 企业特别是创业板企业来说，利用专利造假也应属于虚假陈述范围，国家有关监管部门正在严查，一旦发现，上市之路恐怕就要受到影响。2010 年，苏州恒久因 5 件专利（4 件外观设计专利、1 件实用新型专利）未缴年费，被国家知识产权局宣布终止专利权而在创业板上市搁浅，最终导致失去了在创业板上市的机会。而今，湖北泰晶公司从专利纠纷到利用专利造假，其上市之路也可能因此受阻。

这提醒国内企业在重视诚信的同时，在上市之前要真正重视创新和知识产权，不要妄图寄希望于"无中生有"制造专利，而要努力消除为上市埋下的隐患，才能尽快 IPO，促进企业驶入发展快车道。

例 7-3

从无到有，戴尔依靠直销专利撼动 IBM

在 IT 业，戴尔是个另类。在其他品牌大拼研发之际，它却反其道而行，绕过技术的门槛，成为产品的供应商和销售商。戴尔几乎将全部精力用于强调产品如何满足客户的需求上。通过对直销、标准化、零库存等经营策略的探索与实践形成了企业独特的经营模式。

戴尔在个人电脑等方面业务上的成功并不取决于产品的技术优势，而是取决于其独创的按单生产的直销模式，在美国一般称为"直接商业模式"（Direct Business Model）。所谓戴尔直销方式，就是由戴尔建立一套与客户联系的渠道，由客户直接向戴尔发订单，订单中可以详细列出所需的配置，然后由戴尔"按单生产"。戴尔所称的"直销模式"实质上就是简化、消灭中间商。

有人说戴尔没有专利，其实不然，戴尔"无中生有"——从运营模式中独树一帜进行专利布局。戴尔有 1 000 多件专利，其中 550 多件涉及营运领域简化流程方面，100 多件在工业生产制造领域，大多和流水线、包装自动化有关，戴尔对其创新的运营模式储备专利有 42 件之多。正是有了这些核心专利，才使戴尔的历程变得格外的明确和细腻，而这些专利布局也正是康柏、IBM 等竞争对手无法真正复制貌似简单的"戴尔模式"的最主要原因，使得戴尔取得了成本降低的巨大成功。

戴尔"无中生有"的专利组合不但能防御，还能进行犀利的进攻，可为攻防兼备！

例如，1987 年时，戴尔没有什么专利筹码，其每年得把营业额的 4% 支付给 IBM，充当专利许可费。通过密切跟踪 IBM 的技术，戴尔发现了一些发展核心专利的技术路线，接下来戴尔通过创新的运营模式的 43 件美国专利取得了与 IBM 约 2 万件专利的交互授权。戴尔的专利虽少，但是制衡能力极强。例如，戴尔用 4 件核心专利垄断了网上卖电脑的商业模式，每天从网上获得的销售收入一度平均高达 3 000 多万美元。在 1999 年戴尔与 IBM 的这场专利交易中，以这 4 件核心专利为主的 43 件专利组合被估值达 160 多亿美元。通过这个交易，戴尔成功实现了对主要对手的专利制衡，获得了巨大的经济收益。

与狼共舞，如果只是做一味忍让的小羊，难以逃脱失败的命运。想要把自己也变成全副武装的狼，在自主知识产权还是稀缺资源的情况下，需要结合"无中生有"之计应用合理的专利战略，才能够帮助企业完成由羊到狼的转变。

第二套 敌战计

63

第八计　暗度陈仓

一、计策解读

"暗度陈仓"之计的全称为"明修栈道，暗度陈仓"，出自《史记·淮阴侯列传》，讲述了汉朝名将韩信利用明修栈道将楚军主力引诱到栈道一带，然后率军绕道陈仓发动突袭，一举打败章邯的著名战例。喻意指从正面迷惑敌人，用来掩盖自己的攻击路线，而从侧翼进行突然袭击，出奇制胜。

《三十六计》中原文为："示之以动，利其静而有主，益动而巽。"其意思是，故意向敌人的某一方向进行佯攻以吸引敌人的注意力，然后利用敌人已决定在这一方面固守的时机，悄悄地迂回到另一地方进行偷袭。这就是《易经》益卦中所说的乘虚而入，出奇制胜。

用于军事中，"暗度陈仓"计与"声东击西"计有相似之处，都是通过迷惑敌人、隐蔽进攻达成战略目的；"暗度陈仓"计与"声东击西"之计的不同之处是，声东击西隐蔽的是进攻目标，暗度陈仓隐蔽的是攻击路线。

二、运用技巧

本节以 "暗度陈仓"为分析入口，将其在企业专利布局战略中蕴含的"以明隐暗，以正隐奇"的战略思维应用于专利风险监控、专利申请和运营之中，旨在帮助企业进一步强化知识产权创造、运用、管理和保护能力。

"暗度陈仓"之计用在专利战中的特点是，将真实的专利意图隐藏在不令人生疑的专利佯攻背后，通常是将奇特的、特殊的、意料外的、虚拟的专利行为隐藏在常规的、一般的、不出所料的、真正的专利行为背后，迂回进攻，出奇制胜。

"明修栈道"表示通过公开的专利佯动令对手放松防备，"暗度陈仓"表示通过隐藏的专利偷袭行为攻其不备。在专利战中，"明修栈道"的目的是为"暗度陈仓"造势，"暗度陈仓"的成功则依赖于"明修栈道"的掩护，二者的有机结合成就了"明修栈道,暗度陈仓"的内涵所在。"暗度陈仓"之计在专利战中的应用技巧在进攻上分为以明隐暗、以正隐奇和以迂为直,在防守时则要以逸待劳,具体如下所述。

1. 以明隐暗,瞒天过海

"暗度陈仓"必须配合"明修栈道",才能显示战略的意义,才能突出谋略的价值。专利佯攻的过程做到位,结合"声东击西"之计在专利攻防中迷惑对手,尽量不能让对手看出破绽;"暗度陈仓"的过程则要与"瞒天过海"之计相结合,通过在专利进攻中采取隐迹潜踪、转移视听等手段隐藏我真实的专利进攻目标。

项庄舞剑,意在沛公,专利佯攻的背后必定暗藏专利偷袭。例如,在专利战中,以扩大公司规模为幌子的并购行为真正目的可能是收购专利,而收购专利的背后也往往隐藏着专利技术本身之外的其他目的,如为满足与专利相关的企业资质认证条件而发动的从属性专利收购;为提升与竞争对手的专利抗衡能力而进行对抗性专利收购,借此获得专利对冲和市场平衡机会;为保持和强化既有的专利优势从而垄断市场而进行的战略性专利收购;为笼络专利人才而进行挖角性专利收购等。

申请基础专利时采用"潜水艇专利"策略,不提前公开、不主动申请实质审查,并尽可能地拖延专利审查周期,等利用了其技术的产品被广泛普及后,再"趁火打劫"收取专利许可费。例如,美国专利 US8914825 早在 1995 年就提出了专利申请,直到 2014 年才授予专利权,中间时长达到 19 年之多,主动申请的专利授权滞后期长达 7 151 天!

专利寡头主动地与竞争对手专利联营,真正的意图则是"上屋抽梯"抢占市场;被告专利侵权方用主动妥协、胡搅蛮缠的方式拉长谈判周期,背后则积极无效对方专利。这些在专利收购、专利联营、专利申请、专利诉讼等专利行为中无不存在"明修栈道,暗度陈仓"之计的用武之地。

在"337 调查"案件中,"暗度陈仓"也是美国原告普遍使用的策略,利用某些企业对程序的不了解,达到清洗进入美国市场的企业的目的。例如,在 LED "337 调查"案中,原告申请调查时明确列出的被告只包括两家位于产业链下游的中国企业,但是暗中却向 ITC 请求签发普遍排除令,要求所有涉案 LED 技术整条产业链的企业产品都无法进入美国市场,令人防不胜防。

2. 以正隐奇，奇正结合

古人按语说："奇出于正，无正不能出奇。不明修栈道，则不能暗度陈仓。"奇正相互对立，又相互联系。专利战中的奇正之变，对应"守正"和"出奇"的专利辩证主义原则。"守正"是依靠专利研发实力和专利储备，用常规专利战的方式正面交锋；"出奇"是根据专利战场形势灵活应变，用竞争对手意料不到的方法或手段进行专利申请、布局和运用，力争做到出其不意攻其不备。

以专利申请文件的撰写为例，专利"守正"依赖于专利技术挖掘，就是对研发技术成果进行全面的剖析、整理、拆分和筛选后，确定用于专利申请的技术点和技术方案，兼顾专利申请的数量和质量；而专利"出奇"需要依托于专利申请文件撰写中的策略和技巧，出奇制胜以计胜敌。例如，专利申请文件撰写过程中可通过"瞒天过海"对主题名称进行适当延伸，通过"偷梁换柱"对现有技术进行合理规避，通过筛选必要技术特征对权利要求分层次保护，通过对产品进行专利保护而对工艺参数进行技术保密等撰写策略，尽量获得最恰当、最宽的保护范围。

再如，企业将产品所含的专利信息用在产品的宣传推广中，也是"奇正结合"的有效利用。通过对专利信息的宣传，能够起到提升品牌形象、突出技术特点、宣传自身产品的差异化优势等作用。

3. 以迂为直，侧翼包抄

《孙子兵法·军争篇》曰："军争之难者，以迂为直，以患为利。""暗度陈仓"之计在专利战术中最直接的体现就是正面攻击竞争对手的专利布局，同时以迂为直包抄侧翼。具体而言就是指在企业全局专利战略引导下，通过绕过对手的专利壁垒，后发而先至，避免急功近利的一种专利运用战术。

例如，在专利战中从整体专利布局着手，通过"农村包围城市"的方式巧妙地从外围专利突破，力求达成核心专利的使用权；或攻击上下游产业链的专利布局，通过间接控制上游的供应链和下游销售链，专利战略和市场策略相结合来实现"以迂为直"的战术策略；在某国申请专利并不是为了占领该国市场，而是为了利用专利"以患为利"压制该国的竞争对手，从而使自己在国际市场上处于有利地位；专利回输战略更是"以迂为直"的典范，通过斥资引进他人的基础专利，然后将该专利技术进行消化吸收，二次创新后形成自己的专利技术，再反输给基础专利方，力争交叉许可甚至"反客为主"取而代之。

再如，企业面对专利侵权诉讼时，首先要评估规避设计的可行性以及所需的时间和法院判决所需时间的平衡点，然后明面上一边积极应诉，一边暗中加紧设计绕开技术，即使法院判决对己方不利，依然可以依靠替代技术继续占有原来的市场。

4. 以逸待劳，专利预警

在专利战争中，战要慎，知要先。应对"暗度陈仓"之计的最好方法是通过专利分析、专利预警等手段，能够及时准确厘清专利技术现状和竞争对手的专利信息动态，通过合理配置专利资源和有效利用专利技术，制定相应的专利战略。发现竞争对手使用"暗度陈仓"之计的前兆后，预先制定专利应对方案，"以逸待劳"等在"陈仓"路上，以静制动而占据主动地位，然后趁机诱敌深入，使之陷入我方专利包围圈中，以逸待劳对付之。

三、总结陈词

《孙子兵法》曰："凡战者，以正合，以奇胜。"

专利守正为专利出奇"明修栈道"的同时，也应注意虚虚实实、虚实结合，"暗度"之前先要做好"明修"工作，为偷袭铺好获胜的前奏，"以奇胜者，以正合"。这才是"暗度陈仓"之计灵活运用的真谛。

同样作为佯攻和主动的结合战略，"声东击西"侧重讲"击"，是一种攻击性专利谋略；"暗度陈仓"着重讲"度"，即"通过"，这种"通过"实际是一种可迂回行进的策略，在专利战中应用范围更广泛，它既可用之于专利攻击，也可用之于技术研发，还可用之于战略性撤退。

四、画龙点睛

专利大战第八计，专利战中存同异。

明修栈道去佯攻，暗度陈仓来真取。

以明隐暗是根基，以正隐奇要牢记。

以迂为直抄侧翼，以逸待劳靠分析。

五、活学活用

例8-1

暗度陈仓，谨防"潜水艇专利"的专利申请策略

以技术方案的公开换取政府公权力的保护是专利制度的基本契约，但是有的专利申请人为了满足其专利战略的要求尽可能拖延，希望晚公开，而在非公开状态下潜伏数年后突然生效的专利，这就是所谓的"潜水艇专利"。"潜水艇专利"其实是一种"暗度陈仓"的专利申请策略，泛指申请者合理利用规则通过反复修正故意地推迟专利保护范围的最终确定，当其他企业采用并普及其专利产品时突然使专利权成立，起诉对方侵权行为并要求巨大的侵权费，这种做法就是专利申请中的"明修栈道，暗度陈仓"。"潜水艇专利"战略在实施过程中，通常表现为以下几种情况。

第一，不断修改权利要求来改变专利保护范围。申请人提交专利申请时，会提交一个保护范围很宽的专利申请，然后提交一连串对权利要求的修改，并使该申请处于未决的状态，从而申请人有可能会根据竞争对手的新产品提交修改内容。

第二，申请人合理利用专利申请的有关规定来拖延其专利申请的公布时间。以中国国家知识产权局为例，专利申请的公布时间规定是在其申请日起18个月时或18个月后公布，但此公布需要是在该申请通过了初步审查的前提下。有些申请人可能就会故意留有需要补正的缺陷，拖着不让该申请通过初步审查，从而延长公布时间。

第三，通过变换常用术语的表述方式来逃避检索，从而达到难为人知的目的。申请人在其专利申请文件中，故意采用生僻甚至古怪的名词和术语来代替常用的名词和术语，甚至对其进行重新定义和命名，从而使得社会公众很难检索到该专利申请，甚至能达到公开之后仍"不为相关公众所知"的效果。

总之，"潜水艇专利"的显著特征就是，在专利权人主动抛出该专利之前，该专利的信息是难以为相关公众所知的。难以为人知的结果就是，该技术既申请了专利（专利的要求是充分公开），但同时又不为竞争对手所轻易获知。如果竞争对手通过自己的研发获得了相同的技术并进行生产，又可以用该专利权去阻止他人对该技术的使用，从而实现对该项技术专利保护和商业秘密保护的

双重效果，超过单纯的专利保护或商业秘密保护的价值。这对专利权人无疑是好处巨大，但对竞争对手甚至整个行业都可能会导致毁灭性的后果。

通信是国民经济的基本保证，建设投资非常巨大，目前通信产业最热门的就是未来 4G 的 LTE 发展。摩托罗拉在 LTE 技术的发展中发挥了重要作用，在 EV-DO 向 LTE 演进以及 LTE 在 700 MHz 频谱下的运转等领域都是先行者，摩托罗拉还是中国移动 2010 年上海世博会全球首个试商用 TD-LTE 网络的主要解决方案合作伙伴。摩托罗拉通过了工业和信息化部 2.3GHz 的 TD-LTE 实验室全集测试。

但是奇怪的是，在中国专利数据库中并没有发现 2010 年之前摩托罗拉有 LTE 的中国专利申请。综合摩托罗拉在全球专利申请的情况分析，摩托罗拉并不是没有在中国申请专利，而是申请的专利尚未公开，很可能应用了"潜水艇专利"战略。

表 1 CN200880020732.X 专利相关信息列举

时间	流程事件	时间	流程事件
2007-06-18	优先权日	2011-01-07	申请人由"摩托罗拉公司"变更为"摩托罗拉移动公司"
2008-06-16	申请日	2012-06-13	第一次审查意见通知书
2008-12-24	PCT 申请公开日	2013-05-16	延长期限请求书
2009-12-18	进入中国国家阶段日	2013-12-27	延长期限请求书
申请时的名称及保护范围	一种用于用户设备的技术间切换的方法和装备，用于从分组数据网络到电路交换网络的通信会话技术间切换方法	2014-04-01	答复意见之后再主动提交重新修改的权利要求书
2010-03-05	优先权文件补正书	2014-05-29	授权
2010-07-28	公布	授权时的名称及保护范围	一种用于在通信系统中通信会话技术间切换的方法，所述通信系统保护能够与用于设备通信的互联网协议多媒体子系统（IMS）

经过在中国专利查询系统中详细地检索，以摩托罗拉"潜水艇专利"中的第一件关于 LTE 多模技术专利申请为例："CN200880020732.X（用于用户设备的技术间切换的方法和装备）"（见表1），除了充分利用优先权申请的最长期限、利用文本补正合理拖延公开日期、在期限截止日前才答复意见外，先后两次分别提交延长期限申请，从要求 2007 年 6 月 18 日的优先权，直至 2014 年 5 月 29 日授予专利权，中间历经 7 年时间的"潜伏"。另外授权前后权利要求书保护范围有较大差异，最后才在保护范围中对核心术语"互联网协议多媒体子系统"（IMS）进行限定。摩托罗拉可以说利用规则将"潜水艇专利"的"暗度陈仓"的内涵用到了极致。

检索后还发现，摩托罗拉与 4G 技术相关的同族专利进入中国国家阶段时，将同一发明人的外文名字以不同的中文名字提出，来回避竞争对手的监控检索，也有可能是对"暗度陈仓"的合理运用。

摩托罗拉等专利巨头使用"潜水艇专利"的"明修栈道，暗度陈仓"做法在现阶段是合理合法、手段非常高明的竞争策略，其合理利用规则的做法值得我国企业学习。那么同时我国企业对于这种出招应该如何应对？

答案就是重视专利信息的检索、追踪，建立一个简便、快捷、专业、全面的专利检索体系是有效的应对策略，例如，通过同族专利就可以掌握摩托罗拉在我国进行专利布局的申请数量，提前学习、借鉴和应对。还要加强对专利信息的分析和利用，通过实证性的专利信息分析，跟踪并了解对手的经营和技术动向，针对性地采取措施。

因此，对于我国企业而言，只要自身专利信息情报工作到位，稳稳地守住技术制高点，"潜水艇专利"将不再神秘，也并不可怕。

例 8-2

不当竞争，专利大王的"潜水艇申请"终被擒

在美国专利法实施"早期公开延期审查制度"之前，有人会刻意利用美国专利法中的专利申请延续和专利审查延续制度，通过在后续申请或部分后续申请程序中，要求在先申请的优先权，将专利授权拖到市场成熟后，以实现利益最大化。

比如，被称为"专利大王"的发明人勒梅尔森（Jerome Lemelson）拥有很多美国专利，这些专利在申请时创新思维和技术方案往往超前，其通过专利延续申请来使这些专利"潜伏"，直至维持到产业化成熟的那一天来获利。多件勒梅尔森的专利延续时间达到了 50 年，专利申请延续案多时能达到近 20 个。

勒梅尔森于 1954 年申请了有关条形码扫描技术的专利，并于 1963 年授予了专利权，1972 年勒梅尔森主动扩充了专利说明书，在 1977 ~ 1993 年，以扩充后的专利说明书作为共用说明书为基础，勒梅尔森申请了 16 件专利。以公开号为 US6708385 号的专利申请（发明名称为"灵活生产的系统和方法"，申请人为勒梅尔森医疗教育研发基金会）为例，该专利表面上的专利申请年份是 1990 年，但是"相关专利申请部分"的同族专利正是 1954 年申请的条形码扫描技术的专利。

不难发现，勒梅尔森通过专利范围限制、发明冲突程序、专利权转让等"潜水艇"战略，拖延了几十年才最终决定保护范围，新专利授权时权利要求书达到了 694 件，且增加了很多 2000 年才出现的图形和数码技术。从而导致规模化生产的企业都难以绕过其专利布局的"篱笆墙"，其总收益超过 15 亿美元。

但是，由于该做法影响社会技术的创新和发展，专利大王的"潜水艇"战略终究遭遇了滑铁卢！

Symbol 公司是生产、销售条形码扫描仪和识别器的公司，1998 年 Symbol 公司的用户收到了来自勒梅尔森的警告信，称使用 Symbol 公司产品侵犯了勒梅尔森的专利权。Symbol 公司向联邦地区法院提出诉讼，请求法院判决勒梅尔森的专利无效，其理由为专利不具备新颖性、创造性、实用性，说明书不符合撰写要求、公开不充分，权利不具有确定性；还请求法院判决专利不可强制执行，其理由是申请人在审查程序中有懈怠和不正当行为 (inequitable conduct)。

美国联邦巡回上诉法院在 2005 年的最终判决中认定：勒梅尔森在本案涉及的 14 件专利的申请和审查程序中有 18 ~ 39 年的延迟，且所有权利要求据称由具有相同有效申请日的同一说明书支持，本诉讼中所涉及的专利中的所有主题的待审期间都长得不合理，也是不公平的，审查程序懈怠原则使得这些专利不可强制执行。在这一特定的案件中，已经显示了对通过"暗度陈仓"延迟授权的专利技术进行了投资的公众造成了损害。

专利战中，竞争的公平性是指，人们基于对法律的信赖，对自己的行为有一个合理的预期。如果当公众开发了一项实用技术，正准备或者已经投入市场时，令人意外地冒出一项专利权横亘在面前，对公众是不公平的，也不利于社会的进步和发展。

例 8-3

以明隐暗，盖顿公司进军斯坦特市场

有一种占有高达 13 亿美元的市场的医疗设备叫做"斯坦特"，是一种小型网状设备，用于清洗冠状动脉后保持其开放。在 1997 年以前，强生公司、波士顿科技公司和动脉血管工程公司一直垄断这个高额利润的市场，表面上看似乎新的竞争对手无法加入。

但无利不起早，利大催人勇，1997 年 10 月，盖顿公司（Guidant）向"斯坦特"专利技术发起了进攻。盖顿公司开发的"多连接斯坦特"技术获得了美国 FDA 的批准，从而打响了"斯坦特战役"的第一枪，13 亿美元的市场眼看就要被 4 家公司而不是 3 家公司分享，这个前景当然让原来的 3 家公司不安。

强生公司首先发难，在 24 小时内便向法院提起诉讼，控告盖顿公司侵权。看来盖顿公司进入新市场的计划面临威胁，且似乎胜算不大。

盖顿公司不慌不忙，采取"明修栈道，暗度陈仓"的专利策略进行反击。

表面上像人们预料中那样，转过头来积极控告强生公司侵权或者强生公司的专利无效，这是其利用"专利伴攻战术"，令强生公司积极准备专利诉讼官司而无暇旁顾；暗地里，它斥资 1.7 亿美元积极促成收购心血管技术公司，因为心血管技术公司拥有一项"斯坦特"技术专利，而且它比强生公司的专利要早两年获得授权。

没有了强生公司的干涉，盖顿公司成功并购心血管技术公司，并获得其"斯坦特"技术专利。对此，强生公司无可奈何，不得不让步，于是盖顿公司非常顺利地进入了其垂涎已久的"斯坦特"医疗设备市场。

盖顿公司首先"明修栈道"做样子给对手强生公司看，以便吸引和牵制对手的中坚力量，而暗中通过专利并购实现"暗度陈仓"的过程，通过做到这一"明"一"暗"，不战而屈人之兵，保证了行动的成功。利用"暗度陈仓"策略获得的胜利，盖顿公司在销售"斯坦特"设备的前 6 个月里，就获得了 3.5 亿美元的丰厚回报。

第九计　隔岸观火

一、计策解读

隔岸观火，意思是隔着河对岸看别人着火、火并，也叫"坐山观虎斗""黄鹤楼上笑看翻船"。比喻对危难中的别人不加救助，而采取袖手旁观、静而细观的观望态度。

《三十六计》中原文为："阳乖序乱，阴以待逆。暴戾恣睢，其势自毙。顺以动豫，豫顺以动。"其意思是，表面上回避敌人的混乱，暗地里静观其变，等待其内部矛盾不可调和时不攻自破；整个过程既要顺应敌情策划计谋，还要根据敌情的变化见机行事。

此计的特点是：以静观变，随变而动，使敌人内部互相残杀，自相削弱。因此，如果要打击并消灭敌人，不能盲目地趁火打劫，要先袖手观望，看火势发展，等待火势蔓延，从内部烧垮敌人的有生力量，坐收渔利，这才是隔岸观火的精髓。

"隔岸观火"之计用于军事中，是指根据敌方正在发展着的矛盾冲突或当两股敌对势力相争时，采取静观其变的态度，既不援助，也不鲁莽干涉，静观其事态变化，直到事情发展到有利于自己的地步，才相机行动，及时出击，坐收渔利。官渡之战后，曹操利用"隔岸观火"计破二袁，借公孙康之手杀掉袁尚、袁熙两位强敌；两次世界大战中，美国利用自身的地理优势"隔洋观火"，避免战火烧到本土，并适时宣战获利，终成世界头号强国，这都是典型案例。

二、运用技巧

在专利战中，"隔岸观火"中的"火"分为对方企业内部的矛盾"内忧"和两方竞争对手之间的斗争"外患"，两种情形下采取的具体策略不尽相同。

1. 面对对手内乱，应采取"隔岸观火＋趁火打劫"的连环计

古人按语说："乖气浮张，逼则受击，退而远之，则乱自起。"对手内部出现明显的自相倾轧、争斗的迹象时，不要逼迫它。一旦逼迫，对手就会一致对外联合起来反击。远远地避开他们，他们内部就自然会发生变乱。

在专利战中，对于企业而言，核心技术的缺乏、专利布局的漏洞、遭遇技术瓶颈、资金短缺、产品积压、研发人才外流、专利联盟内讧等都是"专利内乱"。

面对竞争对手的"内乱"，"隔岸观火"之计要根据具体情况运用，除了"静观其变"之外，还要想办法"煽风点火"加速对方矛盾的转化，甚至还要趁火打劫，从中渔利。

例如，发现竞争对手明显的专利战略漏洞时，不可轻举妄动，应等待竞争对手在资产重组、并购、减资、破产、专利联盟瓦解等时机，抢购重要专利、网罗研发人才、占领专利地理市场；利用专利布局不完善的竞争对手在上市、融资的时机，高价推销专利包；利用竞争对手为应付反倾销调查而焦头烂额时，收取高额的专利侵权费用等，这些都属于"隔岸观火"后"顺手牵羊"的专利行为。

2. 面对对手外患，应采取"坐山观虎斗＋趁机渔利"的连环计

在专利战中，对于企业而言，遭遇标准之争、专利市场争夺、专利侵权诉讼、专利条款打压都属于"专利外患"。具体而言，根据敌我双方的力量对比，又可分为以下 3 种情形。

（1）我方企业与争斗双方的利益诉求点不同，宜等待时机追求最佳收益

例如，我方是专利技术许可方，面对两家对该专利技术有着迫切需求的被许可方时，应巧妙地运用"隔岸观火"的谈判技巧。首先，坐山观虎斗，使两家公司竞相抬高价格；然后，煽风点火，以种种借口迫使买方提价；最后，看准合适时机，趁势获得较高的专利许可费而又不至于吓跑双方。但是，如果把握不好抬价的度，这种做法也有一定的风险，被许可方由于迫切需求而以远远超出预期的价格获得专利许可权，一旦达不到其市场预期，可能会导致被许可方的不满，而导致不完全履行合同。

（2）我方企业与争斗双方的势均力敌，需对局势"洞若观火"

我方企业如果与处于专利争斗双方的势均力敌，"二虎相争"的同时应"洞若观火"，如果二虎两败俱伤，我方企业应迅速出击，争取一击致命；如果一方有做大的趋势，应联合失败的一方构造"三足鼎立"的局面，这样做的好处就是能够较长时间维持一种平衡，防止对手一家独大后反过头来对付我方。

（3）我方企业比争斗双方都弱，需及时依附获胜的一方

如果双方争斗的主题是标准之争，我方企业需及时依附获胜的一方。因为，能够获得产业化的主流技术，其背后的专利布局才真正有效，其市场才有前景；

在标准为王的时代，无法形成产业化应用的技术，仅是拥有再好、再完善的专利布局，其实用性和产业价值也微乎其微。

3. 合于利而动，不合于利则止

《孙子兵法·火攻篇》认为："非利不动，非得不用，非危不战。主不可以怒而兴师，将不可以愠而致战；合于利而动，不合于利止。"与隔岸观火之意亦相吻合。孙子强调，战争是利益的争夺，如果打了胜仗而无实际利益，这是没有作用的。

专利战终归是市场战争的一种手段，不应以法庭上的胜负为唯一的评判输赢的标准，它只是专利持有者达成战略目的、实现经营目标的手段之一。例如，在专利执法欠缺的国家或地区，有的企业没有"隔岸观火"而过早地"趁火打劫"，结果往往是赢了官司、输了时间、丢了市场。所以说，专利战首先要"坐观"，慎诉讼、戒轻敌；一旦时机成熟，就要改"坐观"为"出击"，以取胜得利为最终目的。

三、总结陈词

在专利战中，"隔岸观火"要根据具体情况运用"坐山观虎斗"，除了"隔岸坐观"之外，还要想办法让火烧得更大，甚至还要趁火打劫，从中渔利；当火候未到，敌人内部矛盾尚未激化时，不能打草惊蛇，否则敌人就会消除矛盾，团结一致而对外，正确的方法是静止不动，让他们互相厮杀，力量削弱，甚至自行瓦解。

专利经营管理者在市场竞争中要做一个清醒的"观火"者，而不成为盲目的被"观"者，就须善于冷静观察、深刻分析、发现矛盾、巧妙运用，掌握专利战的主动权。

四、画龙点睛

> 专利大战第九计，隔岸观火袖手看。
> 敌若内乱顺其变，时机不熟莫蛮干。
> 敌有外患两虎争，洞若观火分情形。
> 专利胜诉非目的，市场得利巧经营。

五、活学活用

例 9-1

两虎相争，AMD 在英特尔和威盛电子的专利战中坐收渔利

一场芯片巨头英特尔和我国台湾地区威盛电子之间的专利争斗，彼此没有分出胜负且均元气大伤，反而让 AMD "坐山观虎斗" 得以喘息，重新构筑了芯片行业 "三国鼎立" 的局面。

1999 年 6 月，英特尔向加利福尼亚州圣何塞的一家联邦地区法院提起诉讼，指控威盛电子侵犯其专利权。这场官司历时一年有余，直到 2000 年 7 月双方才最终达成和解。

2001 年 9 月 7 日，英特尔正式控告威盛电子，指控威盛电子所售可搭配 P4 系列 CPU 的芯片组——P4X266 和 P4M266，未得到英特尔的许可，侵犯了英特尔 5 件专利。2001 年 9 月 10 日，威盛电子发起闪电反击，正式在我国台湾地区和美国，对英特尔提出刑事附带民事诉讼，反控英特尔 P4 芯片以及 845 芯片组部分设计侵犯威盛电子专利权。一场芯片组巨头间的诉讼战就此拉开序幕。

2001 年 9 月 26 日，英特尔宣布针对威盛电子新增加 4 件专利诉讼。英特尔以威盛电子的 "C3" 微处理器和芯片组 "P4X266" 侵害了英特尔的 8 件专利为由在德国、英国和中国香港三地同时提起了诉讼。

2001 年 11 月，美国联邦法院针对英特尔指控威盛电子 K7 系列芯片组侵犯其 AGP2.0 专利的争议，作出英特尔败诉的判决，并认定威盛电子系合法使用了英特尔开放给产业界使用的公开专利；随后在法院持续判决威盛电子胜诉以及英特尔自行撤回部分告诉的情况下，双方的 K7 芯片组诉讼案之第一审阶段遂于 2001 年 12 月告一段落，威盛电子大获全胜。

2003 年 4 月 7 日，英特尔和威盛电子就目前进行中的一系列芯片组与处理器诉讼案，达成正式的和解协议。此项和解协议涵盖双方于 5 个国家所分别提起的 11 件诉讼案，共涉及 27 件专利争议。这个长达 20 个月的诉讼案终于结束。

对于英特尔而言，虽然威盛电子与英特尔两方面曾经有过多次的交手，可威盛电子每次都通过 "围魏救赵" 的战术化险为夷，二者不分胜负，但是双方元气已伤。首先是漫长、繁琐而且花费巨大的诉讼过程让两家企业都十分头疼。

据说在德国审判期间短短的一周时间各方就会消耗掉几百万美元的律师费、诉讼费。这还好说，自从威盛电子被逼退出 P4 架构芯片组市场之后，一线大厂所生产的 P4 主板都因为英特尔芯片组的价格太高而无法降低成本和售价，不但影响了 P4 处理器在零售市场的销售情况，更是让品牌机厂商叫苦不迭。

而威盛电子的日子也并非那么好过，首先是损失了巨大的客户资源，台湾地区一线主板大厂无一例外地婉拒了失去合法身份的威盛电子 P4 芯片组。虽然此时的威盛电子在全力以赴地为 AMD 处理器打造一个又一个超高性价比平台。可毕竟 AMD 平台在 OEM 市场的占有率实在是太低、太少了。与此同时威盛电子还必须忍受股价暴跌的折磨。这让只剩下 AMD 这一条腿走路的威盛电子，姿势变得越来越难看。

另外的一家处理器大厂 AMD 却在这两年收获颇丰，首先是威盛电子方面失去在英特尔平台销售的可能之后全面发展 AMD 平台的芯片组。这给 AMD 扫除了一切的后顾之忧，AMD 只要潜心发展自己的 CPU 而不用担心没有芯片组可用。而众多消费者在对英特尔的高价敬而远之的同时纷纷考虑购买 AMD 处理器和威盛电子芯片组搭配。

另外，英特尔与威盛电子的专利斗争，直接导致了 AMD 总裁 Hector Ruiz 与威盛电子总裁陈文琦亲密地握手。这样一来，不但威盛电子就会对英特尔在芯片组领域构成巨大的威胁，而且培植了英特尔在处理器方面最大的竞争对手 AMD。也就是说专利权案件之前的利益是三方共同瓜分的：英特尔、威盛电子、AMD。而此时的英特尔处在一个非常尴尬的境地上，英特尔本是处在金字塔的塔尖，威盛电子大部分的芯片组份额是在英特尔许可的基础上建立起来的，本来具有绝对支配能力的英特尔却发现，塔中层的威盛电子不断蚕食自己芯片组份额的同时，同时帮助 AMD 在处理器方面对英特尔频频叫板。

可以说在这段时期，威盛电子和英特尔在"鹬蚌相争"中都没有占到任何便宜，反而让 AMD 等公司通过"隔岸观火"之计"坐山观虎斗"，得以喘息并坐收了渔翁之利。

例 9-2

隔岸观火，且看微软、苹果、谷歌如何演绎"新三国演义"

《三国演义》里曾说："天下大势，分久必合，合久必分。"毛泽东也说，敌人的敌人就是朋友。这些简单的道理往往道出了某些真理，在商业世界，同样如此。纵观 2000 年之后全球的电子通信行业，就是微软、苹果与谷歌三巨头之间演绎的"新三国演义"。

苹果、谷歌和微软 3 家公司在硬件、电脑操作系统、手机操作系统、应用程序、互联网搜索方面相互斗法，均希望取得行业的领导地位，已经形成"三国"争霸的局面。目前，谷歌掌控互联网搜索，微软握有操作系统和应用程序，苹果长于高端硬件和媒体娱乐数码产品。但随着 3 家公司都谋求进入竞争对手的地盘，未来局势都将发生变化。

"滚滚长江东逝水，浪花淘尽英雄。" 20 世纪 70 年代，当比尔·盖茨的微软与史蒂夫·乔布斯的苹果彼此谩骂、互为敌人之时，谷歌创始人佩奇和布林还在吃着棒棒糖，仰望着两位高手之间互有胜负的过招，伴随着自己的成长。1997 年，微软对苹果的注资避免了苹果的关门破产；1998 年，佩奇和布林同样在硅谷创立了以二人名字命名的谷歌。

"青山依旧在，几度夕阳红。"步入 21 世纪第一个 10 年，现在苹果的 iOS 平台完全威胁微软的系统及办公软件平台。考虑到 iPhone 和 iPad 的快速崛起，以及它们对 Mac 电脑所带来的正面购买效应，在如今的计算机世界，微软的 Windows 视窗系统和 Office 办公软件这样的产品已经没办法牢牢把控曾经属于自己的帝国地位，而且其光环正在减弱。更为关键的是人们正在认识到似乎已经不再需要它们了。毫无疑问，苹果的崛起正在慢慢地毁掉我们曾多年崇拜的微软帝国。主导了互联网十几度春秋的微软，眼睁睁地看着自己的对手从地狱之门凤凰涅槃，慢慢变成世界最值钱的公司，其内心将是怎样一种煎熬，如今苹果的价值已比微软多出近 2 000 亿美元。

"是非成败转头空。"往回退几年我们就会发现，苹果和谷歌曾经为了共同对付微软也曾结成了多么牢固的联盟。我们不会忘记，当年谷歌的 CEO 斯密特还是苹果董事会成员，并且为了很多项目（比如 iPhone）两家也曾手牵手、肩并肩，"热恋"非同一般。但是这段感情不长，随着谷歌推出 Android 系统，与苹果产生了严重的利益冲突，随之这段关系就画上了句号。虽然那个时候谷歌可能并没有想得太多，但是这次分手却让微软和苹果在北电的专利问题上结成了联盟，共同对付谷歌。

"一壶浊酒喜相逢。"现在我们已经很少看到微软和苹果之间苹果公开攻击的报道了。事实上，它们经常在某些议题上保持同步或者进行共同防御。这段时间本来应该进行血腥厮杀的一对冤家，如今却再一次地手拉手、肩并肩，谈起了"恋爱"，确实让人有点匪夷所思。答案很简单，因为微软如今有比苹果更强大且更紧迫的敌人需要对付，而此时苹果的目标与之一样，那就是谷歌。这也就是我们所说的：敌人的敌人就是朋友。

微软本来应该与正快速崛起中的 iOS 平台进行战争，但是相反，其认为目前最重要的是对搜索引擎 Bing 投入巨资与谷歌争夺市场。而且看起来它特别喜欢通过与关键 OEM 厂商的授权协议来打击谷歌的 Android 系统。与此同时，当被问及是否将微软作为自己竞争对手关系时，苹果看起来很不耐烦，不屑一顾。但是当问及与谷歌（特别是 Android 系统）时，其刀锋显出了异样的光芒，那是把嗜血的刀！

"古今多少事，都付笑谈中。"所有的这一切都让科技世界充满了戏剧性。一边是谷歌和苹果两虎相争的专利大战，而在另一边微软公司正在"隔岸观火"积蓄力量。但是我们也可以看到，这个联盟内部本身也问题重重，彼此之间都有着各自的恩怨情仇，正所谓：手机系统大战，苹果谷歌争雄。微软隔岸观火，趁机无间诺基。各方苦心经营，终成三足鼎立。

"分久必合，合久必分。""三国"争霸的历史一直在重复，变化的只是其中的演员罢了，不管微软、苹果和谷歌之间如何轮流"隔岸观火"看双方的刀光剑影，且让我们"风雅一杯茶""逍遥一壶酒"，静观微软、苹果和谷歌如何演绎"新三国演义"吧！

例 9-3

成功压价，珠海光纤公司在技术引进中"坐山观虎斗"

1986 年，珠海光纤公司在引进光导纤维成套设备和相关专利中，为掌握国际市场行情，先后同几家国外公司进行摸底性谈判。在对价格、利益做了一番认真比较的基础上，最后选定与美国 ITT 公司进行实质性谈判。

ITT 公司代表团的业务能力相当高，特别是其主谈判手莫尔，谈判几乎不用语言，全用数字，所有计算无一差错，看来在谈判前是做了大量充分准备的。再看珠海光纤公司的代表，并未被对方的盛气凌人所吓倒，没有表现出任何被动，为以最优惠的价格条件达成协议,他们计胜一筹,欲巧妙地利用竞争者之间的矛盾来突破对方的叫价。

珠海光纤公司在前一阶段调查摸底中发现,想同中国做光纤生意的外商很多,存在一定程度的竞争,在短时间内完全是买方市场。于是其决定利用这种竞争来压价,然后"坐山观虎斗",以实现自己的谈判初衷。

在确定与ITT公司谈判之后,珠海光纤公司还同时拉了英国的STC公司谈判。这两家是兄弟公司,其中STC公司是从ITT公司分离出去的,但为了各自的利益,手足相煎,形同水火。在一次谈判后,英国人故意把两页文件遗忘在现场,这是有意留给美国人的,因为两家公司一直在同一场所与珠海光纤公司谈判,英国人在文件上把价格压得很低,意在使美国人看后知难而退。美国人不知是计,拾到文件后如获至宝,在接下来的谈判中,最大限度地在价格上作出了让步,并很快与珠海光纤公司达成协议。

1986年7月25日,珠海光纤公司与美国ITT公司正式在一份合同上签了字。根据这份合同,珠海光纤公司引进的ITT型光纤成套设备及其购买的技术专利都达到了20世纪80年代世界先进水平,更为引人注目的是中方把美方的报价压下了186万美元,为国家节约了一大笔外汇开支,同时也降低了设备购进成本,为企业早日盈利创造了前提条件。

珠海光纤公司为引进光纤成套设备进行商谈取得巨大成功的根源在于其较好地、适时地运用了"隔岸观火"的技巧,使美国ITT公司与英国STC公司手足相煎,竞相压价,为其低价买进提供了可乘之机,最终得以坐收渔利。

第十计　笑里藏刀

一、计策解读

"笑里藏刀"语出唐代白居易的诗《天可度》："笑中有刀潜杀人"，是白居易对唐高宗宠臣李义府为人的评价，司马光在《资治通鉴》中评李林甫"口有蜜，腹有剑"。用在军事中，泛指表面友善而暗藏杀机的谋略。

《三十六计》中原文为："信而安之，阴以图之，备而后动，勿使有变。刚中柔外也。"其意思是，首先使敌方充分信任我方，并安然不动表面上使局势缓和，欺骗和麻痹敌人，在暗地里却做好充分准备，伺机而动，不让敌人察觉而采取应变措施，此计正是运用外柔内刚的象理推衍之，表面过于友善柔顺往往暗藏杀机。

军事上，"笑里藏刀"之计是指通过外示和好，让敌人相信我方产生思想麻痹，我方暗中积极备战，"口里喊哥哥，手中抄家伙"。典型案例如春秋吴越争霸，勾践被夫差打败后，笑里藏刀、卧薪尝胆，三千越甲终吞吴。

二、运用技巧

在专利战中，"笑里藏刀"作为一种计谋，有其阴险的一面，但作者认为谋略的精华之处，却是可以将其与专利创新和专利价值相结合。作者在本书中从微笑曲线、专利合作谈判、专利 NPE 和企业并购等与专利相关的角度着手，尝试对专利战中的"笑里藏刀"之计进行了横向扩展和纵向挖掘。

1. "微笑曲线"还是"苦笑曲线"

微笑曲线理论（见图 1）是 1992 年由宏基集团创办人施振荣提出的，管理领域中通常用微笑曲线来说明企业专利、商标、后续服务要素对产品价值的影响能力，实质是企业附加价值理论，微笑曲线似微笑的嘴巴，上挑的两端分别代表企业研发、技术成果和品牌、营销网络、运筹能力等，中间低的部分代表生产制造等。企业处于中间环节的劳动密集型的制造、装配行业，技术含量低、利润空间小,是企业价值链条中附加值较低的部分,容易被成本更低的同行替代,而居于曲线左侧的专利技术研发和右侧的商标品牌等知识产权能创造更高的附加价值。

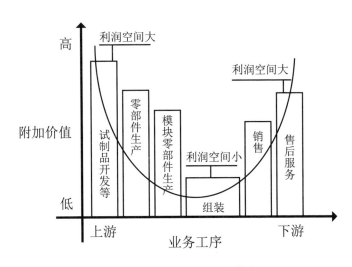

图1　产业链中的微笑曲线

我国加入 WTO 后,发达国家企业纷纷将中国作为制造业基地,市场空间骤然倍增,"中国制造"闻名天下并带来了中国经济的快速增长。但是,发达国家"微笑"背后暗藏杀机,我们不难发现:长期以来,中国产业主要集中在低附加值和非核心零部件加工制造以及劳动密集型装配环节,在全球价值链上处于中低端。发达国家企业又有产业技术优势和市场控制权,并利用 TRIPS 广泛布局专利作为遏制中国企业拓展国内外市场的"无形之刀"。对于发达国家而言,微笑曲线可谓"嘴角上翘,甜蜜一刀";对于没有强大知识产权支持的发展中国家而言,微笑曲线只能无奈地成为"苦笑曲线"。

例如,以美国苹果售价为 299 美元的 iPod 为例,苹果得到创意、品牌、设计和专利等知识产权的收益为 114 美元,中国的组装制造企业仅得到 4 美元,收益有近 30 倍的差距!

有挑战就有机遇,我们在推动中国制造向中国创造转变、中国速度向中国质量转变、中国产品向中国品牌转变的过程中,企业专利战略不可或缺。根据微笑曲线理论,企业在专利战略的制定中要关注企业附加价值所在,关注专利的竞争地位并加强专利运用、保护，关注专利战略、品牌战略和企业经营发展战略的相互协调，以知识产权保护为契机带动微笑曲线整体提升，重塑企业主导市场的微笑曲线，逐步向附加价值高的区块定位和移动。

2. 合作、谈判中的"口蜜腹剑"

在专利战中，没有永远的朋友，也没有永远的敌人，只有永远的利益。没有人会主动给自己营造强劲的竞争对手，那些专利合作谈判中表面上"天上掉馅饼"的好事背后往往隐藏着竞争对手更大的阴谋，需要时刻擦亮眼睛。

例如，专利寡头主动与中小型竞争对手进行专利联营，真正的意图可能是"上屋抽梯"抢占市场；大企业与中小型科技企业进行专利合作申请，可能为接下来的企业并购做准备，以降低专利收购的成本；在某件核心专利技术到期后，切勿草率使用，要防范外围专利布局和其他被许可企业的专利布局的侵权风险。

又如，被告专利侵权方在专利谈判中突然主动妥协、主动合作，真正的目的可能是拖延时间拉长谈判周期，背后积极无效对方专利或收集辩护证据；专利谈判前企业的热情似火、让人感觉宾至如归的接待往往是"专利鸿门宴"，不代表他们在接下来的谈判中肯退让一丝一毫；专利权人在知晓被侵权且侵犯自己的利益后，不对竞争对手进行专利诉讼，背后往往蕴藏着"欲擒故纵"的市场策略。

再如，国外企业主动地将一些项目以极其优惠的价格外包给国内企业，其实是"口蜜腹剑"地将有专利侵权风险的产品或项目进行风险转移，让接受外包的中国企业承担专利侵权赔偿的风险，以"借尸还魂"。

3. NPE 的"两面三刀"

NPE（Non-Practicing Entity）就是非专利实施实体，在国外，NPE 还与"专利怪物""专利海盗""专利蟑螂"等恶名相联系。

NPE 往往先带着"善意"的笑容，通过收购破产公司或中小企业的专利，收购休眠专利，积极与科研机构和高等学校接触，资助科研人员从事发明创造并申请专利等手段，进行专利储备和专利布局，然后在合适的时机又"翻脸一刀"进行专利敲诈。以高智为代表的国外 NPE，对企业发起专利侵权诉讼或制造专利障碍，大部分中小企业出于缺乏专利诉讼经验、无法承担高昂的诉讼费等原因，大企业出于举证难度大、担心诉讼周期长影响新产品推广等原因，最终的结果往往是与 NPE 达成协议支付高额专利授权费用，甚至还被迫将自己的专利授权给 NPE 代理。如果纵容 NPE 恶意诉讼活动的发展，不仅可能给我国企业的发展制造陷阱，也可能造成国家财政投入形成的科技成果的流失。

此外，NPE 还通过专利保险的形式进行"犹大之吻"，企业通过交付一笔专利费用的方式，与 NPE 结成专利同盟，NPE 则为企业提供巨型专利保护伞，当企业面临专利侵权诉讼时，利用自己所拥有的专利为"被保险"公司提供一个可以绕开原告提起诉讼所用专利的"专利池"，从而有效避开专利诉讼，甚至会形成对原告专利的反诉。但是可以预见的是，在"保护伞"的"微笑"背后必定少不了 NPE 明敲暗打的专利胁迫。

4. 企业并购中的"杀机暗藏"

企业通过并购往往能够探寻新的发展空间，扩大市场影响力，但是如果专利分析评议工作缺失，可能会面对"杀机暗藏"的风险。在企业并购过程中的知识产权风险主要有以下 3 种。

① 协议陷阱。并购对象与他人签订的知识产权协议或技术协议中可能会存在权属关系、"排他权"许可约束限制等知识产权风险，导致并购后其专利不能为我所用。

② 技术侵权。并购对象声称的自主知识产权技术，在实施过程中需要依赖于有许可限制的非自有专利技术，这样的技术在并购后就将侵权风险直接嫁接给了并购方，并购方可谓"赔了夫人又折兵"，既不能享受到专利技术的使用权还惹来专利侵权官司上身。

③ 物不所值。在并购谈判之前，并购对象如果已经将附加价值较高的专利、商标等知识产权资产转移而并购方不知情，那么并购方无疑将损失巨大的无形资产价值。

三、总结陈词

一个精明的经营者，在激烈的竞争中不但要善于汲取"笑里藏刀"之计中的精华部分，利用友好的手段赢得消费者的信任，而且也要防止竞争对手"笑里藏刀"中的险恶的一面，使自己在竞争中立于不败之地。

在专利战中，识破对方的"笑里藏刀"之计"图穷匕见"之后，是"撕破脸皮"兵戎相见，是"一笑了之"避而远之，还是"主动笑纳"将计就计，取决于企业自己的专利战略和市场策略，只有知己知彼，才能不受所害反而为我所用，最终成就"笑傲江湖"的局面。

四、画龙点睛

专利大战第十计，笑里藏刀潜杀人。
微笑曲线藏苦笑，合作谈判宴鸿门。
企业并购藏杀机，NPE 擅长犹大吻。
知己知彼不受害，将计就计为我用。

五、活学活用

〈 例 10-1 〉

两面三刀，对高智模式需有效防范

高智 (Intellectual Ventures) 是全球最著名的专利投资公司，通常这类不直接产生和使用专利，主要以购买方式获得专利并利用诉讼或授权等方式行使专利所有权的机构被称为 NPE。近年，高智经营模式已经引起各国普遍重视并为此制定保护策略。

高智经营模式是典型的"两面三刀"，首先以"微笑"的面孔储备专利，然后再用专利诉讼"怒视"侵权企业，通过诉讼或授权等方式获取丰厚的利润。

高智进行专利储备的最主要方式是专利收购，主要通过收购破产公司或中小企业的专利、收购休眠专利等方式实现。此外，并购科技型企业也是高智的专利购买的一种方式。

高智有 30 000 ~ 60 000 件专利，这是个粗略的估计，但即使拿最低的数字来说，高智也是美国拥有专利组合数量居第 5 位的公司，在世界上其排第 15 位。但是，几乎所有这些专利都是高智从其他地方买来的，其自己并没发明多少专利。高智使用了 1 200 多家"影子公司"进行专利购买，让人难以甄辨。高智的业务难以追踪还因为它把专利都分配到了不同的空壳公司中，调查称其至少发现了 1 276 家这样的空壳公司。这些影子公司表面上与高智不存在委托代理关系，但高智是实际的出资人，操纵这些公司的资金和业务。高智将近一半的专利是从美国之外买来的，因为其他国家并不像美国这样重视专利，然后高智就像金融产业中的"套利"或者"套汇"那样，利用美国和世界其他国家的不对称来谋取利益。

高智进行专利储备的另一种方式是专利资助。通过其发明开发基金选择发明领域和技术构思符合高智要求的发明者进行资助，并对相应的发明申请专利，该经营模式是高智进入亚洲国家普遍采用的策略。

NPE 最为外界诟病的是其专利诉讼，高智的专利诉讼方式包括以下 3 类。

① 借壳诉讼。除了借助空壳公司进行专利收购外，高智还通过空壳公司隐藏自己身份发起诉讼。2007 年，高智从发明人 Crawford 处购买了 6 件发明，2010 年 7 月 30 日高智将这些专利便宜卖给成立仅 12 天的绿洲研究，一个月后绿洲研究以 Crawford 的专利及 1 件当年 7 月授权的专利向 AT&T 等 18 家业务涉及云计算的服务商发起专利诉讼，表面上高智并未参与诉讼，但被认为是绿洲研究的背后操控者。

② 直接诉讼。2010 年以来，高智开始"亲自"发起诉讼，且诉讼对象均为知名企业。2010 年底，高智就所拥有的 4 件专利向 9 家公司发起侵权诉讼；2011 年 7 月，高智再次就其掌握的 5 件专利发起侵权诉讼，这次的被告阵容更加强大，包括了 12 家世界知名公司；2011 年 10 月，高智又以 6 件专利被侵权为由向摩托罗拉发起诉讼。

③ 威胁诉讼。高智曾威胁包括黑莓生产商 RIM、三星和 HTC 在内的多家企业，称将对它们发起专利诉讼，这些企业考虑到法律纠纷带来的经济损失和公司声誉损失而被迫与高智达成专利授权协议。从专利授权协议中，高智获得了高额经济回报，但高智通常回避谈及为此获得的收入，而有关企业也都拒绝对协议发表评论。

在各种场合，高智的管理层总喜欢将自己描述成杀富济贫的罗宾汉，拔刀而起对付大公司，目的是让小发明人能够在专利取得与营收之间实现平衡。这纯粹是高智"欲盖弥彰"的一面之词，因为，包括微软、亚马逊、苹果、思科、eBay、谷歌、诺基亚、索尼和雅虎等大公司在内，都是高智的股东。

专利保险也是高智"笑里藏刀"的手段之一。专利保险是指企业通过交付一笔专利费用的方式，与高智结成专利同盟，高智则为企业提供巨型专利保护伞，当企业面临专利侵权诉讼时，高智利用自己所拥有的专利为"被保险"公司提供一个可以绕开原告诉讼所用专利的专利池，从而避开专利诉讼。据高智中国区总裁介绍，专利保险在 2013 年以后成长速度较快，在实践中面临诉讼的公司通过购买高智的这种专利保险不仅可以绕开专利诉讼的专利池甚至会形成对原告的反诉。

例 10-2

口蜜腹剑，苹果和三星是哥们也是死敌

用"暧昧"来形容苹果和三星的关系一点都不过分，苹果是三星最重要的大客户，2012 年苹果从三星采购了 5.7 亿美元的电子零件，这笔费用约占三星当年销售总额的 4%。苹果的创始人乔布斯与三星三代"掌门人"一直维持着友好的关系，三星的李在镕社长更是受苹果邀请出席乔布斯的追悼会的少数企业家之一。

但是，三星在智能手机和平板电脑的迅速崛起却又让苹果感到不安。三星手机部门负责人 J. K. Shin 表示，该公司 2012 年的平板电脑销售目标较去年增长 5 倍，三星成为全球第二大的平板电脑厂商并无悬念。

于是，"口里喊哥哥，手里抄家伙"，一场波及全球多国的专利诉讼就在这对"暧昧"的"哥们"中爆发。苹果倚仗在智能手机和平板电脑领域的触控、产品外观设计专利，在美国、欧洲、澳大利亚等地对三星展开诉讼，而且诉讼的方法只有一个模式：提起诉讼，再申请在当地禁售三星最寄予厚望的 Galaxy 系列手机和 Galaxy Tab 平板电脑。苹果最强劲的武器是拥有多件液晶显示器画面动作与设计相关的基础专利，尤其是在液晶屏幕上用两个手指操作手机或计算机的触控技术专利，让其他企业难以规避，因为几乎所有智能手机和平板电脑在放大和缩小文字和图片时，都使用这项专利技术。

而三星的态度也从低调应诉到积极反诉，继而在多地法院提出禁售苹果最新的 iPhone 4s 申请，三星倚仗的是自己拥有的通信技术专利。1993 ～ 2011 年三星在美国和欧洲申请了 11 500 多件移动通信技术相关专利，在世界主要企业中排在第 1 位。

至 2013 年年底，苹果的专利大棒已经部分奏效，在德国、荷兰、澳大利亚

和美国赢了 4 场官司，并成功说服荷兰、德国、澳大利亚的法官禁止三星在这些地区销售 Galaxy 系列手机和 Galaxy Tab 平板电脑，而由于荷兰、德国的法院判定有效范围覆盖整个欧盟，这意味着三星在短期内将失去欧洲和澳大利亚市场！

不过，别以为苹果和三星真的是到了不是你死就是我活的地步，在法庭之外，这两家公司还不至于彻底撕破面皮。其中一个例子是，即便专利官司已经扰攘数月，但苹果没有对三星的订单作丝毫调整，苹果的处理器还是放在三星代工。

外界普遍分析认为，苹果如果没有三星提供的质优价廉的芯片和显示屏，就无法制造出最好的产品；而对三星而言，苹果是重要的营收来源，双方诉讼战的长期化会给企业带来很大的负担，只是一连串的反诉苹果行动，三星试图向全世界宣布：唯一能与苹果抗衡的公司是三星。可以预料，最终达成和解才是符合双方利益的最佳手段，只是和解谈判过程中的摩擦是难以避免的。正是，本是同根生，相煎何太急？若为利益故，哥们变死敌！

例 10-3
笑藏杀机，中国企业吞下不合理并购的苦果

2001 年 5 月，遭遇困境的飞利浦急于将 CDMA 业务出手，开价 1.8 亿美元。浙江华立集团（以下简称"华立"）获悉此消息后，决心介入 CDMA 手机产业，希望在飞利浦技术的基础上形成独立的自主知识产权，生产出性能质量好、价格更便宜、服务更优秀的手机核心芯片，供给中国的手机厂家在 CDMA 手机产品使用，降低 CDMA 整机成本。

飞利浦急于减轻负担，华立急于进行产业转型，二者一拍即合，并出人意料地在 4 个多月后完成收购。最后华立以极其低廉的价格收购了飞利浦 CDMA 研发部，貌似捡到了天上掉的"大馅饼"。华立收购飞利浦 CDMA 研发部被舆论称为"2001 年中国并购第一案"，美国《财富》杂志更曾形容该事件为："中国正在收购美国！"这让身处浙江的民营企业华立一夜成名，华立名利双收，笑逐颜开。

根据协议，华立获得飞利浦已经开发成熟的 CDMA IS-95 芯片技术的独家使用权，而且飞利浦承诺今后自己不再使用该技术，而且这些承诺对于尚在研

发中的 CDMA-1X 产品同样适用。

根据协议，收购之后，华立仅仅从事芯片设计，最后的芯片加工生产则仍然由飞利浦完成，然后双方利润分成。这是因为，首先，由于美国高通在 CDMA 芯片生产技术上存在无法绕过去的专利权，如果从事 CDMA 芯片生产，必须要有高通的许可。而飞利浦手中的许可证是通过与高通互换专利获得的。而根据高通与飞利浦之间的协议，许可证一旦转让给受让者，受让者必须重新支付高达 1 000 万美元的入门费。此外，每销售一枚芯片，新的生产者还要向高通交纳 6.5％的技术使用费。但如果由飞利浦来生产——因为有专利互换——则只需要交纳 4％。其次，当时中国的代工厂工艺还无法实现大规模生产 0.25 微米、0.18 微米的半导体芯片，所以即便华立拿到了高通的许可证，也无法在国内生产。

华立与飞利浦达成这样的协议的初始目的是：仅仅支付低廉的技术使用费就可以进入 CDMA 芯片研发领域，形成自己可以掌控的 CDMA 技术的研发队伍，同时可以回避高通的技术垄断而生产出 CDMA 芯片，并且将高通对飞利浦的优惠间接地转移到华立身上。而飞利浦的目的是可以甩掉为营运 CDMA 部门所要负担的沉重包袱，同时又保留自己已有的专利技术权利，并可以在芯片的加工生产中获得利润分成。

收购完成之后，华立才发现"馅饼"不是那么好吃，反而有点"硌牙"，难以下咽。

第一方面，庞大的运营成本造成了华立沉重的财务负担和亏损，由于资金投入有限，华立没有能够利用收购来的研发团队进行进一步的 CDMA 技术研发，只能徘徊在 2G 标准的芯片上，连 2.5G 都无法突破，更不用说 3G 了。为了维持华立在美国和加拿大研究部门的运作，华立每年还得付出约 1 200 万美元的运营成本，这占到了华立纯利润的 1/3。

第二方面，在 CDMA 技术领域，大约 40％的技术专利都由高通掌握，而且核心专利大部分由高通掌握，面对高通 CDMA 芯片专利的障碍，华立根本没有办法得到高通的专利授权，只能借助飞利浦来生产芯片，无法形成自己的生产能力，也无法进行进一步的产品开发，更像一个飞利浦 CDMA 芯片的总经销商。

第三方面，由于受到高通专利池的多种限制，华立的 CDMA 芯片难以成为市场的主流产品，中国联通及其国内主流手机、系统厂商均采用高通的技术产品。

因此，由于知识产权的问题，华立在 CDMA 市场发展上遇到很大的困难。

这样的局面是如何形成的呢？对应而言，有 3 个原因。

第一，华立在不熟悉通信行业的情况下进行的收购存在盲目性。收购海外企业的中国企业，其在国内的主业与被收购的资产应该具有相关性或互补性，对被收购的行业要很熟悉，并且有能力实现收购的目标。但是，华立是通信行业中的新来者，对行业的认识比较肤浅。华立要从现有产业微薄的利润中抽取巨额资金，去跟比自己强大得多的美国高通在美国进行技术比拼，"蚍蜉撼大树"成功的概率很低。

第二，华立收购飞利浦 CDMA 研发部并没有掌握 CDMA 芯片的核心技术。华立收购飞利浦 CDMA 研发部是一种有形资产收购，而且收购的主要是 CDMA 研发部廉价的有形资产，并不是价值昂贵的核心技术等无形资产。

第三，华立暂时回避高通专利壁垒是自欺欺人的"鸵鸟"政策。华立在收购之前并不是不知道飞利浦与高通之间关于 CDMA 芯片存在秘密的交叉授权协议。实际上是一直希望与高通谈判来获取高通的专利授权，以便摆脱飞利浦的限制，由自己直接进行 CDMA 芯片的生产的。只不过由于高通提出的价格条件太高，双方一直无法达成许可协议。

巧合的是，美国高通在与华立谈判的过程中也采取了"笑里藏刀"的计谋。在华立收购初期，美国高通高调地表示：美国高通欢迎竞争，高通欢迎华立和其洽谈关于授权费用的事项。但是，高通是不可能真正欢迎华立加入自己独霸一方的 CDMA 芯片市场的竞争的，等华立收购成功后立马变脸，高通以华立无法接受的高价让华立自行退出谈判。

第十一计　李代桃僵

一、计策解读

"李代桃僵"之计，出自南宋郭茂倩的《乐府诗集·鸡鸣》："桃在露井上，李树在桃旁，虫来啮桃根，李树代桃僵。树木身相代，兄弟还相忘！"原比喻兄弟间应当互相爱护互相帮助，也用来比喻以此代彼或代人受过。

《三十六计》中原文为："势必有损，损阴以益阳。"就是说在军事谋略上，如果势必要以某种程度上的损失、失利为代价才能最终取胜，指挥者应当机立断，作出某些局部或者暂时的牺牲，去保全或者争取全局的、整体上的胜利。可以说，李代桃僵之计是运用我国古代朴素的辩证唯物的哲学思想——"阴阳五行学说"中的阴阳相生相克的道理而制定的军事谋略。曾国藩在点评李代桃僵之计时说："就全局观之，则两利相形，当取其重，两害相形，当取其轻。又不得不舍小而图大，舍其枝叶而图其根本。"

此计用在军事上，指在敌我双方势均力敌，或者敌优我劣的情况下，用小的代价换取大的胜利的谋略，类似于中国象棋中的"弃卒保车"和"舍车保帅"战术和围棋中的"弃子争先"术。在田忌赛马的故事中，田忌用下等马和齐威王的上等马对抗主动放弃第一局，然后利用保存的后二局优势，而取得了最终胜利，通过牺牲一局的较小代价而赢得全局胜利，充分诠释了"李代桃僵"之计的战略应用内涵。

二、运用技巧

本节以"李代桃僵"为分析入口，将对其在企业专利布局和专利战略中的运用技巧进行探讨，将"李代桃僵"之计的"舍小保大，弃局部保全局"的应用内涵与战略思维应用于产业转型和专利运营之道，旨在帮助企业进一步强化知识产权运用、管理和保护能力。

在专利战争局势敌优我劣或敌我双方势均力敌的情况下，使用"李代桃僵"之计丢弃小的或局部的利益，通过对专利风险的合理转移，换取较大的或全局胜利的专利战略，能够大大增强反客为主的可能性。

在专利优势巨大，面临政府反垄断制裁或行业连横打击之前，可合理利用"李代桃僵"之计，策略性地放弃部分专利权和／或部分市场，通过舍小求大的专利战略来主动示弱，来换取企业更大的发展空间。

"李代桃僵"之计在专利战中具体实施时，在专利战略上要求牺牲局部和眼前利益，获取全局和长远的利益，在专利战术上要求以较小代价换取最终胜利，通过"弃卒保车"保护核心专利不受侵犯，从专利运用的策略结构层面上可以分为"舍小保大"的切入点和"弃点保面"的切入面。

1. 舍小保大，弃卒保车

古人云："两利相权从其重，两害相衡趋其轻。"在激烈的专利战中，以少量的损失换取较大的胜利，是划得来的。在权衡利弊大小的过程中，根据专利分析结果适时作出取舍，即为此计的本质所在。

（1）"桃"之夭夭——战略性放弃的专利战略

当企业的多元化专利经营战略发展遇阻或遭遇资金紧张时，应适时调整专利资源，进行产业链的横向整合和纵向扩展，改走专业化的道路。即通过以退为进地对专利成本控制做"减法"，从市场、法律、技术等角度对专利进行成本收益审计，然后策略性地转让甚至放弃部分专利权，集中资源保留核心专利、基础专利和重要专利，通过设置路障式专利布局让竞争对手难以规避，通过聚焦企业核心专利技术以优化产业专利布局。

在专利的地域性布局战略中，申请专利时重点布局蓝海市场区域，在产品产销的主要目标国专利布局，放弃威风八面，寻求富甲一方，积蓄力量求稳定发展。

（2）投桃报李——专利交叉许可和专利联营协议

如果己方的专利技术不能够一枝独秀独霸天下，就不应敝帚自珍，应与两个或两个以上的竞合对手达成专利许可协议。将各自相关有价值的专利技术的使用权相互许可使用，在一定的期限和地域内，互为技术提供方和受用方。双方各自"失之东隅，得之桑榆"，达成专利交叉许可、共谋专利联营和构建专利池，共同培育产业生态圈，应对产业专利风险，舍小求大谋取共赢。

（3）利用第三方——巧妙转移专利风险

利用第三方李代桃僵的情形一般是指，专利战的双方各自忌惮而避免正面交锋，而是审时度势地通过利用第三方机构巧妙过渡，进行专利诉讼风险转移的过程。

例如，在智能手机领域，苹果的 iOS 系统和谷歌的 Android 系统处于两大对立的专利阵营，近年来专利战愈演愈烈但是焦点始终集中在苹果和 Android 手机厂商之间。苹果采取的策略是在各个国家起诉 Android 手机厂商侵犯了自己的专利权。以 HTC 作为替罪羊为例，先是谷歌免费转让部分专利借 HTC 之手起诉苹果，苹果马上与 HTC 和解后"借刀杀人"，起诉三星，通过"隔岸观火"进一步瓦解 Android 阵营。苹果和谷歌均巧用 HTC 作为替罪羊转移专利诉讼风险，但是对于与 Android 手机厂商"唇齿相依"的谷歌来说，如果 Android 阵营的手机厂商一旦被陆续瓦解，自身难免"唇亡齿寒"受到打击，此计需慎用。

能够最大限度地利用第三方机构转移专利风险的产业是专利保险，专利保险是指投保人以授权专利为标的向保险公司投保，在保险期间，保险公司按照合同约定向投保人为专利维权而支出的调查费用和法律费用进行赔偿。通过专利保险投保，能够合理地"李代桃僵"转移专利权人在以下两种情形下的专利风险，即在获得赔偿前支付不起巨额的诉讼费用导致不应诉，在支付巨额诉讼费用后败诉而导致两手空空。

2. 弃点保面，舍车保帅

专利战中使用"李代桃僵"的计谋，首先要正确认识局部和全局的得失关系，在专利局势势必有损的情形下，有时需要主动牺牲局部利益，以减少更大的损失或换取全局的胜利；有时则需要放弃局部可得之微利，而去争取更大的全局胜利。

（1）舍小利以谋远——策略性地公开部分专利技术

对于已经积累了雄厚的知识产权资本的大型企业，有计划、有步骤地开放专利不会动摇其在行业领域内的科技垄断地位。此时舍小利谋高远，通过策略性分层次地公开部分专利技术，能够占据产业技术主流，进而参与到产业标准的建立中，从而更能有利于企业占据主导产业发展的地位。因此实施专利开放战略，等于在行业领域内利用其标准导向型技术设置了更高的进入壁垒，能够有效遏制竞争者在产业链中的纵向深入，也能为自己确立市场地位赢得先机。

（2）壮士断腕以全质——企业利用专利储备起死回生

类似于"借尸还魂"可令专利技术资本化的过程，当企业遭遇发展困境和危机，出现亟须资金的状况时，可放弃部分核心专利权以"李代桃僵"，即通过专利许可与转让、专利出售折股、专利质押贷款、专利证券化、专利股权融资、专利保险等专利金融手段来筹融资金，用既有的专利储备为企业发展续命，避免破产重组，实现壮士断腕、凤凰涅槃的目的。

例如，美国影像巨头柯达在申请破产保护时，出售手上持有的 1 100 项专利，这些数字成像技术相关专利的市场总估值大约在 20 亿美元，最终以 5.25 亿美元的价格与美国两家专利运营公司——高智和 RPX 公司（RPX Corporation）成交，及时增加了柯达所持有的现金流，成功度过产业转型期，避免了企业的破产。

（3）以点救面——利用专利战分担风险

用专利摩擦来解决管理风险、市场竞争的疲软、利润下降、创新乏力等问题是近年来发达国家跨国企业发动专利战的主要原因之一，即通过专利战风险收益较高的效应来分担上述竞争风险，起到"李代桃僵"的效果。

三、总结陈词

"李代桃僵"之计用在专利战中，就是通过合理的取舍改变竞争格局，力求舍小取大，这不但符合我国古代朴素的辩证唯物的哲学思想中"舍与得"的辩证关系，同时也暗合西方现代博弈论"均衡存在"的竞争理念。

古按语解释"李代桃僵"为："敌我之情，各有长短。战争之事，难得全胜，而胜负之诀，即在长短之相较，乃有以短胜长之秘诀。"即当专利布局势必有损之时，要用专利大格局的心态，有计划有策略地舍小求大、舍近望远，明晰孰舍孰得，坚信不舍不得，乐于有舍有得，敢于早舍早得。

四、画龙点睛

专利大战十一计，李代桃僵巧舍取。

专利开放赢先机，弃点保面谋全局。

专利格局识大体，田忌赛马有先例。

专利风险巧转移，舍小保大衡利弊。

五、活学活用

例 11-1

舍小谋远，IBM 妙用专利公开战略

全球专利战略的先驱者——IBM连续22年蝉联美国新专利数量排行榜首位。除了专利数量外，IBM通过专利的经营获利颇丰。目前IBM的专利许可费收入是平均每年10亿美元；1999年，IBM曾利用其专利换来了300亿美元新部件的销路。可以说，专利在巩固了IBM行业领导地位的同时，也扩大了IBM进入新业务的自由度。

但令人难解的是，当许多跨国公司的专利保护越来越严格，企业之间涉及专利的纠纷正层出不穷时，IBM却宣布开放自己的大量专利。从2004年IBM向各大软件开发商免费开放了500件软件专利开始，10年来IBM陆续策略性地开放专利数据库、开放源代码软件和系统平台等。IBM公司前总裁彭明盛（Sam Palmisano）曾表示，他面临的首要任务之一就是要将大部分专利免费开放。IBM并非慈善机构，自然不会将自己辛苦得来的研发成果白白拱手让人，它究竟为什么会有这种"引狼入室"的做法呢？

作者认为，IBM此举正是使用了专利三十六计中的"李代桃僵"之计，通过主动作出某些局部或者暂时的牺牲，舍小利谋大远，去保全或者争取全局的、整体性的胜利。

首先，拥有超强的科技研发实力是IBM"李代桃僵"放弃局部利益的大前提。笔者在德温特专利数据库（DWPI）中检索发现：截至2014年，IBM已经连续22年成为全球拥有专利数最多的公司，2013年申请的新专利达6 817件，2014年申请的新专利达到7 537件，积累了雄厚的知识资本，有计划、有步骤地开放专利不会动摇IBM在行业领域内的科技垄断地位。

其次，"李代桃僵"之计是IBM痛定思痛的结果。专利保护是把双刃剑，虽可防止企业技术外溢产生利益损失，但是如果保护过分，却容易给竞争对手以可乘之机。从很多产业发展的经验来看，人们不在乎哪一种技术更先进，只关心哪一种技术是主流。一项技术开放得越早，就越有可能成为主流技术，从而成为产业的标准，而谁建立标准就意味着取得主导地位。在 TCP/IP 和

NetBeui 网络协议之争、Ethernet 和 Token Ring 网络之争中，最终 IBM 所开发的 Netbeui 和 Token Ring 全都败下阵来。原因是 TCP/IP 和 Ethernet 开放得早，已经提前一步成为产业公认的标准，而 IBM 的技术上更为领先的 Netbeui 和 Token Ring，反而因为被知识产权重重保护失去了成为主流技术的机会。

最后，"李代桃僵"之计有利于公司内部的资源整合。IBM 的产品部门各自独立，从技术研发到产品制造基本上都处于相对独立的状态，其最直接后果是，IBM 在许多自己的产品中并没有应用自己发明的新技术，至少不是最先应用这些技术。这既导致了技术的浪费和闲置，也丧失了许多推广技术的机会。专利开放固然可以吸引更多技术和市场的追随者，这些追随者在 IBM 专利的基础上开发形成大量衍生技术和产品，为 IBM 的技术和产品培育更广阔的市场，推动其成为市场主流。

另外，由于 IBM 的专利开放是根据自身发展需要，有计划、有步骤、有策略地推进，对追随者的技术和产品开发具有一定的引导性，追随者获得技术的同时往往也实现了 IBM 对某些技术进行推广的战略意图，推动了 IBM 在产业新标准制定中主导地位的建立。

总之，IBM"李代桃僵"的专利开放是眼前利益和长远利益两方面权衡的结果，在不失市场主导地位的前提下，通过放弃部分专利收益来谋求长远的技术霸主地位，同时也更有利于促进社会的进步。如此果敢而有策略的选择确实令人折服，也值得我国企业学习参考。

例 11-2
李代桃僵，伟哥专利到期前辉瑞舍小保大积极运作

随着治疗阳痿药物辉瑞伟哥（西地那非，商品名为"万艾可"）在德国的 15 年专利保护期于 2013 年 6 月 23 日结束、伟哥在中国的专利权到 2014 年 5 月 12 日到期等消息的发布，许多药企都立刻推出含西地那非的类似仿制药品。

尤其是来自礼来和拜耳强有力的竞争让辉瑞压力不小，橘红色"伟哥"艾力达、黄色"伟哥"希爱力，大有替代蓝色"伟哥"万艾可之势。而失去专利保护后，大量仿制药和竞争者将涌入这个市场，对万艾可的销售业绩和利润均会形成冲击。

对于原研药厂来说，专利过期再正常不过，专利过期并不是产品末日。且看辉瑞如何用"李代桃僵"之计来应对。

作为原研药的龙头企业，在这种局面下，辉瑞形成了一整套完善的应对机制：首先做的是，先下手为强，实施率先调整价格的"苦肉计"。于 2013 年 6 月 1 日在欧洲推出"经济版伟哥"，价格在每粒 2.08 ~ 6.25 欧元，而目前价格在 10.30 ~ 14.96 欧元，价格下降幅度达到 80%。另外，在美国，辉瑞联手 CVS 推出的"网上版伟哥"，100 毫克片剂的批发价为 22 美元。除此以外，网站促销计划还包括顾客首次预订量中三片免费、第二次预订打七折等多种手段来吸引消费者。

通过降低伟哥价格的"李代桃僵"，同时依靠万艾可的品牌、质量、疗效带来的更好口碑，借助于辉瑞的强大的品牌影响力、营销网络、销售群体，以点带面地带动其他领域主要盈利点的利润增长，如心血管、抗感染、中枢神经药物等。

除了提前降价进行布局外，原研药企业目前守住专利权的方法还包括几种：一是通过增加适应症，以形成螺旋扩大的专利保护空间，延长药品的专利期；二是扩充缓释、控释等剂型，以扩宽专利范围；三是增加其他药品成分，开发成复方制剂；四是改变给药途径，如口服改为透皮贴剂等。

另外，购买竞争对手有价值的专利，或者并购具有一定研发实力的竞争对手，并在此基础上进行研发改进，结合原有专利形成新的专利族，进而使药物的实际专利保护期延长，也是原研药企业经常采用的一种途径。例如，辉瑞制药曾购买印度兰伯新（Ranbaxy）公司环丙沙星的一件专利，并将其成功研发上市，使环丙沙星制剂专利保护期大大延长。

此外，还有很多原研药企和仿制药企合作，也加入仿制行列中，如辉瑞与海正、默克与先声都成立了合资公司，共同销售仿制药。

> **例 11-3**

华丽转身，IBM 从产品制造到服务的成功转型之道

IBM 作为从产品制造商转型为服务和软件提供商的成功案例，一直是国际上企业转型的研究样板，也是众多企业效法的对象。IBM 的成功转型，对于众

多的正在思考战略转型的企业，无疑有着重要的参考价值和现实的示范意义。

我们来看看 IBM 转型的背景。20 世纪 90 年代，IT 行业发生了翻天覆地的变化，进入群雄逐鹿的新时代。而此时 IBM 的传统支柱产品——PC 业务已经进入了衰退期，IBM 陷入了前所未有的困境。仅在 1993 年单年亏损高达 81 亿美元，IBM 濒临破产边缘。难道昔日的"蓝色巨人"就要这样倒下了吗？1993年 3 月 IBM 聘请郭士纳为董事长和 CEO，在随后的 10 年间，郭士纳带领 IBM 重回巅峰，不仅仅恢复了 IBM 的创新精神和运营效率，更重要的是完成了从制造业向服务业的华丽转型。至今，IBM 的营业收入已经突破 1 000 亿美元，其中 90% 的利润来自软件和服务。

在郭士纳的带领下，IBM 踏上了从制造商到服务商的战略转型之路，耄耋之年的大象开始起舞。历史证明，这次转型是非常成功的。2001 年，IBM 的服务收入达到 349 亿美元，占总收入的 42%，首次超过硬件成为 IBM 的第一收入来源。这也标志着昔日的硬件巨擘已经成功蜕变为服务大亨了。

对于 IBM 的转型，我们又应该向它学习些什么呢？传统运营商要怎样才能突破现在的发展瓶颈，开创一个新的发展局面呢？有下面这几个方面可以借鉴。

第一，建立以用户为导向的服务宗旨。"尊重个人、竭诚服务、一流主义"是 IBM 从创始人沃森父子以来一直强调的文化理念。而在 20 世纪 90 年代初，持续的成功使 IBM 的企业文化出现了偏误："尊重个人"演变成盲目追求意见一致，导致了 IBM 的封闭与保守，也使 IBM 演变为以自我为中心……后果可想而知。为了摆脱过去给用户留下的不好印象，IBM 确立了"服务用户、方便用户、以用户为导向"的服务宗旨，建立了 360 度客户服务的理念，彻底改善了公司与顾客之间的互动关系。

第二，加强合作，谋求共赢。经历了 20 世纪 90 年代初的失败后，IBM 一改以老大自居的傲气，在必要情况下与同业合作，利用它们现成的技术，或将自己的技术向同业出售。1999 年，IBM 与戴尔签署了一个战略性的、价值达 160 亿美元的专利技术合作协议，根据此协议，戴尔将向 IBM 购买有关存储器、网络及显示器等技术。另一则例子是，IBM 将其苦心经营多年的 IGN 产品卖给 AT&T。IBM 则专注于自身的核心业务——信息技术服务，为全球 500 强中的大部分企业进行信息系统数据管理服务。

第三，组织变革，推动战略转型。对于 IBM 来说，转型中真正的挑战在于组织改革。原有的销售和营销部以客户规模的大小分成若干组，每个小组的目标是在指定的责任区内，争取最多的客户。这种组织结构造成各自为政，内、外部资源的浪费，广告代理商接受不同小组的简报，每个小组对自己的营销状况好坏都有不同的看法。1993 年起，IBM 对其组织结构机制进行重大改革。通过使各分支单位成为利润中心而使组织结构分权化，发展出网状组织，进行层级缩减、组织扁平化，使每个成员都发挥专业能力。

第四，重新整合资源，突出核心业务。为了配合 IBM 战略目标的调整，其通过兼并、分立、剥离等各种手段对业务进行了重新组合，从而突出 IBM 适应全球竞争环境变化的核心业务。为迅速提高服务业的核心竞争力，IBM 不断完善其在软件和咨询方面的收购。典型案例就是对普华永道咨询部门的并购。

从制造商到服务商，IBM 这家百年老店的华丽转身堪称企业转型的经典案例，上述 4 条也只是企业转型中一些基本要素。在技术周期已到，企业面临的转型时机到来时，要"李代桃僵"舍小保大，还要果断跟进，不要等别人真的革自己的命时才幡然醒悟。借用郭士纳的一句名言就是："在企业转型时，不要怕犯错误，因为即便是犯错误也要由于我们动作太快而不是太慢。"

第十二计　顺手牵羊

一、计策解读

"顺手牵羊"原意是指乘人家没注意，顺手把别人的东西拿走的偷窃行为。通常用来形象化地喻指意外获得某种便宜，或毫不费力地获得某种平常要花大气力才能获得的东西。

《三十六计》中原文为："微隙在所必乘；微利在所必得。少阴，少阳。"比喻乘敌人的小间隙，向敌人的薄弱处发展，是一种创造和捕捉战机的谋略。对于己方来说，再小的利益，也必须尽量争得，这就是《易经》所讲的变敌方小的疏忽为我方小的胜利的道理。

古人按语说："大军动处，其隙甚多，乘间取利，不必以战。胜固可用，败亦可用。"凡是大军行动的时候，肯定有很多的缝隙和漏洞，可以为我方所乘，在这种情况下，一定要争取，而且不一定要通过作战的方式一对一地对抗。其蕴含的"见利不失"的思想，指导我们无论胜负都可以善加利用而获利，正所谓"失之东隅，得之桑榆"。

二、运用技巧

（一）本意解读

在专利战中，"顺手牵羊"通常是指经营者通过专利信息分析获取市场信息、制定经营策略，为的是要把握专利属性机会，以最快的速度利用它、开发它。所谓专利属性机会是因为专利而出现的、带有一定偶然性的、稍纵即逝的某种特殊条件。

例如，1979 年苹果的创始人乔布斯对施乐帕克研究中心（PARC）的拜访可以称为"顺手牵羊盗梦空间的大突袭"，乔布斯抓住了施乐没有看到的图形界面的产业发展良机，利用该专利技术领先世界 PC 市场达 10 年之久，乔布斯对此的解释是："好的艺术家拷贝，伟大的艺术家剽窃。"比尔·盖茨的微软则通过给苹果公司编写应用程序的同时，"顺手牵羊"开始了开发 Windows 操作视窗的步伐，并"反客为主"占据了苹果的原有市场。

如果说在知识产权保护还未盛行的 20 世纪 80 年代，乔布斯和盖茨的"顺手牵羊"不会背负作为抄袭者的原罪。即便在知识产权大行其道的当代，其中也不乏利用专利行为"顺手牵羊"获得发展机会的正当方式。实施这一计谋的关键点在于"顺"，正所谓来去顺路、得之顺手、赢之顺时。

1. 来去顺路

在专利战中，虽然"顺手牵羊"所带来的成功是一种不经意的、随机的成功，但是在某些情形下我们能够做到事先策划、以逸待劳。

例如，经过多次无效宣告请求后而仍维持有效的专利，"顺路"得到更加稳定的专利权，而经过检验后具备良好的专利稳定性的专利，在关键时刻更具有一招制胜的效果。

又如，对失效专利进行合理运用，企业找到的不仅是可免费使用的专利技术，"顺路"还能从失效专利技术的研发路线中受到启发。即从免费使用中获得，从免费使用中提高，从免费使用中再创新，并申请自己的专利，"顺手牵羊"形成企业创新与保护的良性循环。

再如，企业在做专利信息分析工作的同时，通过申请人分析、引用关系等专利分析手段等能够"顺路"牵出技术路线图、挖掘到潜在的竞争对手、洞悉竞争对手的研发动向和有威胁的重要专利，从而便于企业调整专利战略；企业之间进行专利技术的合作开发，不但能够实现专利优势互补、分摊研发成本、分散专利风险，还能"顺路"扩大企业自身产品的经营范围。

2. 得之顺手

俗话说：搂草打兔子，捎带的。企业在开展专利工作的过程中，也存在一些得之顺手的可"捎带"的专利行为。

例如，在撰写产品专利时除了对产品特征进行合理的范围扩展外，还"顺手"对生产工艺、产品用途、配套设施等专利技术进行有效的保护；同一发明创造在申请发明专利的同时又"顺手"申请实用新型专利，不但能够尽快获得专利权配合市场行为，还能在一定程度上节省专利运行的费用；在标准的制定时，不可避免要涉及某些专利技术，那么在这些专利技术的专利权持有者就有可能

"顺手"决定产业的发展方向乃至话语权，此中翘楚当属通信行业的高通。

又如，2014 年诺贝尔物理奖获得者、美籍日裔教授中村修二在 1999 年因蓝光 LED 发明专利纠纷出走日亚公司后，美国科锐公司（Cree）"顺手牵羊"获得了中村修二每周一天进行技术指导的权利，科锐公司的蓝光 LED 技术研发也因此获得飞速发展。

3. 赢之顺时

作为专利三十六计中最随机应变之计，"顺手牵羊"的机会总是偏爱和垂青有准备的人，企业要善于利用与专利相关的一切外部时机，才能赢之顺时。

例如，当产业发展的良好机遇摆在面前时，就要充分借助社会环境、政策背景、社会心理状态、热门事件等进行市场推广、专利布局以及专利战略的制定，利用自身专利布局顺势而为、因势利导、借局布势，机不可失，时不再来。

又如，若企业拥有大规模的有效的专利储备，通过适当的宣传引导，可以赢得公众和媒体舆论对于本企业科研实力的认可，树立良好的创新型企业的形象，既能够"顺时"获得政策支持和政府资助；对于上市企业，则能够增强股东对于企业盈利的信息，增加用户对于企业产品的内心认同感，"顺时"提高股票价值。

（二）计策引申

1. 微利必得，牵出宝藏

古人云："善战者，见利不失，遇时不疑。"其意思是要捕捉战机，微利必争。"唯利是图"固不足取，"微利是途"却可以积少成多、集腋成裘，只要不会"因小失大"，小胜的机会也不应该放过，也正是"顺手牵羊"之计的灵活运用的妙处。

不管是通过研发、收购还是许可的方式，获得核心专利技术以后，应"微利必争"地尽早布局外围专利和延伸专利，将核心专利和外围专利相互结合并进行组合，形成严密的专利网。这样一方面能够巩固企业自身的核心竞争力，另一方面能够与竞争对手形成有效对抗甚至技术反制，从而牵出更大的市场宝藏。

一些专业性较强的中小公司由于资金和管理能力等因素，限制了它们的市场活动范围，这些专利权人在相关市场发放专利许可证只为"顺手牵羊"得到额外的专利许可费收入。例如，北京汉王科技公司（以下简称"汉王"）的主要产品是个人电脑手写产品汉王笔，利用其汉字手写识别的专利技术，汉王与恒基伟业、名人等 PDA 公司签署了技术授权合同，仅 2000 年，汉王便从恒基伟业收取了 2 000 万元的专利许可费。

2. 微隙必乘，牵出商机

"微隙必乘"是看准对方在专利战或专利布局中出现的漏洞，抓住其薄弱点，乘虚（需）而进、乘机而入，获取胜利的专利谋略。

在市场先进入者的专利布局尚未完善，还存在一定的技术空白点时，利用对方急于完备专利布局和产业链布局的迫切心情，达成专利联盟以争取客位；也可主动出击，抓住竞争对手专利布局的失误和 / 或把柄，要求交叉专利许可，亦能乘隙插足以争取客位，牵出商机。

3. "慧眼识羊"，牵出产业链

"慧眼识羊"，还要具有见微知著的洞察力和闻风而动的应变能力，善于从产业链的"羊肠小道"中找到商机。

产业链中存在大量上下游关系和相互价值之间的交换，上游环节向下游环节输送产品和服务，下游环节向上游环节反馈信息，专利活动掺杂在这些环节中。通过对整条产业链专利分析梳理，能够从宽度和深度两个维度整合对接产业链，"慧眼识羊"，发现产业链、供需链、技术链、推广链、竞争链和合作链等全链条的专利对接点，后续的专利工作才能有的放矢。

三、破解妙策

破解顺手牵羊之计，要追本溯源，从以下 4 个因素着手。

1. 保护好自己的"羊"，最大限度地消除让对方"顺手"的因素

通过专利保护和技术秘密相结合，在技术保护的范围上分为专利保护部分和技术秘密保护部分，在技术保护时期内合理选择专利申请时机，在专利申请文件上采取策略性的撰写方式，来保护自己企业的新技术的知识产权，为企业的科技创新保驾护航。

2. 未雨绸缪，让对方无机会可"牵"

许多公司收购、并购的主要目的是引进专利研发和运营的相关人才，通过人才带来相关技术。因此在产品研发初期，首先应当厘清职务发明的利益分配关系，通过法律手段最大限度地降低研发成果被跳槽研发人员带走的影响。

3.练好基本功，让他人觉得"牵羊"得不偿失

以专利权人眼中的"专利诉讼大肥羊"创业板公司为例，通过定期"专利体检"，全面清查自己的主打产品是否存在或可能存在侵犯他人专利权的情况，对自身产品先行进行规避设计，直接或通过第三方与专利权人尽早商谈购买专利权或获得专利许可；充实自身专利武器库；根据自身财力和产品市场占有情况，加入专利联盟、反专利流氓机构、专利运营公司等组织，在被诉侵权时可以动用更多资源进行反击。在"大众创新、万众创业"的大背景下，创业公司更应做好专利预警工作，防止被他人"趁火打劫""顺手牵羊"。

4.亡羊补牢，犹为未晚

在专利战中出现被人"顺手牵羊"的情况时，应迅速亡羊补牢，通过专利收购、许可等手段补全专利族上的纰漏，查缺补漏地布局专利；通过专利分析和导航，及时修正专利战略的地位和内容；利用王牌专利进行专利诉讼，杀鸡儆猴地震慑众多专利侵权对象。

四、总结陈词

作为专利三十六计中最灵活的计谋，"顺手牵羊"往往存在于特定的时间和环境中，时过境迁后，易取之利就会成为难取之利。这时，机会往往总是偏爱和垂青有准备的人，有良好的专利战大局观和应变策略，才能开创出"三羊开泰"的大好局面。

此外，不要守株待兔等"羊"自动找上门来，而是着意寻找敌方的空子，或诱使敌方出现漏洞并进一步利用专利漏洞，或假痴不癫将计就计，从而使自己牵羊时很"顺手"。

另外，使用"顺手牵羊"之计千万不可轻率从事，见"利"忘"本"，一心"必得"，不顾后果，以免因小失大，落得个"赔了夫人又折兵"的可悲结局。

五、画龙点睛

> 专利大战十二计，顺手牵羊最随机。
> 慧眼识羊是关键，顺路顺手又顺时。
> 微利必得沙聚塔，微隙必乘牵商机。
> 未雨绸缪早防护，亡羊补牢犹未迟。

六、活学活用

例 12-1

遭遇投诉，海尔"顺手牵羊"开发新产品

1996 年，一位四川农民投诉海尔洗衣机排水管老是被堵。服务人员上门维修时发现，这位农民居然用洗衣机洗地瓜，泥土大，当然容易堵塞！但服务人员并没有推卸责任，依然帮顾客加粗了排水管。农民感激之余说：如果能有洗地瓜的洗衣机就好了。

农民一句话，海尔人记在了心上。经过调查，他们发现原来这位农民生活在一个"红薯之乡"，当年红薯喜获丰收，卖不出去的红薯需要加工成薯条。在加工前要先把红薯洗净，但红薯上沾带的泥土洗起来费时费力，于是农民就动用了洗衣机。更深一步的调查发现，在四川农村有不少洗衣机用过一段时间后，存在电机转速减弱、电机壳体发烫的现象。向农民一打听，才知道他们冬天用洗衣机洗红薯，夏天用它来洗衣服。

图 2　海尔生产的能洗大地瓜的洗衣机

技术人员一开始是把此事当笑话讲出来的，但是海尔董事局主席兼 CEO 张瑞敏听了之后却认为：满足用户需求，是产品开发的出发点与目的，应"顺手牵羊"开发创造出一个全新的市场。终于，在 1999 年"能洗大地瓜的洗衣机"（见图 2）在海尔诞生了，它不仅具有一般双桶洗衣机的全部功能，还可以洗地瓜、水果！

除了"洗地瓜洗衣机"外，海尔还顺手牵羊开发了"打酥油洗衣机""洗

龙虾洗衣机""剥皮洗衣机""洗荞麦洗衣机"等多种洗衣机神器。

在产品研发层面上,海尔在解决用户的需求的基础上利用产品差异化策略"顺手牵羊"开拓了新的市场。

在"能洗大地瓜的洗衣机"上市之前,1998年3月19日,海尔为其能洗大地瓜的洗衣机提交了申请号为98220543.0的实用新型专利,发明名称为"洗衣机波轮环",其要解决的技术问题正是洗地瓜和洗衣的多用洗衣机!其在说明书中声称,该实用新型为解决洗土豆、地瓜、花生等水果蔬菜时,考虑到其表面所附着的大量泥沙的排出问题,该实用新型专门为清洗水果、蔬菜及水产品而设计的波轮环,其上具有螺旋槽、排沙口等专有结构,实现了将清洗下来的泥沙排出洗衣机的目的。

海尔公司接下来又"顺手牵羊"申请了申请号为00111015.2、名称为"剥皮机"的发明专利申请,最终获得授权的授权号为CN1114377C(见图3),其所要求保护的装置通过带有剥离筒的洗衣机洗涤桶,通过洗涤桶内特殊的波轮转动,不但可以实现马铃薯、山芋、红薯的洗涤,还能实现剥皮的功能,真正实现了一机多用的目的。海尔公司在该专利申请中顺手牵羊通过两个独立权利要求扩大了保护范围。

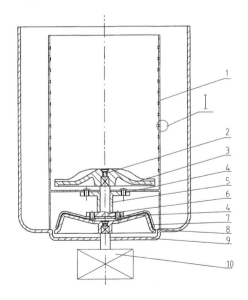

图3 海尔为大地瓜洗衣机申请的专利结构示意图

在专利申请层面上，海尔在保护既有产品的基础上，利用外围专利申请"顺手牵羊"地扩大了专利保护的范围。

海尔的高明之处在于对"微利在所必得"中的"微利"的理解：从眼前看是"麻烦"，从中远看是"微利"，但从长远看必是"大利"。换言之，就是要有企业发展和专利布局的战略眼光，才能牵出商机、牵出宝藏。

例 12-2

顺手牵羊，艾伯维先于吉利德拿到抗丙肝疗法组合专利

艾伯维（Abbvie）是一家全球研究型生物制药公司，美国吉利德（Gilead）是一家独立的生化公司，这两家公司分别研制出了组合抗丙肝疗法药物，在治疗慢性丙型肝炎方面具有较好的疗效，而且都已经被美国食品药物管理局（FDA）认定为突破性的组合抗丙肝疗法药物，鉴于这类药物作为非罕见病药物定价很高，所以先取得新药审批资格的公司必将抢占市场，获利巨大。

2014年2月10日，吉利德率先递交上市申请，且获得了FDA优先审评资格，新药审批日期提前到2014年10月10日；艾伯维是2014年4月22日递交的上市申请，且也获得了FDA优先审评资格，但是比吉利德晚了2个月。这样吉利德极有可能成为首个上市组合抗丙肝疗法的厂家，在丙肝治疗领域拿到绝对的统治权。

这种情况下，艾伯维自然不会坐以待毙。因为吉利德要求审批的药物是"sofosbuvir+ledipasvir"二联，然而艾伯维宣称其于2011年10月21日申请了2件专利，覆盖了吉利德的这个组合，如果吉利德上市销售"sofosbuvir+ledipasvir"二联则侵权。

两家公司不可避免地展开了争论，争论的焦点是：艾伯维组合物专利的组合物专利是否有效。

吉利德回击称其拥有sofosbuvir、ledipasvir单独的化合物专利，而且在2011年9月16日递交了分案申请，公开了"sofosbuvir+ledipasvir"这个组合，比艾伯维的组合物专利申请早了1个月。吉利德的主要观点是其在2012年4月才公布ledipasvir所对应的化学结构，在此之前它只是一个代号，艾伯维不可能知道这个化合物的结构，也不可能拿去做组合疗法。而且艾伯维在专利中没有给出

ledipasvir 的化学结构，没有说明如何制造 ledipasvir，没有"ledipasvir+sofosbuvir"的具体实施例和数据。

据专家分析，实质上，艾伯维的专利是把各公司的抗丙肝化合物全部搜集过来（总共 70 个），然后搭配出不同的组合，要求保护在它们之前尚未公开的许多个组合，其中就包括"ledipasvir+sofosbuvir"。一般如果自己没有化合物专利，是不会去研究组合物的，因为即便研究成功了，自己也不能上市销售。但艾伯维这个案例就是个奇葩，它自己一开始就打算开发组合抗丙肝疗法，但同时又想到利用专利武器，申请一些与自己的开发无关的但是能阻碍对手的专利，结果顺手牵羊覆盖了"ledipasvir+sofosbuvir"。

实质上艾伯维不一定要完全赢得官司，能给吉利德制造点麻烦，让它在抢占市场的过程中不那么顺利，自己能够分得组合抗丙肝药物市场的一杯羹，就已经达到目的了。

用专利来武装自己的产品已经成为研发型公司的必不可少的工作，艾伯维在自己做研发的同时，还"来去顺路"对竞争对手的产品做简单加工申请专利，并进行布局，以备不时之需，可谓未雨绸缪。但是，如果在不顺手的情况下强行取利，不仅徒劳无功，而且会影响原有的主要专利战略目的的实现。

附注：艾伯维组合物专利：US8466159（最早的优先权日为 2011 年 10 月 21 日，授权日为 2013 年 6 月 18 日）、US8492386（最早的优先权日为 20111021，授权日为 2013 年 7 月 23 日）。

吉利德的 ledipasvir 化合物专利：US8088368、US8273341、US8575118（最早的优先权日为 2009 年 7 月 10 日）。

吉利德的 sofosbuvir 化合物专利：US7964580、US8334270、US8580765（最早的优先权日为 2007 年 3 月 30 日）。

例 12-3

偶然得之，固特异"顺手牵羊"发明橡胶硫化技术

一级方程式大奖赛（F1）是世界上最惊心动魄的比赛之一，喜欢看 F1 的人无不被轮胎与沥青摩擦的"烧胎"噪声、碎屑飞溅的轮胎渣、精确到千分之一秒的更换轮胎技术、巧妙的软硬胎战术、下雨天的干雨胎战术组合所折服，

作为整个赛车唯一接触赛道部分的轮胎成为非常关键的要素。

那么，如此重要的轮胎是如何发明的呢？答案就是"顺手牵羊，偶尔得之"。

橡胶作为一种古老的材料很早就为东方的先民所使用，那时橡胶大都用于黏合剂。西方人第一次见到橡胶制品大概是在哥伦布发现美洲大陆时，他曾记载了美洲印第安人用树汗制造的一种有弹性的球，这种球比西方人的充气球要重，但弹性更好。土著人把白色的树汗倒在木质的模子上，用熏蒸的办法去掉水分，固化成球。1775 年对于"橡胶"有了正式的命名。

自橡胶发现伊始，西方人便不断开发它的用途。德国的佛雷德里克用溶解在乙醚中的橡胶制成了一双骑马用的长筒靴。由于橡胶能擦去铅笔痕迹，因而人们把它制作成了橡皮。1791 年英国制造商用松节油作溶剂将橡胶制成了防水服，并申请了橡胶的第一个专利。在 19 世纪初，英国和美国兴起早期的橡胶工业。

但橡胶却有一个致命的缺点，就是对温度过于敏感。温度稍高它就会变软变黏，而且有臭味；温度一低它就会变脆变硬。这一缺点使得橡胶产品毫无市场，早期的橡胶工业无一例外地陷入了危机。

1834 年查尔斯·固特异（Charles Goodyear）决心研究橡胶的改性，不停把各种材料拿来与橡胶一起试验。经过持之以恒的工作，固特异的研究不断取得突破。1837 年固特异用硝酸处理橡胶薄片并取得"酸气过程"的专利。

1839 年 1 月，固特异的试验有了重大突破，他偶然把橡胶、氧化铅和硫黄放在一起加热并得到了类似皮革状的物质，这种物质不像通常知道的弹性橡胶会在较高的温度下分解。固特异经过一系列改良，最终确信他所制备的这种物质不会在沸点以下的任何温度分解，橡胶硫化技术伴随着无意中的"顺手牵羊"，得之顺手地问世了。

但可惜的是，这一技术与这一技术的价值却没有同时到来。1841 年 11 月 6 日，美国专利局承认了他的发明。同一年，他不顾极端贫困和身体疾病，把自己的发明投入生产，还没有产生效益他就再次破产，被关进监狱。1844 年 6 月 14 日，美国专利局批准了他的专利（专利号为 US3633），但他不得不把该专利的制造和收益的权利转给他的债权人。

在余下的 16 年间，他仍然围绕着自己的专利开发了各种各样的产品。但由于硫化技术"太容易"掌握，许多橡胶厂都在无偿享受他用辛苦换来的成果。固特异陷入与侵权者无休止的斗争。1852 年 9 月 28 日，固特异在新泽西伦登获得了诉讼的决定性胜利。但这些诉讼大量消耗了固特异的时间和金钱，固特异依然一贫如洗。

1851 年 5 月 1 日，固特异靠借来的 3 万美元参加了维多利亚女王主办的展览会，他的展品从家具到地毯，从梳子到纽扣都是由橡胶制成的，有成千上万的人参观了他的作品。他因此被授予国会勋章以及拿破仑三世的英雄荣誉勋章、军团英雄十字勋章。但他的债权人以他的发明得不到收益为由将他告上法庭，这次他挂着勋章进了牢房。1860 年 6 月 1 日，固特异在贫病中去世，这时他还欠债权人 20 万 ~ 60 万美元。

在固特异去世后的 38 年以后，为了纪念其对美国橡胶工业作出的巨大贡献，弗兰克·克伯林把自己创建的轮胎橡胶公司命名为——固特异 (Goodyear)。

从血缘上到经济上，查尔斯·固特异与后来的固特异公司并没有联系，但固特异公司却更乐于认为，他们不但在技术上是对查尔斯·固特异的传承，更重要的是他们继承了查尔斯·固特异在机会到来时的敏感性，弘扬了在逆境中不断探索的精神，更是向专利发明人和知识产权的致敬。

第三套　攻战计

《孙子兵法》说："上兵伐谋，其次伐交，其次伐兵，其下攻城。"其指的是，在我方进攻的情况下，谋攻为上，武攻为下；攻心为上，攻城为下；外交为上，兵戎为下，以求战而胜之。

如果竞争对手连防守竞争的路子都不留，那么只能通过进攻去争取主动，实施变被动为主动的攻战计。

所谓攻战计，是指处于进攻态势时所经常运用的计谋，具体包括打草惊蛇、借尸还魂、调虎离山、欲擒故纵、抛砖引玉、擒贼擒王六计。

企业实施该套计谋的条件是：研发能力、企业经济实力、专利情报网络、专利经营管理水平和技术转化能力各方面与竞争对手不相上下，但是在某一方面有绝对的胜算，可以用己之长攻敌之短，获取最终的胜利。此时，可以使用专利诉讼策略、专利收购策略、专利公开策略、异议干扰策略、先使用权策略等。

中国企业"走出去"就是典型的"攻战计"战略，与其坐等跨国企业、专利寡头来抢占我们的市场，不如趁早攻占国外市场，在此过程中"专利先行"的策略不可或缺。

第十三计　打草惊蛇

一、计策解读

打草惊蛇，本意指由于做事不周密、行动不谨慎、走漏了风声而使对方有所觉察；作为谋略进一步引申为，当敌方兵力不清、行踪诡秘、意向不明时，本方切记不可轻敌冒进，应当查清敌方主力配置和运动动向再采取相应的军事行动。

《三十六计》中原文为："疑以叩实，察而后动；复者，阴之媒也。"其意为发现了疑点就应当考实、查究清楚，反复查究直至叩实，而后采取相应的行动，这实际是发现对手隐藏之兵力的重要手段。

《孙子兵法·虚实篇》中也有与"打草惊蛇"之计相关的描述："故策之而知得失之计，作之而知动静之理，形之而知死生之地，角之而知有余不足之处。"明确阐述了情报分析和探敌虚实在作战中的重要性。

二、运用技巧

本节以"打草惊蛇"为分析入口，将其在企业专利布局和专利战略中的运用技巧进行探讨，将"投石问路，拨草寻蛇"之计中蕴含的战略思维应用于专利风险监控、预警、评估和反馈之中，旨在帮助企业进一步强化知识产权创造、运用、管理和保护能力。

在专利战争中，战要慎，知要先。发动专利战之前应事先调查、研究、分析、预测专利情报，以掌握专利市场行情，了解竞争对手，认清产业链和供需链各个环节的专利现状，提供全面、详细的专利评估报告或专利预警分析报告，探而后谋，谋而后战，有利则进，不利则止。

激烈的专利战中，竞争对手往往在专利布局中使用"瞒天过海"之计策略性地隐瞒自己的专利战略，这样可能会造成敌我双方掌握的专利信息不对称的情形。此时应利用"打草惊蛇"之计，建立专利风险监控、专利风险评估以及专利预警机制，在对相关技术领域和产品的专利申请信息、专利授权信息、专利纠纷信息以及国内外市场信息和国家科技、贸易、投资等活动中的重大专利信息进行采集、分析的基础上，预测可能发生的重大专利争端和可能产生的危害及其程度等，确保企业能够及时、准确厘清专利技术现状和竞争对手的专利信息动态，通过合理配置专利资源和有效利用专利技术，通过反馈的信息制定相应的专利战略。

狭义的专利预警一般指对专利侵权风险的预警，广义上的专利预警不仅包括企业在研发、生产、销售、技术引进、专利许可、专利转让、产品出口、海外参展等过程中可能存在专利侵权风险的预警，还包括企业在专利申请、专利布局、专利运营、专利管理等方面的专利风险管控和预警。

在专利战中应用"打草惊蛇"之计，按照战略实施意愿分为"被动惊蛇"和"主动惊蛇"两种情形，对于专利信息的重视程度不同导致两种情形下结果截然不同。

（一）被动惊蛇：草率行事，惊蛇入草

"被动惊蛇"指在没有厘清竞争对手的专利信息之前，就贸然行动，导致对手发现我方专利意图，而依托于自身的专利优势采取克制性的专利战术反攻得手，也被形象地称作"偷鸡不成蚀把米"。"被动惊蛇"是专利战中需要避免的情况，具体而言需要注意以下3种情况。

1. 惊出"寡头蛇"

对于自己发觉的专利蓝海市场，在技术研发没有完成、专利布局没有完善、市场推广策略筹划前，盲目地将产品推出市场或鲁莽地扩大销售市场。利润高的产品热销后一定会"惊出"行业寡头的觊觎，行业寡头依托于自己强大的经济实力和技术研发团队，迅速抢滩专利高地，通过并购和绕过障碍等方式反客为主地占领市场。

2. 惊走"探头蛇"

作为专利技术被侵权一方，为了维护自己的权益，如果发起专利诉讼时机不成熟或证据准备不充分，会"惊走"侵权方，让对方采取"走为上计"的撤退战术，而被侵权方难以维护本身的专利权益。

3. 惊醒"地头蛇"

如果专利布局处于群雄并起的局面，在己方专利布局不完善或对竞争对手了解不充分的情况下贸然发动专利战，会惊醒专利地头蛇。被对方抓住己方专利布局的漏洞或利用其专利优势反咬一口，己方由于准备不充分只能仓促应对，而缺乏有力的应对能力和有效的解决措施，使企业权益受到损害。

（二）主动惊蛇：投石问路，胸有成竹

"主动惊蛇"指在掌握竞争对手专利信息的前提下，通过合理的专利分析手段分别明确"打"（探析专利信息）、"草"（选择专利战场）、"惊"（发动专利佯攻）、"蛇"（竞争对手），才能胸有成竹地佯攻"打草"，"惊蛇"出洞，以逸待劳，围而歼之。

"打草惊蛇"之计运用的关键点为"慎战知先"。即要对专利情报信息去伪存真、去粗取精，以保情报的准确可靠性，"拨草寻蛇"是专利情报有效利用的前提；还要提高专利情报的灵敏度，把握专利形势的变化实时调整专利战略，以更好地"引蛇出洞"；更要根据专利战略的需要做好专利分析，对专利情报信息要认清、看准、分析透，才能有的放矢"蛇打七寸"。

1. 拨草寻蛇

《孙子兵法》说："敌力不露，阴谋深沉，未可轻进，应遍探其锋。""拨草寻蛇"探测专利锋芒主要包括以下两种方式。

第一种方式是，在产品上市之前通过"未雨绸缪，专利先行"的申请策略，为产品推广测试市场前景和推广方向。首先是通过绘制专利地图发现产品可能侵犯的专利，其次在进行技术功效、技术独立性、技术生命周期等专利分析后，草拟专利布局方案，最后根据专利探析的结果完善专利布局方案，并通过产品差异化策略增强用户的体验感，从而能够相应地提高专利价值。

第二种方式是，在某些高新技术领域，国外企业的专利技术实施手段很隐蔽，专利往往隐藏在技术标准和技术壁垒之后发挥作用，从而通过"明修栈道，暗度陈仓"以达到独占市场的目的。专利战之前要通过专利检索、专利分析、专利预警等手段，结合"SPSS 聚类分析法""5W2H 七何分析法""SWOT 态势分析法"等分析方法，发掘遍探其专利锋芒。通过信息反馈后充分地认清敌我双方的优劣势，评估专利风险水平，并制定整体的专利执行方案。

2.引蛇出洞

通过发警告函等手段发起专利佯攻，引蛇出洞，迫使或诱使竞争对手暴露自己的专利布局和市场推广情况，然后诱敌深入，使之陷入我方专利包围圈中以逸待劳对付之；或对己方心仪专利技术点进行"声东击西"的试探性进攻，通过竞争对手的应对方案，了解竞争对手的专利布局思路，并进一步判断影响竞争对手专利竞争力的深层次的因素，从而因敌而变，制定针对性的专利竞争战略。

3.蛇打七寸

通过前期的准备工作，一旦在专利战中占据有利位置，需要集中优势力量无效对手的重要专利，或设法打击其专利布局漏洞的专利软肋，或在其产业链和供应链上设置专利壁垒，或利用"围魏救赵"之计间接打击其专利命脉，才能"釜底抽薪"然后一击致命。

三、总结陈词

专利战场充满了机遇的同时也遍布阴谋，就像藏在草丛中的蛇，需要实行调查、研究、分析、预测，基于产业大环境下掌握敌我双方的专利动态，才能有效避免在专利战前草率行事"被动惊蛇"。

必要时采取"主动惊蛇"的慎战先知战术，结合第六计"声东击西"之计，探测虚实、摸清动静、掌握实情，对专利情报进行专利分析后形成报告，将其作为专利战的依据，才能在专利战中或虚张声势，或谨慎防范，或有的放矢，或反客为主，掌握战争的主动权。

四、画龙点睛

专利大战十三计，打草惊蛇探虚实。
被动惊蛇太草率，偷鸡不成还蚀米。
主动惊蛇把握准，有的放矢打七寸。
专利风险早评估，专利预警勤分析。

五、活学活用

草率诉讼，惊醒"专利大蛇"害己又害人

2001 年，Proxim 公司对 Symbol 公司（2007 年被摩托罗拉收购）提起诉讼，称对方侵犯了自己多件专利，吹响了双方专利战的号角。作者认为，正是由于 Proxim 公司专利分析工作做得不到位，盲目出击，惊醒了 Symbol 公司这个沉睡的"专利地头蛇"。

Symbol 公司，这家在纽约证券交易所上市的企业是 WiFi 技术的最早缔造者和推动者，也是 IEEE 和 WiFi 联盟的创始会员公司，拥有约 750 件无线专利技术，2003 年 Symbol 公司占有全球无线局域网交换机市场份额的首位以及综合企业 WiFi 设备的第二位。面对 Proxim 公司的挑衅，Symbol 公司马上反击，反诉 Proxim 公司侵犯了自己的专利，并于 2003 年 9 月得到美国地方法院的支持。陪审团裁决：一旦将 WiFi 芯片组应用于系统中，WiFi 系统厂商也就侵犯了 Symbol 公司的专利。也就是说，按照法院的认定，所有的 WiFi 系统厂商都必须向 Symbol 公司缴纳专利许可费。

经过长时间的法律较量，Proxim 公司最后选择了屈服，交纳专利许可费以求息事宁人，同时与 Symbol 公司达成多项专利交叉授权协议，双方不再为专利之事闹上法庭。有关负责人说："公司不希望头上顶着威胁运作，如果我们继续打官司，损失将超过 2 600 万美元。"为了减少专利费的数额，Promix 公司将自己在 WiFi 领域的专利交给了 Symbol 公司，最终双方达成协议：Proxim 公司向 Symbol 公司支付 2 300 万美元的专利损害赔偿金和 300 万美元的利益所得，以后向 Symbol 公司支付 2%的专利许可费。

受到了这场官司的鼓舞，Symbol 公司也开始向包括思科等多家企业收取专利授权费。可以说，Promix 公司由于没有做好专利信息调查工作，草率地发动专利战，惊醒"专利地头蛇"的同时捅了马蜂窝，不但给自己而且给整个产业招来了一场有关专利许可的大地震。

投石问路，艾利公司敢于亮剑挑战行业"巨头蛇"

据世界知识产权组织（WIPO）统计，世界上90%以上的技术信息都能在专利文献中查到，企业利用专利信息，通过专利检索、专利分析、专利预警等手段，可以跟踪竞争对手，洞察行业动态，预测产业发展趋势，分析市场热点等，进而可以为企业的近期、中期和远期目标发展规划提供决策依据。

美国的艾利公司（Avery Dennison）的压敏技术和标签系统处于全球领先地位，利用薄膜专利开发新市场就是利用专利预警主动"拨草惊蛇，投石问路"的很好的例子。

1994年，艾利公司新成立的一个业务单元——Avery标示薄膜产品部开发出一种用于粘贴产品标签的新型薄膜，是一种耐久性感压胶薄膜材料。该部门已经拿到了几个重要合同，为宝洁、联合利华、欧莱雅和资生堂等提供洗发水瓶子上的标签，艾利公司高管普遍认为该部门有着巨大的增长潜力，打算投入巨资大干一场。

然而，在一次专利信息分析时发现，行业巨头陶氏化学公司（Dow Chemical）正在进军这个领域，并已经开始专利布局。在可能正面临陶氏化学公司这一强劲的竞争对手的情况下，艾利公司是投入大量资源继续支持薄膜部门开发这一市场"敢于亮剑"，还是知难而退"走为上计"呢？

这时，艾利公司借助了"投石问路"的专利预警，在对现有专利信息进行采集、分析的基础上，预测可能发生的重大专利争端和可能产生的危害及其程度，确保企业能够及时、准确厘清专利技术现状和竞争对手的专利信息动态，通过合理配置专利资源和有效利用专利技术，通过反馈的信息制定相应的专利战略。

经过作出优劣态势分析后，艾利公司发现在该领域自己拥有更多的基础专利，而且还可进一步地申请外围专利来巩固自己的专利布局，这一点陶氏化学公司难以规避。此时，艾利公司底气十足地开始与陶氏化学公司接洽，给对方摆明双方的专利实力对比情况，声明陶氏化学公司得停止相关的工作且不应该继续生产这种薄膜，否则艾利公司将发起专利侵权诉讼战。陶氏化学公司经过综合考虑后，同意停止相关的研发工作、解散研发团队、将相关的产品从市场上撤出。艾利公司在标示薄膜产品方面从此独霸市场。

正是由于艾利公司通过"拨草惊蛇，投石问路"的专利预警手段，明晰敌我双方的力量对比，利用自己的知识产权优势，敢于亮剑挑战行业"巨头蛇"，遏制了陶氏化学公司对自己的市场侵蚀，从而基本主导了该产品的全球市场。

例 13-3

打草惊蛇，解决专利执法侵权取证难的良计

药都江西省樟树市某酒厂因为其产品外包装设计遭遇其他厂家仿制，产品销售市场因而严重缩水，经济损失惨重，该厂杜厂长专程来到省城南昌，向江西省知识产权局投诉其产品外包装设计两次遭遇专利侵权，请求专利执法能捉拿"李鬼"。

在江西省知识产权局，杜厂长一脸苦楚。他们酒厂 1989 年生产的"三蛇酒"就是因为遭到专利侵权，如今已被迫退出了市场。

据了解，"三蛇酒"的外包装设计一开始就申请了专利。其产品销售到赣州时，当地经销商反映产品很受市场欢迎。一些不法商家见该产品市场渐渐做大，也乘机揩起了油水。2002 年，某酒厂仿冒该产品外包装设计，生产同类产品，仿冒产品上市价格要比真"三蛇酒"市场价格低 17 元。不法商家侵权给该酒厂带来巨大经济损失，杜厂长于是向当地知识产权局寻求专利保护，并向县工商局进行了投诉。此案被立案后，该酒厂受到了相关查处。但事后不久，赣州市另外两家酒厂居然又开始生产起同名产品来，"李鬼"如韭菜一样割了又长，面对"李鬼"在市场上横行，"李逵"却因为取证困难，对其束手无策。最后在"李鬼"的挤压下，"三蛇酒"被迫全部退出赣州市场，彻底栽倒在"李鬼"的脚下。

正当他们另起炉灶，欲借全新产品"国公酒"重振雄风时，令杜厂长没想到的是，同样的事情又再次发生。他们厂生产的酒再次遭仿冒，假"国公酒"的外包装上的商标、专利号和厂址都与真的完全不同，但由于假标识的图案设计与真标识极其相似，足以以假乱真，完全可以误导消费者。据了解，该酒厂新生产的产品在市场上销售价格是每箱 68 元，然而假冒的产品在市场上每箱只售 40 元。

酒厂再次遭遇到"李鬼"，杜厂长接受上次的教训，在侵权初现苗头时就向有关主管部门请求专利保护。2012 年 10 月，当杜厂长从赣州驻地办事处得

知销售市场出现"李鬼"后，专程从樟树赶到赣州，及时向当地知识产权局进行投诉，此案即被立案。

知识产权执法人员发现，现在的专利侵权隐蔽性越来越强，当事人取证困难，一些侵权行为人采取游击战术，往往租用偏远隐蔽的场地生产，销售也远离权利人视线，给当事人取证及法院的审理和执行设置了层层障碍。不少侵权者系个体户或者是作坊式的加工企业，他们的侵权灵活机动，采取"走为上计"的战术，往往与专利行政执法人员"打游击"和"捉迷藏"，你进他关，你退他开，很容易逃避打击。

在这种情况下，对于知识产权执法，"打草惊蛇"往往是取得情报或者侵权证据的重要手段。

如果知识产权权利人甲仅知道侵权企业的名称为乙，但是其他情况都不清楚，比如企业的规模有多大、是谁在经营、经营的地点在什么地方、侵权规模有多大、侵权证据如何取证都不甚清楚，该怎么办呢？

此时，甲企业可按照工商登记的乙名称与地址起诉，通过法院送达传票、起诉书"打草惊蛇，惊蛇出洞"。乙企业接到起诉书后，由于不知道原告的葫芦里卖什么药，开始转移侵权设备、侵权产品，搬迁厂房，企图毁灭、转移证据和财产，此时正好"关门捉贼"，原告一方面密切跟踪被告的踪迹，同时向相关执法部门报警，利用执法部门的侦查权力，可以将被告的侵权工具、侵权产品一举抓获。

最终，在知识产权执法人员的配合下，该酒厂的杜厂长使用"打草惊蛇"之计成功取证并打击了侵权企业，从而能够成功地捍卫了其"国公酒"的知识产权，挽回了企业的利益损失。

第十四计　借尸还魂

一、计策解读

"借尸还魂"原意是说已经死亡的东西，又借助某种形式得以复活。历史上在改朝换代的时候，新君主都喜欢推出亡国之君的后代，打着他们的旗号，来号召天下，用这种"借尸还魂"的方法，达到夺取天下的目的。

《三十六计》中原文为："有用者，不可借；不能用者，求借。借不能用者而用之，匪我求童蒙，童蒙求我。"其意思是，对于对方而言，凡是有用、有作为的事物，往往难以借出；凡是没用、无可作为的事物，要主动求借；利用别人看似没有用处的东西加以利用，并不是我方受别人支配，而是我方主动支配别人。

"借尸还魂"之计用在军事上，是指利用、支配那些没有作为的势力来达到我方目的的策略。吕洞宾巧度铁拐李是借尸还魂；陈胜、吴广利用鱼肚书写"大楚兴陈胜王"，更是借尸还魂的应用典范。

二、运用技巧

本节以"借尸还魂"为分析入口，将其企业专利布局和专利战略中的运用技巧进行探讨，将"借尸还魂"之计的"巧借无用之用"的内涵与战略思维应用于专利之道，旨在能够帮助企业进一步强化知识产权创造、运用、管理和保护，增强其科技成果转化能力。

"借尸还魂"一计用在专利战中是指，对别人有用的专利技术，我方往往难以将其购买和利用；对别人没有用的专利技术，他们反而求着我们来购买。如果将对方认为没有用处的专利，拿过来合理利用并变废为宝，则"他山之石，可以攻玉"，我方在阵势上占据主动，转不利局势为有利局面。同样的道理，用在专利人才的挖掘上，只要相信"树挪死人挪活"的理念，秉承"不求最出名的只求最有用的"方针，只要为其创造可以借助的根本，亦能最大限度地发光、发热。

专利战中使用"借尸还魂"之前，一定要善于通过收集专利信息分析了解竞争对手，并掌握各种专利力量的实时变化，要善于利用一切可以利用的专利形式。有时，即使我方处于被动局面，如果能善于利用敌方矛盾、专利联盟和产业形势等一切可以利用的力量，也能够转被动为主动，改变专利战争形势，达到最终取胜的目的。"借尸还魂"分为以下 5 种场景中的应用技巧。

1. 以新续旧，代代相传

"借尸还魂"用在专利申请战略中，就是通过系列专利布局形成代代相传的专利族群。

企业在完成核心技术的研发后，可围绕基础专利和核心专利技术进行一系列相关技术的研发，根据技术研发的难易程度、产业发展的情况、竞争对手的技术研发情况，对专利申请以"分批出击"的方式进行，并不断地围绕核心技术开发新的外围专利技术，策略性地尽量延长核心专利技术的保护周期。例如，可通过产品生产方法、产品设备和产品用途等外围专利或系列专利研发的"魂"来延续产品的核心专利技术的保护周期之"魂"。

通过专利的"借尸还魂"能够克服专利悬崖（Patent Cliff）现象，所谓"专利悬崖"，是指一个企业（一般是医药企业居多）依赖其专利获得高额的垄断利润，在该件专利到期后，其他企业生产的仿制品充斥市场，从而造成企业销售额和利润大幅下降的情形。利用"借尸还魂"之计解决专利悬崖的主要手段有：开发新的专利产品寻找新的增长点，提供差异化的配套专利产品和整合型专利产品，通过技术创新对工艺、效率、用途、成本等方面进行外围专利布局。

2. 他山之石，可以攻玉

"借尸还魂"用在专利运营中就是巧妙利用死亡专利（失效专利）和僵尸专利。

所谓失效专利，泛指因法律规定的各种原因而失去专利权、不再受专利法律保护的专利。这类专利有专利技术含量而不受专利法律保护，成为公用技术。在全球专利中，失效专利比例占到 85%。企业在失效的专利中找到的不仅是可免费使用的企业急需的适用技术，而且可以从失效的专利技术中受到启发，萌发许多新的发明点，并开发出新的方法、新的产品。从免费使用中获得，从免费使用中提高，从免费使用中再创新，并申请自己的专利，形成企业创新与保护的良性循环。利用失效专利发展比较成功的一个领域就是仿制药产业，2011年全球仿制药市场规模已超过 1 300 亿美元。2000 ~ 2010 年，全球仿制药市场发展的增速是专利药的 2 倍以上。据统计，2011 ~ 2015 年有 770 亿美元销售的专利药到期。这一庞大的市场，让不少以新药为主的外资药企开始重新调整战略规划。

所谓僵尸专利，就是指获得专利权的专利技术由于与市场脱节，没有进行产业转化的专利。我国现阶段大量的僵尸专利造成了专利的"只专不利"的局面，这主要是由于市场需求定位不准确、科技转化缺乏多方位支持以及部分申请人打着专利的幌子获取国家补贴等因素造成。对于符合市场需求的潜力股休眠专利，应加大经济层面和技术层面的政策扶持力度，才能真正地通过"专"而得"利"，促进专利科技成果的资本化和产业化发展。日本企业抓住瑞士和美国弃之不用的电子表专利，"借尸还魂"地登上世界制表业榜首的宝座，就是僵尸专利转化的最成功案例之一。

3. 善借嫁衣，树藤相缠

"借尸还魂"应用于专利合作战略中，就是通过两个或两个以上的企业进行合作研发、共同经营管理各自管理技术等方式，来弥补自己难以克服的经营"死点"，互借嫁衣完美联姻，巧做"攀枝花"。

专利合作战略中的"借尸还魂"通常有以下几种形式。

① 合作双方各自提供无法单独进行产业化专利技术，进行技术整合和业务运营模式创新。

② 一方提供专利技术，利用对方的资金、生产设备、场地等，进行科技成果的合理转化。

③ 一方提供专利技术，利用对方已经开拓的市场进行产品推广。

4. 巧借热点，借势还魂

"借尸还魂"用在专利技术推广中，就是当产业发展的良好机遇摆在面前时，就要充分借助社会环境、政策背景、社会心理状态、热门事件等进行市场推广、专利布局以及专利战略的制定。"借尸还魂"之计在该场景下的应用类同于"树上开花"之计，也叫"以新复旧计"。即利用舆论热点聚焦产品创新和专利技术推广，将企业的专利技术放置于产业发展的"台风口"，让专利技术研发做到顺势而为，以发现、满足或创造产业需求为专利布局的核心理念，使市场拓展和专利布局相辅相成。

比如快速成型、立体光固化、层叠制造等增材制造技术在经历了 1990 ~ 2000 年的起步阶段后，由于技术上不够成熟等缺陷推广进度不大，好多专利技术也都成了"僵尸专利"。2012 年，它们均乘着"3D 打印"的春风而火了起来，这期间美国的 3D 系统公司和斯特拉西斯公司等企业借助热点进行大范围的专利布局，并大手笔地进行专利并购来推动企业上市，真正实现了借 3D 打印之"势"而还增材制造之"魂"的产业推广目的。

5. 专利续命，凤凰涅槃

"借尸还魂"用在专利金融中就是在法律保护下专利技术资本化的过程。企业一旦遭遇发展困境或出现资金紧缺的状况，可以通过专利权的许可与转让、并购折股、质押贷款、专利证券化、专利股权融资、专利保险等手段来筹融资金，用专利储备续命，实现壮士断腕、凤凰涅槃的目的。

2010 年以来，由于愈加激烈的市场竞争，一些百年企业相继面临危机。大部分情况下，这些衰败、濒临死亡的公司，能够依据自己强大的专利储备"借尸还魂"，来换取企业发展的"救命钱"，美国的柯达和芬兰的诺基亚手机业务均是利用专利"借尸还魂"避免破产的成功案例。

三、总结陈词

《荀子·劝学篇》道出了"借尸还魂"的真谛，曰："假舆马者，非利足也，而致千里；假舟楫者，非能水也，而绝江河；君子生非异也，善假于物也。"

"借尸还魂"之计的运用核心正是巧借"无用之用"的内部或外部力量，通过过人的胆识和超人的专利经营谋略，令企业起死回生，或东山再起，或反客为主、雄霸一方。

运用"借尸还魂"之计，要善于根据专利客观情况，借势定计，灵活运用。见人之所未见，想人之所不能想，用人之所不能用，千方百计地利用一切可以利用的与专利相关资源，来协助己方达成专利战略目标。

四、画龙点睛

专利大战十四计，借尸还魂东山起。

外围专利是良器，核心技术代代继。

失效专利加创新，冷门技术巧变金。

三个专利臭皮匠，合作超越诸葛亮。

树上开花机遇良，以新复旧借势强。

他朝资金若紧张，专利储备来担当。

五、活学活用

例 14-1

借尸还魂，拜耳通过专利策略将阿司匹林的潜力发挥到极致

在发明了神奇药物——阿司匹林（乙酰基水杨酸）之后的 110 年里，拜耳通过一次次的市场营销把这款药品的潜力发挥到极致，又通过专利与商标把这款商品的利益牢牢地抓在自己手里。通过专利保护，拜耳使得阿司匹林一次又一次"借尸还魂"。

阿司匹林与青霉素、安定并称医药史上三大经典药物，几乎每一次人类出现新的重大疾病，阿司匹林的新作用就会被发现，并被迅速大规模推广。1895 年，德国化学家菲利克斯－霍夫曼改进水杨酸，制造一种稳定的、副作用更小的解热镇痛药——乙酰水杨酸（阿司匹林的主要成分）。当时医药公司对药物的命名多直接沿用化学名，而拜耳做了其他制药公司当时从未做过的与知识产权相关的两件事情，一是为化学品乙酰水杨酸取了个商标名"阿司匹林"，二是为其生产过程在很多国家申请了专利。

1899 年 3 月 6 日，阿司匹林的发明专利申请被通过，其专利号为 DE36433A。阿司匹林开始在位于德国伍珀塔尔的埃尔伯福特工厂生产。拜耳在为阿司匹林申请专利时，也获得了美国境内 17 年间对全部乙酰水杨酸生产的合法控制权，意味着拜耳能够在特定时期内控制某种物品的生产。阿司匹林也成了拜耳在美国最重要的产品。到 1907 年，拜耳产品在美国的总销量中，阿司匹林占 21％，到 1909 年达到 31％。

1917 年 2 月，阿司匹林专利权到期，加上第一次世界大战的因素，拜耳在很多国家都失去了专利权。1917 年美国政府强制征收了拜耳在美国的资产。直到第二次世界大战后，拜耳在美国才又成为一家独立的公司。

1950 年加利福尼亚州耳鼻喉科医生 Lawrence Craven 发现了阿司匹林市场前景最大的应用领域——心脏病预防。其研发过程并不是由拜耳主导的，但是当阿司匹林对心脏病的预防在学术上被证明，昂贵的临床试验也由政府机构完成之后，拜耳很快开始介入，并用自己最擅长的营销和专利权（DE1123327A）的筹码，将这种药品的影响力尽可能地扩大。

当阿司匹林的新专利族到期后，拜耳公司一心想挖掘阿司匹林潜力，仍想通过"借尸还魂"之计保持对该药品的专利控制权。拜耳发现，除了应用外哪怕在剂型上有个创新专利的新花样也是有效的。

1971 年，拜耳的阿司匹林加维生素 C 的泡腾片问世，对应专利号为 DE2936240A；1993 年，拜耳的阿司匹林肠溶片上市，肠溶片在阿司匹林外面加了一层包衣，这种药片在胃部不溶解，直到肠道才发生作用，这样就几乎完全解决了胃部不适的副作用问题，对应专利号为 US19910702504A。2003 年，拜耳的阿司匹林粒状产品（无须饮水）面世。2007 年左右拜耳对于阿司匹林在心脏病方面应用的所有专利权已经到期，此时发表在美国《柳叶刀》杂志的研究显示阿司匹林在治疗结肠癌方面的新的应用，拜耳马上申请了系列专利（DE102004012365A1）。2008 年，拜耳推出两种非处方药，分别为阿司匹林加植物甾醇和阿司匹林加钙，两种新的阿司匹林非处方药物可以降低心脏疾病风险 (WO2010049078A1) 和女性骨质疏松症 (WO2011152875A1)。

可见，阿司匹林的发展利用中一直都有商业与专利两种推动力，商业与专利之间究竟是"借尸还魂""巧借嫁衣"，还是"树藤相缠"？这问题拜耳已经考虑了 110 年，恐怕还要继续考虑下去，这同样值得我国企业思考、学习和借鉴。

例 14-2

东山再起，诺基亚出售手机业务后再崛起并非天方夜谭

2013 年 9 月 2 日晚间，微软宣布，以 37.9 亿欧元（约合 50 亿美元）的价格收购诺基亚旗下的大部分手机业务，另外再用 16.5 亿欧元（约合 21.8 亿美元）的价格购买诺基亚的专利许可证，因此这项交易的总价格大约为 54.4 亿欧元（约合 71.8 亿美元）。

当诺基亚被微软收购的消息传出后，许多人都唏嘘不已，感叹昔日的手机巨星终究还是陨落了。但可能事实并非如此，从一定意义上来说，诺基亚将手机业务出售给微软只不过是卸下了拖累它已久的包袱。考虑到双方的合同的细节性条款、诺基亚实力犹存以及苹果当年的相似经历等多方因素，诺基亚在之后"借尸还魂"东山再起并非天方夜谭。

业界的焦点大都集中在收购诺基亚手机业务后的微软如何受益。但是，当认真审视这次收购案之后，我们会发现诺基亚在此次收购案中并非毫无所得。从一定意义上来说，诺基亚仍未离开智能手机领域。

第一，诺基亚保留了旗下的诺基亚网络解决方案 (NSN)、诺基亚 HERE 地图以及先进科技部门。这 3 个部门在 2012 年创造了诺基亚 50% 的净销售额。

第二，微软并没有买下诺基亚的 8 500 件专利，所买下的仅仅是其 10 年使用权。尽管微软拥有无限期延长使用期限的权利，但诺基亚并没有丢失这些专利的所有权与使用权。而且 10 年后，诺基亚又可以向微软索取专利使用费。此外，8 500 件专利仅仅占诺基亚旗下专利的一部分，诺基亚仍拥有大量专利组合。

第三，微软获得了诺基亚品牌的 10 年使用权，但仅仅是移动设备而非智能机设备。换而言之，微软获得的可能是诺基亚 S30 和 S40 等功能机的品牌使用权。

第四，协议仅规定 30 个月之内不准使用诺基亚的品牌。也就是 2015 年 12 月 31 日之后，微软才可以在其智能机上使用诺基亚品牌。

综上可以看出，在此次收购案中，诺基亚仅仅是在保存实力的同时甩掉了沉重的包袱，借助专利许可得到的巨额费用集中资源发展自己的优势力量，专注于生产蜂窝网络设备、地理位置服务和一些其他的先进技术。还标志着诺基亚甩掉了之前与微软合作的失败史，并开始阔步向前。展望将来，诺基亚仍有

回归智能手机领域的希望。

例 14-3

老树新芽，3D 打印借势火爆全球

从 2012 年开始，"3D 打印"火爆全球，行业风向标《经济学人》杂志甚至以封面文章《第三次工业革命》强调 3D 打印技术的重要性；美国总统奥巴马在国情咨文中声称，将利用 3D 打印技术实现美国制造业的复兴；据全球 3D 打印专业咨询机构 Wholers 分析，2014 年全球 3D 打印市场规模达到了 50 亿美元。

其实，3D 打印并非新鲜的技术，而是一个年过 20 岁的"老树"重新"发新芽"的"借尸还魂"现象。与这个听起来很潮的名称相反的是，3D 打印技术早在 20 多年前就已经面世了。

事实上 3D 打印作为一种新趋势早已被科技圈熟知，其学名是"快速成型技术""增材制造技术"。世界上第一台 3D 打印机诞生于 1986 年，由美国人 Charles Hull 发明。现在他所成立的 3D Systems 公司已是一家在纳斯达克挂牌的上市公司，并成为美国 3D 打印产业内首屈一指的巨头之一。这个思想起源于 19 世纪末的美国，并在 20 世纪 80 年代得以发展和推广。中国物联网校企联盟把它称作"上上个世纪的思想，上个世纪的技术，这个世纪的市场"。

3D 打印利好频传，行业一触即发。在国家政策向"高新尖"产业倾斜的背景下，3D 打印产业将迎来巨大的发展机遇，有望出现井喷式的发展，我国各地产业园区如雨后春笋般涌出，中国 3D 打印专利申请量迅猛增加、市场规模迅速增大，大有后来居上之势。在我国，3D 打印概念板块上市公司已经达 28 家，其中，上游材料环节包括银邦股份、海源机械、北矿磁材、宏昌电子、深圳惠程、国瓷材料等公司；中游设备环节包括中航重机、海源机械、南风股份、金运激光、中海达、华工科技、华中数控、大族激光、机器人等公司；下游应用环节包括星辉车模、高乐股份、毅昌股份等公司。

但是，3D 打印国内市场繁荣的背后"虚火上升"的问题严重，应适当地"浇冰桶"降温。

从专利技术发展路线角度看，发展最早的光固化技术分支（1986 年授权的

US4575330B，专利权人为美国 3D 系统公司）也只有 28 年的历史，工业应用价值最高的激光近净成形技术（1999 年授权的 US6459951B，专利权人为美国 Sandia 国家实验室）则仅有 15 年历史，整个产业在技术成熟度、材料多样性、生产适应性、应用普及性和力学性能优化等方面都需要一段时间进行提升，才能满足当前或下阶段工业发展水平的需要。也就是说，3D 打印技术虽然具有加工周期短、成本低、省材料、无须模具等较明显的优势，但是它很难在短时间内替代传统的 CNC、铸造、液压等技术，只能作为传统产业的补充和优化产业。

从关键技术角度看，3D 打印主要涉及离散及建模的软件开发、材料加工、高精密激光器、控制系统等方面。我国企业基本没有掌握核心技术，操作软件和关键零部件（如大功率高精密激光器）只能依赖进口，材料（特别是金属材料）的种类和性能受到较大限制，成形效率和质量还需进一步提高，工艺尺寸、加工精度和稳定性上迫切需要加强。我国企业 3D 打印专利技术的创新点主要集中在组件加工制造方面，根据微笑曲线理论，如果不进行技术突破，长此以往只能沦为发达国家的廉价劳动力和加工制造基地的代工厂，而重蹈光伏产业失败的覆辙。

从专利布局角度看，在全球 3D 打印的专利储备清单上，美国的 3D 系统公司、斯特拉西斯公司、德国的 EOS 公司、日本松下公司的专利储备数目遥遥领先，并且在中国已经开始大规模的"专利圈地运动"。国内企业在基础专利数目、专利布局的深度和广度上与国外巨头相比还有一定的差距，企业各自为战且低水平研发重复现象严重，如果不能进行有效的资源整合和重点专利技术攻关，不排除在国内 3D 打印产业成熟以后会遭遇国外对手"以逸待劳"的专利壁垒阻击的风险。

从技术全球化推广的角度看，国际上存在 3D 打印产业的"技术专利化、专利标准化、标准全球化"的倾向，我国相关的行业标准还亟待建立。我国相关企业应用专利技术积极参与行业标准、国家标准乃至国际标准的制订中，争取引领行业发展方向。

针对以上问题，只有进一步整合资源，适时组建 3D 打印产业专利联盟，加大关键技术研发力度，突破技术瓶颈，加强专利保护，迅速统一行业标准，才能有效地推动我国 3D 打印产业健康、规模化的发展，并为国内企业"走出去"

扫清专利障碍、提供有效保障。

　　此外，在支持技术开发的同时共建应用、服务、教育培训等系统化产业生态圈，还应及时落实对软件开发、创意设计、商业模式创新等知识产权的多层次保护措施，并力图抓住 3D 打印产业蓬勃发展的契机，推动中国制造向中国创造转变、中国速度向中国质量转变、中国产品向中国品牌转变。

第十五计 调虎离山

一、计策解读

调虎离山，引诱老虎离开它盘踞的山头，比喻用计诱使强敌离开其据点，削弱对方的抵抗力，以便趁机行事，达成目的。

《三十六计》中原文为："待天以困之，用人以诱之，往蹇来连返。"此句意为战场上我方等待天然的条件或情况对敌方不利时，我再去围困他，如果敌人占据要塞阵地我方难以进攻时，就反过来诱使敌人进攻我方。此计是说战场上若遇强敌，要善用谋，用假象使敌人离开驻地，诱他就我之范，丧失他的优势，使他处处皆难，寸步难行，由主动变被动，而我方则出其不意而制胜。

常言道：龙游浅水遭虾戏，虎落平阳被犬欺。说的是叱咤风云的巨龙，出了深潭大渊便无法施展本领，连虾蟹都斗不过；而威震山林的百兽之王，离了大山森林，便威风尽失，连家狗也奈何不得。反过来，虾蟹入龙潭斗龙，犬羊入虎穴擒虎，纵使攻得进去，也只是白白送死。

在军事上是指，如果敌方占据来有利的地势，并且兵力众多，这时我方应把敌人引出坚固的据点，或者把敌人引入对我方有利的地区，这样才可以取胜。在历朝历代的政治斗争中，这一计用得最多，一直是一个集团消灭或兼并另一个集团最常用的手法。虞诩以小计引诱羌敌离陈仓崤谷，予以全歼；赤风子反复挑衅，激原伯贯带兵出城，然后生擒；郑庄公诱叔段出都城，然后克段于鄢等，这些都是"调虎离山"之计应用的高招。

二、运用技巧

在专利战中，拥有专利权和市场控制权的企业如同"猛虎添翼"，如若与其正面对抗难有取胜的把握。"调虎容易打虎难"，此时可利用"调虎离山"之计诱使强敌离开其专利壁垒和市场堡垒，就能做到在损失最小的前提下战胜对手。

　　"调虎离山"之计是一种调动竞争对手的谋略，"调""虎""离""山"都是形象化的表达方式，"山"指竞争对手占据的专业优势、专利布局、市场先机、行业壁垒和社会资源等而形成垄断之势；"虎"指强势、强大的竞争对手"占山为王"；"调""离"则指通过威逼、利诱、迷惑、激将、恐吓或攻其必救等手段，"调虎离其山""调虎分其势""调虎乱其心"，使竞争对手丧失其专利垄断优势，然后我方乘机占领对手的市场或将其击败。

1. 专利诉讼时"调虎离其山"

　　（1）诉讼的国家差异性

　　一般而言，在重点行业、重点技术领域、特大型跨国企业的专利诉讼中，不同国家的法院在面对专利诉讼案件时往往会偏向于本国的企业。因此，原告都主张通过"调虎离山"之计远离竞争对手的所在地，而在自己企业所在地提起专利诉讼，以方便自己企业占据天时、地利、人和的优势，同时提高对方的应诉成本。

　　例如，由于文化隔阂和偏见，国外企业在面对专利诉讼时很难得到美国陪审团的认同，2012 年苹果和三星的专利世纪之战中，美国陪审团使用的大都是亲苹果的人员，一点也不遮遮掩掩。法院最终判决结果也非常暧昧，一方面能够保护自己国家的支柱企业，另一方面又要能够彰显自己国家对外宣称的公平性。2002 年 5 月，从事视听设备零件制造的日本德利信公司通过专利诉讼在美国大胜法国汤普逊公司，汤普逊公司向德利信公司赔偿 2 130 万美元的损失。专利战的起因是该公司产品中使用了侵犯德利信公司专利的中国制造零件，诉讼地应该在中国，但为了胜诉，德利信公司将案件提到了亲专利的美国法院。

　　因此，我国企业在面临类似的专利诉讼时，正确的方法应是引龙离潭、调虎出山，设计把竞争对手调出对其有利的国家和地区，引入对我方有利的地区，然后再集中力量发起诉讼。

　　（2）诉讼的地区差异性

　　就专利侵权诉讼而言，同一个国家不同的法院对于同一个专利诉讼案件也会作出不同的判决，选择法院时要因人、因事、因时、因案决定。

　　例如，在美国，专利侵权诉讼的第一管辖法院为被告住所地或被告主要营业所在地的联邦地区法院，或者是侵权行为所在地的联邦地区法院，原告可以从中选择诉讼地。一般而言，原告考虑的因素包括法院有专利诉讼经验、愿意接受专利侵权案件、建立了相应的制度、可预期诉讼进程、审查速度快、举行马克曼听证会（Markman Hearing）和作出马克曼命令（Markman Order）快的法院，而被告的选择往往与原告的选择截然相反。

另外，美国法院讲究"铁打的营盘，终生的法官"，因此不同的联邦地区法院会有不同的审判倾向。某些地点的法院更倾向于原告，如得克萨斯东区地区法院或加利福尼亚中区地区法院；某些地区的法院裁决更快，如弗吉尼亚东区地区法院或得克萨斯东区地区法院；某些地点可能对原告律师和子公司而言更方便；某些法庭更有利于被告，如加利福尼亚北区地区法院。一般专利权人都以选择自己诉讼方便或者自己胜诉有把握的法院提起诉讼，为了改变管辖，专利权人还常常捆绑与被告有合作关系的第三方追为共同被告。另外，企业对法院的办事效率、法官的审案经验等因素也应思虑周详。

在思科诉华为一案中，思科首先选择在美国诉讼，其次是将具体起诉地点选在位于马歇尔（Marshal）小镇的联邦地区法院，该地民风保守（思科要求陪审团参与庭审），而位于该镇的法院却十分出名。在该法院打过官司的某知名律师事务所分析说，这个法院有名的原因在于它向来偏向知识产权所有者，对知识产权诉讼的判罚严厉、结案快速，大多数被告侵权的外国公司都在这里输掉了官司。2002 年 10 月裁决的美国 Intergraph 公司诉英特尔专利侵权案，从递交诉讼到最后裁决只用了短短的 1 年零 2 个月。

在国内，杭州正泰诉天津施奈德侵权时，也是首先通过"调虎离山"之计，根据"原告就被告"的管辖原则，在温州起诉施耐德；其次利用起诉后追加诉讼标的的方法，将达到 3 亿元标的的特大案留在温州市中级人民法院，将上诉审留在了浙江省高级人民法院，巧用"致人而不致于人"之法，最终获得 1.575 亿元的天价补偿金。

2. 面对专利联盟"调虎分其势"

如果竞争对手是"三人成虎"的专利联盟或产业联盟形式，应利用"围点打援"的方式来"调虎分其势"，逐个孤立"虎"的各个成员，分别削弱其综合专利实力；如果竞争对手是以"虎"为中心的联盟，则应结合"擒贼擒王"的战术，集中主要力量"调虎离山"后，其余的"狐假虎威"和"为虎作伥"的成员自然就"作鸟兽散"。

例如，在专利诉讼中，选择对方专利联盟中实力相对较弱的一方先进攻，然后对其专利联盟成员各个击破；还可通过组织己方的力量分散攻击对手专利联盟成员，令其各自为战、首尾难兼顾；或攻击对手的另外一个市场以分散对手和自己竞争的精力。在进行专利市场扩展时从产业链出发，攻击上下游产业链的专利布局，来打乱对手的供需链和推广链，令"老虎断粮断水"而分心乱势。

3.敲山震虎 "吓虎乱其心"

"调虎离山"还可以通过"敲山震虎"的方式，向老虎展示自己强硬的态度，"吓虎乱其心、离其山"。在专利战中，"敲山震虎"是企业专利威慑战略的一种表现形式，要"敢于亮剑"展示自己的专利实力，还要想方设法抓住对手把柄、污点"威逼"迫使对方屈服；或者用"即打即离"的专利骚扰战术激怒对方，使之丧失理智，弃山而出。

调虎离山之后，一种方式是结合"抛砖引玉""打草惊蛇""欲擒故纵"之计诱敌深入，引诱到对我方有利的战区，我方就可以变被动为主动，利用天时、地利及人和条件"以逸待劳"，从而有可能牵着对手鼻子进入己方既定的专利包围圈中，等到"虎落平阳"时再全力将其制服；另一种方式是结合"声东击西""金蝉脱壳""反客为主"之计，避免与对手正面交锋，待其出击，迅速占领其专利市场，自己占山为王。

三、总结陈词

在专利战中，"调虎离山"之计的核心在一个"调"字，一定要审时度势，因势利导，调得巧妙、灵活，用"四两拨千斤"之力将强敌调出其垄断市场或优势地位，使其"英雄无用武之地"。

调动对手时，或"怒而挠之"，用"激将法"来激怒对方；或通过专利诱饵"利诱"，利用短期利润诱使其离开自己擅长的优势领域；或通过抓住对手把柄，用反垄断法和不正当竞争法等手段"威逼"；或"围魏救赵"地攻击对手的另外一个市场，以分散对手和自己竞争的精力，使其首尾难以兼顾。我方通过引龙离潭、调虎出山，设计把竞争对手调出坚固的据点之后，或迅速占领对手的市场，或引入对我军有利的地区以逸待劳战胜对手。

四、画龙点睛

> 专利大战十五计，调虎离山分其势。
> 专利诉讼要拿准，国家地区有差异。
> 专利联盟若发难，围点打援巧孤立。
> 敲山也能吓跑虎，四两亦能拨千斤。

五、活学活用

例 15-1

柳暗花明，佳能"调虎离山"抢占施乐复印机市场

对于跨国公司而言，一般的市场竞争规则是，一旦开发出某种新产品，往往就通过设置专利壁垒来保护本企业的投资，进而占领市场制高点，把握住先行者的优势。施乐发明了复印机后，在复印机行业取得了空前的成功，成为行业的老大，甚至在美国成为复印机的代名词。

为了保护自己研发的复印机，施乐煞费苦心地申请了 500 多件专利，几乎囊括了复印机的全部零部件和所有关键技术环节，构筑了坚固的"专利城墙"，设置了有效的技术壁垒，达到了"过河拆桥"，设置障碍的目的。在专利有效期之内，没有人能向它发起有力的挑战，并对其构成威胁，因此施乐利用专利技术在一段时间内垄断了全球的复印机市场。柯达和 IBM 曾试图在细分市场、产品分销、服务定价方面与施乐"掰手腕"，但是施乐利用其专利布局毫不费力地阻击了柯达和 IBM。

山重水复疑无路，柳暗花明又一村。日本的佳能则是通过调虎离山之计，从正面避开施乐的强大竞争力，而从竞争品牌的弱势入口开始，打响品牌营销之战和专利战，而一举成功的。

佳能经过市场调查以后发现：第一，施乐的复印机属于集中复印的模式，只有大企业，或专门从事复印业务的机构才买得起，很多小企业有这方面的需求，却承受不了高昂的价格，还不如拿到外面复印合算；第二，一个大型企业

只有一台复印机，用起来不方便；第三，复印机需要受过专业培训的人员来操作，既麻烦又不保密，因为很多要复印的资料是企业机密；第四，有些企业并不需要高质量的复印，只要满足基本需要就行等。这就如同傻瓜相机与单反相机的关系，大多数消费者喜欢傻瓜相机，而只有专业人士和摄影发烧友才喜欢单反相机。

佳能发现施乐的种种未被满足的潜在需求之后，针对这些问题，佳能发明了适合中小型企业用的复印机，也就是我们现在普遍使用的台式复印机。佳能的小型复印机很好地解决了施乐复印机的缺点，造价降到原来的 1/20 ~ 1/10，简单易用，还能很好地解决保密的问题。

佳能明白，有了一个好的产品，并不就意味着成功，此时贸然上市的话，只能"为他人做嫁衣"。因为，对于佳能来说，有一个问题令他们非常担心，那就是如何防止"巨无霸"施乐的反击？如果产品受到市场的欢迎，施乐还击的话，佳能是否能挺得住？

这时，佳能果断应用了"远攻近交""合谋围攻"之计。

佳能选择的竞争策略是"连横"战术：把自己的发明设计的专利权以非常低的价格许可给其他日本同行，包括自己的潜在竞争对手，如美能达、理光、东芝等多家公司，从而实现联手做市场，共同宣传推广小型复印机"分散复印"的优点，刺激市场需求，形成行业标准的"势"，并从根本上改变了施乐制定的游戏规则，用多家企业的集体力量去战胜一个强大的对手，实现了以小搏大、以弱胜强的战略目标。此时，施乐如果再想进军中小型复印机领域，只能离开自己制定的规则，而依托于佳能制定的规则，这无异于引龙离潭、调虎出山。

佳能通过与其他公司联手开发，采用"调虎离山"和"合谋围攻"的方式，终于打破了施乐的行业垄断神话，取得了品牌营销的胜利。

反观施乐防守的失败，就不难发现，它违背了行业"老大"打保卫战时应当遵循"肥水不流外人田"的游戏规则，所以才会出现自己开创的市场被他人大片占领的情况，且由于施乐设置的"专利进入壁垒"有明确的时间性，因此成功地运用专利来保护自己并不意味着高枕无忧，需要根据消费者的需求，与时俱进、不断创新，并结合知识产权保护战略对自己的市场进行保护，才不会在汹涌的市场浪潮中"龙游浅水遭虾戏，虎落平阳被犬欺"。

例 15-2

诉讼圣地，得州马歇尔市依托专利诉讼而闻名

在全美 90 多个联邦地区法院中，由于每个法院对专利侵权诉讼案的审理程序、审理速度和审理结果不尽相同，因此，专利权人在提起专利侵权诉讼时，会刻意选择某特定法院为其管辖法院。据统计资料显示，近年来受理专利侵权诉讼案件最多的联邦地区法院包括加利福尼亚中区地区法院、加利福尼亚北区地区法院、伊利诺伊北区地区法院、特拉华区地区法院、纽约区地区法院、得克萨斯东区地区法院、明尼苏达区地区法院、宾夕法尼亚东区地区法院等，这些法院受理的专利侵权诉讼案件达全美专利诉讼案件的一半以上。

其中，加利福尼亚中区地区法院、加利福尼亚北区地区法院和得克萨斯东区地区法院尤其以对专利侵权行为判罚严厉而被专利权人所喜爱。在受理专利案件最多的 3 个联邦地区法院中，有两个位于经济较为发达、技术创新程度高、高科技企业集中的加利福尼亚中区地区法院和北区地区法院，另外一个则是以亲专利权人著称、备受权利人青睐的得克萨斯东区地区法院。

专利权人挑选法院的现象，甚至由此诞生了美国专利诉讼圣地——得克萨斯州东区的马歇尔市（Marshall）。专利诉讼是马歇尔市最大的生意，美国的高科技公司基本上都在这儿主动或被动地打过专利诉讼官司。

得克萨斯东区地区法院开始受理美国专利诉讼案件已有 40 年，40 年来这里的陪审团就给世人一种对专利权持有人格外同情、对专利侵权方格外严格的印象，并一直保持下来。绝大部分的专利诉讼案件都以专利权人的胜诉而告终，而且位于马歇尔的联邦地区法院裁定的侵权赔偿数额往往也非常大。据统计，美国专利权人胜诉的平均比率为 59％，而位于得克萨斯东区马歇尔的联邦地区法院专利权人胜诉比率高达 78％，比平均值高出了近 20 个百分点。在思科诉华为一案中，思科首先选择在美国诉讼，其次是将具体起诉地点选在位于马歇尔的联邦地区法院，诉讼结果自然是以思科获胜而告终。

另外，得克萨斯东区地区法院还有被外界称作"火箭结案流程"的高效率，对于法律辩论和举证设定严格的时限。在动作缓慢的地区（如达拉斯）需要 3 ~ 5 年才能结案的专利诉讼官司，而位于马歇尔的联邦地区法院仅需 12 ~ 15 个月。这样的"火箭结案流程"对于原告和被告都有一定的吸引力，因为大部分的专

利诉讼都希望速战速决。2002 年 10 月裁决的美国 Intergraph 公司诉英特尔专利侵权案，从递交诉讼到最后裁决只用了短短的 1 年零 2 个月。

专利诉讼上的优势，使马歇尔市成为美国的专利诉讼圣地之一，从美国各地来的知识产权律师纷纷涌入该市，租用了沿着美国 59 号高速公路的众多房产。专利官司众多，更使得马歇尔市成为依托于专利诉讼而生存的城市。

例 15-3

调虎离山，雅虎利用专利优势将网络新贵 Facebook 告上法庭

2012 年 3 月 12 日，老牌互联网巨头雅虎（Yahoo）将网络新贵 Facebook 告上了法庭——雅虎公司正式起诉 Facebook，以不同方式侵犯了其 10 项专利，涉及网络广告、隐私、通信以及社交网络等方面的专利技术。雅虎称，其专利技术帮 Facebook 增加了营业收入、扩大了市场份额，但相关研发成本却由雅虎来承担，太不公平了，因此雅虎有权向 Facebook 索要相当于技术授权费 3 倍的赔偿金。2012 年 4 月 28 日，雅虎又向 Facebook 发起新的专利侵权诉讼，将指控侵权的专利数量增至 12 件。

根据雅虎公司的描述，Facebook 的整个架构和许多关键功能都源于雅虎的社交功能设置。比如说，在 Facebook 上，有"仅朋友可见"的内容，而雅虎表示这就是其专利之一；用户的身份认证、隐私设置等，雅虎认为这些也是基于其发明创造。

雅虎的诉讼的确让 Facebook 大惊失色，Facebook 刚刚提交了在美国上市的 IPO。此时被指控专利技术侵权，对上市影响不小。在上市之前一周，Facebook 修改了向美国证券交易委员会提交的文件，并对潜在投资人发出警告说，与雅虎之间的专利诉讼官司可能给 Facebook 的业务带来重大打击。

雅虎单挑这个时候状告 Facebook 实属"调虎离山"的有心之举。

作为老牌的互联网巨头，当年在"打江山"的时候曾申请了很多专利。但专利再多也避不开后来者的追赶，如今的雅虎已江河日下——业务日渐萎缩、管理层频频动荡，还传出将要裁员数千人的重组计划。不过，雅虎握在手中数年的专利技术此时倒变成了自己最强有力的资源，利用专利对外发难，如果得到法律支持，将能够有效地弥补雅虎创新能力的不足，为雅虎东山再起提供更多的资金支持。

　　Facebook 是一个不错的发难目标。创立不过数年，Facebook 手中的专利技术屈指可数。有媒体报道，和微软成为合作伙伴前，Facebook 才有区区不过 12 件专利。《商业周刊》说，甲骨文、IBM 和微软等老牌互联网企业花费数十年的时间申请了大量与文件管理和信息存储相关的技术专利，而大部分新兴互联网企业并没有付费购买这些产品，只是使用了免费的开源软件，但是从概念上来说这些软件还是从这些老牌企业原来产品的基础上借鉴或衍生出来的。

　　《华尔街邮报》认为，雅虎起诉 Facebook，除了"调虎离山"，更像敲山震虎之举。雅虎所主张的专利技术，不仅 Facebook 在使用，其他大部分新生代的社交网站与通信工具都在使用。如果在与 Facebook 的诉讼中取得胜利，将为雅虎大规模发起类似的诉讼打开一道门。

　　当然，Facebook 也不是"省油的灯"，随后进行反诉，Facebook 在 4 月提出反诉讼，并从 IBM 和微软等公司购买大量专利使用许可，摆出和雅虎打一场拉锯战的架势。

　　雅虎的专利过千件，而 Facebook 的专利才过两位数。差距如此之大，Facebook 与雅虎和解不失为上策。意料之中的是，2012 年 7 月 6 日，双方已就专利纠纷问题达成最终和解，并就启动新的广告合作达成协议。

　　一般来说，在专利诉讼中，通过支付一定费用或者以其他的方式进行和解的方式可能性比较大。2004 年，雅虎曾与谷歌就搜索引擎专利展开过诉讼，谷歌最后给予雅虎一定的股票作为补偿，让雅虎小赚一笔，二者才和解了事。

第三套　攻战计

第十六计　欲擒故纵

一、计策解读

"欲擒故纵"之计源自《老子》三十六章："将欲歙之，必固张之；将欲弱之，必固强之；将欲废之，必固兴之；将欲夺之，必固与之。"比喻为了更好地控制敌人，故意先放开他，使他放松戒备，充分暴露，然后再把他彻底捉住降服。

《三十六计》中原文为："逼则反兵；走则减势。紧随勿迫。累其气力，消其斗志，散而后擒，兵不血刃。需，有孚，光。"其句意为：打击敌人过于猛烈，就会遭到敌人困兽犹斗的反扑，网开一面让敌人逃跑反而会削弱敌人的气势。通过紧紧地跟随但是不逼迫他的方式，消耗他的体力，消磨他的斗志。等到敌人军心涣散、兵力分散后再去擒拿，这样就能做到兵不血刃获取胜利。因此，放缓行动、小心行事，并给敌人留下一线生机。

在钓鱼时，需要欲擒故纵，否则容易脱钩，海明威的小说《老人与海》中就形象地描述了巧用"欲擒故纵"钓大鱼的故事：一位老渔夫将一条大马林鱼在海上拖了三天三夜，等到大马林鱼筋疲力尽，才将其捕获。

在军事上，欲擒故纵中的"擒"和"纵"，是一对矛盾体，"擒"是目的、战略，"纵"是方法、战术，"纵"是为"擒"而铺路服务的。诸葛亮七擒孟获，就是军事史上一个"欲擒故纵"的绝妙战例，七擒七纵皆手段，而目的只有一个：攻心。

二、运用技巧

1."放水养鱼"与"收网捕鱼"相结合

一些跨国公司在进入新的市场、但在一段时间内没有相当的市场资源时，往往采取"放水养鱼"的知识产权策略，等羊养肥了再宰，等瓜熟了再摘。即在市场拓展初期，有意放任国内某些企业使用其知识产权或专利技术，通过侵权者培育和发展市场。一旦企业发展到一定规模，就"收网捕鱼"依法提起诉讼，要求高额赔偿。

对于专利技术，这种在先的非法使用使得使用人已无法摆脱对该技术的依赖，否则对其前期成本（人力、机器、运营等成本）与投入会前功尽弃。因此，该策略在非法使用人使用形成一定规模后，非常奏效。这也是美国等西方国家的跨国公司对我国企业所惯用的一种策略。

该策略最典型是"DVD 案"，我国的 DVD 行业，由于没有掌握核心技术，同时缺乏自主知识产权标准，长期以来处于产业价值链的最低端。我国一直依赖外国专利与标准，特别是 DVD 解码的核心专利技术。掌握该众多专利技术的 6C 联盟在我国 DVD 企业发展初期，并未对我国企业提出权利要求，但一旦我国 DVD 生产企业规模扩大，产品出口并与专利技术持有人形成竞争时，6C 成员毫不犹豫将专利大棒伸向我国企业，"狮子大张口"地要求我国 DVD 相关企业向其缴纳高额的专利许可使用费。

2001 年，中国 DVD 产品出口约 700 万台，主要集中在美国和欧洲。大量价廉物美的中国产 DVD 涌入欧美市场，成为当地中、低价 DVD 市场的主力，引发了其与以东芝为代表的 6C、以飞利浦为代表的 3C、以汤姆逊为代表的 1C 的正面冲突。

在 6C 联盟等集团的"欲擒故纵"战略下，高额的许可使用费使中国的 DVD 产业如同"鸡肋"，使相当一部分中国企业陷入困境。退出则意味着人力、物力与技术等前期投资血本无归，损失惨重；继续生产又不得不"为他人做嫁衣"，并成为其低端产品的主要"创造者"。

这给我国企业敲响了警钟，不能抱着撞大运的态度"浑水摸鱼"，在技术及经验都不及对方的情况下，要敢于正视这种差距，同时脚踏实地地做好消化吸收再创新、注重自主知识产权的布局，才能自己掌握主动权。

2. 构筑"技术温床"

国外跨国公司经常利用其技术及经验的双重优势，在授权其他企业的专利许可使用费时"欲擒故纵"，即通过技术绑定的方式构筑"技术温床"，让被授权企业难以脱离跨国公司的掌控，如果被授权企业脱离，跨国公司则坚决地通过专利侵权诉讼对其进行打击。

一种方式是，跨国公司在我国企业针对某项高新技术进行自主知识产权研发之初，针对性地构建"当地化战略"，主动提供相关的技术援助、咨询和人员培训等业务。对于国内企业而言，对这样"天上掉馅饼"的好事大多赶紧笑纳；对于国外跨国公司而言，这样不但能够消除跨国企业进军中国市场的文化差异壁垒，还能阻碍我国自主知识产权的发展，等市场成熟后再收取高额的专利许可费。例如，规模庞大、不断崛起的中国市场对微软的业务增长非常重要，针对中国市场的特殊性，微软精心设计了"借力打力""放水养鱼"的经营战略：在微软进入中国的早期，中国政府保护知识产权的力度尚有欠缺，微软顺水推舟，放纵侵权盗版行为，让用户逐渐只习惯使用它的视窗系统，进而全面占据市场，成为事实上的标准。然后微软再举起知识产权保护的大旗，美国政府也向中国政府施加压力，微软迅速取得了中国市场的绝对份额，光是政府机关、大企业的办公系统，就是一笔十分巨大的生意。

另一种方式是，某项专利技术的市场在我国处于起步阶段时，跨国公司收取较低的专利许可费或进行增值许可（专利许可费在协议期间保持不变，即使专利权人的专利池中的专利数量有所增加），以此来推动有关技术成为事实标准，进而在市场成熟后垄断市场，然后在提高专利许可费，或者通过各种方法逼迫使用相关专利技术的产业链中下游企业缴纳高额的专利许可费。实施这些专利技术的企业一旦被"擒"，就会被技术绑定，脱身不得，任由专利权人的剥削掠夺。例如，美国高通的"捕获期条款"就是通过标准必要专利实现技术绑定，然后与中下游企业签订诸多不平等条款进行利润压榨。

我国企业需要谨记，温室里的花朵看上去很美，但是缺乏顽强的生命力与竞争力；同样，利用国外跨国企业"技术温床"的同时，还需要布局相关的外围专利，发展自己的核心专利技术只有将企业的"生命线"牢牢地抓在自己手中，才不会落得"人为刀俎，我为鱼肉"的后果。

3. 研发投入"先予后取"

要开发出高水平、高质量的专利技术，使技术创新实现可持续性，通过专利运营合理获利，必须有大量的研发资金投入作保障，即欲擒"专利之利"先纵"资金投入"，"将欲取之，必先予之"。

一般而言，创新专利的水平和数量，与研发者的创造力水平成正比，与科技研发自己的投入也成正比。国际上一般认为，企业研发占销售额比重的2%，才能维持生存；比重为5％，企业在市场上才有竞争力。例如，2014年中兴研发占销售额比重为5.26％，5年研发投入超400亿元，专利储备成为中兴的制胜利器，其市场地位和影响力与日俱增。创新研发舍得投入，专利申请、专利维持、专利诉讼、专利情报、专利奖励、专利收购不怕花费，才是全球重视知识产权的大环境下现代企业管理的明智长远之举。

三、总结陈词

在专利战中，欲擒故纵往往作为一种攻心计使用，"擒"与"纵"的辩证关系很明确：擒是专利战略，纵是专利战术，战略为战术"运筹帷幄"，战术为战略"冲锋陷阵"。因此，"纵"是有条件的，不是什么都可以手到擒来而又顺手放手的！

需要指出的是，运用欲擒故纵谋略，"擒"与"纵"度的把握需要考虑充分，既要看"纵"是否对战争全局有利，有利则纵，有害则擒；也要看"纵"之后，最后能不能通过自己的"撒手锏"再将其"擒"回来？倘若是无法"擒回来"，这种"纵"无异于纵虎归山，为专利战中所不取。

四、画龙点睛

专利大战十六计，欲擒故纵攻心计。
放水养鱼是手段，收网捕鱼真目的。
技术温床莫依恋，创建自主核心点。
倘若没有撒手锏，纵虎归山心难安。

五、活学活用

〈 例16-1 〉

放水养鱼，美国高通利用"捕获期条款"垄断市场

高通是一家美国的无线电通信技术研发公司，成立于1985年7月，在以技术创新推动无线通信向前发展方面扮演着重要的角色，以在CDMA技术方面处

于领先地位而闻名，而其主导的 LTE 技术已成为世界上发展最快的无线技术。美国高通拥有的 3 000 多件 CDMA 及其他技术的专利及专利申请。高通已经向全球 125 家以上电信设备制造商发放了 CDMA 专利许可。

则在很多情况下，高通的授权厂商被迫选择与高通达成不平等的协议，而高通通过协议中的"捕获期条款"来达到其"欲擒故纵"的目的。

所谓"捕获期条款"协议是高通的典型专利许可协议的一部分，其授予授权厂商在一个标准的生命期内使用高通现在和未来的核心专利与非核心专利的权利。这意味着在许可协议期间，制造和销售单模或多模 CDMA 产品（如单独 CDMA2000 或 WCDMA，或结合 OFDMA 或 GSM 等其他技术）的授权方有权使用所有高通新申请的核心专利。专利许可费率在该捕获期内保持不变。

大多数情况下，无论这些新申请的专利多么具有突破性或创新性，高通对提供这些新申请的专利的使用权不提高其全球的标准 CDMA 专利费费率。这种安排使高通和被许可方都可从中受益。一方面，被许可方可得到持续的技术改进，无须支付额外的专利费。另一方面，这些改进可提供更多的最终用户利益，因此刺激更多的产品销售。

但是同时，不要忘记：时间长了，被圈养的鸟自然就忘记了翱翔天空的自由。等到授权企业到了签订下一个专利许可协议时，高通就会胁迫企业签订所谓的"保密协议"，实际上是"霸王条款"！

"保密协议"让被害人有苦说不出，明明知道高通收取的入门费、提成费不合理，也不敢明讲。高通的手机提成费是按照手机"销售价"的百分比来计算的，即使手机只有一部分用了高通的芯片，其他的零部件，比如按键、机盒、荧光屏等与高通的 CDMA 技术毫无关系，但高通的霸王条款硬性规定要按手机的"销售价"提取，就算你的手机上有一颗钻石，高通也要抽整机"销售价"的百分比，怪不得厂商对高通满腹怨气："芯片加提成，一半的利润都给高通拿走了。"

高通通过建立独有的专利技术主导行业标准，并将其作为关键资源和能力对授权企业通过策略性的专利许可协议"欲擒故纵"，垄断了"利润流"。

2013 ～ 2014 年，伴随着高通在全球尤其是中国遭遇反垄断机构调查，且被罚款 9.75 亿美元（合 60.88 亿元人民币），高通面临越来越多的合作者变成自己的敌人，从而让自己站到整个行业的对立面的局面。对于高通来说，整个商业环境正在发生巨大的变化,一个聪明的做法就是及时调整自己的商业模式,顺势而为。正所谓合作共赢才会长久,商业就是这样,专利自然也不例外。

《例 16-2》

欲擒故纵,饥渴营销不是苹果的"专利"

苹果的产品在推出市场之前,众多"果粉"大规模彻夜排队,产品推出市场初期频频出现卖断货现象,让很多消费者产生了购买的冲动。苹果的饥渴营销正是通过实施"欲擒故纵"的策略,通过调控产品的供求,引发供不应求的假象,引发消费的好奇和逆反心理,最后疯狂追逐。很多人认为这是苹果的专利营销模式,但事实并非如此。

在市场营销学中,"饥渴营销"是指商品提供者有意调低产量,以期达到调控供求关系、制造供不应求"假象"、维持商品较高售价和利润率的目的。饥渴营销实质就是通过调节供求两端的量来影响终端的售价,达到加价的目的。

众多奢侈品品牌、地理标志产品及特殊目标受众的产品,都擅长使用饥渴营销,以充分满足消费者的需求。例如,瑞士劳力士推出的限量版纪念手表,远卓品牌策划公司推出的仅售给企业家和高层决策者的图书《解剖胜利的力量》,中华香烟的节日断货现象,茅台酒的不断涨价等,都是饥渴营销的具体体现。

中国有句老话说:物以稀为贵。老百姓认为,越是得不到的越是好的,越是不容易得到的东西越让我们刻骨铭心,越是容易得到的东西越觉得无所谓,不用去珍惜。

这样的逆反心理,让我们去不断地追求新奇、刺激。将它运用到营销之中,不仅满足了逆反、好奇之心,还使用户获得了一种通常难以得到的情感体验。若进行逆向的思考,我们的产品并不希望卖给所有人,我们的东西很有限。最开始的苹果及后来的小米,都很好地运用了这一思维。

而逆向思维、全局掌控,正是"欲擒故纵"之计的核心。所以说,饥渴营销不是乔布斯的原创,更不是苹果的专利,而是市场营销心理学上惯用的"欲擒故纵"之计。即使在商业方法能够得到专利保护的美国,正是因为这种饥渴营销市场策略的普遍公知性,没有一家企业能够将其据为己有,当然也不专属于苹果,只是苹果将该营销策略的应用更加得心应手和深入人心而已!

摸爬滚打，"中国专利第一人"构建产业专利联盟

当别人还没有意识到专利重要性的时候，他已经开始了专利领域的"跑马圈地"，到 2007 年，他就已经编织好一张囊括 22 个产品系列的专利网。当别人刚意识到专利重要性的时候，他已经开始做专利战略，"狼群战术"屡战屡胜……他就是毁誉参半的号称"中国专利第一人"的邱则有。

从专利数量上来看，他申请发明专利 7 000 多件，授权专利 2 000 多件；从比较的角度来看，没有任何一个专利申请个人拥有的专利数量可以与邱则有相比肩；从维权的方面看，邱则有打了最多的维权官司，胜诉的比例高达 90%以上……

当时号称"三湘第一楼"的国际金融大厦竣工后的统计数据表明，使用邱则有的无梁楼盖技术，直接降低大楼建筑成本，节约投资 610 万元，施工进度加快了 50%。有专家保守估计，使用该技术建造高楼每平方米可降低综合造价120 元，施工进度提高一倍。但当时的邱则有还没有为自己的成果申请专利，技术最终被偷。邱则有大梦初醒："他们可以挖你的核心技术人员，可以偷你的商业秘密，技术是无密可保的，唯一的办法就是以技术公开为代价，申请国家专利，得到法律的保护。"

1999 年，他将自己的空心楼盖技术成果，包括新材料制造技术、新结构体系技术、施工技术 3 个科学范围 21 项自主发明，全部申请了专利。但是，起初由于邱则有缺乏专利知识，提交的专利申请非常简单，发明成果不会总结，不会将有形的产品提炼成无形的专利权利，自己辛辛苦苦撰写的专利权利要求书和专利说明书，不是被认为格式不符，就是保护范围过宽或过窄。

痛定思痛后，2001 年邱则有开始了真正意义上的专利布局。首先，坚持对研发的新技术及时申请专利，并把每一件专利写好，只申请发明专利；其次，开始了最为熟悉的现浇混凝土成孔芯模领域的专利圈地，从整个行业的角度，从进攻型专利到防御型专利，从"明处专利"到"隐形专利"，从方法专利到申请产品或模具专利等，充分考虑专利层次问题，构架企业专利战略。通过总结研究，他创造性地发明了快捷有效的"五路归一"专利申请方式，从正面、模仿、替代、反向和检索 5 个方向全面考虑发明成果的专利保护。"五路归一"

的做法，不仅让其每件专利保护做到了无漏无缺，让人绕无可绕避无可避，而且能衍生出多个甚至是一群专利，形成了"众星捧月"的形式，达到了无心插柳柳成荫的效果。

在完成了专利网的初步布局之后，邱则有开始检验他专利网的实际效能。2003 年，邱则有大举专利维权的大旗，主动发起了大量的组案例侵权诉讼，在不到 2 年的时间里共启动 39 件专利诉讼，并且 39 件专利诉讼最终全部获胜！

通过这些专利维权诉讼，邱则有不仅获得了超过 1 000 万元的专利赔偿费，更使他在建筑业内声名远播，这为他后来成立现浇空心楼盖产业联盟和专利联盟打下了良好的基础，营造了有利的环境。

"欲擒故纵""放水养鱼""秋后算账""养肥了再杀"等方式曾经是国外跨国公司的 6C、4C 等专利联盟对付中国 DVD 产业的专利策略，如今邱则有在专利维权的道路上也成功借鉴了这一策略。发现对方专利侵权后，他不再立即启动诉讼程序，而是先向对方发出律师函，首先争取专利许可和解的机会。

2006 年 1 月 8 日，在邱则有的不懈努力下，"空心楼盖专利联盟"和"空心楼盖知识产权联盟"挂牌成立，在以专利为纽带，规范国内市场和应对国外专利诉讼的道路上，迈出了坚实的一步。

邱则有说："经过多年专利圈里的摸爬滚打，专利诉讼仅仅是解决侵权现象的手段之一，不是终极目的。专利诉讼策略只是悬挂在竞争对手头顶的一把利剑，时刻警醒对方不要轻易侵权，但是绝对不能轻易砍下去，否则可能会造成双方都失败的后果。"

第十七计　抛砖引玉

一、计策解读

抛砖引玉，原意是抛出砖头，引来玉石。这是一个比喻，"砖"可以泛指一切质次的、价值低的或量小的事物，"玉"指与"砖"相对应的质优的、价值高的或量大的事物。

《三十六计》中原文为："类以诱之，击蒙也。"其意为用极类似的东西去迷惑敌人，使敌人懵懂上当。

古人按语曰："诱敌之法甚多，最妙之法，不在疑似之间，而在类同，以固其惑。以旌旗金鼓诱敌者，疑似也；以老弱粮草诱敌者，则类同也。"

在专利战争中，迷惑敌人的方法多种多样，当用借势布局的"树上开花"之计强调的"疑似法"难以奏效时，若改用"抛砖引玉"之计彰显的"类同法"诱敌，则可能收到意想不到的效果。因为"抛砖引玉"之计不单是迷惑对手、利用对手，其还主张双方专利权之间的类同利益交换，类似于博弈论中的正和博弈，能使竞争双方各取所需达成共赢。

二、运用技巧

《三十六计》中的第十七计"抛砖引玉"是最具有专利性的一条计谋，因为专利制度本身创建的初衷就是一种用专利权来鼓励发明创新的抛砖引玉大计。恰如经济学家萨伊和克拉克所言：专利是鼓励发明所绝对必需的，因为专利制度本身只需花费极小成本就能"引诱"大家进行发明创造，给社会带来前所未有的发明，从而推动社会向前发展。本节尝试从示范、利诱两个角度探析"抛砖引玉"在专利战中的应用，并将其在企业专利布局和专利战略中的运用技巧进行探讨，旨在能帮助企业进一步强化知识产权创造、运用、管理、保护和服务的能力。

"抛砖引玉"之计用在专利战中，"抛砖"是专利战术手段，"引玉"是专利战略目的。"抛砖"贵在所抛之"砖"务必要类同于"玉",即要合理利用示形于敌的伪饰专利客体;"引玉"关键在于所引之"玉"应该是比"砖"价值要高的专利客体。

具体而言,抛砖包括做示范、做表率、抛诱饵、放烟幕弹、放小道消息等手段;引玉包括引发共鸣、引诱、利诱等方式。"抛砖引玉"之计在专利战中有两种作用:一种是带有激励色彩的示范作用,通过作出榜样或典范来抛砖引玉;另一种是以追逐利益为先导的利诱作用,通过以利相诱来抛砖引玉。

(一)示范作用

1. 内外兼修的示范性激励机制

专利制度本身对于社会创新的激励作用,以及政府运用公共财政资源"抛砖"、鼓励相关企业加大技术研发、专利申请力度和专利运营水平来评选各类示范单位,都是发明创造的示范性"外部激励机制"。例如,我国专利制度中规定了缴纳专利费用确有困难的人可以申请减缓专利费用,在很大程度上解决了中小企业和个人申请人申请专利时的后顾之忧,有效地激励他们的发明创造积极性。

企业内部也可利用"抛砖引玉"之计,积极落实国家关于知识产权权属和奖励的规定,并针对性地制定本企业专有的专利奖励办法和规程,来更好地促进企业内部知识产权创造和技术能力的提高。或通过物质奖励、股权激励、职务晋升等方式鼓励发明创造,提高员工的技术创新能动性和知识产权成果产出的积极性;或利用高薪高待遇吸引外部研发人才;或通过给员工创新设置一种可信度较高的"发明回报预期"来保证研发的可持续性进步;对发明人、专利管理师和专利运营师都设立特定的奖励制度;建立专利绩效考核评分机制,这些都属于发明创造的示范性"内部激励机制"。

另外,还可以通过增加精神奖励来激励发明创造。例如,美国通信巨头高通在圣地亚哥的总部大楼建立一面"专利墙",展示了该公司的 1 395 件专利以激励员工发明创造,当然这还不到高通 15 000 多件专利中的 1/10。中钢集团邢台机械轧辊有限公司就将公司全部专利证书和以发明人名字命名的小发明小创造汇总,挂在办公楼正门的"荣誉墙"上,通过精神上的激励增强员工的荣誉感和责任感,并体现尊重知识、尊重创新、尊重科技、尊重人才的企业文化。

在激励体制上,相关部门在科技成果转化的过程中可借鉴美国的拜杜法案,即通过合理调控产学研三方的关系,使私人部门在一定条件下享有职务发明的专利权,政府通过放弃一定的利益,形成整个社会科研成果转化的强大内生动力。

2. 合作共赢的示范性联营机制

企业对于专利不能孤芳自赏,更不能像农耕时代的地主老财那样,自己用不上的专利资产就找个"坑"埋起来,而应从整个产业的格局出发,谋求"共享、共有、共存"的专利发展策略,建立合作共赢的专利联营机制。专利权人相互之间的专利布局和/或资源优势存在互补关系的,一方可通过主动专利许可"引诱"对方进行专利交叉许可,并为联合更多的专利权人进行专利联营做好示范作用。通过专利资源整合构建"联手、联盟、联动"的互动性专利联盟,以进一步降低自身运营成本,加大与国外专利寡头的对抗筹码,进一步建立专利合作战略伙伴关系,力图达成专利共赢的良好局面。

例如,有的企业长于专利技术研发,有的企业长于专利应用研发,有的企业长于专利运营,有的企业善于产业链整合,各有所长各有所缺。企业间能各自"抛砖",就有可能共同"引玉",通过合作开发实现专利优势互补,通过分摊研发成本分散专利风险,通过资源有效整合提高专利技术研发和推广成功的可能性,并可能"顺手牵羊"为企业扩大自己产品的经营范围。

(二) 利诱作用

1. 循循善诱,舍小利以谋远

对于新兴产业的技术先导型企业,通过在产业发展前阶段放弃专利诉讼权,利用专利技术公开和扩散作为"诱饵",吸引更多的社会资金和企业资源涌进该产业,从而进一步推动行业技术和配套设施的全面完善,进而推动全行业生产和应用市场的迅速发展壮大。此时先导企业就可以利用自己的专利技术形成产业事实标准,进而提高行业的准入门槛,循循善诱地获取更广阔、更稳定的发展平台。

对于已经积累了雄厚知识产权资本的大型企业,在不会动摇其在行业领域内的科技垄断地位的前提下,也会有计划有步骤地开放专利。通过策略性、分层次地公开部分专利技术,占据产业技术主流,进而作为制定者参与到产业标准的建立过程中,从而更能有利于企业占据产业发展的主导地位。因此实施专利开放战略，等于在行业领域内利用其标准导向型技术设置了更高的进入壁垒，能够有效遏制竞争者在产业链中的纵向深入，也能为自己确立市场主导地位赢得先机。

对于处于产业链中上游的企业，为了增强下游企业对其新产品的市场需求，向下游企业"抛砖"——以免费公开技术的方式扩散其新技术产品，减轻其他企业进入下游企业产品市场的壁垒，从而有利于"引玉"——扩大下游企业市场需求，获取下游市场的更大利润。

2. 引新吐故，小往大来

对于企业有资金无核心专利的局面，如果斥资引进他人的专利技术，比自主研发创新支出以及规避侵权风险所付出的资金更少。此时应当果断地"抛资金之砖"，来"引专利技术之玉"，然后把更多的精力和金钱用在对引进技术的针对性改进上，或者利用所引进的"专利璞玉"进行二次创新，打造"专利美玉"，以实现更高的专利经营目标。

通过从商业层面和技术层面进行专利筛选，及时抛出自己闲置的"专利废砖"，转化为"资金之玉"，这样既可避免专利权的闲置，提高专利的效用，也可以淘汰不需要的专利，节省专利维持的成本。即通过"抛砖引玉"将专利实现货币化运营，从而完成专利从成本中心跨越到利润中心的转变。

现代高新企业之间的专利竞争，归根结底是企业人才战略之间的竞争，因此许多公司收购、并购的主要目的是引进专利研发和运营的相关人才，引来"昆山之玉""江汉之珠"❶。因为在某些行业，谁拥有核心专利技术开发人才，谁就具有更有效的专利核心竞争力，谁就将占据专利竞争的制高点。

三、总结陈词

在专利战中，"抛砖引玉"之计作为一种激励示范手段和利诱手段，使用的范围很广，不受时空限制，小施小效，大施大效。具体而言，宏观层面上涉及专利制度的制定，中观层面上关系到国家专利战略的实施和对于科技创新的促进，微观上影响到行业专利联盟战略的建立，超微观层面上关乎到企业的专利运营和人才引进战略的制定，这一系列与专利相关的活动，无不彰显"抛砖引玉"之计所蕴含的专利运营理论和专利共赢战略的光芒。

特别需要注意的是使用"抛砖引玉"之计要做好专利博弈分析，精打细算。

❶语出《吕氏春秋》，比喻杰出的人才。

算得准，能抛砖引玉、皆大欢喜；算不准，可能会"抛玉引砖"、因小失大。

四、画龙点睛

专利大战十七计，抛砖引玉最专利。
示范激励兼内外，合作共赢专利池。
舍小谋远建标准，引新吐故来运营。
专利博弈靠分析，类以诱之才获益。

五、活学活用

例 17-1

抛砖引玉，新能源汽车巨头特斯拉对外公开全部专利

2014年6月13日,作为新能源汽车行业的领军企业特斯拉(Tesla)CEO埃隆-马斯克宣布将对外公开特斯拉的全部专利,鼓励所有汽车制造商来关注、使用特斯拉的专利技术,此举令业界一片哗然。特斯拉是一家高新技术型公司,专利技术是特斯拉的核心资产和根本竞争优势,马斯克决定把特斯拉的专利投入开源既不是出于赌徒心态,也不是为了浪漫。特斯拉一路走来所向披靡却突然弃剑,这是为什么呢?作者认为,新兴产业中的企业掌门人马斯克正是使用了专利三十六计之"抛砖引玉"之计,通过"今天的专利属于你"来换取"未来市场属于我",构筑一种舍小利以谋远的市场博弈行为,主要理由具体包括以下4点。

第一,特斯拉并没有放弃专利权,而只是承诺不向任何善意(in good faith)使用特斯拉技术的人发起诉讼,这里放弃的只是诉讼的权利而不是专利权本身,即所谓的"开源不放权",且特斯拉声明拥有"善意使用"标准的最终解释权。

第二,有足够的理由和证据表明,特斯拉的外观设计专利、商业方法和品牌许可并不在授权之列。作者认为,特斯拉的开放专利策略,正是其对于品牌运营的互联网营销策略之一。

第三，乘用车行业后有油电混合动力车的追赶，前有氢能源等燃料电池车的强势领跑，在后有追兵前有强敌的紧迫形势之下，纯电动汽车微不足道的现有市场占有率并不足以使行业本身内部激烈竞争。因此，开放专利技术将使整个纯电动汽车行业共同创新、协同发展，包括特斯拉在内的企业或许都将受益于一个通用的专利技术平台。马斯克首先敏锐地意识到阻碍电动汽车行业发展的关键问题是产业规模化，权衡利弊之后其运用"弃子争先"战术，以放弃使用专利这样的重型攻击武器的代价先行推动全行业的超常发展。其次，电池专利技术的开放必定使电动汽车制造总体成本降低，成本和售价降低引起的用户群体增大会反过来刺激更多的流动资金涌入充电电动汽车行业，使纯电动汽车行业的增长互相促进、良性循环。

第四，对于纯电动汽车而言，充电桩的数量决定了电动汽车的使用范围，充电桩布局网络的覆盖面决定了电动汽车续航能力的持续化，从而在根本上影响愿意购买电动汽车的用户数量。不同电动汽车生产商和不同国家对充电桩技术采用的不同标准使本来就是小众市场的各种电动汽车之间不能公用充电设备，如果特斯拉在中国只能在北上广等极少数城市充电，将极大影响用户的使用兴趣。特斯拉在充电桩布局上遇到的困难无疑是特斯拉面临最严重的挑战之一，充电技术开放可以强烈地刺激充电桩产品的标准化，通用充电桩可以使电动汽车行业原本割裂的充电设备资源整合为所有用户所共享的资源。

但是，失去专利保护后的特斯拉内部还能用什么手段驱动创新？当特斯拉的技术被竞争对手二次开发成新技术，并进行专利布局后，难道只用舆论攻势能够为自己争取应得的权利吗？如果对方是一家不生产电动汽车的专利流氓，特斯拉面对专利流氓能否使用其专利进行区别诉讼？一旦用自己保留的专利权形成专利对攻，那么马斯克的宣言岂不变成"戏言"？

在科技发展越来越趋于共享、各国反垄断打击越来越频繁的情况下，特斯拉的举动给专利大佬们上了生动的一课，其未来之路的精彩不乏想象，但也注定充满艰辛和挑战，我们对其最终能否达到马斯克预期的效果拭目以待。特斯拉，且行且珍惜！

例 17-2

引导示范，广东省靠专利奖励激励技术创新

从 2003 年开始，广东省通过实施重奖中国专利奖获奖企事业单位和举行广东专利奖评选表彰活动等措施，有力促进了全省专利创造、运用和保护水平的大幅提升。2014 年，广东省已经酝酿形成新的奖励政策，使专利奖励措施成为激励创新的风向标。

专利奖励的激励、引导和示范的效果无疑是明显的。奖励措施的推行，营造了尊重和运用知识产权的社会环境，有效鼓励和调动了该省企事业单位和发明人开展专利创造、运用和保护的积极性。可谓是地方政府"抛砖引玉"促发展的典型。

2012 年，广东省专利申请量和授权量分别为 22.951 4 万件和 15.359 8 万件，而 2003 年专利申请量和授权量分别仅为 4.318 6 万件和 6 181 件，9 年内分别增长了 431.45％和 2385％。发明专利申请量占全省专利申请总量的比例也由 2003 年的 14.3％提高到 2012 年的 26.4％，增加了 12.1 个百分点。截至 2012 年底，广东省有效发明专利量达 7.890 2 万件，同比增长 34.5％，占全国总量的 18.13％，继续位居全国首位。从 2008 年开始，该省发明专利授权量连续 5 年位居全国首位。2012 年，该省提交的 PCT 国际专利申请量为 9 211 件，占全国总量的 50.76％，连续 11 年位居全国首位。

据悉，最新的《广东省专利奖励办法》已于 2014 年 7 月 21 日在广东省人民政府第十二届第 29 次常务会议上通过，自 2014 年 10 月 1 日起施行。其中第 7 条、第 17 条、第 18 条、第 19 条明确规定了专利奖励的办法。

例 17-3

激励创新，且看日美企业如何促使员工进行发明创造

激励发明战略及战术：激励发明创造，需要国家级战略和企业级战略的紧密配合。其中，国家级激励发明创造战略以日本最为典型，企业级激励发明创造的战略以美国最为成功。

日美企业激励发明创造战略，一般采取如下一系列措施：①建立合理的奖励制度；②增加研发投入；③在企业建立鼓励合理化建议制度；④建立专利战略时代的研发工作规章和规程；⑤加强国内外技术引进工作，尤其是加强从国内高校和研究所的技术引进工作，做好产学研合作开发的专利管理工作。

日本三菱公司对员工发明的终生多次奖励是值得我们参考和借鉴的：在申请专利后到获准之前，只要是好的发明，不论获准与否，三菱公司给予"优秀发明表彰"，颁发奖金和奖状。如果这项发明获得专利并在公司内部实施，三菱公司会给予发明人"实绩补偿"。每年最少3万日元，实施至何时即给到何时。如果这项发明被许可给其他公司实施，三菱公司也会依所获得的权利拨出一定比例作为发明人的"实绩补偿"。如果一项发明同时在公司内外实施，则发明人的"实绩补偿"一年最高可以拿到100万日元。发明人离职后仍能领取"实绩补偿"。甚至死亡后其继承人也可以续领，直到公司不再使用或不再许可他人使用这件专利为止。此外，三菱公司还设有累计专利件数的"登记表彰"，员工所获的国内专利件数达到一定数量时，即给予一定数额的奖金。各厂、事业本部和三菱公司的社长也设有"工场和表彰""本部长表彰"和"社长表彰"，奖励方式由厂长、本部长和社长自行决定。

IBM也深知企业创新的重要意义，为激励公司员工进行发明创造，其设立了累积积分制的奖励方法，即对申请专利的发明人给予计分，1件专利为3点，同时可获1 200美元奖励；点数累计达12点，再加1 200美元奖励。刊载在技术公报的发明或发表论文，也计为1点。发明人若是在第一次申请即获专利，则可获首次申请奖，奖金1 500美元。至于第二次以后被采用时，则每次发500美元的奖金，称为发明申请奖。上述制度在总公司及子公司都共同实行。另外，当专利权对整个公司有重大的贡献时，该发明人还可依其贡献程度的大小得到若干的奖金，此称为特别功劳奖。此外，IBM每年举办一次盛大的科技发明奖颁奖仪式，100名获奖员工将分享300万美元的奖金。IBM总裁亲自颁奖，在精神和物质上鼓励发明者。颁奖仪式后，发明者可以度假3～4天，费用全部由公司承担。

第十八计　擒贼擒王

一、计策解读

"擒贼擒王"一语，源自唐代杜甫的五言律诗《前出塞》："挽弓当挽强，用箭当用长。射人先射马，擒贼先擒王。杀人亦有限，列国自有疆。苟能制侵陵，岂在多杀伤！"比喻打仗要除去主要敌人，做事要抓住关键。

《三十六计》中原文为："摧其坚，夺其魁，以解其体。龙战于野，其道穷也。"摧毁敌人的主力，抓住它的首领，就可以瓦解它的整体力量，好比龙出大海到陆地上作战，面临绝境一样，"龙游浅海遭虾戏"！

"擒贼擒王"用于军事上，是指捕杀敌军首领或摧毁敌人首脑机构，使敌人军心涣散陷入混乱，从而利于取得战争的胜利。典型战如在明代"土木堡之战"中，瓦剌部首领也先利用太监王振不谙兵法的漏洞，挟持明英宗，使得明军投鼠忌器只能投降。

二、应用技巧

在专利战中，"擒贼擒王"之计可引申为：紧紧抓住产业链、市场、技术发展路线中的关键性节点，集中力量解决重点问题、焦点问题和主要矛盾，一般指举足轻重、秉轴持钧的"王牌专利"和"王牌对手"或有关迫在眉睫、刻不容缓的重要专利事宜等。

打蛇打七寸，牵牛要牵牛鼻子，无论是对于企业自身抑或竞争对手的专利布局，都要分析把握重要专利，了解重点的竞争对手，厘清主要市场情况，梳理好主要产业链，才能集中人力、财力、物力进行重点经营。

在专利战中，使用"擒贼擒王"之计至少要把握两个环节：一是要找到"王"；二是要擒住"王"。下面，将对"王牌专利""王牌对手"的甄别进行分析，对专利擒王的方式进行探讨。

（一）对"王牌专利"的甄别

"王牌专利"即重要专利，一般来说包括核心技术专利、诉讼率高的专利、开拓市场型专利、市场主导型专利等专利类型。它更多地表达了不同的使用者基于不同目的、不同的时间、不同的地域对重要专利判断标准的差异化认知。即使具有相同的判断标准，也会存在方法和指标的差异，也会导致重要专利的筛选结果会存在显著的不同。一般而言，重要专利的甄别可以从技术价值层面、经济价值层面以及法律价值层面进行统一衡量。

1. 技术价值层面

（1）被引频次

被引频次较高的专利可能在产业链中所处位置较关键，可能是竞争对手专利布局所不能回避的专利。因此，专利被引频次在一定程度上可以反映该专利在某领域研发中的基础引导性作用。

（2）引用科技文献数量

一般而言，用专利引用科技文献的平均数量考察市场主体的技术与最新科技发展的关联程度。该数量大，说明市场主体的研发活动和技术创新紧跟最新科技的发展。但科学关联度与专利价值的相关性随行业而不同，在科技导向的领域（如医药和化学领域）该指标与专利价值显著相关；在传统产业（如机械领域），该指标与专利价值的相关性不显著。

（3）技术发展路线关键点

技术发展路线中的关键节点所涉及的专利技术不仅仅是技术的突破点和重要改进点，也是在生产相关产品时很难绕开的技术点。在寻找这些技术节点时，需要行业专家勾勒出这个行业的技术发展路线图，然后按图索骥找到这个行业的关键技术点。

（4）技术标准化指数

技术标准化指数是指专利文献是否属于某技术标准的必要专利，以及该专利文献所涉及的标准数量、标准类别（国际标准、国家标准、行业标准）。但是无论是根据技术标准查找所涉及的专利，还是从专利文献出发查找其是否涉及技术标准，都需要花费一定的时间。

（5）主要申请人

一般来说，某一领域技术实力最强、技术发展比较成体系行业内的专利申请人，其所申请的专利技术就较为重要。

（6）主要发明人

主要发明人是指对本行业发明创造作出主要贡献的自然人，是引领本领域技术进步的主要带头人。因此，主要发明人参与的专利技术往往是本行业最需要关注的技术。

2. 经济价值层面

（1）专利许可情况

如果一件专利被许可给多家市场主体，则证明该专利是生产某类产品时必须使用的专利技术，其重要性不言而喻。

（2）专利实施情况

毫无疑问，专利实施率越高，专利对于技术发展、技术创新作出的贡献就越大。但是，发明专利的实施通常会有一个开发的过程，而一些专利仅仅是为了"专利圈地"，因此没有实施的专利也不一定不重要。

3. 法律价值层面

（1）专利维持期限

对专利权人而言，只有当专利权带来的预期收益大于专利维持费时，专利权人才会继续缴纳年费。排除不同产业间的差别因素，专利维持年限的长度在某种程度上反映了该专利的重要性程度。

（2）专利复审、无效、异议及诉讼

专利在复审、无效、异议及诉讼过程中需要花费大量的时间和费用。经过复审、无效、异议及诉讼等程序的专利一定是得到申请人或行业重视的，其中"成功抵御"的专利权的稳定性更强、更难以绕过，同时也更重要。

（二）对"王牌对手"的甄别

"王牌对手"即重点竞争对手，确定重点竞争对手是做好专利战略的必要环节，专利申请量大、专利授权量大、专利储备丰富、专利授权率高、多边申请比例高的企业，往往就是对行业或产业有着显著影响力的重点企业。

专利申请人的申请量排名指标反映了某一领域内专利申请人的技术活跃度情况及其专利布局策略。研发投入越多、技术开发越活跃、专利申请更积极、专利布局更广泛，都能够反映在专利申请人的专利申请数量上。

相对于专利申请量，往往在某一领域内专利授权量排名前列的企业在产业发展和专利谈判中掌握主动权。

专利储备量指标是一个存量指标，表示申请人拥有的有效专利与正在审查的未决专利的总量，专利储备量的多少代表了申请人在产业内拥有的专利技术实力情况。一般来说，专利依赖度高的产业，产业内龙头企业在专利积累上较为积极，拥有的专利储备较多。专利储备是中国企业在发达国家推销其高端产品所必需的"护身符"；专利储备为创新型企业吸引投资和保护其利益提供有效的"载体"。

多方专利申请指的是在两个或两个以上的国家或地区就同一发明提交的一组专利申请。申请人除了在本国申请外，在其他国家或地区进行专利申请越多，可能意味着该申请人对市场垄断的企图或控制力，因此可以根据多方专利数量作为判断重点竞争对手的主要依据之一。

除了从专利视角研究王牌企业的影响力外，还应结合其技术地位、产业规模、市场份额、在国际组织的话语权、专利运营收益等角度进行综合判断。

（三）专利擒王之法

《孙子兵法·九地篇》云："为兵之事，在于顺详敌之意，并敌一向，千里杀将，此谓巧能成事者也。"其意思是，用兵打仗，讲究集中兵力攻击敌人其中一个方面，长驱直入，擒杀敌将。

这一思想同样适用于专利擒王之法，即要求重点突破，而非面面俱到，并择机擒贼擒王。重点突破主要是指企业应集中优势资源和力量，发挥自己的优势，克服或规避自己的不足，重点突破关键性的方面和领域，解决主要矛盾。专利擒王之法主要从研发、布局、申请、诉讼、谈判等角度进行。

1. 研发和专利布局中擒王

企业（尤其是中小企业）在设计新产品并进行专利布局时，不要一味求全，试图全面覆盖，这是不现实的。如果企业受限于研发水平、研发财力和专利运营能力，一定要聚焦自己有限的力量和资源，在局部领域重点突破，抢占专利制高点，构筑自己的专利优势和专利壁垒。

在设计产品时，尽量使其设计思路集中在一两项核心功能上，集中研发人员进行重点技术攻关，并据此获得相关核心技术的专利权，从而抓住技术和专利权上的"王牌"。在整个生态圈发展完善后，以这些王牌专利为基础，或自己继续进行外围专利布局，或与其他厂商谈判实现专利交叉许可，从而"以点带面"地完成整体的、全面的专利布局，提高市场竞争力。

2. 专利申请中擒王

在专利为王的时代，快人一步的专利申请往往能占领产业的制高点，从而垄断市场成为该行业最强有力的竞争者。例如，德国克虏伯公司的人造茜素仅比英国工业家亨利·柏琴早一天申请专利，就有效地占领英国市场达 14 年之久；1896 年，A.G. 贝尔比 E. 格雷早 2 小时申请电话机的专利，依靠美国专利 US174456，成就了贝尔的"电话之父"，也成就了贝尔实验室和美国电话电报公司（AT&T）。

3. 专利诉讼中擒王

如果"专利主"打算挥动专利大棒，开打专利战，专利侵权者的数量很多，甚至遍布整个行业，选择哪一家提起诉讼呢？这时分两种情况：一是侵权者普遍弱小且数量众多；二是侵权者中不乏实力强的大公司。

针对第一种情况，专利所有者应使用"杀一儆百"的诉讼策略，选择最强的一个侵权者进行专利诉讼来"威慑"其余的侵权者，如果被告方由于专利侵权而退出市场甚至破产清算，其余的企业就不再敢轻易侵权，起到"杀鸡儆猴，以儆效尤"的效果。

针对第二种情况，应选择具有代表性、有实力的、最好有明显专利布局缺陷的大公司开刀，从最易于突破的环节入手后尽全力击而败之，"敲山震虎"后逼着其他企业全部就范。这样做省事省力，效率高，成本也低。

4. 专利谈判中擒王

在专利谈判中，如果事先就解决关键事宜优先与主要竞争对手达成一致，其余的辅助事项就"水到渠成"地解决，其他的对手也更容易一一击破。

例如，NPE 的典型代表——高智通过谈判优先将微软、亚马逊、苹果、思科、eBay、谷歌、诺基亚、索尼和雅虎等大企业变成自己基金的股东，就是通过"擒贼擒王"的策略进行专利许可谈判逼迫其他企业就范的典型。

三、总结陈词

在专利战中，选取重点企业、重点项目、重大专利纠纷等事件作为导入专利工作的契机和依托"擒贼擒王",更易获得高层管理者的重视,重点项目成功后形成巨大的示范效应,专利工作推广往往更易见成效。

"擒贼擒王"之计核心内容可总结为以下三点。

第一,王牌专利"釜底抽薪"。舍胜而不摧坚擒王,是纵虎归山也。同样,在进行专利诉讼或专利许可时,要尽量针对核心专利、基础专利和重要专利进行作为,以做到"釜底抽薪",以免放虎归山。正因为"王牌专利"的重要性,要采取各种各样的措施"瞒天过海",防止树大招风,必要时在专利布局中设置系列外围专利族重点"勤王"。

第二,王牌对手"擒贼擒王"。擒王前要先识王,擒王之法,不可图辨旌旗,而当察其阵中之首动。分析重要竞争对手也一样,不能凭名气想当然,要从企业在行业中具有重要性、典型性或代表性入手,也可以从掌握重要专利或具有长远专利战略规划的主体入手分析。

第三,诉讼策略"敲山震虎"。进行专利诉讼时,选择具有代表性的企业开刀,集中全力攻击其"阿喀琉斯之踵"以取得胜利,然后逼迫其他侵权者停止侵权。

但是,需要清醒的是,"擒贼擒王"之计的运用过程是机遇和风险并存的,"不入虎穴,焉得虎子"。

四、画龙点睛

> 专利大战十八计,擒贼擒王抓重点。
> 王牌专利多方看,技术经济法律兼。
> 王牌对手特征显,专利量质皆并重。
> 杀鸡儆猴易诉讼,釜底抽薪能摧坚。

五、活学活用

例 18-1

擒贼擒王,苹果悄然改变专利战策略

2010 年之前,苹果对待专利侵权采用的是"广撒网"的诉讼战术,在专利

诉讼方面投入了与收益不符的资源和精力，虽然说其目的是以法律手段打击竞争对手，进而拖慢对方业务的进展速度，为自身赢得先机。但是，公众厌烦了无休止的专利权诉讼，苹果四处出招遭致树敌过多，把以前隐藏在苹果神秘光环下的弱点大量暴露在对手面前，而且苹果在专利诉讼中开始频频遭遇诉讼困境。

苹果早在 2010 年就对 HTC 提出起诉，这也是苹果对 Android 阵营手机厂商发起的第一桩大型诉讼案。那个时候正是 HTC 最风光的时候，从默默无闻的代工厂成功转型为 Android 设备制造商的领导品牌，HTC 在美国智能手机中的市场份额也持续攀升，从 2010 年第三季度的第三名（14%）跃升至 2011 年第三季度的第一名（24%）。然而风云变幻，苹果在赢得了几起与 HTC 之间的诉讼后，HTC 推迟在美国市场发布相关的产品，同时美国国际贸易委员会发布禁令禁止 HTC 的部分产品出口到美国市场，这些最终导致 HTC 在美国市场份额节节败退，增长严重放缓，该公司市值也一路下跌。

在 2011 年，三星已成为全球最大的 Android 手机制造商，并持续将优势扩大，三星和 Android 阵营实实在在地威胁到了苹果的 iPhone 在移动产业中的地位。

2012 年 11 月 11 日，苹果与 HTC 宣告和解，双方签署长达 10 年的授权协议，结束了旷日持久的诉讼纠纷，而与三星的专利之战一直如火如荼且有更加猛烈之势。表面上来看，苹果对专利战的态度截然不同，背后实则动机统一。这体现苹果在专利战策略上作了显著调整，采取收缩战线的策略，对自己主业构不成威胁的专利侵权行为采用多种解决渠道和方式，而把资源和精力投入主要竞争对手身上，通过"擒贼擒王"获得更大胜算。

"擒王之法，不可图辨旌旗，而当察其阵中之首动。"在这种情况下，苹果已经没有必要痛打"落水狗"HTC，而是把矛头主要针对三星。因为从商业的角度出发，同规模较小的竞争对手达成和解积极意义更加明显，可以避免支付昂贵的诉讼费用，还能获得专利费和收入，并借助这些资金进一步打击主要竞争对手——三星。此外，苹果与诺基亚和解，并达成专利授权。

虽然具体诉讼策略上不断变化，但苹果打击 Android 生态系统的决心仍没有动摇，但是现在的谷歌除自身日益丰富的专利军火库外，还手持摩托罗拉移动的大批专利长矛，又雄赳赳地坚决迈向硬件领域，显然，这才是"带头大哥"

苹果所最不能接受的。随着市场业态的悄然变化，苹果的专利战策略可能是直接对谷歌开刀。

但是不管怎样，苹果坚信：专利诉讼中以一当百的格斗架势是莽夫之态，"擒贼擒王"才是最经济而简便的途径。

例 18-2

成功维权，山丽网安认识到基础专利在身才是王道

上海山丽信息安全有限公司（以下简称"山丽网安"）成立于 1999 年，自成立至今十分重视专业技术的创新与开发，积极申请多项技术专利。

山丽网安拥有 2 件透明加密技术的基础专利，一件是 2009 年 8 月申请的专利名称为"基于环境指纹的文件加密系统"，专利号为 ZL200410017241.3，另一件是 2011 年 4 月申请的关于"Secret file access authorization system with fingerprint limitation"的技术获得美国发明专利授权。这样明显的基础专利优势让山丽网安在信息安全行业奠定了行业根基，在加密软件技术开发中树立了技术标准。山丽网安拥有的技术专利，令客户、消费者更加放心和自豪，是一个好卖点；对于单位负责人而言，也是一项业绩。

另外，山丽网安在信息安全行业率先提出"透明加解密"的概念，并且在2008 年 5 月获得"防水墙"商标证书。

但是目前市面上，各类山寨的伪加密技术也打着"透明加解密"的旗号，各种"防水墙"产品恶意竞争。这些产品不仅侵犯了山丽网安的专利权，同时凭借伪加密技术号称"透明加解密"，有损山丽网安的企业形象。此外，市场各种以"防水墙"为命名的加密软件，以 CSS 公司为例，该公司号称专注企业内网安全，殊不知已经侵犯了山丽网安的商标权和专利权。

在面对众多侵权的加密软件厂商，山丽网安主张要在这场专利保卫战中维护自己的合法权益！山丽网安所倚赖的正是以其 2 件基础专利作为利器，在产业发展的道路上，让竞争对手无法规避，山丽网安自己也认识到：基础专利在身才是王道！

基础专利是指专利审批机关根据申请人的原始申请授予的独立的、不依附于其他专利的最原始的专利。在国际技术贸易中，基础专利的所有人控制着从

属专利所有人的专利实施以及向他人授予专利使用许可的权利，从属专利所有人如欲实施或向他人授予使用许可，必须事先征得基础专利所有人的同意，否则即构成对基础专利所有人权利的侵犯。

山丽网安对专利的重视，是对自身技术产品的爱护和保护，而能用这些独特功能换来真金白银的就是专利布局！

例 18-3

恩威并施，高通通过独特的专利战略垄断 3G 通信市场

高通是第三代手机和无线通信 3G 的规则制定者。虽然第三代无线通信的技术 CDMA 早在越战时就为美军使用，并且全世界掌握该技术的人非常多，但是将 CDMA 用于手机通信的最早解决方案（CDMA2000）是由高通提出的。CDMA2000 很快便成为国际标准。高通通过全面、完备的专利布局几乎堵死了任何绕过其专利的解决方案，进而达到了主导 3G 手机市场的目的。

高通凭借其专利布局收费很霸道，专利费极其昂贵，高通的收费费率接近5%，而其他公司征收的专利费费率只有其一半；更为蛮横无理的是，它并不是按芯片的价格征收专利费，而是按整机收取，远远超过一部手机所有芯片能带来的利润。在这种背景下，日本、欧洲和中国不得不推出了自己的 CDMA 标准：WCDMA（日本和欧洲）和 TD-SCDMA（中国）（后来美国又加进了一个WiMax，这样全球共 4 个标准，但是现在大部分人认为 WiMax 属于 4G 的标准）。

虽然这些后来的标准在技术上已经超过了高通的 CDMA2000 解决方案，但是，整个 3G 市场仍然被高通抢了先机。究其原因，一方面，高通的 CDMA2000以两倍于 WCDMA 的速度发展；另一方面，高通公司在 WCDMA 中抢占了专利总数的大约 30%，而且是最关键的基础专利和核心专利。

欧洲以诺基亚为首的工业界也拥有大量 WCDMA 的专利，2005 年 10 月，诺基亚联合博通、爱立信、NEC、松下和得州仪器向欧盟提起诉讼，称高通收取的专利费过高，同时还指出它通过有区别的专利费标准打压其他手机芯片制造商，请求欧盟对此事展开调查。高通采用"擒贼擒王"的办法先制住诺基亚，此后展开了疯狂的报复。2005 年 11 月，它向位于美国加利福尼亚州圣迭戈的联邦地区法院提起上诉，指控诺基亚侵犯了高通 12 件 GSM 手机专利。2006 年

5 月，它又在英国提起诉讼，指控诺基亚侵犯了高通 2 件专利……

最后，高通威胁不再做 WCDMA 的芯片的实体制造而只是以许可专利获利，这样它将以 WCDMA 专利的净拥有者身份阻止诺基亚进入 3G 市场。这是一个两败俱伤的做法，但是高通输得起，因为它已经拥有了很大的 3G 市场，而诺基亚既不能绕过高通的专利进入 3G 市场，也不能从此放弃 3G 这个新兴的市场，它根本输不起。结果诺基亚不得不低头，两家公司历经近 3 年诉讼缠斗达成和解历，2008 年 7 月 25 日，诺基亚与高通终于握手言和，一口气签下了包括 CDMA、WCDMA 与 WiMax 等标准在内为期 15 年专利协议，高通将专利费作了下调。

在新的和解协议中，诺基亚仍将支付给高通巨额的专利费，搞定了主要对手诺基亚之后，高通股价在盘后大幅上涨近 20%。通过"擒贼擒王"的胜利，起到了"杀一儆百"的效果，它的竞争对手博通等公司的股价则一落千丈，标志着整个行业挑战高通的失败。

凭借"恩威并施"的专利战略和"擒贼擒王"的专利战术，高通从 2008 年以后开始在 3G 市场上唱绝对的主角。

第四套 混战计

如果主动出击未能直接取胜，应因势利导启动混战计战略。

所谓混战计，是指处于分不清敌友等态势时所经常运用的计谋，"终日乾乾"。具体包括釜底抽薪、浑水摸鱼、金蝉脱壳、关门捉贼、远交近攻、假途伐虢六计。

企业实施专利战略时使用该套计谋的条件是：企业在敌我不清的局势下，可以通过制造或参与制造混乱无序的专利局面，做到浑中渔利、乱中取胜，争取做到"天下皆浊我独清"。此时可使用专利地图策略、专利预警策略、期满使用策略、专利布局策略等。

运用此混战计的关键是，一定要通过专利分析、专利评议、专利预警等工作正确分析专利局势，发挥主观能动性，这样专利战的主动权才会牢牢地掌控在自己的手中。

第十九计　釜底抽薪

一、计策解读

常言道：扬汤止沸不如釜底抽薪。欲要"止沸"，"扬汤"只是一种应急的措施和手段，治标不治本。只有取走锅底的柴火，断了起火的源头，"沸"才能止住。"釜底抽薪"计本意是从锅底拿走柴火，比喻从根本上解决问题。

《三十六计》中原文为："不敌其力，而消其势，兑下乾上之象。"其意思是，如果敌人力量太强大，无法从正面取胜，那么可以通过削弱他的气势的方法来战斗。此计正是运用此象推理衍之，喻我取此计可胜强敌。

"釜底抽薪"计用于军事，是指对强敌不可正面作战，应侧重于避对手之外锋而削减其内势，再乘机取胜。官渡之战中，曹操采纳许攸之计，夜袭乌巢，将袁绍的粮草付之一炬，取得官渡之战的胜利，就是"釜底抽薪"的典型案例。

二、应用技巧

在专利战中，"釜底抽薪"之计的核心是要抓住主要矛盾，抓住影响专利战局全局的关键点，然后设法除去竞争对手的支柱专利、重要专利、基础专利，或是采取各种手段切断对手专利相关的链条，如资金、人才、货源、原料等，或设法找到自己专利问题的根源并加以解决。

为了从根本上否定竞争对手的专利权，从而使对方从根本上丧失专利攻击能力和专利竞争之依托，可以通过复审无效和反诉对方专利权无效的方式进行。

1. 申请复审无效——提前扼住对手的咽喉

如果专利挑战者想在专利诉讼之前就请求宣告专利权人的专利权无效，或者减小专利的保护范围，或者在诉讼中想赢得一定的优势，可以申请专利复审无效，让专利权人提前缴械投降。

我国《专利法》规定：自国务院专利行政部门公告授予专利权之日起，任何单位或者个人认为该专利权的授予不符合该法有关规定的，可以请求专利复审委员会宣告该专利权无效。如果专利权人向法院提起专利侵权诉讼，被控侵权方在答辩期间内可以向专利复审委员会提出宣告该件专利权无效的请求。

在美国，申请专利复审（Reexamination）也是比诉讼途径更便宜、更快的专利战解决方法。专利被诉方一般会向美国专利商标局提交复审请求，请求对竞争对手的专利进行进一步的限定或予以撤销。美国专利复审制度分为两种：单方复审程序（Ex parte Reexamination）和双方复审程序（Inter partes Reexamination）。要求保证无效的成功率时，使用双方复审程序；为了维持既有的业务关系，不想暴露自己的身份需匿名诉讼时，应使用单方复审程序。此外，在有些方面，通过请求复审来对付竞争对手的专利要比在联邦地区法院提起诉讼容易。按照美国专利法的规定，美国专利一旦授权，就推定具有法律效力，这就是联邦地区法院在审理此类案件时所采用的标准。但是，在复审程序中，没有这样的推定，即在复审中，专利权人必须证明他应该获得专利权；而在诉讼中，如果被控侵权的一方请求联邦地区法院撤销专利权人的专利，则他必须证明专利权人不应获得该专利。此外，在复审中，可以通过修改来进一步限定专利的保护范围，而在诉讼中，却只能将整个专利撤销，不存在修改的可能。最后，如果复审失败，还可以用新的证据向联邦地区法院提起诉讼。

2. 反诉对方专利无效——力求斩草除根

反诉对方专利无效，这是几乎所有专利诉讼中被告的第一反应。在美国，有30%的专利在诉讼中被确认无效，所以，起诉别人侵权的专利权人不少情况下并不一定真正地拥有专利权。

专利无效的理由包括：专利的主题不是《专利法》和《专利法实施细则》所述的发明、实用新型或外观设计；专利的主题违反国家法律、社会公德或者妨害公共利益；专利的主题不在被授予专利权之列；专利申请缺乏新颖性、创造性和实用性；说明书公开不充分；权利要求书得不到说明书的支持；权利要求书不清楚、不简明，或者没有记载发明或者实用新型的必要技术特征；专利的主题超出了原说明书、权利要求书记载的范围；或者如果专利申请是根据分案申请授予的，超出了原申请的公开范围；对同样的发明、实用新型授予了两个以上的专利，而被授权的专利权人不是最先申请人，或者违反了同样的发明创造只能被授予一件专利的原则。

3. 掌控产业链——切断对手生命线

通过专利布局控制产业链上游，能够有效增加竞争对手的产业进入成本；通过专利控制产业链的下游，能够增大竞争对手的销售阻力；双刀齐下能够令对手不战而退。

横向产业链表示在某一特定产业内上中下游共同形成的包括设计、研发、制造、供应、销售为一体的产业组织形式。对横向产业链的组成和分工进行研究，可以掌握产业链的构成以及各组成间的技术附加值高低，掌握产业链上中下游各环节的主要企业。纵向产业链表示两个或多个关联产业所形成的并行产业链，每个产业链之间各自独立，但产业链与产业链之间又相互影响。研究产业链间纵向关系可以扩展横向产业链的范围，找到跨产业间的关联因素，进一步发现专利在不同产业链间附加值及影响力大小。

在对横、纵向产业链进行整合分析后，通过专利收购、专利诉讼等手段切断竞争对手产业链的关键节点，等于切断对手的产品"生命线"，往往起到不战而胜的效果。除此以外，还可以通过在产品生产地用专利权对竞争对手实施生产地遏制，在产品销售地用专利权对竞争对手实施销售地遏制，来实现对竞争对手"釜底抽薪"的产业链地域限制。

例如，2011年6月，苹果对三星在荷兰法院提起专利诉讼。苹果之所以在欧洲选择荷兰的法院，是因为荷兰是三星向欧洲出口产品的最重要分销中心。在此地诉讼三星，可以有效打击它的销售网络渠道，迫使三星不得不重建起物流系统，从而更有效地延缓其在欧洲市场的拓展。

4. 研发人才挖角——加"薪"抽人

专利战中常用的"釜底抽薪"的方式还包括，通过高薪将竞争对手的主要发明人、研发团队、专利管理人才等核心技术骨干进行"挖角"，竞争对手的专利研发会受到巨大的影响。对于人才短缺、技术落后、有技术短板的企业而言，"挖墙脚"是快速集聚人才的好方法，成功后立刻就可以利用这些人才进行技术创新，而这些人才往往会掉转枪口对付原企业，能够起到"一箭双雕"的效果。

人才被竞争对手"挖墙脚"后，如何保证自己的技术秘密不被侵犯，是企业需要着重考虑的现实问题，也是必须解决的棘手问题。可以尝试用以下方式进行保护：与入职员工签订保密协议和竞业禁止协议，并将其与全国人才诚信体系相关联；与主要竞争对手签署"互不挖角协议"；对于一些重大技术秘密，尽可能将其关键部分进行分解，使每个涉密者只能接触到技术秘密的其中一部分；采取技术性防范措施，建立专利技术研发档案，以便为将来可能的诉讼保存证据；对可能已经泄密的技术立即申请专利保护等。

其中，企业合理竞业禁止的实施形式主要有：通过企业内部订立竞业禁止合同实施、通过制定企业内部规章制度实施、通过执行国家有关竞业禁止法规实施。

5. 通过方法专利保护产品——过河拆桥

围绕产品的专利设计完成后，市场跟风者往往蜂拥而至。为了防止竞争对手绕过产品的专利保护的最好的方法是，对相关的设计和加工制造方法申请专利来进行保护，达到"釜底抽薪"的效果，令对手无法绕过。

例如，戴尔就"直销商业模式"申请了专利保护，该专利族的保护范围涉及电脑生产、销售模式、市场调节、售后服务等环节，令专利巨头 IBM 都无法绕过，只能与戴尔达成专利交互许可协议，令戴尔完成专利"蚍蜉"撼动专利"大树"的行为。

再如，吉列的传感式剃须刀的核心专利技术是"悬浮角度构造设计"，要利用这项专利技术，必须使用一项重要的方法——拍摄刮胡动作的高速拍摄技术，该技术体现在处理仅有百万分之一米大小的图像设备中，吉列将该项技术称为"胡须凸轮"。吉列在申请了用"胡须凸轮"设计刮胡刀片的方法专利族后形成"双重专利保护圈"，令竞争对手难以跨越，更别说生产传感剃须刀了。

6. 收购原告化解诉讼——斩草除根

当企业作为被告的侵权诉讼经过努力仍然无法排除威胁，且事态发展对自己不利时，可以依托较强的经济实力，采用收购或参股原告企业的形式化解诉讼，将专利威胁及时从源头上"除根"，就能避免损失继续扩大。

例如，美国 Immersion 是一家从事研发游戏控制器和特技同步技术的公司，拥有相关专利 270 余件。2002 年，Immersion 分别起诉微软和索尼的游戏控制器侵犯了其专利权。2003 年，微软支付 1 990 万美元专利许可费外加 600 万美元收购该公司 10% 股份的形式达成和解；索尼坚持诉讼，2005 年被法院判决赔偿 9 000 万美元，并暂停在美国销售有关游戏产品一张一弛，高下立见（详情见例

专利三十六计

19–2）。

7. 用标准掣肘专利——市场为王

在技术发展过程中，能够获得产业化的主流技术，其背后的专利组合才是构成影响产业发展的有效布局；由于标准掣肘，无法形成产业化应用的技术，即使拥有再好、再完善的专利布局，其实用性和产业价值也微乎其微。因为，专利是制胜的法宝，标准是称雄的天条。谁拥有最新的技术，谁就拥有了发动大战、打赢市场的主控权；而谁拥有了标准，谁就可以"书同文，车同轨"，号令天下，将市场掌控于股掌之间。

例如，2008 年，在和索尼挂帅的蓝光 DVD 阵营竞争下一代高清 DVD 标准的 6 年战争中，东芝领衔的 HD DVD 阵营投入超过 10 亿美元进行技术研发、专利布局和产业化推广，终究因格式标准之争落败，使得缜密布局的核心专利价值瞬间化为乌有。

三、总结陈词

在专利战中，"釜底抽薪"的运用少了许多刀光剑影和硝烟，就在于从竞争对手的幕后下功夫，侧面谋划，扯其后腿，拆其后台，从专利事务的本源上打击对手。此计使用得法，强者可以"兵不血刃"地让弱者束手就擒，弱者亦能以柔克刚"反客为主"。

在专利战中，使用"釜底抽薪"的要点有 3 个：厘清头绪先治其本、追本溯源去敌所恃、避敌锋芒以柔克刚。"抽薪"的方法，可以长驱直入，可能迂回委婉；所抽之薪，可以是专利，也可以是人才；"抽薪"的时间没有限制，与"上屋抽梯"对"抽"的时间有严苛的限制不同。

四、画龙点睛

专利大战十九计，釜底抽薪去根本。
申请复审早下手，反诉无效草除根。
切断链条埋陷阱，高薪挖角来抢人。
方法专利出奇兵，收购原告解诉讼。
标准掣肘赢专利，号令天下书同文。

五、活学活用

例 19-1

人才挖角，乔布斯以专利诉讼要挟对手

苹果创始人史蒂夫·乔布斯 (Steve Jobs) 曾以专利诉讼威胁 Palm 公司同意与苹果签署互不挖角对方员工协议。

2007 年，乔布斯获悉，数月前曾有多名苹果员工跳槽到了 Palm 公司，乔布斯对 Palm 公司雇用苹果员工造成的影响表示担忧。作为解决方案，乔布斯提议 Palm 公司与苹果达成一份双方互不挖角对方员工的协议，其中主要针对科技员工和管理层人员。乔布斯还称，如果 Palm 公司不同意该协议，就会面临侵犯苹果多件专利的指控。

Palm 公司的 CEO 爱德华·克里甘（Edward Colligan）在回复乔布斯的电子邮件中称："该协议不仅错误，还可能违法。如果苹果决定打专利官司，Palm 公司会以自己的专利回应。"乔布斯在回复中对 Palm 公司的专利不屑一顾，声称："我们根本不关心你们的专利。我建议你在作出决策之前认真考虑一下我们的专利组合。如果你说出'我们愿意花很多钱在律师身上'这样的话的时候，我想你应该意识得到我们两个身后的公司在财政实力上的不对等。" 显然，乔布斯意图以雄厚的财政实力和专利储备来要挟 Palm 公司。

2009 年，5 名科技员工对苹果、谷歌、英特尔和其他公司进行集体民事诉讼，声称这些公司集体密谋降低员工工资，原告的诉讼理由是苹果、谷歌、英特尔以及其他科技公司违反了相关法律法规，签订了一项"君子协议"。这些被告的科技公司希望法院能够将这些文件保密。不过加利福尼亚州圣何塞的一家联邦地区法院法官 Lucy Koh 拒绝了它们的部分要求，所以此次乔布斯 2007 年联系时任 Palm 公司 CEO 克里甘的电子邮件内容细节被曝光了出来。

文件中另外曝光的谷歌的一封邮件显示，虽然谷歌与苹果互相实施不雇用协议，但是在前任 CEO 埃里克·施密特 (Eric Schmidt) 的授意下，谷歌人力资源部主管在与竞争对手分享协议时只口头约定而不写成书面材料，从而"置若罔闻"地在苹果 iPod 部门招兵买马。这件事情令乔布斯更为光火，声称：如果谷歌不收手，将发起针对谷歌专利诉讼的"热核战争"。

抛开上述民事诉讼的结果不说，邮件中披露的事实从侧面说明了乔布斯对于自有人才的重视，以及各大公司对于苹果研发人员的觊觎，同时也能够反映真实的专利诉讼的威慑性和对财政实力的依赖性。

釜底抽薪，微软收购 Immersion 成功化解诉讼危机

美国 Immersion 是一家专门从事研发游戏控制器和特技同步技术的小公司，拥有相关专利 270 余件。依靠自己的专利技术，小蚍蜉 Immersion 向"两棵大树"发起了撼动性攻击！

2002 年 2 月，Immersion 在加利福尼亚北区地区法院起诉微软、索尼的专利侵权行为。Immersion 认定微软和索尼的游戏器手柄违规使用了其力反馈震动专利，索尼的 PS 和微软的 Xbox 在功能上侵犯了 Immersion 两件专利中的 16 个子技术。具体的技术方案就是，在遇到特定游戏场景或者操作时，游戏手柄会发出相应的震动以提升游戏的真实体验。

面对咄咄逼人的诉讼，两大巨头微软和索尼采取了截然不同的应对态度。

微软在第一时间表示愿意和解，并表示愿意收购 Immersion 的股份。2003 年，微软在侵权方面首先"假痴不癫"作出妥协，主动承认 Xbox 控制器、硬件和相关软件侵犯了 Immersion 专利，且支付给 Immersion 2000 万美元购买许可证费用。以此为基础，微软与 Immersion 通过进一步的谈判达成了和解协定：Immersion 撤销对微软的诉讼；微软注资 600 万美元购买 Immersion10％的股权，并获得 Immersion 部分管理职务；微软拥有 Immersion 专利的子许可权，允许把部分许可权出让给第三方公司，并向 Immersion 支付版权费等。通过上述协议，微软开创了业界内通过合法手段把主要竞争对手收购以规避专利侵权诉讼的先例。

索尼则坚持将诉讼抗争到底。但是经过长达 5 年的专利官司，最终结局依然是索尼败诉。2007 年，法院判定索尼必须支付 Immersion 共计约 1.21 亿美元的赔偿，才能让 PS3 游戏手把使用震动功能。

最具戏剧性的是，由于微软与 Immersion 和解时取得 10％股权，且在协议中有一项特别的附加条款：如果 Immersion 赢得与索尼的官司，必须将至少 1500 万美元分成支付给微软，另外胜诉金额超出 1 亿美元的那部分微软还要按

比例提成。

虽然 Immersion 有些不情愿，但还是支付了 2 075 万美元的协议金给微软。当然，这笔钱是微软的老对头索尼间接支付的。

微软在"无奈"地与 Immersion 和解时，"釜底抽薪"地收购了其 10% 的股份，还"顺手牵羊"签订了独占许可协议。结果，自己最初支付 2 600 万美元，最后不但又拿回了 2 100 万美元，还避掉了专利官司的麻烦。索尼抗争到最后，还是无奈屈服，只能说微软真的是老谋深算！

例 19-3

专利侵权，丰田"召回门"后再遭釜底抽薪

2009 ~ 2010 年，丰田的全球"召回门"事件闹得沸沸扬扬。丰田于 2009 年底召回凯美瑞、雅力士、威驰及卡罗拉等多款轿车，创下了我国 2004 年实施汽车召回制度以来数量最大的一项召回；2010 年 2 月与 4 月，又召回了其旗下车型 RAV4、雷克萨斯 GX460 与普拉多等。这一连串的事件给丰田造成了巨大的打击，从全球汽车销量第一的宝座上跌落下来。不过作为汽车界的大亨，丰田在尽可能短的时间内将召回事件平息后，再次重整旗鼓，希望通过增加销量以弥补之前的损失。然而，屋漏偏逢连夜雨，丰田没有想到的是，自己赖以骄傲的 G-BOOK "智能副驾"被诉专利侵权。

2010 年 8 月，中国国内车载导航龙头企业深圳赛格导航科技有限公司（以下简称"赛格导航"）宣布，已向深圳市中级人民法院提起一项专利强制执行诉讼，起诉广汽丰田汽车有限公司（以下简称"广汽丰田"）G-BOOK "智能副驾"侵犯了其所持有的"一种交互式行车导航和车载安防系统"的专利权（申请号为 200610157027.7，申请日为 2006 年 11 月 23 日，授权日为 2009 年 8 月 24 日）。赛格导航要求广汽丰田方面立即停止侵权行为，并向赛格导航赔付经济损失及相关费用共计 240 万元。

对此，广汽丰田采取的应对措施是分别于 2009 年 9 月 10 日、2012 年 3 月和 2013 年 4 月 10 日 3 次向国家知识产权局专利复审委员会提出对赛格导航持有专利宣告无效的申请，但是国家知识产权局专利复审委员会的决定均是维持该专利权全部有效。2010 年 10 月 11 日至 2013 年 6 月 2 日，深圳市中级人民

法院开庭 4 次。其中，2011 年 7 月第三次开庭时，赛格导航专门买了两辆丰田轿车，在公证机构监督下进行分解，赛格导航与广汽丰田共同筹钱，决定由上海市知识产权司法鉴定中心进行侵权司法鉴定，且在 2012 年 11 月 7 日，司法鉴定结果显示丰田凯美瑞的车载终端导航仪所采用的技术方案与赛格导航的专利技术特征相同。

最终在 2013 年 12 月，深圳市中级人民法院发布判决书。判决内容部分如下：丰田立即停止侵权的一切生产和销售行为并赔偿赛格导航人民币 200 万元。

从整个诉讼过程可以看出，赛格导航在对丰田的诉讼前后，都做好了充足的准备。而丰田的应对措施却比较被动，或许是仰仗自己是汽车巨头，小看了中国的生产汽车配件的企业；或许是对于自己的技术过于自信，不相信会在中国大陆发生侵权的行为，导致几次无效申诉均无功而返。

不管怎样，此次诉讼丰田专利侵权案的后果是，使得一向以核心技术为傲，并且对技术及专利严格保密的丰田，由于各种原因其车载智能通信系统没有在中国进行专利布局，以至于刚进入中国市场伊始，就被中国企业利用专利诉讼"釜底抽薪"，导致家喻户晓的 G-BOOK 面临退出中国市场的风险。

第四套 混战计

第二十计　浑水摸鱼

一、计策解读

浑水摸鱼，也作混水摸鱼，原意是，在混浊的水中，鱼晕头转向，乘机摸鱼，可以得到意外的好处。比喻趁混乱时机谋取某种意外的利益。

《三十六计》中原文为："乘其阴乱，利其弱而无主。随，以向晦入宴息。"其意思是，乘着敌人内部混乱之际，利用其疲弱、懵懂没有主见之时，顺从天时顺势而为，就像到晚上人要上床休息一样自然。

在军事上是指有意给对方制造混乱，或乘敌方混乱六神无主之机，攫取利益，夺取胜利。战国时期列国争雄，秦王一统天下是借助于"浑水摸鱼"；东汉末年战争纷起，刘备得荆州，取西川，皆是浑水摸鱼；在战场上，冒充敌人而蒙混过关也是此计常用的手法。

二、运用技巧

"浑水摸鱼"应用在专利战中，"浑水"指市场混乱、产业链混乱、专利布局混乱、专利权归属混乱、专利保护范围混乱、竞争对手敌我难辨等情形，"摸鱼"则指获取利益、击败对手。此计有两种应用方法：第一种是消极使用的"浑水摸鱼"，等到"水浑"之后再去"摸鱼"，或者寻找"水浑"的专利池去趁机"渔利"；第二种是积极使用的"混水摸鱼"，先想方设法地把水搅浑制造"迷魂阵"，让对方手忙脚乱失去主见，然后进入己方的专利布局包围圈以逸待劳地"渔利"。

1.不清楚的专利权无异于自乱阵脚

为了防止他人（主要指申请人）"浑水摸鱼"，通过对专利权的著录项目、说明书、权利要求书、摘要、遗传资源等的不清楚描述，造成专利权保护范围不清楚。

《专利法》第26条对此作了明确的规定："申请发明或者实用新型专利的，

应当提交请求书、说明书及其摘要和权利要求书等文件。请求书应当写明发明或者实用新型的名称，发明人的姓名，申请人姓名或者名称、地址，以及其他事项。说明书应当对发明或者实用新型作出清楚、完整的说明，以所属技术领域的技术人员能够实现为准；必要的时候，应当有附图。摘要应当简要说明发明或者实用新型的技术要点。权利要求书应当以说明书为依据，清楚、简要地限定要求专利保护的范围。依赖遗传资源完成的发明创造，申请人应当在专利申请文件中说明该遗传资源的直接来源和原始来源；申请人无法说明原始来源的，应当陈述理由。"

另外，如果专利权的保护范围不清楚，还会存在以下问题：

① 在面对被侵权情况时，专利权人难以理直气壮地维护自己的权益不受侵犯。② 侵权人能够成功地把诉讼搅浑，借此逃脱权利侵权的指控，至少可以把专利权人拖入漫长的专利诉讼阶段，而造成人力、物力和精力的极大损失。

③ 给法院判决案件造成困惑和麻烦，进而造成社会法制资源的极大浪费。

2. 臭名昭著的 "FUD 战术"

在混浊的水中，鱼儿辨不清方向容易被人逮住，在复杂的专利战争中，实力弱小的一方经常会受到专利巨头的专利诉讼恐吓动摇不定，而被抓住可乘之机进行控制，这就是垄断巨头惯用的 "FUD 战术"。

FUD 战术是恐惧（Fear）、不确定（Uncertainty）、怀疑（Doubt）的综合体，是行业垄断巨头对付弱小竞争对手以及对付市场新进入者时常用的竞争手段之一。行业巨头利用禁止专利许可、专利侵权诉讼、切断产业链等各种手段吓唬竞争对手、动摇对手客户的信心等手段 "制造浑水"，使其产生动摇和怀疑的心理，从而使竞争对手在混乱的市场局势下难以有效形成市场竞争力量，自己则 "浑水摸鱼" 实现独家垄断。

在专利战中，企业往往利用 FUD 战术来 "把水搅浑" 以控制牵引对手，从而为自己制造有利条件，或把对方推入困境内；反过来，对手亦会利用 FUD 战术来 "混淆视听" 甚至 "偷梁换柱"，从而获取渔利。

在激烈的专利战中使用 FUD 战术效果更为显著，因为专利权是一种法律保护的垄断权，专利权人的垄断权跨越生产制造者、销售者和使用者，专利权人的诉讼对象可以无限延伸，所以这种战术的威慑力在专利战中大增。例如，

2004 年以来，微软就是利用 FUD 战术向客户宣称 Linux 与其他开放源代码的软件对客户有弊无利，通过主动制造混乱的局势打击 Linux 的成本优势和安全性。

3. 专利标识 "浑水摸鱼" 的两面性

（1）利用专利标识 "浑水摸鱼" 合理获利有妙计

《专利法》第 17 条第 2 款规定："专利权人有权在其专利产品或该产品的包装上标明专利标识。"

如果专利权人要起诉侵权人故意侵犯其专利权并要求赔偿，就必须举出证据证明专利侵权人知道该专利的存在，而产品和包装上的专利标记就是有力证据；在美国等国家，如果专利产品上没有专利标识，专利侵权人就可以 "浑水摸鱼"，或主张不向专利权人赔偿在接到侵权通知前的损失，或主张不按照故意侵权的 3 倍处罚来赔偿。例如，海尔公司就在美国利用原告专利产品上没有标识而逃过一劫，因为美国专利法第 287 条（a）款规定 "若专利权人不在其受专利权保护的产品上标注专利标识，将不得在日后的专利侵权诉讼中获得相应的损害赔偿金，直至其给予被控侵权人实际侵权通知（actual notice）为止"。

（2）利用专利标识 "浑水摸鱼" 违法获利必严惩

对于有的不法商人利用假冒他人专利或冒充专利的专利标识，企图依靠专利产品的技术影响力 "浑水摸鱼" 来获利的行为，必须严惩，"挖净河泥水自清"。《专利法》第 63 条规定：假冒专利的，除依法承担民事责任外，由管理专利工作的部门责令改正并予公告，没收违法所得，可以并处违法所得 4 倍以下的罚款；没有违法所得的，可以处 20 万元以下的罚款；构成犯罪的，依法追究刑事责任。

《专利法实施细则》第 83 ～ 84 条明确规定了专利标识不符合规定的，由相关部门责令改正。利用专利标识 "浑水摸鱼" 假冒专利具体行为包括：

① 在未被授予专利权的产品或者其包装上标注专利标识，专利权被宣告无效后或者终止后继续在产品或者其包装上标注专利标识，或者未经许可在产品或者产品包装上标注他人的专利号。

② 销售第①项所述产品。

③ 在产品说明书等材料中将未被授予专利权的技术或者设计称为专利技术或者专利设计，将专利申请称为专利，或者未经许可使用他人的专利号，使公众将所涉及的技术或者设计误认为是专利技术或者专利设计。

④ 伪造或者变造专利证书、专利文件或者专利申请文件。

⑤ 其他使公众混淆，将未被授予专利权的技术或者设计误认为是专利技术或者专利设计的行为。

专利权终止前依法在专利产品、依照专利方法直接获得的产品或者其包装上标注专利标识，在专利权终止后许诺销售、销售该产品的，不属于假冒专利行为。销售不知道是假冒专利的产品，并且能够证明该产品合法来源的，由管理专利工作的部门责令停止销售，但免除罚款的处罚。

4. 专利诉讼时的"浑水摸鱼"

（1）利用多路进军

国外专利权人在提起侵权诉讼时会提出多项专利侵权诉讼，这其中有实有虚，有的是专利权人自信能够胜诉的专利，有的是顺带提起的"狐假虎威"的系列专利，甚至还将著作权侵权、侵犯商业秘密、违反技术合作合同等一起诉讼。目的是通过"多路进军，混水摸鱼"扩大诉讼范围，提高专利侵权者的应诉成本，令侵权者望而生畏、不战自退。

（2）利用诉讼时效

《专利法》第 68 条第 1 款规定：侵犯专利权的诉讼时效为 2 年，自专利权人或者利害关系人得知或应当得知侵权行为之日起算。当已经确认侵权的企业众多时，会给一些小型企业利用诉讼时效的限制"浑水摸鱼"提供一定的机会，此时专利权人可用"杀一儆百"的战术进行威慑，并择机采取集体诉讼的策略进行应对。

（3）利用法官认知倾向

美国的专利侵权案件可以采取陪审团的方式，而陪审团往往不是法律专家和技术专家，所以很多专利侵权诉讼与当地是"亲专利"还是"否专利"的文化氛围相关，最后的争辩点往往会变成公众能普遍接受的道德审判，这无论是给被告还是给原告都提供了借机"混水摸鱼"的机会。例如，在美国市场的思科诉华为案中，华为总裁任正非曾经在中国军队短暂服役的经历被大肆炒作，整个诉讼过程被思科搞成了"妖魔化"中国公司的过程，诉讼结果当然是华为败诉。

5. 专利拍卖会上"捡漏"

古玩行业,在拍卖会上收藏到物超所值的古董叫做"捡漏",而捡漏的成功则需要藏家的一双"火眼金睛",专利拍卖也不例外。

专利拍卖(Patent Auction)是 2010 年左右兴起的新的专利销售方式,它改变了过去专利"一对一"的转让方式,通过市场竞价的方式实现专利权的转移。在参与专利拍卖会之前,如果提前通过专利分析和专利评议等手段对挂牌专利有较为深入的认识,就能在破产清算企业的专利资产或者其他公司的僵尸专利的"一池子专利浑水"中成功摸"鱼",实现专利"捡漏",然后根据自己企业的实际需求对其进行二次创新加以利用,实现价值最大化。

6. 利用专利评议做到"浊者自清"

我国在引进国外专利技术时,国外企业往往会在专利包中掺杂一些过期专利或不相关的专利来"浑水摸鱼",以期来获得非法利益所得。对此,我国企业应积极利用专利分析和专利评议等方式,梳理引进的相关专利权,明晰目标企业对清单上专利权的所有权和可处置权,厘清专利权的法律有效性和剩余保护期限,了解专利许可与被许可的具体情况,评估目标技术专利布局的完整性等。只有这样,才能通过专利分析的"放大镜"和专利评议的"漂白粉",使"浑水"变"清水",做到避免专利权的不稳定性和不可执行性风险、承接"外包"的专利侵权风险、既往合同违约风险等风险。

三、总结陈词

在专利战中,浑水摸鱼可以包括:充分、合理、择机利用混乱无序的专利局势,借助一双慧眼完成"雾里看花、水中望月";制造或参与制造混乱无序的专利局面,做到浊中渔利、乱中取胜,争取做到"天下皆浊我独清"。

运用此计的关键,是一定要通过专利分析、专利评议、专利预警等工作正确分析专利局势,发挥主观能动性,要主动地"混水摸鱼"而不是被动等待"浑水摸鱼",这样专利战的主动权才会牢牢地掌控在自己的手中。

同样是以乱取利,"趁火打劫"更强调专利混战中"刚决柔"取利的强势性和进攻性;而"混水摸鱼"则更强调专利混战中"晦入宴息"取利的隐蔽性和随机性。

四、画龙点睛

> 专利大战二十计，水中摸鱼分两种。
>
> 浑水摸鱼靠慧眼，混水摸鱼更主动。
>
> 臭名昭著属 FUD，专利标识两面性。
>
> 专利拍卖能捡漏，法官倾向要弄明。
>
> 分析评议双管下，天下皆浊我独清。

五、活学活用

例 20-1

浑水摸鱼，三星通过标准专利搅局反诉苹果

2011 年，随着三星所生产的基于谷歌 Android 系统的智能手机的销售总量已经大有赶超苹果智能手机销售总量的趋势，三星与苹果的专利战争日趋白热化。由于三星在专利斗争中处于明显的劣势，因此该公司开始决定在标准专利问题上大做文章，以此在全球各地对苹果展开反诉，其目的是希望使得整个专利问题变得更为复杂和混乱，从而达到浑水摸鱼的效果，最终迫使苹果与之达成和解。

三星在一段时间里分别在韩国和澳大利亚的法院里与苹果就专利侵权问题展开法律博弈，显然三星首先试图通过世界各国法院对专利类型的不同界定来达到浑水摸鱼的效果。

这一法律博弈的核心内容就是所谓的标准专利，也就是由企业提供给国际标准机构，并通过国际标准机构来供应给其他公司的专利，这种专利一般都具有信息量有限但是极为重要和关键的特点，其目的是让各种与此专利相关的产品能够互相兼容。

苹果于 2011 年 4 月在美国的一个法院里对三星提起了诉讼，指出三星的智能手机和平板电脑抄袭了苹果相关产品的部分关键设计元素。而三星则稍后在另外几个国家对苹果提起了反诉讼，称苹果在未经三星授权的情况下非法侵犯

了多件三星的专利。

不过苹果则指出，对于三星在反诉中所提及的这些专利都是三星早已经提供给了标准机构的专利数据库的专利，而苹果也拥有该专利数据库的使用许可。同时标准机构也要求包括三星在内的专利提供方能够秉持公平、合理、非歧视的原则来对待其他使用其标准专利的企业——这一原则在知识产权界也被简称为 Frand 原则。

针对苹果的此番言论，三星对其法律战略进行了重大调整，将博弈的重心集中在这些标准专利没有得到充分的评估和尊重。三星接下来在 9 个国家就此与苹果展开攻防战，同时这也引出了一个新的核心问题，即标准专利是否可以用于迫使竞争对手放弃一些从更为专有的专利中衍生出的、同时尚未提供给标准专利数据库的专利。

最为戏剧性的一点则是三星本身其实也不愿意让这些问题得到彻底的解决——因为该公司自身也持有许多非标准专利——但是随着问题的影响面不断扩大，三星可以借此来最终逼迫苹果选择和解，以避免该公司自己所新创造的专利价值因此而遭到贬值。

美国专利博客网站 FOSS Patents 的分析师弗洛里安·穆勒 (Florian Mueller) 指出，三星此举的目的显然在于利用各个国家对于 FRAND 原则的不同定位来制造混乱，并借此来浑水摸鱼，达成自身的目的。穆勒表示："导致这场混战的关键在于三星没有足够的底气，他们不敢说：'我们这里有三四份撒手锏专利，足以把苹果吓得魂飞魄散。'目前看来他们肯定是没有的。因此他们希望有效地利用 FRAND 原则，至少能够在世界各地给苹果营造出一种法律不确定性的氛围，并希望最终能够迫使苹果与自己达成和解。"

经过了 3 年多的专利战争，2014 年 8 月，三星、苹果发表声明：终结美国以外地区专利诉讼大战。虽然专利战的结果还是以苹果占据上风结束，但是不可否认的是，三星利用之前少有先例的标准专利与专有专利作为争论的关注点，通过世界各国法院对专利类型的不同界定以"浑水摸鱼"的专利战略，在一定程度上削弱了苹果的专利大棒，并为自己的业务发展争取了宝贵的时间储备。

汉芯造假，陈进浑水摸鱼骗取上亿元科研基金

"汉芯造假案"是指 2003 年 2 月上海交通大学微电子学院院长陈进的"汉芯一号"产品造假，并借助"汉芯一号""浑水摸鱼"，他又申请了数十个科研项目和 12 件专利申请，骗取了高达上亿元的科研基金的事件。自主研发高性能芯片是我国科技界的梦想，但该事件使原本该给国人带来自豪感的"汉芯一号"和"汉芯二号"，变成了一起我国科研领域的"国耻"。

2002 年 8 月，陈进从美国买来 10 片 MOTO–freescale 56800 芯片，找来几个民工将芯片表面的 MOTO 等字样全部用砂纸磨掉，然后找浦东的一家公司将表面光滑的芯片打上"汉芯一号"字样，并加上"汉芯"的 LOGO。虚假的数字信号处理器（DSP）芯片磨好后，陈进通过种种关系，加上了"由国内设计（上海交通大学）、国内生产（上海中芯国际）、国内封装（上海威宇科技）、国内测试（上海集成电路设计研究中心）"等种种假证明材料。

与此同时，陈进依托上海交通大学背景，利用无锡意源公司投资控股的上海交大创奇微系统科技有限公司的经济实力，骗取了科技部、原信息产业部、国家发改委等方面的信任，并通过种种手段骗来了集成电路行业国内知名专家，召开所谓的研讨会，一致鉴定："汉芯一号"是达到国际先进水平的高端大规模集成电路。2003 年 2 月 26 日，陈进蒙骗上海市政府新闻办公室，邀请了科技部、上海市政府、同行等在锦江小礼堂召开新闻发布会，"汉芯一号"就这样诞生了，成为所谓的中国首个自主知识产权的高端 DSP 芯片。

据事后调查，在研讨会现场，陈进上演的是古戏"狸猫换太子"的旧计，鉴定时用的是 208 只管脚封装的 DSP 芯片，在新闻发布会上却将具有 144 只管脚的他人芯片印上"汉芯"标识，进行功能展示。

事实上仅从专利申请的角度分析，陈进用假的汉芯 DSP 芯片申请的"汉芯一号"相关的 6 件专利是 2003 年 2 月 13 日和 20 日才由上海交通大学、汉芯公司作为共同申请人申请的。因此，陈进在新闻发布会所声称的"专利"只不过是刚刚申请未经过实质审查的"专利申请"而已。仅靠仓促申请的新近提交的专利申请就将"汉芯一号"定义为"完全拥有自主知识产权的高端集成电路"，无疑是利用公众对于专利的认知空白实施的"浑水摸鱼"的伎俩。

第四套　混战计

陈进利用虚假的"汉芯"共申请了12件专利，以汉芯公司的名义申请专利10件，且于2010年均因为未缴费用而权利终止。

用"汉芯一号"申请的专利：具有可重配置高速缓存的数字信号处理器（申请号为03115376.3）、带有可重构系统硬件栈的数字信号处理器（申请号为03115375.5）、具有取模地址运算的数字信号处理器（申请号为03115372.0）、带有可重构通道数DMA的数字信号处理器（申请号为03115377.1）、带有快速中断的数字信号处理器（申请号为03115475.1）。

用"汉芯二号"申请的专利：采用混合压缩两级流水乘加单元的数字信号处理器（申请号为200410015737.7）、消除内存访问等待的数字信号处理器内存控制方法（申请号为200410015733.9）、具有高效取模寻址单元的数字信号处理器（申请号为200410015736.2）、基于混合压缩结构的部分积压缩树生成方法（申请号为200410015734.3）、带有快速位提取和位插入单元的数字信号处理器（申请号为200410015738.1）、带有寄存器预读写优化硬件栈的数字信号处理器（申请号为200410015735.8）。

如果当时经过专利分析，对比"汉芯"系列专利申请和摩托罗拉已经公开的DSP芯片的专利文献，相信应该能够发现，具有144只管脚的DSP芯片与摩托罗拉的相似度之高也是显而易见的；陈进的208只管脚封装的数字信号处理器(DSP)芯片，实现研讨会现场演示的内容几乎是不可能的，且与现有技术相比不具备任何新颖性和创造性。

结果，"汉芯"变成了"寒心"，陈进在负责研制"汉芯"系列芯片过程中存在严重的造假和欺骗行为，以虚假科研成果欺骗了鉴定专家、上海交通大学、研究团队、地方政府和中央有关部委，欺骗了媒体和公众。

宁愿没有"中国芯"，也不要让假"中国芯"来滥竽充数，更不要假"中国芯"来浑水摸鱼欺骗各种项目基金上亿元。如今，陈进通过"浑水摸鱼"带来的一切都已经成为事实，一切也成了耻辱。

例 20-3

火眼金睛，识别专利号避免商家浑水摸鱼

2010年7月30日，长沙市知识产权局执法人员在执法检查过程中发现

某公司生产、销售的"LED 充电式探照灯"产品外包装上标有"专利号：2007300007230.7"的字样，与正常的专利号标识不同。执法人员当场做了专利案件抽样取证笔录，抽样取证物品为"LED 充电式探照灯"1 个，同时还出具了《协助调查通知书》。后经执法人员初步检索，没有检索到该专利。2010 年 8 月 13 日，长沙市知识产权局对该公司立案调查。

在案件处理过程中，该公司向执法人员提供了有关证明材料，执法人员进行了专利案件询问笔录。经执法人员核实：专利号为 ZL2007300007230.7、名称为"（手电包装）"的外观设计专利证书复印件与专利号为 ZL200730007203.4、名称为"背板（手电包装）"的外观设计专利证书复印件除了外观设计名称和专利号不相同外，其他地方包括证书号都是完全相同。当事人说明，由于个别产品错印了专利号，当时不愿毁掉产品包装，为弥补过错，变造了错误专利号的专利证书。

根据调查及当事人的说明，长沙市知识产权局确定 ZL2007300007230.7 号是变造专利证书。2011 年 1 月 7 日，长沙市知识产权局对该公司涉嫌假冒专利行为立案调查。2011 年 1 月 26 日，长沙市知识产权局下达了《假冒专利行为处罚前告知书》和《听证告知书》。当事人于 2011 年 2 月 11 日提出了举行听证的要求。2011 年 3 月 3 日举行了听证，根据听证报告，长沙市知识产权局于 2011 年 4 月 11 日下达了假冒专利行为行政处罚决定，对当事人作出如下行政处罚：责令被处罚人上缴全部变造的专利证书及其复印件；罚款人民币 3 万元，并予以公告。当事人委托人当日收到处罚决定并交纳了罚款 3 万元。

《专利法实施细则》第 84 条第 4 款规定，伪造或者变造专利证书、专利文件或者专利申请文件的属于假冒专利行为。当事人变造专利证书事实和理由清楚，与该法律条款所述一致。

根据《专利行政执法办法》第 36 条规定，执法人员对当事人作出"责令当事人上缴变造的专利证书及其复印件"的决定。

根据《专利行政执法办法》第 37 条和《湖南省专利保护条例》第 31 条的规定，执法人员对当事人作出"予以公告"的决定。

在该案中，该公司试图用虚假的专利号"浑水摸鱼"，利用公众对专利的不了解来"浊中渔利"，市场上，不少商品都打着"专利产品"名号，让人眼花缭乱。专利号是如何规定的呢？下面作一些介绍。

专利分为发明专利、实用新型专利、外观设计专利 3 种。其中，发明专利的保护期限是 20 年，而另两类为 10 年。

2002 年之前的专利号，分为 4 段：例如，97101765.4 第一段为前两位，表示提出专利申请的年份，如"97"表示 1997 年提出的申请；第二段由第三位数字组成，表示专利申请的种类，"1"表示发明，"2"表示实用新型，"3"表示外观设计，"8"为 PCT 发明专利申请，"9"为 PCT 实用新型专利申请；第三段由第 4 位到第 8 位数字组成，表示当年该类申请的序号数，如 01765 表示当年 1765 件申请；第四段由第 9 位的一位数字或符号组成，是计算机自动生成的校验位，它可以是 0 ~ 9 的任一数字，或者是字符 X，如例中的"4"。

自 2002 年以后，专利号基本格式为 200210000001.1，第一段 2002 表示为 2002 年；第二段由第五位数组成，表示申请的种类；第三段由第 6 位至第 12 位组成，代表当年该类别申请的序号数；第 4 段由最后一位数字或符号组成，是计算机自动生成的校验位，由计算机随机给予。

已经被授权专利的专利号即国家知识产权局发布的授权证书上的专利号为申请号前面加 ZL。

将他人专利号"为己所用"的，专利号"无中生有"的，专利保护期到期后仍"浑水摸鱼"的，还有一些厂家为其中某一产品申请到专利号后，给所有产品都披上这件"统一外衣"迷惑消费者的，这些都是违法行为。消费者若发现商家的侵权违法行为，可及时向当地知识产权局或拨打"12330"进行举报投诉。

第二十一计　金蝉脱壳

一、计策解读

"金蝉脱壳"本义是指蝉脱去外壳的蜕变过程，后用来比喻利用或制造假象脱身，使对方不能及时发觉，或比喻事物发生根本性质的变化。

《三十六计》中原文为："存其形，完其势；友不疑，敌不动。巽而止蛊。"其意思是，保存阵地的原形，造成还在原地防守的气势，使友军不怀疑，敌人也不敢贸然进犯，在敌人迷惑不解时，隐蔽地转移主力。

"金蝉脱壳"之计用于军事，是指通过伪装摆脱敌人，撤退或转移，以实现我方的战略目标的谋略。稳住对方，撤退或转移，绝不是惊慌失措，消极逃跑，而是保留形式，抽走内容，借以稳住对方，使自己脱离险境，甚至可用巧妙分兵转移的机会去进攻另一部分敌人。三国时期蜀魏战争，"死诸葛吓走活仲达"便是金蝉脱壳；北宋毕再遇用"悬羊击鼓"的计策迷惑敌军，然后用"金蝉脱壳"之计安全转移部队；《西游记》中孙悟空惯用的"抽身法"等，都是"金蝉脱壳"的典型案例。

二、运用技巧

"金蝉脱壳"的本意是存壳去质，而专利战中常用存质去壳的方式进行合理的运用，例如通过专利权的有偿转让甩脱部分财政负担，通过在专利诉讼中借壳进攻开脱后续风险，通过转移阵地、更换市场、研发替代方案等手段逃脱专利侵权风险，通过对引进的专利技术上的超越完成"蜕变"实现自主创新。

1."金蟾脱壳"专利权有偿转让

当拥有的专利权对于企业自身下一步的专利战略价值不大时，可以对专利所有权有偿转让来获取"金蟾"❶，具体而言，企业转让专利技术主要适用于以下场合。

---

❶金蟾是传说中能够招财致富的吉祥之物。

① 如果企业本身能力有限难以开拓市场，即使勉强开发后专利权人对未来市场份额的占有能力十分有限，此时企业可通过转让专利权，可以较快地换取资金，赚取利润。

② 如果专利技术开发后，发现已有相同效能的替代品出现，而且竞争对手已经占领了相当一部分市场。此时，如果作为专利权主体的企业缺乏进一步拓展专利技术的配套资金和利用专利技术的能力，及时转让专利权就成为必要。

③ 企业在实施专利技术转让与产品或商标相结合的战略时，即可及时转出专利权，这样可以进一步扩大产品市场占有率，提高自身市场竞争能力。

④ 在企业专利授权数量较大，且专利专项资金有压力的情况下，通过转让部分专利权而获得专利收益，弥补专利的维持费用，同时换取开发新技术的资金。

⑤ 如果企业的专利技术有可能使技术标准化，那么为了获得更大的市场影响力和控制力，应及时转让专利技术以加速技术产业标准化的进程。

⑥ 对刚刚起步的小企业而言，资金缺乏往往是企业发展的瓶颈，通过转让手中的专利技术所有权，可以"抛砖引玉"获得企业研发和其他方面继续的资金。

需要注意的是，在实施以转移所有权为目的的专利有偿转让战略时，需结合"专利控制战略"使用，不能失去对核心专利和关键技术的控制，在获取利润的同时通过核心专利限制竞争对手。

2."潜移默化"逃脱专利权风险

"金蝉脱壳"之计是逃脱专利风险的最有效谋略之一，它通过对风险潜移默化的转移转化来使之大化小、小化无。在应对专利风险时，应考虑各种环境因素，考虑内部和外部利益相关者的风险承受度，以及法律、法规和其他方面的要求，并具体体现在以下4个方面。

（1）专利风险规避

企业对超出自身风险承受度的专利风险，应"急流勇退"，通过及时停止和放弃与该专利相关的业务活动来避免和减轻损失。比如，技术研发时通过技术替代等方法，合理绕过有专利侵权风险的技术路径；面对海外专利风险问题时，要综合考虑市场前景和海外维权成本，必要时果断放弃以规避更大的专利风险。

（2）专利风险降低

专利风险降低也叫风险减缓，方法包括消除具有负面影响的风险源、改变风险事件发生的可能性大小及其分布性质、改变风险事件发生的可能后果等手段。比如，在专利诉讼活动中，在被诉侵权成立的可能性较大的情况下，企业通过提供证据及争辩，最终和解解决争端就是典型的减少风险"抽身而退"的例子。

（3）专利风险分担

企业通过业务分包、参加专利保险等方式，"将鸡蛋放在不同的篮子里"，对专利风险进行合理分担，能够有效地分散专利风险。

（4）专利风险转移

如果对企业来讲，某些专利风险本身是不可能从根本上加以消除的，此时可以通过外包等方法将该专利风险转移到别的企业，如果操作合理说不定能起到共赢的效果——风险转移方成功"金蝉脱壳"，风险受让方成功"借尸还魂"。例如，随着形势的发展，委托专业机构开展、知识产权的整体外包已成为中小企业最盛行的专利经营模式，在这种模式中，企业通过把整个公司的专利业务全部外包给有经验的外部团队，能够实现双方的共赢。

3. "依法脱壳"化解专利诉讼

《专利法》规定了不视为专利侵权的两类情况：

① 专利权人制造、进口或者经专利权人许可而制造、进口的专利产品或者依照专利方法直接获得的产品售出后，使用、许诺销售或者销售该产品的；在专利申请日前已经制造相同产品、使用相同方法或者已经做好制造、使用的必要准备，并且仅在原有范围内继续制造、使用的；临时通过中国领陆、领水、领空的外国运输工具，依照其所属国同中国签订的协议或者共同参加的国际条约，或者依照互惠原则，为运输工具自身需要而在其装置和设备中使用有关专利的；专为科学研究和实验而使用有关专利的。

② 为生产经营目的使用或者销售不知道是未经专利权人许可而制造并售出的专利产品或者依照专利方法直接获得的产品，能证明其产品合法来源的，不承担赔偿责任。

第①类情况下的 4 种情形都属于不侵权的合法行为，当企业遭遇专利诉讼时，只要企业能够提供有效证据，分别证明专利权人权利用尽、符合先用权人的实施权、符合国际交通的国际惯例和"专为"进行科学研究和科学实验，就能够 "合法地金蝉脱壳"。第②类情况本属于侵权行为，但考虑到这种行为属于非恶意行为，故规定不承担"赔偿责任"，但是要求不承担赔偿责任的人，只要能够证明以下两点也能"合理地金蝉脱壳"：第一，本人确实不知道自己使用或者销售的产品是未经专利权人许可而制造并售出的专利产品或者依照专利方法直接获得的产品；第二，产品具有合法来源。

4."借壳运营"令人防不胜防

为了防止"树大招风"而被漫天要价，一些大公司往往借助空壳公司"借船出海"，进行专利收购；为了降低被反诉的风险和减小舆论压力，一些中小型企业和NPE往往借空壳公司隐藏自己身份，"借刀杀人"发起诉讼；为了赢得发展机会，一些既有的专利技术借壳包装以后，"借力打力"地进行舆论宣传，这些都是专利战中利用"金蝉脱壳"之计进行借壳运营的典型方式。

例如，NPE的典型代表高智通过1 276家空壳公司进行专利运营，令人难以追踪无的放矢，而真正的"金蝉"高智则游刃于各个空壳公司之外，令人难以握住其把柄；号称"第三次产业革命"的3D打印技术，其实是早已存在的快速成型技术借助于"3D打印"的名头，进行"老醋换新坛"的包装手段。

三、总结陈词

三十六计，走为上计，但走有多种走法，"金蝉脱壳"为走计之上计，贵在不留痕迹。在专利战中，常用于己方的产品在可能或已经受到对方的侵权指控时，通过专利伪装或专利佯动摆脱对方，使其抓而不住的情形。

但是，通过转移侵权产品逃避专利执法，通过转移财产逃脱侵权制裁等"金蝉脱壳"的有失公允和有悖于公平竞争的做法则不提倡。通过暗中转移专利实力袭敌之不备，通过暗中转移专利风险救己之危急，通过暗中完成专利技术上的超越，实现从模仿到自主知识产权的"蜕变"，才是"金蝉脱壳"之计的合理运用。

四、画龙点睛

> 专利大战廿一计，金蝉脱壳巧避险。
> 有偿转让得金蟾，核心专利要抓住。
> 专利风险潜转移，大化小来小化无。
> 逃脱诉讼可依法，借壳运营掩耳目。

五、活学活用

例 21-1

借壳运营，小米收购联芯增加专利储备应对专利风险

小米、魅族等缺乏通信专利的智能手机厂商之所以能够以低价格撬动市场，除了借助于互联网进行营销的市场手段外，很大程度上还受益于高通对中兴、华为等公司的反向专利授权。一旦该模式被取消，意味着中兴、华为就可以向其他使用自己专利的手机厂商发起诉讼并索要专利费，而小米等厂商或因基础通信专利的缺失，造成成本增加，进而对其市场营销起到较大的影响。

截至 2014 年 11 月，从国家知识产权局网站检索，小米共申请专利 1 546 件，华为、中兴分别为 49 883 件、42 548 件；其中的发明专利小米申请 1 443 件，华为、中兴分别为 45 560 件、37 088 件；发明授权分别为 10 件、22 169 件、14 493 件。

虽然雷军早在 2012 年与金山合作成立智谷知识产权运营公司进行"借壳"专利运营，但比起传统手机厂商中兴、华为而言，这些专利储备可以说微不足道，关键在于仍难以抵御"走出国门"时所遭遇的专利危机。缺少专利布局的小米未来前行的路可能会遭受到更多的艰难，这对正高速发展的小米来说无疑是晴天霹雳。例如，2014 年 12 月 11 日，爱立信起诉小米专利侵权，小米手机在印度遭禁售。

担心被专利围困的小米，终于在芯片领域发力，并采取同智谷知识产权运营公司"金蝉脱壳"借壳运营一样的方式。2014 年 12 月，大唐电信发布的公告显示，其全资子公司联芯科技有限公司（以下简称"联芯科技"）与北京松果电子有限公司（以下简称"松果电子"）签署《SDR1860 平台技术转让合同》，将联芯科技开发并拥有的 SDR1860 平台技术以 1.03 亿元的价格许可授权给松果电子。双方合作将致力于面向 4G 多模的 SOC 系列化芯片产品设计和开发，并向全球终端客户提供业内领先的芯片产品和一流的技术服务。

从公告内容来看，松果电子看似和小米并无直接关系，但实际并非如此。松果电子成立不到 1 个月（2014 年 10 月 16 日成立），注册资金仅 10 万元，2014 年 11 月 5 日被核准许可经营，经营范围涉及自行开发后的产品、电子产品、技术开发、技术咨询、技术转让等。

经过检索后发现，松果电子的法定代表人朱凌属于小米员工，其在小米负责与技术研发有关的工作，并且还是小米相关专利发明人之一。明眼人都知道，大唐电信与一个只有 10 万元注册资本且刚成立的公司签订 1 亿元的合同，显然不符合常理。因此，松果电子极有可能就是小米为了涉足芯片开发而专门设立的公司。

作为中国手机芯片市场重要的一员，联芯科技总部位于上海，是大唐电信科技产业集团在集成电路设计板块的核心企业，专业从事 2G/3G/4G 移动互联网终端核心技术的研发与应用，提供 3G/4G 移动终端芯片及解决方案，截至 2014年 11 月申请专利 504 件，其中发明专利 480 件。

此次联芯科技转让的 SDR1860 平台技术核心是基于此代号为 "LC1860" 的LTE SOC 五模 4G 手机芯片。从某种意义上而言，该平台技术的转让意味着小米在获取联芯科技该技术交叉专利保护的同时，可以开始 4G 手机芯片的研发。

与此同时也有分析人士指出，国内芯片行业，联芯科技的产品出货较少，且技术成熟度远不如高通、展讯、海思等，小米基于此平台技术研发出来的产品能否有竞争力仍是一个很大的未知数，且目前行业已形成了以高通、联科发、展讯 3 家稳定的市场格局，对于新进者小米而言发展空间已非常有限。

例 21-2
金蝉脱壳，HTC 修改界面巧妙绕过苹果专利陷阱

2012 年 5 月，苹果欲对 HTC 挥打专利大棒，但 HTC 钻了条文的空子 "金蝉脱壳"，抢先对 UI 界面作出了相应修改，现在 HTC 手机已经不涉及 "侵权"，苹果这一棒子多半会砸在空气上。

在此前苹果与 HTC 的专利大战中，苹果表示 HTC 的 Android 手机侵犯了苹果的专利 US5946647。苹果称 HTC 未经授权，使用了在文档或浏览器中，可以直接对电话号码进行拨号以及对电子邮件地址直接写信的功能——别惊讶，这确实是许多智能型手机用户经常用到的功能。这只是苹果众多专利布局中的一条，谁让人家专利布局早呢！

对此，HTC 确实无话可说，不过在这次销往美国的新机中，HTC 在 Sense界面里临时去掉了这项功能进行专利技术规避，并且在修改后的界面中加入了

一个名叫"app associations"的 App。嗯，你懂的，该有的功能里面都有，但是不侵犯苹果的 US5946647 专利权。

果不其然，AT&T 版 HTC One X 和 Sprint 版 Evo 4G LTE 顺利进入了美国市场，且苹果抓不到其把柄，只能"望壳兴叹"。

延期将近 20 个月，历经初审及一连串延后判决之后，最后美国国际贸易委员会（ITC）裁定苹果控告 HTC 使用 10 项涉及 iPhone 用户界面、基础构架、硬件的专利拥有权减少到初审结果的 2 项涉及专利侵权，再到终审的仅涉及 US5946647 这一项专利侵权。苹果虽然表面上赢得胜利，但最终结果却不如先前预期（外界纷纷给予惨胜、虽胜犹败的评论），HTC 虽吞下败诉苦果但已将损失降低至最低。

由于 ITC 的判决中没有宣布专利侵权的具体机型，HTC 移除相关产品内的侵权专利也留有余地，且谷歌透过升级 Android 作业系统的方式能轻易改进 HTC 被告侵权的专利，进而一劳永逸地解决苹果的 US5946647 专利对 Android 阵营的潜在威胁。

例 21-3

借船出海，海尔成功规避美国微芯科技的连带诉讼

美国微芯科技（Microchip Technology Incorporated）是纳斯达克上市公司，作为全球单片机和模拟半导体巨头，其 8 位单片机位居世界及中国市场份额之首。

上海海尔集成电路有限公司（以下简称"海尔集成"）是由海尔和数家风险投资基金，于 2000 年投资设立的为数不多的中国本土单片微型计算机（MCU）设计公司，近年来已快速成长为国内最强的微处理器供应商之一。单独成立公司"借船出海"进行运营，海尔除了出于总体战略规划的目的外，还有为了防止"树大招风"而被国外公司利用专利诉讼漫天要价打击的原因。

2007 年 7 月 4 日，美国微芯科技提出诉讼称，海尔集成未经许可抄袭了其专有的 PIC16C×××××单片机内的微码及描述单片机使用及操作的数据手册，而微芯科技的数据手册及微码在美国和中国均受到著作权保护。微芯科技据此向法院请求判令海尔集成立即停止侵权，收回并销毁所有侵权数据手册，删除

其网站上发布的全部侵权数据手册；立即停止侵犯其微程序软件著作权的行为，收回并销毁所有侵权微控制器，删除其网站上发布的与侵权微控制器有关的全部内容；立即停止侵犯其指令集著作权的行为，收回并销毁所有侵权的指令集；在指定媒体由海尔公开向其赔礼道歉；赔偿其经济损失 800 万元及合理费用 347 万余元。

在海尔集成受到美国微芯科技的芯片微代码著作权侵权指控后，国内权威机构组织国内外技术和知识产权专家进行了比对论证，确定海尔集成的芯片采用硬连线而非微程序实现指令译码，不存在任何侵权行为，最终上海市中级人民法院作出海尔集成没有侵权的判决。

上海市高级人民法院于 2013 年 5 月 13 日作出终审判决，判决驳回微芯科技的诉讼请求，维持原判，即美国微芯科技诉海尔集成芯片著作权侵权的指控不成立，驳回美国微芯科技的全部诉求。至此，这一历时近 6 年的马拉松式诉讼落下帷幕，海尔集成取得了最终的胜利。

另外，在审理期间，海尔集成几乎每拥有一件授权专利，微芯科技就针对该件专利提出无效宣告请求；据统计，微芯科技先后对海尔集成的 23 件专利提出了 72 项专利权无效宣告请求和提起诉讼。海尔集成对此进行了反击，经过上海知识产权维权援助专项工作小组的调查与国家知识产权局专利复审委员会审查，证明微芯科技提出的专利无效的理由和证据不成立，属于恶意打压竞争对手的不正当竞争行为。2012 年 3 月，微芯科技撤回了对海尔集成的专利无效请求和诉讼。

在整个知识产权诉讼过程中，由于海尔提供证据证明海尔集成是单独运营的公司，而成功"金蝉脱壳"，躲过了美国微芯科技试图"顺手牵羊"连带打击海尔的企图，整个集团的运营和股价都没有受到该专利诉讼事件的牵连。

第二十二计　关门捉贼

一、计策解读

关门捉贼，也叫"关门缉盗"，俗称"关门打狗""瓮中捉鳖"，是一种围困并歼灭敌人特别是小股敌人的计谋，要求开关门适时、自如。

《三十六计》中原文为："小敌困之。剥，不利有攸往。"其意思是，对付小股敌人，要围困起来将其消灭，如果让他们走掉，就极其不利于我方追击。

在军事实践中，通常是指对于弱小的敌军要采取四面包围、聚而歼之的谋略，它也叫围歼战、口袋阵。战国后期著名的长平之战中，秦军统帅白起就是通过"关门捉贼"的战术大败赵括率领的40万赵军，令赵国自此一蹶不振。

二、运用技巧

在专利中施行"关门捉贼"之计，必须解决好两个问题：一是如何"关门"，二是"关门"后如何"捉贼"。本节从以下5个场景进行具体分析。

1.专利布局好捉贼

《孙子兵法·谋攻篇》云："故用兵之法，十则围之，五则攻之，倍则分之……"

在专利战中，"十则围之"很好地解释了利用专利优势进行专利布局的战略精髓。通过合理的专利布局，可以提高企业专利的整体价值，提升企业的市场竞争力，最大限度地发挥专利武器在企业竞争中的作用。从"关门捉贼"的包围范围上将专利布局分为撒网式布局、长城式布局、收费站式布局、口袋式布局和农村包围城市式布局。

（1）撒网式布局

撒网式布局策略是指将实现某一技术目标的所有技术解决方案全部申请专利，或在拥有了核心专利的同时，再在该核心专利周围设置许多小专利，形成一个由核心专利和外围专利构成的专利网形成的专利布局模式，达到"天网恢恢，疏而不漏"的目的。采用这种布局，能够围绕一个技术主题系列形成牢固的专利网，能够最有效地保护自己的专利技术，阻止竞争者进入。一旦竞争者进入，还可以通过"关门打狗"的专利诉讼等方式将其赶出自己的保护区。

撒网式布局模式需要大量资金以及研发人力的配合，投入成本高，但是在缺乏系统的布局策略时容易出现专利泛滥却无法发挥预期效果的情形。这种专利布局模式比较适合在某一技术领域内拥有较强的研发实力、各种研发方向都有研发成果产生且期望快速与技术领先企业相抗衡的企业在专利网策略中使用，也适用于专利产出较多的电子或半导体行业，但不太适用于机械、化工类等传统行业。

例如，富士康为价值 2 美元的连接器进行深入研发和挖掘，耗费大量的人力物力布局 8 000 多件专利申请，形成该技术领域富有成效、密不透风的专利防护网。对于富士康的竞争对手而言，面对如此严密的专利布局，意欲进行技术规避和市场渗透，简直是一件难以完成的事情。

另外，撒网式布局不单靠数量取胜，一件专利也能起到撒网式布局的效果。2014 年授权的美国专利 US8694657 中，共有 671 项权利要求；在美国专利 US8924269 中，共有 1 178 492 个单词，总词量是托尔斯泰的小说《战争与和平》的 2 倍，其长度可想而知。

（2）长城式布局

顾名思义，长城式布局是指将实现某一技术目标之所有规避设计方案全部申请专利，形成"万里长城式"的系列专利布局模式，通过专利预警"烽火台"，可以有效抵御竞争者侵入自己的技术领地，不给竞争者进行规避设计和寻找替代方案的任何空间。

在围绕某一个技术主题有多种不同的技术解决方案，每种方案都能够达到类似的功能和效果时，就可以使用长城式布局模式构筑专利保护的屏障。

（3）收费站式布局

采用收费站模式进行布局的企业必须对某特定技术领域的创新状况有比较全面、准确的把握，特别是对竞争者的创新能力有较多的了解和认识，用"蛙跳策略" 跳过目前的研发阶段，组织有创造力的研发人员将下一阶段可能出现的新技术以非常宽的保护范围进行覆盖，并针对这些技术抢先进行专利布局，然后像高速公路的收费站一样"设卡收费"。

例如，高通布局了 CDMA 的基础专利，使得无论是 WCDMA、TD-SCDMA，还是 CDMA2000 的 3G 通信标准，都无法绕开其基础专利这一路障型专利。苹果针对手机及电脑触摸技术进行专利布局，给竞争者回避其设计设置了很大的障碍。

（4）口袋式布局

企业进行任何投入都会从成本与收益上进行权衡，铺天盖地般的撒网式布局对许多企业来说往往是不切实际的。因此，可以在专利布局时"网开一面"，虚留生路，暗设口袋"以逸待劳"。

对于可能有多个替代方案的技术，若没有实力和／或时间进行全面的撒网式专利布局，可结合"擒贼擒王"之计针对技术壁垒易突破、生产成本低、销售链更加完备的产品，进行重点完善的专利布局并对外提高专利诉讼等级；对技术壁垒高、生产工艺繁杂、生产成本高、销售链不明朗的相关技术，暂时"网开一面"。竞争对手为了规避专利侵权只能选择后者进行研发，这样就造成了它们的产品质量差、价格高，市场竞争力较弱，企业再通过"欲擒故纵"之计实现"价格关门"。

（5）农村包围城市式布局

企业如果具备相当的专利数量和财力优势，而且胜券在握，可用农村包围城市式布局来围歼竞争对手的核心专利。

农村包围城市式布局是指在核心专利由竞争者掌握时，将围绕该技术主题的许多技术解决方案申请专利，设置若干小专利，将核心专利包围起来，即可形成一个牢固的包围圈。这些小专利的技术含量也许无法与核心专利相比，但其组合却可以阻止竞争者的重要专利进行有效的商业使用，以各种不同的应用包围基础专利或核心专利，就可能使得基础专利或核心专利的价值大打折扣或荡然无存，这样就具有了与拥有基础专利或核心专利之竞争者进行交叉许可谈判的筹码，在专利许可谈判时占据有利地位。

2. 应对"跑马圈地"策略

"跑马圈地"策略，是指在产品进入某个地区或国家市场之前，首先在该国或地区抢先申请专利，利用上述的专利布局策略对该国特定产业或领域形成专利包围圈，从而获得对该国某产业或企业的竞争优势，是一种贼喊捉贼的"关门捉贼"变体。

据国家知识产权局统计，自 1990 年以来，西方跨国公司在中国的专利申请量每年增长约 30％，而计算机、无线通信、生物制药与新材料等高新科技领域申请量的增长则更迅速。更令人担忧的是，一些高科技领域外国在华专利申请占绝大多数，大多数专利为外国专利所覆盖。这将使我国高新技术企业被外国专利圈包围，施展不开手脚、动弹不得，受制于人，从而对我国的科技创新与高新技术的产业化带来严重影响。近年来，在高新技术领域，外国跨国公司的发明专利高达 90％，如信息技术占 90％、计算机占 70％、移动通信占 92.2％、集成电路占 90％、生物技术占 87.3％。发达国家在世界范围内进一步将其技术优势转化为市场优势。以生物技术领域为例，美国拥有世界专利总量的 59％，欧洲为 19％，日本为 17％，其他国家拥有的仅 5％。

以上数据表明，跨国公司已开始在中国增加专利申请量，希望通过专利与专利网来划定竞争区域，利用自己的技术优势和专利布局先机，将中国企业排除出相关市场与领域。如果任由这种"跑马圈地"情势的发展，将极大地妨碍我国高新技术产业的自主创新能力的提高，最终损害我国产业的发展。对此，我国相关的部门和企业应当给跨国公司的"跑马圈地"行为设置一些合理的"绊马索"，并同时努力提高自主创新水平；当然我国企业在条件成熟时也可"以彼之道，还彼之身"，在开拓国外市场之前进行专利布局的"跑马圈地"。

3. 国家层面的"关门捉贼"

在专利战中，除了企业间的相互博弈，在经济运行中为了保护国内市场，国家机器往往会通过立法进行主动干预。美国的关税法"337 条款"，就是便于美国企业用知识产权"关门捉贼"参与市场竞争的典范。

其具体做法是：先通过开放性贸易允许外国产品进入美国国内，然后利用关税法第 337 条，通过美国国际贸易委员会（ITC）合理地拒绝一切侵犯美国知识产权的产品进入美国。ITC 是一个独立的准司法行政机关，主要任务是保护美国工业，防止对美国企业有损伤力的外国产品输入及销售，一旦认定某项进口货物存在知识产权侵权的情形，涉案的美国公司会向其提出美国国门应向该货物和企业关闭的要求。

ITC 对胜诉方的救济的形式包括排除令（对某特定产品禁止进口）或拒绝令（禁止进口方进入）。可见，"337 条款"会对美国企业之外的竞争对手起到牵制和限制作用，一旦美国权利人胜诉对进口方将产生致命打击，因为一旦"337条款"调查侵权裁决成立，不仅出口国产品失去了进入美国市场的机会，而且已进入美国市场的产品也失去了继续销售的机会。对应诉企业来讲，即使有一定的专利储备，用于支付律师和技术专家费用负担的繁重也会令人望而生畏。可以说，美国关税法"337条款"简直就是试图进入美国市场但是专利实力不足的企业的"鬼门关"。

4. 对付"专利海盗"的妙招

古人按语说："捉贼而必关门，非恐其逸也，恐其逸而为他人所得也；且逸者不可复追，恐其诱也。贼者，奇兵也，游兵也，所以劳我者也。"其意思是关门捉贼，不仅仅是恐怕敌人逃走，而且怕它逃走之后被他人所利用；如果门关不紧，让敌人脱逃，千万不可轻易追赶，防止中了敌人的诱兵之计。

"贼"在军事上是指奇兵，即使用偷袭战术的部队和游兵，或在一方领地上出没无常、机动灵活、流动作战的敌军小部队、游击队等。专利诉讼中的"贼"，指的是那些本身不制造产品的专利投机者、"专利幽灵""专利海盗"等，它们专门通过"游兵散勇打游击"战术来劫取实体企业巨额的专利利润，又像幽灵一样来去无踪，它们行动诡秘、出没不定、行踪难测、数量不多，但破坏性很大，令许多企业不堪其扰。

此时应使用"关门捉贼"之计，相关企业成立专利联合防御联盟，通过共建专利池、大规模地购买专利、提前收购有威胁专利等手段，对产业相关专利进行囤积。通过专利预警等方式，一旦发现"专利幽灵"图谋不轨，不可放其逃跑，而要断它的后路，利用专利联合防御联盟的专利优势四面包围、聚而歼之。

5. 防止"狗急跳墙"

应用"关门捉贼"进行专利诉讼包围的过程中，应张弛有度，对势均力敌的竞争对手不应去包围，因为这会有"引狼入室"的危险，搞不好反被对方反客为主夺取市场。

对于"专利强盗"，如果不能全歼，不能把关起来的"贼"逼急了，应避免发生"狗急跳墙"的情形。此时应"示以生路，令无必死之心"，给对方以有效和解的途径，防止其明知自己败诉也打持久战消耗我方精力和财力，甚至进行破坏性的专利技术公开，抱着"鱼死网破"之心破坏我方后续的专利布局。

三、总结陈词

《荀子·修身》云："害良曰贼，窃货曰盗。"在专利战中，对付侵权的"专利贼寇"，理应关门捉贼；面对窃利的"专利海盗"，必须关门缉盗。应用"关门捉贼"之计的精髓，不管是企业专利布局、国家立法、打击专利海盗，都必须在具有较大的专利优势的前提下进行，即遵循"十则围之"的战术安排。

但是，"十则围之"不能单纯从数字上来理解，而是要从专利战略的角度，对敌我双方的专利实力、资金储备、天时地利人和等各方面的因素进行综合评估后，才能付诸行动。

四、画龙点睛

专利大战廿二计，关门捉贼布天罗。

专利布局下地网，跑马圈地应阻拦。

专利幽灵齐围歼，337条是鬼门关。

势均力敌不宜斗，狗急跳墙应避免。

五、活学活用

例 22-1

后发先至，Nomex 用专利网挡住特安纶"走出去"之路

Nomex（诺梅克斯），间位芳香族聚酰胺纤维，我国称其为芳纶1313，由美国杜邦在20世纪60年代发明并投入使用，是一种良好的耐高温阻燃纤维，耐热性能和电气性能都比较突出，畅销40年而不衰。由于其突出的性能和广阔的市场前景，各国纷纷进行研究开发。

几乎就在 Nomex 成功上市的同时，我国技术人员也自主研发出了同类的耐高温阻燃纤维——特安纶系列芳砜纶纤维（PSA），商品名特安纶（Tanlon）。历经我国三代研发人员的实验生产，直至2007年10月由国内的上海特安纶纤维有限公司真正实现产业化生产。

Nomex 和特安纶均可用于防护制品、绝缘材料、高温过滤材料、蜂窝结构材料等，在耐高温领域二者能够实现互换。更为可贵的是，与 Nomex 相比，国产特安纶在耐热性、纤维加工性、阻燃性、穿着舒适性、易染色性等方面表现更为优异。2003 年，特安纶以自己的高性价比击败了包括 Nomex 在内的众多发达国家的王牌纤维产品，成为"神舟五号"飞船专用纤维材料。

上海特安纶纤维有限公司不满足于在国内市场上的成功，成立特安纶产业化项目组，准备批量化生产，踌躇满志地立志走出国门，走向世界市场。

然而，事与愿违，尽管拥有优异的产品性能和较高的性价比，在产业化后的 5 年内，特安纶产品的销售量并没有实质性的增加，甚至时常有国外的代理商表示停止代理特安纶产品，转头代理杜邦的 Nomex 产品。

究其原因，正是杜邦用提前进行专利布局，用专利网实施对特安纶"关门捉贼"的专利围剿战术，造成上海特安纶纤维有限公司的特安纶产品无法"走出去"。杜邦不研发、不生产、不销售任何特安纶产品，但是却先下手为强，通过围绕特安纶产品进行专利布局，迅速而又滴水不漏地给特安纶产品围起了一道密不透风的专利围墙。

针对特安纶产品，杜邦分别从时间、地域、产业链等方面进行专利布局：

首先，利用先申请策略先下手为强。2007 年 4 ~ 12 月，杜邦提交了 14 件与特安纶产品密切相关的 PCT 申请，利用上海特安纶纤维有限公司对专利布局敏感度低的特点，迅速建立起专利申请时间上的巨大优势。2008 ~ 2009 年，杜邦又针对性地申请 3 件 PCT 申请对其专利布局进行补全。

其次，从申请区域上看，这些 PCT 申请进入了美国、中国、欧洲、日本、韩国、加拿大、墨西哥、德国等国家或地区，哪里有 Nomex 产品的市场，就在哪里布局特安纶的专利。杜邦的专利区域布局意图明显：通过对特安纶专利进行布局，阻止特安纶产品进入相关的热点市场，为其主打产品 Nomex 垄断市场扫清障碍。

最后，从产业链覆盖范围看，杜邦的专利布局涉及特安纶产品上、中、下游整条产业链。既涉及特安纶纤维的制造方法，又涉及纤维布、纤维纸、制造材料及其制造方法，还全面覆盖耐热阻燃材料相关的防护器具、过滤器、耐火纸材、高温过滤毡等多个外围产业。

这样一来，上海特安纶纤维有限公司就面临着尴尬的境地：虽然自己制造特安纶纤维本身不侵犯杜邦的专利权，但是使用特安纶的外围应用全都难逃杜邦布下的"专利大网"。

经销商为了避免侵权，不敢再代理特安纶系列产品。而 Nomex 和特安纶的销售额也是冰火两重天：2011 年，Nomex 产能为 2.5 万吨，全球销售额达 84 亿美元（其中中国大陆销售额 10 亿美元），而特安纶年产能仅为 1 000 吨，在中国境外的销售额仅有 0.2 亿美元，Nomex 的销售额达到了特安纶销售额的 370 倍！

杜邦以保护 Nomex 的市场为出发点，提前围绕竞争对手的产品进行了严密的专利布局网"关门捉贼"，后发而先至，围住了特安纶的市场拓展空间，保住了自己的垄断市场份额。这深刻的教训值得我国企业思考和学习，企业要重视知识产权在全球竞争中的重要性，在"走出去"的同时要积极进行专利布局。

例 22-2

撒开大网，富士康 2 美元的连接器竟布局 8 000 件专利

一个小小的连接器，价钱可能只有 2 美元，但是富士康却不惜代价进行技术开发，在这小小的连接器上竟然获得了 8 000 多件专利。富士康在小产品上做大自主创新文章的做法值得很多企业借鉴。

所有的电子电信产品，都有一些把"电子讯号"和"电源"连接起来的组件，而连接"电子讯号"的桥梁和组件就是连接器。它虽然是配件，却被看作传递电子产品指令的中枢神经。富士康生产的一种连接内存和线路板之间的连接器，不到 1 厘米宽、5 厘米长，却布满 400 多个针孔般的小洞，传输信号的铜线从中穿过，只要一个洞不通，整台计算机就无法运作。

千变万化、玲珑精微的连接器需要精密模具相配套，模具开发能力提升的是制造能力和水平，为此，富士康向下延伸建立了庞大的模具开发基地。一般公司 3 ~ 6 个月才开出一副模具，富士康 3 ~ 5 天就能开一副模具，整个开发基地一个月就开出上千副模具。

产业链向上延伸，富士康逐步开发出囊括机壳、电路板、内存、光驱、电源器、中央处理器等关键零部件的连接器。在"复合式""模块化""光电""高频""表面直接黏着"的趋势下，富士康的连接器就成为电脑小、轻、薄、短、

强的利器，尤其是大大提升了各类元器件"模块化""系统化"能力。在美国，开发一项结构模块需要 16 个星期，而富士康只需要 6 个星期。最终，富士康连接器形成一种强大的整合能力，将电脑制造整合到了一起，体现出速度、效率、成本和品质，这也成为富士康称霸全球 PC 代工市场的诀窍。连接器不但是富士康做大做强的基石，也是最赚钱的产品。比如，系统光纤连接器毛利率达到 45%，英特尔中央处理器连接主板的连接器毛利率超过 40%。因此，为了保住在连接器方面的全球领先地位，富士康在这方面的办法就是密布专利"地雷"，目前已成为在美国申请专利数最多的台湾企业。

1992 年，美国 AMP 公司曾诉富士康专利侵权，2001 年也曾有美国公司对富士康提起专利侵权诉讼。当了 20 年被告的富士康，现在已经开始反过来控告专利侵权的竞争对手了。而这其中的原因正是富士康拥有了日益完备的专利储备和专利布局，形成牢不可破的专利地雷网。

例 22-3

关门捉贼，警惕到期药品专利的专利陷阱

在中国市场上，2014 年因专利失效的药品销售额共计 340 亿美元，2015 年这一数字将攀升到 660 亿美元，是 2009 年的 4 倍左右，年复合增长率达 25.3%。在如此巨大的市场机遇面前，国内各仿制药厂家跃跃欲试，准备大干一场。

事实上，"专利悬崖"即使逼近，到期专利药的便宜也不好占。首先，仿制药厂按照公开的专利文件未必能够仿制出同样质量的药品；其次，如果国内仿制药厂家没有经过详尽的专利分析贸然进入，很可能步入国外原研药厂设计的专利"口袋阵陷阱"，中了其"关门捉贼"之计。

通常，制药巨头会分阶段进行专利布局，在新药研究阶段申请基本专利，包括化合物、化合物形式、化合物制备方法、化合物药物用途等基础性专利；在药物开发阶段布局外围专利，包括晶型专利、方法专利、制剂专利等；在药物投放阶段，布局外延专利，包括增加适应症专利、缓释型专利、控释剂型专利、复方制剂专利、改变给药途径专利（口服改为透皮贴剂）等；甚至还结合将专利权授权给其他药厂进行二次创新的方式，进一步加强专利布局的控制范围。

分时间、分层次布局专利的策略，使得保护专利药的保护有层次和梯次，从而最终达到延长专利保护期的效果。

仿制药厂家在基础专利到期后，贸然进行仿制，很容易侵犯原研药厂或专利许可药厂布局的外围专利的专利权。例如，葛兰素史克的"明星药物"帕罗西汀是一种抗抑郁药，该药品活性成分的化合物专利在1998年就已到期，但直至2002年还没有任何仿制药获准上市。虽然该药品是在1973年首次提交专利申请，但它之后又不断提交一系列相关专利申请，"基本专利＋后续专利"的保护策略使得其市场垄断期延长至2006年，当年还实现销售额11亿美元。

这种专利布局的做法在体现出专利防御作用的同时，足以令国内药企认识到加强原研药开发和专利布局相结合的重要性。

第二十三计　远交近攻

一、计策解读

远交近攻，语出《战国策·秦策》，最初作为外交和军事的策略，是指和远方的国家结盟，而与相邻的国家为敌。

《三十六计》中原文为："形禁势格，利从近取，害以远隔。上火下泽。"其意思是，地理位置受到限制，形势发展受到阻碍，攻取较远的地方就有害，攻取较近的地方就有利；火焰是向上窜的，河水永远是向低洼处流淌的，万事发展变化全是如此。此计运用"上火下泽"相互离违的道理，说明采取"远交近攻"的不同做法，使敌人相互矛盾、离违，而我方正好各个击破。

在军事上，"远交近攻"之计属于制造和利用矛盾，分化瓦解敌方联盟，实行各个击破的谋略。其应用的关键是：当军事目标受到地理条件限制时，宜于先攻取就近的敌人，不宜于越过近敌去攻取远处的对手；如果能够同远处的对手取得暂时的联合，更利于各个击破。实行"远交近攻"之计，有助于集中力量应付眼前的敌人，并且将其置于孤立无援的境地。战国时期范雎用此一计，灭六国，兴秦朝，足见这一计谋在战略上的神通广大之处。

二、运用技巧

古人按语云："混战之局，纵横捭阖之中，各自取利。远不可攻，而可以利相结；近者交之，反使变生肘腑。范雎之谋，为地理之定则，其理甚明。"其意思是，战局混乱之时，各国纷纷采取纵横之术谋取私利，难以攻取的远方目标暂时以利益相互笼络结好，邻近的国家则果断攻击防止措手不及的后患，这是多极斗争格局下产生的地缘性联盟策略。

在混乱缤纷的专利局势中，各个企业往往以利益最大化为终极目标，使用"远交近攻"之计纵横捭阖，之所以"远交"是避免劳师袭远，通过"远交"扩大自己的专利战略机动性，通过策略性的合作压缩竞争对手的专利机动空间，

第四套 混战计

207

赢得专利战争战略上的主动地位；之所以"近攻"，是因为竞争对手或威胁就在眼前，通过"近攻"集中力量解决近忧，并由近及远各个击破，扩充市场。

在专利战中，"远交近攻"之计可从"天时、地利、人和、实力"的综合角度出发，延展为从专利的空间、时间、人力、技术、竞争力等不同维度进行具体阐释。

（一）空间角度（Where）

从空间的角度分析，即以专利的地域属性为基础，将专利实施过程分为专利申请和专利产品推广两个特定的方向分而论之。

1. 专利申请布局角度

随着经济全球化的发展，企业的经营早已跨越国界的限制，专利保护成为全球性的企业活动。由于专利权存在地域性特征，专利申请国的选择成为企业专利全球化战略的关键点。《孙子兵法·九地篇》中概括出了用兵作战的9种地域，分析出了各自地域的特点，给出各个地域下的作战方案和注意事项。

《孙子兵法·九地篇》曰："用兵之法，有散地，有轻地，有争地，有交地，有衢地，有重地，有圮地，有围地，有死地。诸侯自战其地者，为散地。入人之地不深者，为轻地。我得则利，彼得亦利者，为争地。我可以往，彼可以来者，为交地。诸侯之地三属，先至而得天下众者，为衢地。入人之地深，背城邑多者，为重地。山林、险阻、沮泽，凡难行之道者，为圮地。所由入者隘，所从归者迂，彼寡可以击吾之众者，为围地。疾战则存，不疾战则亡者，为死地。是故散地则无战，轻地则无止，争地则无攻，交地则无绝，衢地则合交，重地则掠，圮地则行，围地则谋，死地则战。"

在专利申请地域布局中，"九地理论"同样可以借鉴："专利散地"指在自己既成的专利布局中继续申请专利完善布局；"专利轻地"指对对手的核心专利布局外围专利；"专利争地"指专利许可后的改进专利，专利许可双方能够起到正和博弈的效果；"专利交地"指大家都可以使用的现有技术、解密技术和失效专利；"专利衢地"指标准必要专利和技术标准的制定；"专利重地"指核心专利和重要专利；"专利圮地"指难以突破、绕开的基础性专利；"专利围地"指"关门捉贼"式专利布局，对手一旦进入我方可以聚而歼之；"专利死地"指如果不突破企业就会面临破产危险的专利障碍。

其中，产品制造国对应专利申请的"争地""交地""重地"；产品销售国对应专利申请的"散地""衢地"；技术引进国对应专利申请的"交地""重地"；竞争对手占领国对应专利申请的"轻地""圮地""围地""死地"。

对于产品制造国，申请专利是相当必要的，否则在该国生产制造的相关产品将被全盘封锁或失去产品议价权。在产品制造国申请专利，除了要积极应对大型跨国公司的"专利圈地"，还要大力开展"专利争地"运动，并积极围绕核心专利申请外围专利，利用"专利交地"有效利用现有技术，在"专利重地"中的产业链的纵深方向上布局专利，以保障产品制造的供应链和销售链的畅通。

对于产品销售国，国内销售对应"专利散地"，全球推广对应"专利衢地"。企业在"专利散地"申请专利，占据天时、地利、人和的优势，应依托于本国国内政治经济大环境和相应的法规政策，善于利用地域性差异和文化差异，制定针对性、特色性的专利申请策略。企业在"专利衢地"申请专利，需要用"走出去"的理念来关注全球相关行业的变化，根据全球市场营销战略和产品销售国的知识产权保护状况申请专利，并为市场开发和拓展打好基石。在"专利衢地"进行专利布局应结合"假途伐虢"之计运作，例如可采用 PCT 国际申请的方式，通过一次申请多国进入的手段来简化专利申请流程。

对于技术引进国，要力争促成企业间"珠联璧合"式的合作共赢，在"反客为主"之前身处客位时，"背靠大树好乘凉"式的合作是必不可少的。这是在激烈的专利战争中争取有利的专利客位，谋求生存发展乃至寻求 "主位"的必经途径。

对于竞争对手占领国，在敌占区内申请专利是主动地从根本上遏制其专利布局的最有效的措施之一，属于专利进攻的范畴。在专利布局暂时处于劣势的情况下，可以用"走为上"之计以退为进入侵其"专利轻地"，用"偷梁换柱"之计通过技术替代经过其"专利圮地"，用"围魏救赵"之计攻其必救解围"专利围地"，用"釜底抽薪"之计请求宣告其核心专利无效以破解"专利死地"，置之死地而后生，最终用"反客为主"之计占领竞争对手的专利阵地，来谋求更大的竞争优势。

2. 专利产品推广角度

自 1883 年《保护工业产权巴黎公约》颁布开始，专利全球化的过程中就确定了专利申请"地域性"原则，即一国授予的专利权只在该国受到法律保护，各个国家根据本国国情对专利性的定义也有差别，各国法律往往有利于保护本国企业和／或产业。即便在经济全球化快速发展的今天，专利权包括专利制度都还是有地域性的，因此立志于开拓全球市场的企业，"远交近攻"的策略是必需的。

一般而言，一家公司在海外市场推广自己的专利产品有 4 种方式：设立当地分公司、设立子公司、建立合资企业、专利许可。前 3 种方式费时、费财、费力，还可能因为不了解当地的文化、法律环境等原因而导致"铩羽而归"。所以现在很多跨国公司通过专利许可贸易"远交"海外市场，只通过知识产权许可获得收益或间接控制非热点地域和／或蓝海市场，把主要精力"近攻"热点地域和／或红海市场❶。

（二）时间角度（When）

由于市场竞争形势的多变性，申请专利的时机也是千变万化、一日千里的，应当适时、准确、广泛、生动地根据具体的情况作出正确的选择，或顺应市场需求，谋取近期利益，或着眼未来，作长远打算。

1. 先入为主，无中生有

在面临非常严峻的技术竞争的情况下，企业必须未雨绸缪地抢先申请专利，才能占据先机先发制人。此时可借鉴本书第七计"无中生有"："诳也，非诳也，实其所诳也。"

即利用先申请原则，在研发工作全面完成之后的第一时间抑或完成之前对于重要专利抢先提交专利申请，在激烈的专利战中占据有利地位，然后合理利用本国优先权在 1 年期之内将相关技术完善，并结合配套的专利技术将专利布局完备。

也可合理利用 PCT 申请进入国家阶段期限较长（30 或 32 个月）的特点，

---

❶在经济学中，常用红海和蓝海表示市场的竞争状态。红海是指竞争异常激烈、营利非常困难的技术或市场领域，蓝海则指竞争较少甚至没有竞争、盈利状况良好的技术或市场领域。在某些条件下，红海和蓝海是可以互相转化的。

争取更多的时间进行资金筹备、技术完善等活动，然后根据《专利合作条约》第19条对权利要求书进行修改，利用《专利合作条约》第34条、第28条或第41条等对权利要求书、说明书和附图进行相应的修改，令保护范围最优化。

2. 伺机而动，以逸待劳

对于短期内未打算实施的技术和难以被他人通过反向工程破解的技术，可以借鉴本书第四计"以逸待劳"："困敌之势，不以战。" 即企业在核心技术研发结束后可暂且作为技术秘密保护，同时研发外围专利。根据产品市场推广的需要、竞争对手的研发情况等因素，等待时机适时提交专利申请。

3. 后发制人，反客为主

当竞争对手对于新产品、新技术抢先进行专利布局，企业面临严峻的专利攻势时，可以借鉴本书第三十计"反客为主"："乘隙插足，扼其主机，渐之进也。"

即在进行专利布局时尽量设法抓住其技术空白点，乘隙插足，"声东击西"地对上下游产业链进行专利攻击，令对手在供需链和推广链中丧失定价权的优势；通过攻击其外围专利布局，"围魏救赵"地在相关技术要点周围布局专利以构成反制，并力主达成双方的专利交叉许可。一旦时机成熟，抓住有利时机敢于"亮剑"，实现反客为主。

（三）人的角度（Who）

专利侵权者一般分为专利战偏好者和专利战规避者，以确定首先打击目标进行"远交近攻"。

专利战偏好者包括经常提起诉讼的公司（如英特尔）、将诉讼进行到底的公司（如日本的富士通）、NPE（如美国的高智）、短期内不会上市的公司等，起诉这样的公司往往是自找麻烦，而且即使胜诉，所付出的诉讼成本也会远远高于所能获得的赔偿金额。

专利战规避者包括历史上很少提起专利诉讼的公司、即使提起诉讼也会主动和解的公司、即将上市的公司、专利储备不大的公司、资金链紧张的公司等，因为这些公司的管理者往往更保守一些，他们或者害怕一旦败诉会有股东提出反对意见而导致股票价格动荡，或者害怕承担高额的专利诉讼费用。

专利战偏好者适合"远交"来尽量主动和解，专利战规避者适合"近攻"逼迫对方和解。促成和谈首先要分析和解的可能性，要确定对方诉讼的意图是要市场还是通过诉讼增加专利许可费谈判的筹码。如果是后者，和解就有了成功的基础。

如果专利权人的专利产品市场份额较大，那么其可能就有关专利的使用征收天价的使用费，或者拒绝签发许可，其目的是垄断市场，和解的可能性较小；如果专利权人的有关的专利产品占有的市场份额不大，或者不生产专利产品，那么其更倾向于签署专利许可协议，征收专利许可费，和解的可能性较大。

（四）专利技术角度（What）

当一家企业在某一关键技术上取得突破并获得专利权时，需要战略性地进行"远交近攻"：如果竞争对手技术力量较弱，在很长时间内没有相关的研究开发实力，自己的专利城堡又难于逾越，那就进行"近攻"，尽快将产品生产出来占领市场，获取垄断利益；如果竞争对手实力雄厚，可以在很短的时间内超越自己的专利，那最好授权给它进行"远交"，这样就可以在一定程度上阻止竞争对手的研发计划，短时间内在技术上对竞争对手形成一定程度的钳制。

这样，专利权人就可以从专利技术的角度上用"远交近攻"的战略控制相关技术的演进和发展过程。

（五）专利竞争力角度（Why）

对于企业而言，通过SWOT分析做专利竞争力测评后，以公司发展战略为核心，把专利分为三类：未来发展所需专利、当前可经营专利、已失去商业价值的专利。然后，"远交"第一类专利，"近攻"第二类专利，"冷淡"第三类专利：对于企业未来发展可能有关键作用的专利应重视，并投入人力、物力进行配套技术的开发研究，并为核心专利申请外围专利进行专利布局；对于当前可经营的专利，应积极促成合资开发或及时出售来获得企业发展资金；对于没有利用和销售价值的专利，应通过终止缴费令专利权自行终止、主动放弃专利权、捐赠给非营利组织等方式果断放弃。

另外，对于经营项目而言，"远交近攻"也适用于企业发展规划，"近攻"能充分发挥己方既有优势和技术专长的领域，"远交"甚至"远离"自己所不擅长且风险性较高的产业。

从更宏观的层面看，在全球社会视野中，知识产权制度既需要"近攻"来维护，也要"远交"来完善发展。不能仅仅固守在极少数发达国家所极力倡导的维护技术创新者、技术领先者利益的基本准则之上，还应重视发展中国家和最不发达国家的基本利益，就是要兼顾各类不同发展水平、不同基本社会制度国家和地区的实际状况和切身利益，容忍各国之间在知识产权制度方面存在一定的差异，避免将自己的意愿强加于人，搞"一刀切"。

（六）专利运营角度（How）

从空间、时间、人、技术、竞争力等角度运用"远交近攻"之计时，要根据企业的专利战略和具体情况灵活运用，"远"则交、"近"则攻。

例如，美国陶氏是一家大型的跨国化学公司，其中央数据库中的有效专利曾达到3万多件，这些专利原来处于分散的无组织状态，每年的维护费用就需要3000多万美元。1993年，正是合理利用"远交近攻"之计分三步走，陶氏将专利运营价值最大化。

第一步，陶氏将其所拥有的大量专利分为正在使用、将要使用和不再使用的三类组别，然后分别确定各个组别专利的使用策略，特别是针对不再使用的专利，从战略高度上确定是许可他人使用还是主动放弃。

第二步，对其专利的有效性进行鉴别，若属有效专利，则由各业务部门决定是否对该专利进行投资，然后是专利的价值评估，确定专利的市场价值，并利用价值评估和竞争力测评得出的结果，由公司决定是否采用诸如对研究加大投入、建立合资企业、从外部获取专利技术的使用许可等专利策略。

第三步，公司通过加强专利的动态管理和有针对性的投资，不断减少专利的数量同时增强专利的质量，最终形成更加有效的专利战略。

4年后的统计数据显示，通过放弃或赠送对陶氏不再具有价值的专利，其节省专利费用4000多万美元，而专利的许可费则反而从2500万美元激增至1.25亿美元。

三、总结陈词

《孙子兵法》说：上兵伐谋，其次伐交，其次伐兵，其下攻城。作为专利三十六计中最富有战略性的一计，"远交近攻"之计是集专利、市场、技术、外交等因素综合运用于一体的上兵之谋。

"远交近攻"之计的应用要点就是在一定范围内，面对多个对手时，需要审时度势，周密考虑各方因素，明确不同阶段的主要对手，采取联合与分化的灵活策略，逐渐将对手各个击破。务必要根据市场竞争内外部环境的变化，适时对专利战略作出动态调整，制定适合自身发展的专利战略。

《鬼谷子·谋篇》曰："相益则亲，相损则疏。"专利战场充满了变数，从长远看，所谓"远交"，也绝不可能是长期和好，消灭近邻之后，远交之国也就成了近邻，新一轮的专利战也是不可避免的。因此，"远""近"是相对的，因此使用"远交近攻"的专利谋略时，需要"专利诉讼大棒"与"专利和解橄榄枝"相互配合运用，即使对于同一竞争对手而言，也要"远"则交、"近"则攻。

四、画龙点睛

专利大战廿三计，远交近攻最运筹。
远交巧避劳师远，近攻能解眼前忧。
地时人技竞争力，多维阐释思虑周。
远近顺时能互换，谋势而动需看透。

五、活学活用

例 23-1

远交近攻，微软与三星达成专利协议重击谷歌

2011年8月，谷歌宣布以125亿美元收购摩托罗拉移动。尽管谷歌CEO拉里·佩奇（Lawrence Page）强调，此举是为了更好地保护 Android 平台，Android 将继续维持开放战略，并对所有 Android 产品生产商一视同仁。但仍然引起了所有 Android 产品生产商的担忧，害怕这是谷歌"欲擒故纵"之后开始专利收费的端倪。

几乎同时，2011年9月28日，微软和全球最大的 Android 产品生产商三星达成一项专利共享协议。根据这项协议，三星在生产基于 Android 操作系统的

智能手机和平板电脑时将向微软支付专利费，三星还将与微软合作开发基于微软 Windows 软件的智能手机和平板。这对谷歌向智能手机和平板电脑生产商提供软件的努力构成了打击。

除此之外，早在 2010 年 4 月 28 日，微软已经与 Android 手机的全球第二大生产商台湾的 HTC 签署了专利交互授权使用协议。另外还有宏碁、General Dynamics Itronix、Onkyo、Velocity Micro、优派和纬创等 6 家厂商与微软签署了 Android 专利协议。这意味着尚未获得微软专利授权的智能手机和平板电脑大厂就只剩下摩托罗拉，显而易见，微软的目标直指收购摩托罗拉移动的谷歌！

这些合作是心有灵犀还是图谋已久，又或是各自居心叵测？笔者认为这正是微软"远交"业务平行对手，"近攻"业务交叉对手的"远交近攻"之计。之所以"远交"Android 手机厂商，是因为远方的力量是潜在的战略同盟，通过"远交"扩大自己的战略机动性，压缩谷歌的战略机动空间，进而赢得市场争夺战的主动地位。之所以"近攻"谷歌，是因为业务重叠、市场竞争导致矛盾不可调解，谷歌收购摩托罗拉移动造成的专利威胁近在眼前。

微软与三星专利交叉许可协议的签订，是基于三星与微软之间加强合作、互利互惠、共同应对竞争的需要。总的来说，就是合作双赢，三星和微软从合作中都有其自身利益的考量。微软在相关专利技术上占据优势，三星选择与微软签订专利交叉许可协议，不但可以扩大三星的手机业务，还可以提升三星对来自苹果、诺基亚等手机品牌的竞争力。同时，对微软来说，与三星展开合作并向其许可专利，不但可以获得可观的专利许可费，还能增强自身的竞争力。

但是，没有永远的朋友，只有永远的利益。三星的智能手机销量在短时间内快速增长，一跃成为全球最大的智能手机制造商之一，而智能设备销量的激增也给三星带来了高额的专利费用，自 2013 年微软宣布并购诺基亚手机业务后，三星拒绝继续向其支付专利许可费，微软因此在美国将三星告上法庭，二者开始兵戎相见。

例 23-2
"远交"盟友，阿姆卡公司赶在"近敌"之前推出新产品

美国阿姆卡公司重视专利情报信息工作，巧妙运用"远交近攻"谋略是其

在研发新型低铁矽钢片竞争中取胜的重要因素。

现代飞速发展的电气产业对电气材料不断提出新的要求，大量采用高新技术的材料应运而生，新型低铁矽钢片是制造高能变压器铁芯所必需的新技术。

在阿姆卡公司研发低铁矽钢片之初，美国的通用和西屋等也正在着手具有同等功效的非晶体合金铁芯材料的研发工作。无论是从企业规模，还是从研发能力上看，通用和西屋都远超出阿姆卡公司，如果单凭自身的实力，阿姆卡公司几乎不可能在竞争中获胜。面对不利形势，阿姆卡公司开始有些动摇，难以定下继续研发产品的方向。

正在举棋不定之时，阿姆卡公司决定先从搜集专利信息情报入手，争取尽可能全面地掌握与研制低铁矽钢片相关的市场信息，在此基础上再作决断。经过详尽的专利信息分析之后，阿姆卡公司发现远在太平洋另一端的日本，也有一家钢铁公司在从事同类产品的研发，而且准备采取当时最先进的激光束处理技术。

阿姆卡公司针对这一形势作了深刻的分析：若以自己现在的实力和基础继续单兵作战，独立从事低铁矽钢片研发，极可能落在通用和西屋后面，具有很大的风险。如果不能率先开发出新产品，不仅无法占领市场，连先期投入的巨额研发费用都无法收回，损失巨大，甚至可能危及公司的命运。

这时，合作研发是"取胜之匙"，阿姆卡公司决定走合作研发路线。如何选择合作者的问题摆在阿姆卡公司决策者的面前：与西屋或通用携手是"近亲联姻"，自己未必掌握主动权，也未必有利于加快研发过程；即使研发成功将来也只能与之分享美国市场，还得顾虑正在崛起的日本企业。较之通用和西屋两个"近敌"来说，日本的钢铁公司则是可以"远交"的盟友。阿姆卡公司若能与之合作，可借彼之力，加快研发进程，同时由于隔着浩瀚的太平洋，这家日本钢铁公司不会像通用和西屋一样与自己争抢美国市场份额。

反复思考，权衡利弊之后，阿姆卡公司作出了"远交近攻"的决策，迅速说服日本企业与自己合作，共同研发节能变压器铁芯的新型低铁矽钢片。在两家公司的共同努力下，它们比预定计划提前半年完成新型低铁矽钢片研发任务，赶在通用和西屋之前推出新产品，并通过专利布局占领了市场，成为这场竞赛最终的赢家。

例 23-3

只取所需，万向集团获得海外并购利益最大化

在并购美国舍勒公司的案例中，中国浙江的万向集团把"远交近攻，谋势而动"的手法用得淋漓尽致。

万向集团始创立于 1969 年，位于国家级经济开发区——杭州市萧山区经济技术开发区，主要致力于汽车零部件产业。美国舍勒公司始建于 1923 年，具有良好的技术历史，是美国汽车维修市场的三大万向节供应商之一，在万向节领域，它曾经是世界上万向节专利最多的企业，拥有广阔的产品范围，曾向全美及全球市场提供了高质量的产品，它还在欧洲、亚洲、美洲、大洋洲都设有分公司。

美国舍勒公司是万向集团的第一个国际客户。以前万向集团一直为美国舍勒公司贴牌生产，1990 年末，由于市场竞争日趋激烈及内部决策失误，舍勒公司经营每况愈下，于是其主人舍勒兄弟致信万向集团，愿意以 1 936 万美元的价格把公司卖掉。

对于"送上门的姑娘"，万向集团并没有急于与对方接触，而是详细调研和分析了舍勒公司的优良资产和不良资产，对照自身的情况，找出万向集团并购舍勒公司最需要的是什么。当了解到美国的 LSB 公司也在与舍勒公司接触，而他们并不需要舍勒的品牌、专利等无形资产时，鲁冠球当机立断，派人前去与 LSB 公司接洽。

经过周密考虑，万向集团向 LSB 公司打出一条"远交近攻"的双赢妙计：从舍勒公司各取所需，你可以从舍勒公司拿走你需要的，而我拿走我需要的。2000 年，很快万向集团与 LSB 公司达成联合协议：LSB 公司接纳舍勒公司的工人，收购厂房；而舍勒公司的品牌、技术专利、专用设备及市场等归万向集团所有，剥离了大部分固定资产的舍勒公司成为万向集团麾下的美国子公司。

尽管对方是引领万向集团进入美国市场的师傅，对方曾经也是行业中的龙头企业之一，但是万向集团通过裁剪，最后以 42 万美元收购了舍勒公司的品牌、专利技术、专用设备和市场网络，并一跃成为世界上拥有万向节技术专利最多的企业。

随即，万向集团与 LSB 公司联合组建美国万向节公司，美国万向节公司将

第四套 混战计

舍勒公司的所有产品全部拿到国内工厂来生产，使万向集团在美国市场的销售额每年增长达 500 万美元。

综上，万向集团利用"远交近攻"，首先通过分析寻找到同样有并购舍勒公司意向但是利益诉求不同的 LSB 公司，能够同远处的对手取得并购上的联合，大幅度地节省了专利并购的成本；并购成功后，又及时与 LSB 公司合作在美国当地建立分公司，利用中国的成本优势和美国的市场优势，成功实现了产品利益的最大化。

第二十四计　假途伐虢

一、计策解读

假途伐虢，也作假道灭虢、假途灭虢，是春秋初年晋国诱骗虞国借道，一石双鸟，先后攻灭虢、虞两个小国的一次作战。

《三十六计》中原文为："两大之间，敌胁以从，我假以势。困，有言不信。"其意思是，处在我与敌两个大国之中的小国，敌方若胁迫小国屈从于他时，我方则要借机去援救，借以扩张势力。此计是说处在两个大国中的小国，面临着受人胁迫的境地时，我若说援救他，他在困顿中会不相信吗？

此计用于军事上，其意在于先利用甲做跳板，去消灭乙，达到目的后，回过头来连甲一起消灭，或者借口向对方借道为名，行消灭对方之实。三国时期的刘璋开门揖盗，让刘备入川，结果自己丢了性命，是刘备利用"假途伐虢"之计取胜的典型战例。

二、运用技巧

"假途伐虢"之计运用的关键在于"假道"。在专利战中，当竞争对手的实力较为强大时，依靠其产业链寻求自下而上的发展；当弱小的竞争对手面临危机，可以通过技术援助的方式控制或兼并他人的企业，从而夺取其市场；也可以通过假借诉讼了解技术秘密、专利回输战略等渠道，迂回发展，最后达到战胜对手、夺取胜利的目的；也可以通过借助于现有政策，来获得专利进攻的良器。

当然，上述"假道"的方式，必须根据情况适时、灵活地掌握。

1. "假途申请"之良器PCT

企业的专利布局往往会涉及产品生产国、产品销售国、竞争对手所在地等多个国家或地区，此时围绕优先权专利"假借PCT之途"向多个国家或地区申请专利族，一般而言是最佳选择。

根据《专利合作条约》PCT 的规定，专利申请人仅通过 PCT 途径递交国际专利申请，就可以同时向多个国家申请专利。通过 PCT 国际专利申请"假途伐虢"与直接在外国申请专利相比，具有以下优势。

① 方便：只需提交一份国际专利申请，就可以向多个国家申请专利，而不必向每一个国家分别提交专利申请，为专利申请人向外国申请专利提供了方便。

② 缓冲时间长：通过 PCT，专利申请人可以在首次提交专利申请之后的 20 个月内办理国际专利申请进入每一个国家的手续，超过优先权的 12 个月；如果要求了国际初步审查，还可以在首次提交专利申请之日后的 30 个月内办理国际专利申请进入每一个国家的手续。这样便延长了进入国家阶段的时间。利用这段时间，专利申请人可以对市场、发明的商业前景以及其他因素进行调查，在花费较大资金进入国家阶段之前，决定是否继续申请外国专利。

③ 提前检索，心中有数：国际专利申请要经过国际检索单位的国际检索，得到一份高质量的国际检索报告。该国际检索报告给出一篇或多篇现有技术文件，使得专利申请人既可以了解现有技术的状况，又可以初步判断发明是否具备授予专利的前景。如果该国际初步审查报告表明，该发明不具备新颖性、创造性和工业实用性，则专利申请人可以考虑不再进入国家阶段，以便节省费用；如果该国际初步审查报告表明，该发明具备新颖性、创造性和工业实用性，则专利申请人很有可能会得到一个稳定性更强的专利，应积极考虑进入国家阶段。

④ 简化缴费手续：只需向受理局缴费，而不是向所有要求获得专利保护国家的专利局缴纳专利申请费用。

⑤ 总费用低：某些国家对国际专利申请的国家费用比普通申请要低。

⑥ 语言上的便利：国际专利申请的语言可以是中文、英语、法语、德语、日语、俄语、西班牙语等。对于中国申请人而言，提出国际专利申请可以使用中文和英文，这为中国企业、外资企业进行国际专利申请提供了方便。

2. "假途保护"进行专利诉讼

据统计，现在中国企业在美国遭受的"337 调查"程序，部分是由日本企业发动的，可见，日本企业在遭受过专利战的打击后，已经学会"假途伐虢"，在美国利用"337 条款"打击其他国家的同行，而日本企业所借助的是美国市场健全的知识产权保护体系、美国市场的全球影响力、自身良好的专利布局体系。

同样，中国企业也完全可以"以子之矛攻子之盾"，即我国出口企业在美国布局专利，不但可以利用"337 条款"来保护自己的产品，而且也可以用来阻挡其他公司的产品进入美国市场，甚至包括美国海外企业的产品进入美国市场。2014 年，在美国授权专利数量统计中，中国在所有的国家中已经排名第三，授权专利数量为 23 068 件，其中仅台湾地区授权就达 13 856 件，占比 60% 以上。

3."假途讨债"追讨侵权赔偿

根据《专利法》第 65 条的相关规定，在专利侵权诉讼中计算侵权赔偿额度时，当对方的非法所得或我方的损失都难以计算，导致专利侵权的赔偿费不好认定时，通过借助于他人专利实施许可合同进行认定，能够达到"假途伐虢"追讨侵权赔偿的目的。

4."假途创新"的专利回输战略

专利回输战略，是指对引进专利进行消化、吸收、再创新后，形成新的专利布局，再转让给原专利输出企业的战略。该战略结合了"假途伐虢"引进专利、"树上开花"发展外围专利、"反客为主"专利转让等多种谋略，对于引进技术方提高技术创新的起点"站在巨人的肩膀上"，以及对于摆脱原输出国专利控制都具有重要的意义。

5."假途拓市"的专利捆绑战略

专利权人许可他人使用其专利时，要求对方必须同时购买自己的专利产品，借以扩大本企业产品的销量，提高企业竞争地位。专利与产品相结合战略通常在拥有基本专利的企业与拥有外围专利的企业之间运用，即拥有基本专利的企业，允许对方使用自己的专利，但是作为交换条件，对方企业应当使用本企业的产品。这样，既能向对方的市场"借道"拓展自己的专利市场，又能通过产品捆绑为产品"试水"，如果机会合适，完全可以取而代之。

微软许可 IBM 销售"MS-DOS"操作系统是流传最久的"技术锁定"神话。当时 IBM 软件部门也有自己的 DOS 系统，如果微软没有及时许可，IBM 就会开发和发展自己的操作系统，微软将永远是一个不值一提的小公司。但通过许可 IBM 使用其操作系统，并进而成功地在所有 IBM 兼容电脑上预装自己的操作系统，微软不但为其软件找到一个巨大的市场，而且"锁定"了个人电脑使用者，随后进一步开发了办公软件系统 Office，掌控了个人电脑的所有关键软件领域。

6. "假途探秘"的专利诉讼策略

在公开的专利诉讼中，各方都必须履行举证责任，这就会导致泄密风险，美国全面的证据公示制度更是这样，大部分证据材料必须以公开文件形式提交。部分企业就假借专利诉讼"顺手牵羊"来打探、了解对方的技术秘密，以期获得研发灵感。

以 2012 年 7 月 30 日苹果和三星的专利诉讼为例，为了在诉讼中赢得胜利，苹果不得不披露一些关键信息，比如 iPhone 和 iPad 的研发全过程、研发团队的具体情况、营销花费等，在这次庭审中苹果产品的最初设计图纸首次公开亮相，部分内部邮件也进行了披露。事后，明眼人一看便知，三星在之后的产品设计思路中，应用了从这次诉讼公开的证据中挖掘出的灵感。

7. "假途抢掠"的生物海盗

西方医药公司利用各种途径在发展中国家获取基因原材料研究开发后寻求专利保护，圈占和掠夺有限的资源的做法，就是一种"生物海盗"（Bio-piracy）行为。

发达国家的科研人员通过对发展中国家提供的基因样品"假道"进行研究，获得某些成果后进行商业化开发、申请专利、转让技术、制造药物等，反过来又通过知识产权保护打击这些发展中国家；提供基因母体的发展中国家如果要继续种植该农作物，反而要为所谓的"生物高科技产品"付出高昂的代价。

目前由于我国缺少对加强植物遗传资源获取与利益分享及阻止"生物海盗"行为的立法，跨国种子企业的"生物海盗"行为已经给我国造成了很大损失。以大豆为例，美国的孟山都从收集我国优质野生大豆资源中，开发出高产性状位点基因，在中国布局 53 件相关的专利申请中，分别涉及蛋白和油含量增加、具有低亚麻酸、具有线虫抗性等特征，对中国的大豆种植与出口都造成严重影响。阻止生物海盗行为，限制跨国种子企业利用我国遗传资源获取不当利益，维护我国对植物遗传资源的权利，已成为我国保护种业发展的当务之急。

三、总结陈词

《孙子兵法·军争篇》曰："故兵以诈立，以利动，以分和为变者也。"在专利战中，"假道伐虢"的使用要点是利用与他方合作作为"跳板"达到自己的战略目的，然后相机分合。

"假道伐虢"对于强者而言，是以借路渗透，"顺手牵羊"扩展专利力量，从而不战而胜的谋略；对于较弱的一方而言，要明白"唇亡齿寒"的道理，洞若观火，不给对手借路渗透的机会。

四、画龙点睛

专利大战廿四计，假途伐虢巧借道。
假途申请数 PCT，假途保护靠 337。
假途创新能回输，假途拓市要捆绑。
假途探秘去诉讼，假途讨债追赔偿。

五、活学活用

例 24-1

假途伐虢，武田制药借助发行彩票打击侵权

国际贸易商会估计，假药在全世界医药市场上占 5%～6%，其销售额相当于全世界最大的制药厂家——美国的默克年销售额的 3 倍。要想有效地打击制售假药，采取对策极为困难：只要假药同真药一样大小、一样颜色，医生、药剂师和病人就很难鉴别真伪。另外，对侵犯他人专利权的仿制药如何进行专利执法打击，维权企业如何举证也都是难题。

在种种困难面前，难道就没有一点办法了吗？日本最大的医药公司武田制药采取的专利、公关、销售"假途伐虢"策略就很值得借鉴。

在 20 世纪 60 年代初，日本的武田制药研制的合利他命 F 申请了 PCT 专利。能够治疗神经痛、神经炎、神经性膀胱炎、术后肠管麻痹、维生素 B1 缺乏、眼睛疲劳等多种病症，这种药不但信誉好，而且单位利润率高。于是引起台湾地区地下工厂的觊觎，仿冒的假合利他命 F 开始大量出现，并很快给武田制药公司的市场造成冲击。

武田制药当时面临的形势是非常严峻的。一方面，当时台湾地区的相关规定保障不够细密，"商标法""专利法"及"刑法"中妨害农工商的章节还未修正，

正牌厂商很难有合理的回报；另一方面，遇到类似的情况，通常的做法是对假冒的厂商进行刑事诉讼，要求民事赔偿，或再登报道歉，但武田制药苦于对地下工厂资料匮乏，无法采取法律行动。

经过武田制药有关部门的策划，一个严谨的以行销应变策略来保护自己的"假途伐虢"公关活动开始实施。

1966年，武田制药推出了一项看似刺激消费的活动——"武田制药爱福彩券"抽奖。此次抽奖设1 600多名高级奖品大奖，参加的条件非常简单，只要消费者购买药品合利他命F100一盒，便可参加。具体要求是，消费者要在空盒上注明自己的姓名与住址，以及药房的店名和地址。

在空药盒雪片般寄来参加抽奖时，武田制药动员了许多专家来鉴定盒子的真伪。通过这一活动，武田制药不但掌握了消费者的基本资料，还有一个更主要的收获就是，那些出售伪药的药店、药房悉数成了武田制药的瓮中之鳖。

随后，武田制药立刻发信给每一位购买到假药的消费者，向其说明假药的害处，并告诉其如何分辨假药。同时，公司派人劝导那些贩卖假药的药店、药房，再加上治安机关的追查，以及消费者亲自到药店、药房当面愤怒指责，使得药店、药房再也不敢寄希望于假药牟取暴利。

武田制药的这一公关活动计划，部署得相当严密，具有多元功能。武田制药以赠奖这一刺激消费的"激将法"假借消费者的手得到了制假者的信息，从而打击了制假药者和专利侵权者，截断了地下厂商的销售通路，彻底根除了地下厂商的危害。另外，通过这一公关活动，武田制药不但建立起了消费者资料档案，而且对购买到假药的消费者有再一次接受产品知识的机会，加深了对武田药品的认识，还"俘获"了消费者的芳心。

武田制药由其生存所需的销售渠道下手，结合公关和影响策略进行联合作业，有效地打击了制假药者和专利侵权者，这正是其"假途伐虢"之计成功的最大因素。

例24-2

一石三鸟，华为"假"3Com之手对抗思科

2001年IT泡沫破灭后，华为为了生存开始大力拓展海外市场，如进军美

国市场，由于当时思科在数据通信领域的绝对领导地位，因而许多后进入这个市场的厂商产品也对思科的产品进行了仿制，从型号的编制，接口的配置，命令行的关键字、语法都和思科一致，华为的数据通信产品也不例外。

于是，2003年1月22日，发生了一场在业界影响重大的诉讼：在中国农历新年的前夕，全球路由器和交换机等网络设备的霸主美国思科首先发难，向得克萨斯东区地区法院递交了一份诉讼请求。在其诉讼书中，华为被指控在多款路由器和交换机中盗用了思科的互联网操作系统（IOS）源代码，华为AUIDWAY系列路由器和交换机的技术文件、命令行接口等软件侵权，以及对思科拥有的至少5项与路由器协议相关的专利侵权。

华为被迫应诉。华为刚"走出家门"就碰上了国际竞争，竞争对手是拥有数百亿美元资产的世界著名公司，如何解决才能继续发展市场？

面对思科的咄咄逼人，华为没有选择退出国际市场，而是积极应对。华为的解决之道就是施用"假途伐虢"之计。

2003年3月，华为和当时已进入衰退期的3Com公司达成合作协议，并宣布成立合资公司（为期3年）。根据协议，合资公司英文名是3COM-HUAWEI，中文名是华为3Com，简称H3C。华为总裁任正非担任首席执行官，3Com总裁Bruce Claflin担任董事会主席。华为拥有合资公司51％的股份，3Com拥有合资公司49％的股份；两年之后，3Com可以选择购买控股权。

毛泽东说过：敌人的敌人就是我们的朋友。虽然3Com在美国市场开始走下坡路，但是它拥有自己相对完整的渠道，显然在同思科竞争方面有更丰富的经验。果然，联盟关系达成之后，3Com的CEO Bruce Claflin专程为华为作证：华为没有侵犯思科的知识产权，并表示思科针对华为的诉讼带有反竞争的性质。毫无疑问，这加大了华为与思科对话的筹码。

2003年10月，华为和思科就这场以诉讼形式出现的商业征战达成"和解"——华为将相关产品撤出美国市场，双方达成了暂停诉讼程序的和解协议。

虽然，表面上看，思科取得了专利战的胜利，但是华为通过"假途"3Com合作，获得了喘息的机会和进一步开拓市场的良机。思科行政副总裁Charlie Giancarlo后来回忆说，当他得知他们长期以来尊敬的竞争对手3Com和他们正起诉的公司成立合资公司后，气得三天没说话。

在不到 6 年的时间里，H3C 的营业额从 6 亿元（2003 年）增长到了近 100 亿元（2008 年），并且成为国内市场上以太网交换机、企业级路由器、IP 存储等领域排名第一的企业。如今，H3C 的高速增长在国内市场给思科带来了强有力的挑战。在未被 3Com 全资收购之前，H3C 和华为、3Com 保持密切的关系，在国内销售的交换机路由器都贴华为的牌子、在欧美市场贴 3Com 的牌子。因此市场上看到的打着华为牌子的中低端路由器和交换机，实际上都是 H3C 生产的。由于品牌切换的原因，还出现了一个现象，同一个产品可能打着华为和 H3C 两个型号，如在交换机中华为的 s3900 系列就是 H3C 的 s3600 系列、原来的华为 6500 系列变成了 H3C 的 7500 系列、原来的华为 8500 系列变成了 H3C 的 9500 系列等。

华为通过与 3Com 的合作，首先"假途"3Com 摆平了与思科的专利官司，之后又"假途"3Com 的产品和大平台进一步开拓了市场，最后又通过转让股权，"顺手牵羊"获得了大笔的现金流，可谓"一石三鸟"！

例 24-3

无视专利，深圳宝安机场招标不慎成被告

1997 年 8 月 27 日，珠海晶艺玻璃工程有限公司（以下简称"珠海晶艺"）申请了一件"幕墙活动连接装置"实用新型专利。凭借这项技术，该公司在参加的深圳宝安机场第一期的幕墙工程招投标活动中成功中标，并顺利完成了该机场的施工。2003 年上半年，宝安机场举行了第二期幕墙工程招标，珠海晶艺因价格原因没有中标，但随着第二期工程的落成，珠海晶艺发现其他中标者在为机场做工程时，使用了其专利"幕墙活动连接装置"。

2004 年 7 月，在不知侵权者是谁的情况下，珠海晶艺以侵犯专利使用权为由将宝安机场告上法庭，通过"假途伐虢"带出直接侵权者。由于该案涉及施工单位，除了第一被告宝安机场外，法院追加北方国际合作股份有限公司为该案第二被告出庭。

深圳市中级人民法院经过审理，作出一审判决：被告北方国际合作股份有限公司侵犯原告专利权，赔偿原告经济损失 25 万元；被告宝安机场支付原告专利使用费 15 万元。一审判决后，被告不服，向广东省高级人民法院提起上诉。

2005 年 7 月 11 日，在广东省高级人民法院主持下，原被告双方进行了调解和谈，并达成了协议：为尊重知识产权，北方国际合作股份有限公司同意在 10 日内一次性支付珠海晶艺经济补偿费用 25 万元。

随着建筑市场的不断发展，建筑领域的知识产权保护问题日益突出。建筑行业的特殊性使得该领域的知识产权保护一直"困难重重"，相关法律法规的不完善为侵权提供了"合理"途径，很多企业钻空子，堂而皇之地擅自使用他人的技术，而不承担任何法律义务。在许多招投标活动中，作为招标方的业主在建筑设计的招标活动中享有主导地位，所有投标者的建筑设计方案，均能全部获知，为使其利益最大化，于是将众投标人投标方案的长处、优点汇总到中标者一家供其免费使用，而投标人又因无法获得中标者的设计图纸，难以判断是否被侵权。还有企业在工程招投标过程中，不注意约定保护知识产权条款，致使工程没干成，反而泄露了技术秘密。

而今，珠海晶艺勇敢地向侵权者宣战，不法者最终为侵权行为付出代价。相信今后还会有更多的"晶艺"涌现出来，勇敢捍卫自己知识产权，也会有更多的"北方"和"宝安"受到法律的惩罚。

类似深圳宝安机场这样的遭遇，近期在其他一些知识产权纠纷中也有体现。在北京市第二中级人民法院开庭的刘东业诉北京冶金设备院专利侵权案中，马鞍山钢铁公司作为第三方与被告间有买卖合同，各种招标文件齐全，方式合法，却因没有审查供货方是否侵权而成为第二被告。可见，无论是什么性质的招标单位，在招标过程中绝不能忽视知识产权这把无形的"双刃剑"，一定要把好投标单位知识产权关，避免惹来不必要的麻烦。

第五套　并战计

在专利战中如果不慎处于危险境地，到了万不得已的紧迫情形，适时与竞争对手火并或主动被并购，也不失富有胆识的战略抉择，这正是"狭路相逢勇者胜"的并战计。

所谓并战计，是指敌我双方专利实力旗鼓相当而又互不相让时所经常运用的计谋，"见龙在野"。具体包括偷梁换柱、指桑骂槐、假痴不癫、上屋抽梯、树上开花、反客为主六计。

企业实施专利战略时使用该套计谋的条件是：由于双方旗鼓相当，任何一方也不存在速战速决的可能性，也不可能有浑水摸鱼的机会，在这种情况下需采取专利进攻和专利防御相结合的混合型专利战略。此时可采用专利包绕策略、规避设计策略、外围专利战略、产业链布局策略、专利收购策略等。

运用并战计的关键，是要注重竞争对手和市场信息的变化，分析和研究竞争对手的专利保护动向，了解技术现状和产业发展趋势，灵活地选取战略手段，形成"强则攻、衡则守、弱则跟"的专利战略体系。

第二十五计　偷梁换柱

一、计策解读

"偷梁换柱"也称为偷天换日、偷龙转凤、调包计，是指通过暗中调包以达到蒙混欺骗的目的。军事上是说与别的军队联合作战时，暗中抽换其主力，使作战失利，以乘机吞并之。

《三十六计》中原文为："频更其阵，抽其劲旅，待其自败，而后乘之，曳其轮也。"此计运用《易经》象理，是说好比拖住了车轮，车子就不能运行了，我方抽其友方劲旅，如同抽出梁木，房屋就会坍塌，于是我方就可以控制他方了。

从军事谋略上去理解本计，重点放在对敌军"频更共阵"上，也就是多次佯攻，促使敌人变换阵容，然后伺机攻其弱点的谋略。历史上，赵高传假诏，胡亥替换扶苏篡位；吕后与丞相陈平设计，未央宫杀韩信等事件，都是偷梁换柱的典型案例。

二、运用技巧

由于梁和柱在房屋建筑中一般起到支撑房屋重量的关键作用，在专利战中，梁和柱除了用来类比其他事物的关键与精华部件外，还经常用来比喻专利技术、专利保护、专利布局或研发团队中重要的、关键的、优秀的、起中坚作用的精英部分。国家知识产权局局长申长雨就曾指出：对于经济社会的发展，知识产权既要做好"攀枝花"，也要当好"顶梁柱"。这充分体现了知识产权对于经济发展的重要性。

"偷梁换柱"之计用在专利战中，指的是使用专利技战术，暗中更换专利相关产品、技术或人员的关键部分等，通过改变事物的性质和内部构成，达成自己的专利目标。

"偷梁换柱"是三十六计中用在专利技术研发中最常见的手段之一，存在以下几点运用场景和技巧。

1. 技术替代，偷天换日

"偷梁换柱"之计用在专利研发中是指专利技术替代，可叫做"改梁换柱"。专利技术替代（patent technical substitution），又叫专利代替技术，是指一种新专利产品在市场上取代另一种相似功能的老专利产品的过程，这是经济发展的必然规律；又指通过替代技术有效规避原专利保护，并通过市场运作成功与之抗衡乃至替代的过程，这是技术后入方利用专利技术研发中的"要素替代法"，通过"偷天换日"实现自己专利布局"反客为主"的主要手段之一。

在现代高科技社会中，技术变化更替是一种常态，是现代工业发展中不变的变化。在专利战争中，可以通过专利分析明晰自己产品的专利技术发展变化趋势、技术发展路线图、技术生命周期等元素，并适时进行产品转型或产业链纵深扩展；在专利防御中，应当对基础专利、核心专利和重要专利分别进行"阶梯式""地毯式""围墙式"的专利布局，避免竞争对手用"偷梁换柱"之计轻易攻克我方专利壁垒。

在重视知识产权保护的社会背景下，技术替代往往会带来多种技术路线共存的情况，究其原因一般存在以下可能：第一，不同企业在同一时期分别研发同一技术的类似产品，但采取的技术方案各有千秋；第二，为了规避对已有专利技术的侵权，而采取绕道策略；第三，为了避开已有技术路线下的高额专利许可费，而另行发展新的技术；第四，由于产业联盟或专利联盟间的利益分配出现分歧，导致各自分道扬镳分别发展的情形。

2. 偷换概念，乾坤挪移

"偷梁换柱"之计在专利诉讼中是指偷换概念。偷换概念是将一些似乎一样的概念进行偷换，实际上改变了原概念的修饰语、适用范围、所指对象等具体内涵，然后利用"浑水摸鱼"之计来以假乱真。

在专利诉讼中，被告方可以用以下一些偷换概念的方法来实现"乾坤大挪移"的效果。

① 故意曲解对方言论，往往将专利诉讼上升到道德层面上，然后把它推翻，再假装已经推翻了对方真正的专利证据。

② 故意地断章取义、以偏概全，从对方坚持的言论中选取有误导性的句子为自己增加论证。

③ 选取与对方拥有相同立场的实力较弱的第三方，把他们支持该立场的软弱论据推翻，再假装已经辩倒"所有"拥有该立场的人，"隔山打牛"般地攻击真正的竞争对手。

④ 找到对方的专利行为污点（比如和"专利蟑螂"来往密切的证据），然后利用或制造媒体和道德声势，来将专利利益之争转移到专利经营行为之争上。

⑤ 通过类比论证简化对方的论据，然后作出攻击。

3. 兼并盟友，貌合神离

"偷梁换柱"之计用在专利联盟中正是其原文释意所指。古人按语说："共战他敌时，频更其阵，暗中抽换其精兵，或竟代其为梁柱；势成阵塌，遂兼其兵。并此敌以击他敌之首策也。"

专利联盟是企业之间基于共同的战略利益，以一组相关的专利技术为纽带达成的联盟，联盟内部的企业实现专利的交叉许可，或者相互优惠使用彼此的专利技术，对联盟外部共同发布联合许可声明。如果发现自己所处的整个专利联盟处于貌合神离的状态，各个联盟成员之间各怀鬼胎，所谓"友军"，不过只是暂时的联合而已。此时则可以使用"偷梁换柱"之计，通过与"友军"联合作战的机会"频更共阵"，然后抓住时机利用自己的重要专利来抢占专利池乃至专利市场的重要位置。

4. 栋梁人才，偷龙转凤

专利战争实质上是智慧的战争，无论是产品研发、专利布局、专利运营还是专利诉讼、专利金融，高层次管理人才、高技能研发人才、专利工程师（专利情报工程师、知识产权工程师）、专利律师、专利技术经纪人、专利（无形）资产评估师等人才队伍的完善都不可或缺，高级人才是企业市场推广和专利战略实施的"栋梁"和"支柱"。令人才的"梁"和"柱"各尽所能，实现人才的合理运用，是决定专利战略乃至企业发展的最终成功的核心所在。

对于研发人才、管理人才和知识产权人才中的佼佼者，企业要千方百计地用"偷梁换柱"挖掘对方的"柱梁"，也要防范自己的"柱梁"人才被挖走。

5. 技术倾销，枯本竭源

技术倾销是国际技术贸易之间的一种"偷梁换柱"行为，技术倾销会造成进口国家的整个产业布局"头重、脚轻、根底浅"的局面。

技术倾销，实际上是属于掠夺性倾销的一种，指发达国家的跨国公司把一种技术产品出口到技术落后国家，前期予以进口国消费者大量的优惠让利（包括对侵犯专利权、版权等视而不见的手段）来逐步占领进口国的市场，后期通过挥舞知识产权大棒来高额收费，从而造成技术进口国相应产业或行业遭受实质性损害或将要造成损害的行为。这需要政府通过加强知识产权保护的手段来干预本国市场，就可以有效地防止技术倾销的发生。

三、总结陈词

一般而言，"偷梁"与"换柱"都是用次要的换主要的，用假的换真的，用坏的换好的。

"偷梁换柱"之计用在专利战中，摒弃其中的尔虞我诈、乘机控制别人的部分，合理地变换"梁"和"柱"等代表专利布局中的关键元素，对于专利技术研发突破、专利人才队伍的完备、专利诉讼的逆袭、有效打击"伪专利联盟"等都是一条非常行之有效的计策。

四、画龙点睛

> 专利大战廿五计，偷梁换柱调包计。
> 专利技术巧替换，偷天换日为规避。
> 专利诉讼换概念，乾坤挪移为胜诉。
> 专利人才是栋梁，偷龙转风挖根基。

五、活学活用

例 25-1

保护不周，诺贝尔无烟炸药专利被偷梁换柱

诺贝尔（见图 4）一生致力于炸药的研究，共获得技术发明专利 355 件，并在 20 个国家开设了约 100 家公司和工厂，积累了巨额财富。在他逝世的前一年，立嘱将其遗产的大部分（约 920 万美元）作为基金成立诺贝尔奖，授予世

界各国在物理、化学、医学、文学、和平领域对人类作出重大贡献的人，该奖项为推动社会的进步作出了卓越的贡献。

图4　阿尔弗雷德·伯纳德·诺贝尔（1833～1896）

即使诺贝尔本人在专利方面造诣颇深、硕果累累，也曾被人用"偷梁换柱"之计算计过。

1887年诺贝尔的无烟硝化甘油炸药（即混合无烟炸药）的成功，立即引起了很多国家特别是大国的浓厚兴趣。英国政府在1888年任命了一个炸药委员会，负责"清查新的发明，特别是那些对军用有影响的炸药，并且向国防部提出委员会能够推荐的、关于在这方面引起某些技术改良品的建议"。这个委员会的成员中，包括诺贝尔在黄色炸药时代的老敌手弗雷德里克·艾贝尔教授，他以委员会的名义与诺贝尔接触，要求他将自己的新发明及其发展情况，尽可能完整、秘密地提交给这个委员会，出于信任，诺贝尔这样做了。从1888年秋到1889年秋，他提供了样品和关于混合无烟炸药配方及其生产方法的完整情报。

诺贝尔原来的发明专利权的配方是：用分量相同的硝化甘油和可溶硝化棉，加上10%的樟脑。艾贝尔详细研究了诺贝尔的无烟炸药配方，用不溶解的硝化棉代替可溶硝化棉，并提出了自己的改良型炸药配方：用58%的硝化甘油、37%的硝化棉，加上5%的凡士林，用挥发性的有溶解力的丙酮，将它们作为胶质物。这种火药物质被挤成索状组织，因此给它取名为"线状无烟炸药"。

艾贝尔成功用"偷梁换柱"之计技术性地更新了诺贝尔的专利配方，二者在技术上实质性的区别仅仅是：用不溶解的硝化棉代替可溶硝化棉。艾贝尔立即在英国和其他几个国家取得了发明专利权，并陆续取得了暴利。

诺贝尔发现后怒不可遏，于 1892 年将艾贝尔告上法院。然而，结果却是，所有的法院都驳回了诺贝尔向英国提出的索赔要求。此外，原告诺贝尔炸药公司，被勒令支付 2.8 万英镑的诉讼费。

法院拒绝诺贝尔要求对线状无烟炸药拥有的发明优先权的理由是，在他发明专利权登记上，不幸地写了一些细节：他曾将配方写为"以可溶著称的那种"硝化棉成分，这种颇为含糊的表达方式，被双方的证人和专家们，用不同的方法进行了解释。最终，法院判决为：这种表达意味着在申请发明专利权的时候，并不包括那些被认为是"不可溶解的"硝化棉在内，因此诺贝尔诉讼"线状无烟炸药"侵权不成立。法官最后的判决书有一句话很经典："相当明显的是，一个被法律允许爬到巨人背上的侏儒，某些程度上能够比这位巨人本身看得更远些……"

大发明家诺贝尔因为无烟炸药在专利撰写时的考虑不周，被竞争对手用"偷梁换柱"之计合理规避其保护范围而进行专利布局，对诺贝尔炸药公司造成了巨大的损失。这件事中的经验教训和艾贝尔"要素替代"的专利研发方式，均值得我国企业深思、学习和借鉴。

例 25-2
偷梁换柱，苹果、三星因圆角矩形引起的设计风波

2012 年，在苹果和三星某一系列的庭审中，苹果法务人员不走寻常路，在"设计专利"上对三星发起了阻击。他所依据的是专利号为 D670286、名称为"便携式显示设备的矩形圆角外"的外观专利。

而由于这一领域对大多数律师甚至是专长于知识产权的律师都不大熟悉的，苹果的策略是试图从繁杂的法律条文中跳出来，试图用"偷梁换柱"的计谋，向法庭描述一个名字叫苹果的伟大的发明家，如何努力抵抗一个名字叫三星的无耻模仿者的故事。这招确实管用，在苹果打出了大量手机模型、内部文件、新报告的牌后，无奈之下的三星不得不拿 1986 年拍摄的科幻电影《2001 太空漫游》来说事，"偷梁换柱"地声称该电影中就出现了圆角矩形的平板电脑。

很明显，三星被逼急了。三星产品主管 Kevin Packingham 则直接吐槽，认

为将圆角矩形外观视为侵权，这是不合情理的。但不管怎么样，双方的交手多少都有点"偷梁换柱"和"浑水摸鱼"之嫌。

首先，矩形应该是不能作为一种外观设计申请专利的。大多数国家规定，发明必须具有同一技术领域中具有中等知识的人所不能演绎出的创造性步骤，而且像科学理论、数学方法、植物或动物品种、自然物质的发现、商业方法或医疗方法一般不能获得专利权。苹果申请到的应该是 iPhone 和 iPad 的外观设计专利权，也就是说 iPhone 长得什么样子，而非"偷梁换柱"用简单的矩形圆角一概论之。

其次，三星律师有偷梁换柱之嫌。苹果的指控是"三星产品看起来像苹果"，并给出三星如何规避 D670286 外观设计专利权的建议，"正面不要黑色或透明，正面不应使用矩形、圆角和扁平形状；显示屏最好是正方形而不是长方形，或者尽可能不要做成矩形"。而三星却将之曲解为"苹果不让我们用矩形圆角的设计"，一副弱者受委屈的样子。但是消费者都会发现，三星并不只是"矩形圆角"而已，只是因为抓住矩形圆角的设计不放，更容易从舆论上赢得大众的支持。

苹果列举的证据则表明，许多三星平板电脑被退货的原因在于，消费者误认为自己买了苹果 iPad。这或许有消费者故意无视商标等差异之嫌，但三星如果不是"偷梁换柱"故意误导，把 SmartCase、充电口、外包装和界面"偷天换日"弄得那么与苹果那么相像，还在展示场所用上 App Store 的图标干啥？

例 25-3
偷换概念，将利益之争演化为道德审判

美国的专利侵权案件可以采取陪审团的方式，而陪审团又不是法律专家和技术专家，当事人的律师在解释技术方案时往往采用横向类比的方式进行，所以很多专利侵权诉讼就被"乾坤挪移大法"转化成了道德审判。

一般而言，在亲专利的文化氛围影响下，诉讼之前陪审团基本上就已经决定了哪一方是侵权者、"强盗小偷"，哪一方是创新者、受害方，这就将被告置于极为不利的境地。只要走上法庭，你就处在辩诬的位置，加上原告律师的煽风点火，专利侵权诉讼被"偷换概念"描述为正义与邪恶的较量，本来未决

的利益之争就被思维定式的道德之争提前宣判。

由于陪审团可能并不完全掌握有关专利法的知识，他们更愿意作出已经被公众普遍接受的道德评判，例如，说谎、盗窃和取得不正当利益，他们一般也会依据这些原则给出最终的判决结果。所以，如果被告曾与专利权人有着广泛的合作，律师就会调查有关该潜在被告的产品改进或者产品开发的情况；如果双方进行过专利许可的谈判，律师则会夸大被告对许可使用的恶劣态度，这就是国外企业起诉前一定要进行许可谈判的一个主要的目的。

以思科诉华为为例，虽然思科从来没有过向华为专利许可的意向，但也会在诉讼前主动与华为谈判，以便在随后的诉讼中向陪审团展示一个更加"彬彬有礼"的思科。另外，在整个诉讼过程中，思科运用"偷梁换柱"转移陪审团关注点，华为总裁任正非曾在四川的解放军所属某军事基地工厂当过通信兵的经历被思科大肆炒作，华为的公司形象在某种程度上也被思科被妖魔化，这对华为在美国的诉讼有非常负面的影响。

作者认为，在专利战中，遇到不利于自己的规定或者舆论，站出来说话，是没问题的，关键是不要站在道德制高点上"偷梁换柱"，更不要摆出一副唯我独尊的架势来。市场就是市场，利益就是利益，和正义无关。

第二十六计　指桑骂槐

一、计策解读

"指桑骂槐"意思是指着桑树骂槐树，比喻明指甲而暗骂乙，也就是指着张三骂李四。"桑"一般是指最有代表性的人或事、第一个敢挑战权威的典型，"槐"一般是指该骂而不便于骂的人或事、该骂而数量过多的群体。

《三十六计》中原文为："大凌小者，警以诱之。刚中而应，行险而顺。"其意思是强者要制服弱者，要用警戒的办法去诱导他。具体是说治军，有时采取适当的强刚手段便会得到应和，行险则遇顺。

在军事战中，此计要运用各种政治和外交谋略，"指桑"而"骂槐"，施加压力配合军事行动，对于弱小的对手，可以用警告和利诱的方法，不战而胜，对于比较强大的对手也可以旁敲侧击地威慑他。

二、运用技巧

在专利战中，"指桑骂槐"之计常应用于专利侵权诉讼对象的选择中，对于实力强大的一方，可以用专利诉讼来警戒、震慑弱小的一方，以警诱之；对力量弱小的一方，可用此道而反行之，敢于采取强硬、果敢手段实施专利诉讼，也能取得意想不到的运营效果。

从指代对象的实力强弱上划分，指"桑"骂"槐"可分别扩展为指弱骂强、指强骂弱、指强骂强、指弱骂弱4种模式；从指代对象是否有明确所指上划分，指"桑"骂"槐"也可分别扩展为实指虚骂、虚指实骂、实指实骂、虚指虚骂4种模式。

对于不同的企业而言，重点和要求并不尽相同，企业需要根据自身的情况和面对的外部因素，厘清敌我双方的优势对比情况，知己知彼。然后从当前专利战的角度分别确定对手的综合实力，是弱于自己、强于自己，还是与自己相当，然后选择"指桑骂槐"中最合适的模式发起攻击。

从专利战的可实施性上讲，可以分为杀一儆百、杀鸡儆猴的"武杀"和敲山震虎、旁敲侧击的"文杀"。

1. 杀一儆百

在专利战中，"杀一儆百"泛指通过严惩众多弱小侵权者中的一家，对其他的侵权者形成警诫，"以儆效尤"；率数未服者以对敌，若策之不行，则通过惩罚己方阵营中的一员，来警告众人树立权威，此乃遣将之法。

如果专利侵权方实力都弱于自己但数量众多，通过选定侵权者中较强的一个进行专利诉讼来"威慑"其余的侵权者，如果被告方由于专利侵权而退出市场甚至破产清算，则会造成"杀一儆百"的效果，其余的企业则会噤若寒蝉不再敢轻易侵权，或主动地缴纳专利许可费，或主动和解。例如，思科控告华为的目的之一就是通过专利诉讼为市场造势，让那些"垂涎"华为产品物美价廉的美国企业望而却步，阻断以价格取胜的华为等中国企业进一步进军美国市场的"根"。

如果企业作为专利联盟或产业联盟的"盟主"，在联盟的部分盟友违反专利协定，出现离心倾向时，在法不责众的情况下，通过严惩专利联盟中的"出头鸟"，来警告众人树立权威，就能重新巩固联盟并达成利益统一。

当专利权人面临多家企业同时侵权、证据确凿充分且大同小异、专利权人对制止侵权和获得赔偿有充足的把握时，也可采取集体诉讼（也叫"代表人诉讼"）的方式，将侵权人一并告上法庭并争取并案处理，一次诉讼就能实现"横扫千军如卷席"的效果。

2. 杀鸡儆猴

在专利战中，"杀鸡儆猴"泛指通过展示专利实力恫吓对手，用血淋淋的"鸡"做活标本来时时刻刻警告"猴子"不要侵权。

如果侵权者众多，且实力大都是与自己接近或者比自己实力略强的市场主体时，应选择一两家企业集中精力打歼灭战，且必须要打得漂亮、赢得精彩，以便对其他侵权者影响到位，不击而败之，不战而胜之。

具体到专利诉讼对象的选择，专利所有者应采取"杀中"策略。在众多侵权企业中选择综合实力相对薄弱的对手，而不是那些实力最强的对手；选择达成和解协议可能性大的对手，而不是选择会奋起反抗的对手；选择最易于突破的环节入手。需要注意的是，被告不能选择实力太弱的对手，被告实力的薄弱固然对原告胜诉有利，但是如果被告一打官司就破产，那么原告就会枉费时间和金钱，因为即使打赢也起不到利用被告对其他竞争对手"杀鸡儆猴"的影响力。

3. 敲山震虎

敲山震虎是指敲动老虎所在的山的山岩来震慑老虎，向老虎展示自己强硬的态度。在专利战中，"敲山震虎"是企业专利威慑战略的一种表现形式，不但要"敢于亮剑"展示自己的专利实力，还要想方设法迫使对方屈服，达到不战而屈强敌之兵的目的。

如果侵权者都是实力比自己强大的市场主体，应选择具有代表性且有明显专利布局缺陷的一家企业进行专利诉讼，集中全部力量击而败之，即使不能击败也要"断其一指"，使之主动讲和。敲山震虎之后，借着"打虎猛将"的余威逼着其他侵权企业就范。

4. 旁敲侧击

在专利战中，"旁敲侧击"泛指指虚骂强借题发挥，用不同的话题做"桑"和"槐"，目的在于引对手警戒并试其深浅，为企业进一步进行深入的专利攻击提供缓冲时间。

一般而言，对战双方互相忌惮而不撕破脸皮直接指明敏感话题，而是绕个弯子迂回地表示自己的意见，或借助于第三方迂回地进行专利攻击。

例如，在智能手机领域，苹果的 iOS 系统和谷歌的 Android 系统处于两大对立的专利阵营，近年来专利战愈演愈烈但是焦点始终集中在苹果和 Android 手机厂商之间。苹果先是"投石问路"诉讼 HTC，尝到甜头后又对 Android 手机龙头三星进行更大范围的专利打击，进一步"敲山震虎"瓦解 Android 阵营。谷歌法律总顾问肯特·沃克尔 (Kent Walker) 表示："科技界目前存在一个重大问题，软件专利似乎搞砸了创新。"显然也是"敲山震虎"剑指苹果的专利威胁。

三、总结陈词

运用"指桑骂槐"的专利谋略，不论是"文杀"还是"武杀"，都可以在竞争中起到心理震慑作用，当对手蠢蠢欲动、企图挑战时，当市场潮流向不利于自己的方向发展时，企业应该在"知己知彼"的前提下，适时用专利诉讼"指桑骂槐"地发出警告、旁敲侧击、进行干预，"兵不血刃"地迅速消除市场竞争的不利因素，起到不战而屈人之兵的效果。

四、画龙点睛

专利大战廿六计，指桑骂槐来警告。

厘清双方优劣势，知己知彼易分辨。

杀一儆百树权威，杀鸡骇猴惩中间。

敲山震虎敢亮剑，旁敲侧击试深浅。

五、活学活用

例 26-1

指桑骂槐，兰斯伯格公司侵权诉讼打遍天下无敌手

1956 年美国的哈罗德·兰斯伯格发明了静电喷漆技术，获得专利后，建立了兰斯伯格公司自行实施。由于应用兰斯伯格这项专利技术可节省近一半的油漆，而且产品着漆均匀、光洁美观，经报刊宣传后，使它一举成名，各国企业纷纷仿造。兰斯伯格公司作为一家中小企业，要向许多大公司收取其专利的使用费，可不是一件轻而易举的事。

令人惊奇的是，小小的兰斯伯格居然打败了这些"庞然大物"，其斗争策略着实令人敬佩，其采取的正是"指桑骂槐"中的敲山震虎和杀一儆百相结合的策略！

在美国市场，兰斯伯格公司采取的是"敲山震虎"的诉讼策略。1956 年，美国最大的喷漆公司之一——宾格斯制造公司因为对兰斯伯格公司的专利许可政策不满，就想搞掉兰斯伯格的这件喷漆专利，故向法院提出了请求宣布专利无效的诉讼。为了推翻兰斯伯格的这件专利，宾格斯制造公司搬来了 1850 年的专利文献，还请来了好几位证人，可谓声势之大。然而，兰斯伯格公司并不畏惧，信心百倍，敢于亮剑。经过法庭较量，1959 年 6 月，法院宣布这项发明是一个

应用广泛的基础发明，从根本上区别于以前任何一种喷漆工艺，宾格斯制造公司败诉。

闻名全球的美国通用和福特，为了避开兰斯伯格的这件专利，两家都用了好几年的时间来研制自己的静电涂装系统。福特还曾出资资助过密歇根州有名的工业研究机构进行实验，但也未得成功。福特后来所采用的一种装置仍被证明是侵犯了兰斯伯格公司的专利权。在法庭上，兰斯伯格公司胜诉，福特和通用被迫赔偿了200万美元的损失费。后来这两家公司都成了兰斯伯格公司的"模范"主顾。

由于行业巨头败诉，从此以后，在美国再也没有厂商或个人敢擅自实施兰斯伯格公司的专利了。但在国际上，兰斯伯格公司的静电喷漆专利仍不断受到威胁，为此，在稳定专利权后，向那些专利侵权人开刀，也要选择有"名望"的对手下手，以做到杀一儆百。

在日本市场，兰斯伯格公司曾就其专利不得不应付400多个侵权者。同一时期，有七八家厂商想联合起来搞垮兰斯伯格公司的这件专利，公司同时面临的诉讼多达14场，但法律是无情的，诉讼的结果是侵权者们不得不逐个赔偿兰斯伯格公司的损失，兰斯伯格公司从日本又得到了可观的赔偿。

在德国市场，除了应用"杀一儆百"的诉讼策略，还结合"顺手牵羊"之计对付德国公司的不正当诉讼行为。当时，对某家德国大公司的诉讼持续了很长的时间，双方都被拖得疲惫不堪，最后同意仲裁。但当由3人组成的仲裁小组宣布支持兰斯伯格公司时，这家德国公司变换了设备，声称没有侵权。以不变应万变，兰斯伯格公司立即以违反仲裁协议为由"顺手牵羊"就此提起诉讼。当德国的法院受理此案时，这家德国公司十分惊慌，董事长立刻撤销了专利专家们自作聪明的方案，与兰斯伯格公司开始了现实主义的谈判。他们怕出尔反尔以致在公众社会中败坏自己的声誉，一件专利诉讼就这样"事半功倍"地解决了。

面对专利侵权行为，兰斯伯格公司利用法律手段和"指桑骂槐"的专利诉讼策略，迫使500多家侵权企业向其支付了20多亿美元的赔偿金，为专利权人善于适应变换专利侵权的诉讼方式作出了榜样。

结合专利侵权诉讼的同时，兰斯伯格公司开创了自己的专利许可模式。静电喷漆方法被批准为专利后，许多客户前来购买该专利许可证，兰斯伯格公司决定采用一种完全不同以往的收费办法：凡是要使用兰斯伯格公司专利工艺的客户，必须根据可节省的油漆向其支付费用。兰斯伯格公司只要发现了潜在的用户，便请他亲眼看见这种喷漆方法可以节省多少油漆和人工，然后，双方订立协议，兰斯伯格公司帮助用户安装设备，负责调试、维修；用户支付入门费以后，再根据每个月所签约的油漆量来支付提成费。

到1974年为止，兰斯伯格公司用这种方式，收取了1100万美元的许可费，并成为美国1974～1976年获利最多的一个公司，从而在1972～1976年跨入美国利润最高企业行列。

兰斯伯格公司那样在实践中勇于探索、善于总结解决专利侵权纠纷诉讼的方法，利用"指桑骂槐"掌握专利诉讼战的主动权，值得我国企业不断地探索和学习。

例 26-2

含沙射影，媒体报道专利事件需尽实

2012年大量胶囊药品明胶原料的"皮鞋门""失火"，就殃及明胶专利审查的"池鱼"，在某些媒体的煽风点火下，迅速成为公众发泄的又一个目标。社会公众原本就对专利药品、食品的安全性期望值很高，但凡加上"专利产品"字样，或者和专利沾点边的产品，均承载着公众对于"专利"美好的期许，承载着"高大上"的技术诉求，自然不允许有任何安全问题。

因而，在没有任何证据确认生产"毒胶囊"所用技术就是涉嫌专利技术，甚至涉嫌的两件专利中一件专利已经失效、另一件根本就没有通过专利审查的情况下，公众就把矛头转向专利制度，着实是对专利审查部门的误解。

2014年，时任天津市政协副主席、市公安局长武某某涉嫌严重违纪违法。据天津纪检干部透露，"武某某涉嫌利用专利在天津交通领域牟取不正当利益"。

经过相关部门调查后发现，武某某利用专利牟利与专利本身没有任何关系，而是其以专利为名的"瞒天过海"之术。其大多数专利都属于无须经实质审查的实用新型专利，且其应用转化过程，都属于霸王硬上弓的权力嫁接。据报道，武某某专利所属的3家公司有公安背景，且其进行的24项中标记录中，有12

项为单一来源采购,其他为竞争性谈判采购,但常出现没有其他公司来"谈判"的情况。屏蔽竞争的采购模式和成果转化,何谈公平? 试想,武某某不是发明人,这些产品能获得如此优待吗? 其背后的利益纠葛不言自明!

专利为何一再在类似事件中成为焦点,并有某种程度的误读? 难道仅仅是纯朴的公众被只注重眼球效应的某些媒体"指桑骂槐"地误导,因而产生的对专利的误读?

究其原因,专利本身理应是企业竞争的"武器"和合作的筹码,但一些迹象显示,专利正在作为一些企业的口号和荣誉簿,各种营销宣传也以专利为卖点,这些都给普通公众一种错觉,好像获得专利是一种质量认证或政府奖励。正是在这种认识下,才屡次出现产品质量出现问题,就有人去挖出相应的专利,以某种扭曲的形式加以传播,这给我国正在蓬勃发展的专利事业造成了负面影响。

对此,首先,应该加强专利基础知识在公众中的普及性。自 2001 年起,每年的 4 月 26 日,包括中国在内的世界知识产权组织及其成员国都会举办各种活动,宣传知识产权领域取得的重要进展,普及知识产权知识,增强社会公众的知识产权意识。除此之外,还应抓住各种与专利相关的社会热点,"趁热打铁"地通过媒体传达正确的思想,避免公众误读。同时,还应把普及专利知识深入广大青少年中,这样不仅使青少年树立起尊重和保护创造成果的意识,也培养了青少年创新品质、创新思维和自主创新能力。

另外,推动普通公众正确认识专利特性,回归专利本质,让专利从妇人头上的鲜花和点缀转变成勇士手中的刀剑和黄金,只有这样,专利和专利制度的价值才会得以体现,才不会一次次出现这种有些错位的认识和争论,才会一切各归其位,才能真正实现以创新谋发展的强国之路。

例 26-3

杀一儆百,孟山都与老农鲍曼的专利较量

2013 年 5 月 13 日,美国联邦最高法院就美国种业巨头孟山都(Monsanto)起诉美国农民鲍曼(Bowman)侵犯专利权一案作出终审判决,至此,孟山都从一审、二审直至终审全部获胜,判决鲍曼赔偿孟山都 8.4 万美元。

事实上,该案的双方当事人实力极为悬殊。鲍曼只是美国印第安纳州的一

个普通农民，当年 75 岁；而孟山都则是创始于 1901 年的一家跨国公司，其原为化学试剂生产商，后于 20 世纪 80 年代成功转型为全球重要的生物技术公司。2000 年以后，孟山都在转基因种子与作物市场上占据主导地位，美国市场上90％的转基因种子来自该公司。同时，孟山都就其相关转基因种子在许多国家拥有专利，如涉案的专利号为 US5352605 及 RE39247 的美国专利，用于通过不齐的 DNA 序列 CaMV 抵抗抗花叶病毒 35S 和 19S 的转基因植物，2010 年 12 月7 日已经到期。正是利用手中的这些专利武器，孟山都仅在美国就向农民提起了一场又一场的专利侵权诉讼。由于各种原因，累计数以百计的诉讼要么双方和解，要么以农民败诉结案，从这个意义上看，倔强的鲍曼必将成为转基因专利发展史上一个重要的普通农民，也成为孟山都"指桑骂槐，杀一做百"的专利诉讼战略的重要一环。

如果没有转基因种子的特殊性，农民与种子的传统关系不会改变，世世代代自留优选种子的做法也不会与专利侵权产生任何关联。但相较于传统种子，转基因种子更依赖于人工培育并可以基因遗传，因此，孟山都在农民购买转基因种子时都签有协议，注明他们不会将购买的种子留种和复种；一旦孟山都通过其被戏称为"种子警察"的线人发现有人违反约定，则毫不留情地以专利侵权诉讼相威胁或者提起专利侵权诉讼。

该案中这位印第安纳州的鲍曼老农，就是用买到的转基因大豆种植后自留的种子再种植，因为他认为按照千百年来的农业习惯，农民可以自留种子再复种，他的前辈就是那么做的。但孟山都不这么认为。2007 年，孟山都在印第安纳南区地区法院起诉鲍曼侵犯其种子专利，法院以简易判决方式认定鲍曼自行留种行为构成对原告孟山都的专利侵权。鲍曼不服，上诉至美国联邦巡回上诉法院，称孟山都的专利权利在种子初次销售之后即已耗尽。

上诉法院经审理认为："即便孟山都在作为商品的种子上的专利权利耗尽，这也不能说明什么，因为像鲍曼这样的种植者，只要种过包含有孟山都'Roundup Ready PLUS®'基因的种子商品，该第二代产品自然包含该基因，种植者再种它就仍构成侵权。"换言之，即使专利权利耗尽原则适用于鲍曼购买的种子，但并未授权他制造新的含有"Roundup Ready PLUS®"基因的第二代种子，未经许可地种植此类种子构成专利侵权。2011 年 9 月 21 日，上诉法院判决维持原审判决。鲍曼不服，又向美国联邦最高法院提出上诉。2012 年 10 月 5 日，美国联邦最高法院正式接受审理此案。

显然，对专利权利用尽原则的理解显然是处理该案的关键法律问题。但是该案件远不是单纯的法律问题，美国联邦最高法院正面临着多种利益的冲突与交织。专利、垄断及生物多样性、国家安全，这个案件几乎聚焦了所有当前最为敏感的词汇，一场实力悬殊的诉讼本来就有足够的新闻性，更何况它还牵涉多个重要深刻且宏观前沿的话题。

孟山都通过"指桑骂槐"获得了足够的社会关注度，代表全美 25 万位消费者及农场主会员的非营利性组织美国食品安全（及种子安全）中心、美国知识产权法学会，还有美国反垄断协会、美国种子贸易协会、美国生物技术产业组织、美国大豆协会等组织则通过该案"指桑骂槐"地表达了自己的观点和诉求，可谓各有所获！

第二十七计　假痴不癫

一、计策解读

假痴不癫，意思是装聋作哑，表面上给人以痴痴呆呆的假象，而内心里却特别清醒。

《三十六计》中原文为："宁伪作不知不为，不伪作假知妄为。静不露机，云雷屯也。" 其意思是，宁愿假装不知道而不采取行动，而不假装知道而轻举妄动。要沉着冷静，不露出真实动机，如同雷霆掩藏在云雷后面，不显露自己。具体是说在军事上，有时为了以退求进，必得假痴不癫，老成持重，以达后发制人。这就如同云势压住雷动，且不露机巧一样，最后一旦爆发攻击，便出其不意而获胜。

"假痴不癫"之计用于政治谋略，就是韬晦之术，在形势不利于自己的时候，表面上装疯卖傻，给人以碌碌无为的印象，隐藏自己的才能，掩盖内心的政治抱负，以免引起政敌的警觉，专一等待时机，实现自己的抱负。三国时期，曹操与刘备青梅煮酒论英雄这段故事，就是个典型的例证。

"假痴不癫"之计用在军事上，指的是虽然自己具有相当强大的实力，但故意不露锋芒，显得软弱可欺，用以麻痹敌人，骄纵敌人，然后伺机给敌人以措手不及的打击。三国后期，司马懿诈病赚曹爽，就是典型案例。在军事上，此计不但是麻痹敌人、待机破敌的一种策略，还可作为"愚兵"之计来治军。如宋代狄青在征伐壮族首领侬智高时，以两面钱来装神弄鬼，让士兵误以为有神相助，于是士气大振。

二、运用技巧

《孙子兵法·始计篇》曰："兵者，诡道也。故能而示之不能，用而示之不用，近而示之远，远而示之近。"

"假痴不癫"之计，用于专利战之中常常是经营者为了掩盖自己的企图，常以假痴来迷惑众人，宁可有为示无为，聪明装糊涂，不可无为示有为，糊涂装聪明，当时机不成熟时，绝不轻举妄动。具体表现在以下 5 个方面：

一是知而示之不知，诱使对方上当；

二是能而言之不能，迫使对手让步；

三是用而示之不用，暗使对方麻痹；

四是助而示之不取，先播种后秋收；

五是明知不可为而为之，意欲他求也！

1. 知而示之不知

我国在引进国外产品外包生产或专利技术时，会存在专利包中掺杂过期专利或不相关的专利、"二次付费"的专利许可协议"陷阱"、专利侵权连带责任风险等问题，一开始国外有关企业和公司事先肯定是知道的，但他们假作不知，不提醒我们注意，以期来获得更多的利益。

对此，我国企业应积极利用专利分析和专利评议等方式，梳理引进的相关专利权，明晰目标企业对清单上专利权的所有权和可处置权，厘清专利权的法律有效性和剩余保护期限，了解专利许可与被许可的具体情况，评估目标技术专利布局的完整性等，避免日后陷入尴尬的境地。

例如，20 世纪 80 年代初，我国在引进英国皮尔金顿玻璃公司（Pilkington）浮法玻璃生产技术时，该公司一开始索要 2 500 万英镑的技术入门费，技术人员经过专利分析后发现，英方技术包中的 137 件专利有 51 件已经失效，占全部转让专利技术的 37.2%，最后该公司迫使英国皮尔金顿玻璃公司将入门费降低至 52.5 万英镑，仅占原入门费的 2%。

2. 能而言之不能

跨国公司通过新技术研究、开发，储备了大量通过"能而言之不能"的"假痴不癫"战术，只推出比其他公司先进半步的技术，而尚未利用的技术和短时间内难以产业化的技术则以技术储备的形式保密，即应用所谓的"开发第四代，保密第三代，应用第二代，转让第一代"的战略，以保持自己的技术在国际上的先进地位和垄断地位。

例如，IBM 在垄断第二代计算机获得了巨大的利润、其他公司行将赶上时才高价出售其第三代技术并开拓第四代技术，这样的专利战略能够最大限度地有效分散技术开发风险，从而降低企业运营风险。

3. 用而示之不用

韩国三星在进军新的芯片市场时，通过不计成本的、大规模的投入获得行业龙头企业——苹果的信任和认可，三星以苹果代工工厂的方式进入计算机行业，这种"自我屈尊"的方式不可能是无私奉献，而是"用而示之不用"的"假痴不癫"战略。首先，通过高品质的代工能够获得苹果源源不断的订单，及时回收成本，同时能够积累丰富的加工制造工艺经验；其次，能够第一时间发现市场供应紧张的零部件，从而迅速投入巨资实现该零部件的高品质规模化生产，进而低价承接苹果之外更多大公司的订单。

通过上述的"牺牲"，三星对开发相关产品有了第一手、最直接、最全面的了解，之后在合适的时间内，三星迅速推出自己的产品，低价占领市场。苹果后期对此气愤无比，但是又只能依赖三星的代工，只能通过专利诉讼来对三星进行打击，造就双方亦敌亦友的关系。

4. 先播种后秋收

有的公司产品质量上乘，在国内外享有盛誉，急需扩大生产规模，但公司一时难以筹措众多资金搞扩建时，比较可行的办法是通过"先播种后秋收"的"假痴不癫"战术，先通过无偿帮助中小企业进行专利技术改进、设备改造、员工培训、品牌绑定，然后利用改造小企业原有的设备进行扩建和市场拓展。

这就像先播种后秋收一样，先通过主动援助博得对方的好感，通过合作达到双方共赢的目的，这种通过"假痴不癫"战术正和博弈的手段比主动冲击成功率要高得多。所以说，企业利用"假痴不癫"的经营谋略，在团结中取长补短"同舟共济"发展，能够共获利益，有利于双方的长远发展。

5. 明知不可为而为之

在专利战中，明知不可为而为之，愚也？是之为勇，实则意欲他求也！具体情形包括以下 3 种。

（1）明知得不到赔偿，甚至又可能败诉，也敢于亮剑

企业"无中生有"地进行起诉，真正的目的是利用知识产权诉讼周期长的特点，通过专利诉讼消耗对方之精力、伤其元气、挫其锐气、乱其军心等，趁竞争对手疲于应付之际分得一杯羹，即使最终败诉但其目的已经达到。例如，2012 年，虽然三星在与苹果的专利战中败诉，被判赔偿 10 亿美元，但各种数据显示，通过和苹果的专利战，三星迅速提升了品牌知名度和美誉度，反而扩大了在智能手机领域的市场份额。

（2）明知自己已使用公开，也申请专利

这是一种抑制性专利防御战术，主要目的是防止他人申请相关专利，而进行的反限制、反伤害、免诉累的"假痴不癫"战术。首先，能够防止他人告我方侵权，使我方陷入被动、举证困难，"劳民伤财"的同时还可能影响我方的声誉；其次，即使当对方反诉我方专利无效时，也应对手举证，将耗费其大量的人力、物力和时间。

切记，此计只能用于专利防御，不能用于专利进攻，否则得不偿失。

（3）明知得不到保护，也积极进行专利申请，借以惑敌

在策略性的专利布局中，基于专利情报防范的考虑，通过隐瞒公司真正在进行的专利技术研发工作，"假痴不癫"地对实际根本不存在、难以得到保护、难以实施的技术进行专利申请并公开，就有可能将时刻跟踪我方研发方向的竞争对手的注意力从真正重要、真正保密的计划上引开。

三、总结陈词

在专利战中，应用"假痴不癫"之计，重点在一个"假"字。这里的"假"，意思是通过专利伪装，假装不知、不能、不为、不取，能够暗使对方麻痹大意、诱使他人上当、迫使对方让步；而"大智若愚，大巧若拙"，内心里却特别清醒，从而能起到迷惑对方、缓兵待机、后发制于人的作用。

"假痴"能让企业避免以威胁的面目出现，从而能够相对隐蔽的方式等待时机，择机出击；"假痴"是让人感觉忠厚而非工于心计的最好方式，竞争对手就会低估企业的实力，从而增加企业成功的可能性。

四、画龙点睛

专利大战廿七计，假痴不癫韬晦术。

知而示之为不知，专利风险陷阱驻。

能而言之为不能，确保技术垄断路。

用而示之为不用，悄等对方变麻木。

助人为乐先播种，正和博弈等瓜熟。

知其不可反为之，意欲他求的缘故。

五、活学活用

例 27-1

假痴不癫，威尔逊巧妙控制影印机市场

1960 年，在美国诞生了世界上第一台影印机"施乐 914"，这个影印机的专利被施乐的老板威尔逊进行了保护的同时，在销售策略上采用了"用而示之不用"的假痴不癫战术。

一台"施乐 914"影印机的实际上成本在当时只有 2 400 美元，但是威尔逊告诉他公司的员工，我准备给每台机器定价 29 300 美元，并准备将该销售预案告诉联邦政府反垄断局！

他手下的销售人员都不能理解，说老板你这个想法是不是想钱想得过了头，利润是成本的十几倍，你是真的有点想钱想疯了！况且你这种销售方式明显超出政府规定，政府会禁止你销售的。

威尔逊听了以后，就哈哈一笑："我要的就是政府的禁令。我压根儿就没想把它卖出去。"他手下人就更奇怪了，你不卖出去你挣什么钱。低成本高价格是商人赚钱的基本条件，但是如果一样商品根本就卖不出去，又怎么能赚钱呢？

但是威尔逊依然我行我素，按照别人眼中"痴癫"的做法按部就班地进行。

第一步，为影印机"施乐 914"申请一系列的专利，并获得专利权。

第二步，通过展销会、展览会等形式让消费者看到知道"施乐914"影印机，想方设法让更多的商家都看到这个影印机的重要性，且非常好用。

第三步，把销售价格对外公开，并报知政府。果然，29 300美元的价格往外一打，不要说顾客一片哗然，政府立刻就不干了，马上下了一道禁令，坚决禁止在市场上销售这样的以暴利为目的的影印机"施乐914"，拿到了这个禁售令之后，威尔逊非常高兴，说现在我们开始干吧！

政府禁止"施乐914"影印机销售后，谁都拿不到这个东西；由于威尔逊通过严密的专利布局对这项技术进行了保护，而这个东西别的企业也不能生产。可是消费者已经知晓了该影印机的优点，得到它、使用它的心情非常迫切。

这时，威尔逊开始了他"假痴不癫"的最关键的一步，及时出手！

第四步，以他自己所在的城市为核心向外辐射，开了多家干式影印机租赁连锁店。因为政府已经明令规定不许卖，人们都来租用影印机，而且由于专利权在威尔逊手里，谁也不能再进行复制，大家就只能掏租用费，在他这儿使用影印机。他可以不卖出任何一台机器，但是却赚到大把大把的钱。

到了这一步，施乐的员工们才终于发现威尔逊果然不凡，他这一招使用了"假痴不癫"之计，宁可有为示无为，聪明装糊涂：为了掩盖自己的企图，威尔逊通过主动定高价而禁售的"假痴"来迷惑众人，然后择机"醒悟"：通过以租代售的方式垄断市场！

例 27-2

大献殷勤，高智在中国无利不起早

2007年，高智进入亚洲市场，目前已在日本、韩国、印度和中国设立分支机构，在新加坡设立地区总部。

2008年高智进入中国后，一方面大量购买专利，另一方面在诸多高校设立高额的发明基金研究项目支持大学教师从事科研并申请专利，还大范围推广其"发明人计划"，面向社会搜集专利。目前，中国已经成为高智"专利库存"的全球第二大来源国。

2000年以来，我国专利增长较快，但是受专利自身质量不高和专利开发利用水平较低的影响，相当多的专利还处于休眠状态，NPE收购这些休眠专利后极有可能反过来对我国企业发起专利诉讼。以高智为代表的国外NPE在我国的商业活动不仅可能给我国企业的发展制造陷阱，也可能造成财政投入形成的科技成果的流失。

在2010年9月，华东理工大学在学校网站挂出了申报"国际发明联合创新基金"的新通知，该通知表明，华东理工大学国家技术转移中心与高智就国际专利申请展开合作，并制定了"华理－高智亚洲国际发明合作计划"，鼓励相关教师创新发明，并对经过审核的老师给予平均资助额度5万美元的资助。另据不完全统计，高智至少还与上海交通大学、南京大学、苏州大学、华北水利水电大学等高校合作推出了不同名目的创新基金，资助学校教师对其研究进行深化并帮助其申请专利，根据协议高智对这些专利享有独占许可权。由于这类资助具有力度大、申请流程简单、评审宽松等特点，吸引了很多专家学者。据估计，高智在中国大学已接触过的技术超过2 000项，其中不少成为其知识产权资产。

虽然高智购买专利并对其进行商业化利用在一定程度上发挥了专利的价值，但如果职务发明和非职务发明的边界无法清晰界定，高智购买的专利就可能造成专利流失现象，对于与国家科技财政资金有关的专利流失则可能造成国有资产流失，还有可能带来众多的企业专利纠纷问题。

高智的活动对我国财政科技资金支持形成的科技成果的流失造成了潜在的威胁，有可能造成国家财政科技资金使用不利和国有资产流失的严重后果，也给我国产业发展，特别是企业的国际化发展带来巨大的专利陷阱，同时也暴露出我国科技成果管理和应用的问题。

首先，科技成果管理体系还不健全。目前，除国家科技计划和国家重大科技专项等对科技成果管理进行了基本规范外，其他各类财政科技资金通常仅对资金投入、使用进行严格管理，并未对成果管理制定专门规定。目前，部分财政科技资金形成专利质量不高是专利管理工作得不到重视的重要原因之一，但对于拥有庞大专利池的NPE来讲，任何专利都可能具有重要商业价值，一旦这些专利参与到对我国企业的专利侵权诉讼中，那么由于专利管理不到位造成的经济损失将是巨大的。

其次，科技成果转移困难。为推动科技成果转移，我国已出台了一系列政策措施，但成果转移依然面临各种困难。如科技成果所有权和收益权的分离、有关收益权的规定相互矛盾、国有无形资产管理方法老化、企业转化事业单位专利面临灰色成本等现象，均阻碍了科技成果的顺利转移。

最后，科技成果转化专业机构少。我国科研机构和企业数量巨大，但是并没有能够将科研和市场衔接起来的专业科技成果转化队伍。国外很多科研机构都有运营高效的专门成果转化队伍，但目前我国高等学校和科研机构的成果转化机构的成果发现、管理、转移和转化水平还不高。

为此，我国应采取措施，防止科技成果流失，保护本国产业的成长，探索专利转移转化的新模式，提高专利的应用水平。同时，还应认识到专利商业化的积极作用，简化专利转移环节，降低成本，消除阻碍科技成果转移的政策法律障碍，切实落实专利转移税收优惠措施，促进更多专利进入市场。

例 27-3

利润共享，ARM 公司用新的商业模式威胁英特尔

ARM 公司是微处理器行业的一家知名企业，是全球领先的半导体知识产权提供商，并在数字电子产品的开发中处于核心地位。ARM 公司设计了大量高性能、廉价、耗能低的 RISC 处理器、相关技术及软件，技术具有性能高、成本低和能耗省的特点。

ARM 公司通过出售芯片技术授权，建立起新型的微处理器设计、生产和销售商业模式。ARM 将其技术授权给世界上许多著名的半导体、软件和 OEM 厂商，每个厂商得到的都是一套独一无二的 ARM 公司相关技术及服务。

同样是微处理器企业，英特尔从知识产权、设计、制造、封测到销售一手包办，ARM 公司为什么没有向英特尔学习，反而热衷于与别人分享利润？这正是 ARM 公司应用了"假痴不癫"之计，先播种后秋收，帮助下游企业获取更多的利润，然后从整个生态圈中获利。

ARM 公司成立伊始，其总部所在地对于科技行业而言，显得有些偏远。在这样的环境中，ARM 公司开始集中精力为鲜为人知的移动设备开发低能耗芯片，并且不遗余力地与其他企业结盟。最初的无奈之举，反而成就了 ARM 公司新的商业模式，其主要涉及知识产权的设计和许可，而非生产和销售实际的半导

体芯片。ARM 公司向合作伙伴网络（包括世界领先的半导体公司和系统公司）授予知识产权许可证，这些合作伙伴可利用 ARM 公司的知识产权设计创造和生产片上系统设计，但需要向 ARM 公司支付原始知识产权的许可费用并为每块生产的芯片或晶片交纳版税。

ARM 公司新的商业模式相对于英特尔传统的商业模式，具有以下优势：

优势一：只卖设计收专利费，不用负担制造与销售。这样的经营模式，让 ARM 公司成为卖脑袋的公司，因此才能够以 1 900 人的规模，同时服务 750 家的签约合作授权公司，进行 1 000 个以上的芯片开发计划。

优势二：跨界应用，家电到手机，都适用它的设计。ARM 公司从单价不到 1 美元的家电专用微处理器，到每颗 200 美元以上的服务器用微处理器，都提出解决方案，让客户的商机变大，也才能造就 ARM 公司几乎在人类生活中，无所不在的隐形芯片帝国。

只吃鱼头，靠着卖头脑的 ARM 公司，虽然毛利率只有英特尔的 30%，英特尔将所有半导体供应链从鱼头、鱼肚到鱼尾全都吃下，净利润也只比 ARM 公司多赚不到 6 个百分点，ARM 架构的应用范围，却比英特尔广得多。论获利能力，它不输英特尔；论前景，它未来看好，这正是资本市场给予的高度评价，让它平均每位员工创造的市值是英特尔 5.2 倍的原因。

优势三：伙伴关系分享利润不通吃，具成本优势。若以 ARM 针对智能手机、平板电脑开发的最新 Cortex A9 双核心处理器为例，在重度使用之下，平均电耗还不到现行最低功耗单核心英特尔 X86 上网本处理器装置的 50%。不仅省电，因为与半导体供应链共同分享利润，就连成本，ARM 架构也比英特尔更具优势。目前一台个人电脑平均成本 500 美元中，英特尔分走其中 150 ~ 200 美元，微软赚走 100 美元，两者合计成本在 250 ~ 300 美元；若改采 Android 及 ARM 架构，两个成本各约 50 美元，使用 "'AnARM'（Android + ARM）+ ARM" 只要 100 美元成本，是 "Winte"（Windows + Intel）架构的 1/3。

在未来的移动装置微处理器战场，ARM 公司与英特尔的斗争像展开一场狮王争霸，ARM 公司像是一只新狮王，率领着通过"假痴不癫"共享利润而争取来的高通、恩威迪亚等狼群，这些半导体公司个个年轻力壮。相较之下，英特尔更像是一只年老力衰的狮王，靠着自己的余威想尽办法捍卫自己的领土。

专利三十六计

第二十八计　上屋抽梯

一、计策解读

"上屋抽梯"又称"过河拆桥"，意思是说送人家上了高楼却搬掉梯子，比喻诱人向前而断其后路,使其束手就缚。延伸义为把对方逼入没有退路的境地，以迫使其就我之范。

《三十六计》中原文为："假之以便，唆之使前，断其援应，陷之死地。遇毒，位不当也。"其意思是,故意露出破绽以给敌人进攻创造方便，并引诱他深入后方，然后截断其后援和接应，使其陷入绝境。此计运用象理，是说敌人受我之唆，犹如贪食蛇抢吃，只怪自己见利而受骗，才陷于了死地。

此计用在军事上，主要是指利用小利引诱敌人，然后截断敌人援兵，以便将敌围歼的谋略。在《三国演义》中，刘琦引诱诸葛亮"上屋"是为了求他指点，"抽梯"是断其后路，也就是打消诸葛亮的顾虑，才收获"在内而亡，在外而生"的中肯建议。

二、运用技巧

在专利战中，当我方发现竞争对手对我方有较大威胁，但是又对我方有所求时，可以使用"上屋抽梯"之计，此计是一种诱逼计，具体操作步骤是：

第一步，置梯与示梯，制造某种使对方觉得有机可乘的局面；

第二步，引敌上屋，按照我方既定的专利战略，结合对方的利益诉求，引诱对方做某事或进入某种境地；

第三步，把握时机，及时抽梯，以迅雷不及掩耳之势截断对方退路，使其陷于我方专利包围圈；

第四步，结合"关门捉贼"之计，逼迫敌方按我方的意志行动，或给予敌方以致命的打击。

在专利战中，"上屋抽梯"之计的应用范围可以扩展至专利制度、国家、企业、个人等 4 个维度进行探讨。

1. 国际专利制度中的"上屋抽梯"

部分发达国家凭借通过前期的技术普惠性和侵权包容性，利用自身已经成为技术大国的先发优势，然后借助过于严格保护的国际专利制度，阻碍发展中国家、最不发达国家的技术的发展。发达国家这正是利用了"上屋抽梯"之计，利用技术共享的"梯子"成为技术领先国之后再利用专利制度"抽梯"。

有专家认为，由于某些发达国家的肆意操纵，TRIPS 等国际专利制度没有适当地平衡技术所有者和技术使用者的利益，过度强调专利权的保护，使得发展中国家总是受到发达国家的干预和威胁，从而影响发展中国家的利益并妨害其技术的发展。有人担心，更强的专利保护制度将提高专利技术许可费的整体价格，从而减少向发展中国家进行技术转让的数量和质量，这将会加剧 TRIPS 自身的不平衡，使发展中国家的社会公共利益不能得到有效的保护。

2014 年 7 月 11 日，国务院总理李克强在会见世界知识产权组织总干事高锐时指出："中方愿意同世界知识产权组织加强合作，推动国际知识产权规则朝着普惠、包容方向发展，让创新创造更多惠及各国人民。"在全球社会视野中，发达国家相对于发展中国家、最不发达国家而言，终究是少数。知识产权制度的发展、完善，应正视上述现实，不能仅仅固守在维护技术创新者、技术领先者利益的基本准则之上，更应重视发展中国家和最不发达国家的基本利益，只有如此，国际知识产权制度才是有希望、有出路的，才能获得更大的发展空间。

2. 国家之间的"上屋抽梯"

专利先行，是某些发达国家对发展中国家"上屋抽梯"的第一种手段。跨国公司在我国通常的做法是，以申请专利为先导，取得在我国的产品技术独占权，进而开拓市场，取得超额利润；同时利用专利在全球范围内的独占权与我国的低成本优势相结合扩大国际市场份额。当我国的产品在国际上获得一席之地时，国外跨国公司迅速"抽梯"，以设置专利技术标准等非关税壁垒手段阻止我国产品的出口。

技术掠夺是某些发达国家对发展中国家"上屋抽梯"的另一种手段。发达国家利用发展中国家的企业专利保护意识淡薄的漏洞，往往先以技术援助的名义进行合作以"上屋"，等到掌握一定的技术基础后，抢先申请专利，使发展中的传统技术反而遭到国外专利的控制，我国的中医药、陶瓷、木工、养殖、纺织等领域被发达国家"上屋抽梯"的现象比较严重。例如，据世界卫生组织统计，2014年，全世界约有40亿人用中草药治病，国际中药年销售额为160亿美元，在这块"大蛋糕"面前，日本分得80%，韩国分得10%，印度、新加坡等国分得7%，而作为"中药鼻祖"的中国仅有3%。在专利布局方面，发达国家通过合作、收购、兼并等方式来获得我国中药知识产权，其结果导致我国一些有价值的古方、验方和祖传秘方被日本、韩国、美国、欧洲等国家和地区以低价掠走，并在国外甚至在我国境内申请专利。以日本为例，其210个汉方药制剂的处方都来自中国。

技术绑定是某些发达国家对发展中国家"上屋抽梯"的第三种手段。在高新科技产业，发达国家通过主动向发展中国家提供技术援助，等到时机成熟时停止技术援助，而改用产品和技术绑定的方式进行合作，使发展中国家只能以技术进口的方式依赖发达国家，阻碍发展中国家自主知识产权的发展。例如，于1970年8月启动的"运十"项目(又称"708工程")，由各部委、军队及全国21个省市的262个单位参与研制，1978年完成飞机设计，1980年9月26日首飞上天。美国麦道向我国免费提供尾翼技术并委托生产，在一定程度上加快了"运十"的研发进程，但是在麦道委托生产尾翼的合同结束后不再续签，由于美国公司的"上屋抽梯"阻碍了我国自主知识产权大飞机的发展，使我国的大飞机国产化项目拖后了二三十年之久，直至2014年我国自主设计并研制的第二代国产大型客机C919才正式研发成功。

3. 企业之间的"上屋抽梯"

企业间较弱的一方为了避免受到行业巨头的专利攻击，可在行业巨头的技术研发和市场拓展的前方产业链提前占据先机并进行专利技术布局，并积极与行业巨头达成合作关系。一旦遭遇该行业巨头的专利攻击，可迅速"抽梯"，能够起到迟滞对方进攻的效果。

例如，苹果在智能手机布局上高人一等，率先进行专利布局和市场垄断，三星为了应对苹果的技术封锁，通过把LCD液晶面板技术攻克，并成立三星康宁精密玻璃有限公司垄断TFT-LCD玻璃，使其成为苹果的掣肘，在很长一段时间内不得不与三星签订专利互让协议。

4. 自身巧用"上屋抽梯"

"去梯"之说最早出现在《孙子兵法》中。《孙子兵法·九地篇》曰："帅兴之期，如登高而去其梯。"这句话的意思是把自己的队伍置于有进无退之地，破釜沉舟，能够迫使士兵背水一战，置之死地而后生。

在专利战中，企业自身同样适用"上屋抽梯"。当企业自身处于经营困难、濒临破产的水深火热之中时，用专利讨伐上下游企业，"破釜沉舟"式的拼死一搏能救企业于危难，最终用巨额的专利侵权赔偿金或者专利许可费来拯救公司的命运。这时，专利就像是专利权人花钱供养的一种储备资源，在其落败的时候可以衍生出巨大的"薪资"，救"主人"于水火。

例如，20世纪80年代中期，美国得州仪器濒临破产。为了改善财务状况，它迅速发起专利侵权诉讼，获得3.91亿美元赔偿；同期，它连续发起多个专利侵权诉讼，几年内获得40多亿美元的专利许可费。这些兜底保命的专利诉讼拯救了得州仪器公司的命运，使之从破产临界状态回到盈利丰厚的健康状态。

三、总结陈词

在专利战中，"上屋抽梯"的核心在于，"置梯"的学问和"抽梯"的时机，通过巧设梯子诱敌深入，掌控通过抽梯时机断敌援应。

安放梯子，有很大学问，投其所好，才能诱其上钩。对性贪之敌，通过主动让利、让出重要专利、放开市场等方式，以利诱之；对情骄之敌，则以示弱惑之，用激将法激怒之；对莽撞无谋之敌，则设下埋伏以逸待劳。

抽梯时机的掌控，要等诱敌深入才断其归路，且要做到神鬼不知，"上屋抽梯"一般要结合"瞒天过海""笑里藏刀""调虎离山""关门捉贼"等计使用，才能发挥最大的威力。

四、画龙点睛

专利大战廿八计，上屋抽梯断援应。

具体步骤分四步，置引抽捉要厘清。

现有制度不包容，技术掠夺加绑定。

产业链上布悬梯，破釜沉舟能复兴。

五、活学活用

例 28-1

买椟还珠，中国水电企业遭遇国外公司的"上屋抽梯"

四川省德阳市东方电机有限公司（以下简称"东电"），是中国大型水电发电设备制造行业的龙头企业，它具有较强的研发及制造能力，在举世瞩目的三峡水电工程中，东电参与了 70 万千瓦巨型机组的开发研制。

1997 年 7 月，东电承担了三峡工程左岸电站水轮发电机组的分包任务。根据合同规定，主承包商必须向东电转让水轮发电机组的技术，为此，主承包商 VGS 联合体之一的加拿大 GE 许可东电使用"弗朗西斯型水轮机的叶轮"制造技术（中国专利号为 ZL97195388.0，该技术从挪威克瓦纳能源公司转让获得），但在合同中未约定今后是否可以继续使用该项技术。这就为日后加拿大 GE 的截断后路的"抽梯"埋下了巨大隐患！

2002 年 4 月 29 日，东电在与 GE 谈判共同参加龙滩水电站 7 台 70 万千瓦水轮机组投标时，GE 突然提出：由于 1997 年招投标时中国尚未加入世界贸易组织（WTO），而现在东电作为 WTO 成员的企业，双方已经由原来的合作伙伴变成了竞争对手，因此在原技术合作份额不变的情况下，必须要向东电另收取合同金额 4%（约 5 000 万元人民币）的专利使用费。还一并提出，今后中国三峡右岸和其他已立项的中大型水电站的 100 多台发电机组，若不与专利权人合作，中国企业将不能制造该种水轮机转轮，水电站也不能使用有这种转轮的水轮机；若采用其专利技术都将另外收取合同额 4% 的专利使用费。

在"三峡水轮机技术合同"这个案件中，外方的要求，是基于充分运用国际专利制度来争夺中国水轮机的市场份额，限制中国企业能力的考虑而综合提出的。而中国企业在合作谈判和合同中由于忽视了知识产权条款约定的重要性，或者想当然地认为在一个项目中获得许可和授权就必然获得了其他项目中的使用授权，结果在贸易交往和科技合作中"买椟还珠"，陷于被动，被迫就范。

据不完全统计，我国企业在技术引进的过程中，因忽视知识产权纠纷而吃亏的案例不在少数。企业在引进真正需要的关键技术时，应以此为鉴，重视相关知识产权条款约定的重要性，并开展全面、有效的专利分析和知识产权评议

第五套　并战计

工作，避免被对方使用"上屋抽梯"之计而落入对引入的知识产权"二次付费"的陷阱当中。

专利抽梯，TCL 并购汤姆逊遭遇二次收费陷阱

2004 年，"中西合璧"的 TCL 汤姆逊电子公司最终协议终于签署，作为中外首个彩电合并案中的关键一步而颇受瞩目。中国主要电子产品制造商 TCL 表示其香港上市子公司 TCL 国际和法国汤姆逊达成了 4.5 亿欧元的建立合资公司的协议，组建名为 TCL–Thomson Electronics Ltd.（TTE）的合资公司，当时预计该公司将成为全球产量最大的电视机制造商。

TTE 于 2004 年 4 月 27 日在英属维尔京群岛成立，注册资本 5 万美元，并定于 2004 年 7 月 1 日开始运营。根据合资协议，TCL 同意收购汤姆逊亏损的电视机业务及 DVD 机业务，TCL 与汤姆逊同意结合两家公司的实力与资源，在电视机制造、销售和分销以及研发方面组建新的全球领先企业。TTE 指定汤姆逊在北美以及欧洲的 29 个国家作为 TTE 的独家代理销售及营销电视机产品，在南美、欧洲和非洲的 17 个国家作为 TTE 的独家代理销售和营销汤姆逊品牌的电视机产品，销售代理业务遵循双方定期制订的销售目标与预算成本。TTE 在成立初期由 TCL 国际及汤姆逊分别持有 67％及 33％的股权，预计 TTE 的资产净值将约为 4.28 亿欧元（约合 44.04 亿元人民币），相当于 TCL 国际注入的彩电资产的净资产值 2.1 亿欧元（约 19.74 亿港元）与汤姆逊注入的彩电资产的净资产值 2.18 亿欧元（约 20.49 亿港元）之总和。另外，汤姆逊将注入 1.48 亿欧元电视机生产设施及研发中心，并注入 7000 万欧元现金。

据当时主要由国有的中国建设银行和摩根士丹利所有的中国国际金融有限公司在其报告中称，这项交易符合所有 TCL 股东的利益，并有助于帮助 TCL 实现长期发展以及增强国际竞争力的目标。中国国际金融有限公司称，他们相信从 TCL 获得的信息是充分的，没有理由怀疑这些信息的真实性。新诞生的 TTE 无疑成为当时中国资本市场上下最大的话题，TCL 携手汤姆逊大步迈向了心目中的跨国巨头之路。

这次"中西合璧"看起来很美，在国内当时这样一个略显疲惫的资本市场，

经"加工之后"的 TCL "创新并购模式"看上去很美,然而当把目光投向中、长期的前景时,就会发现,对于从小羚羊变成大笨象的 TCL,其中期前景并不明朗。

收购汤姆逊后,TCL 在 2005 年、2006 年连续亏损两年,戴上了 *ST 的帽子,2007 年才好不容易实现扭亏。现在却又遭遇与汤姆逊合资成立的 TTE 欧洲公司的清算"后遗症",法国南特商业法庭于 2007 年 3 月 10 日对 TTE 欧洲公司重组诉讼案的第一令诉讼作出初审判决,要求 TCL、TCL 多媒体及其 4 家全资子公司向 TTE 欧洲的法定清盘人赔偿 2 310 万欧元(约 2.11 亿元人民币),而 TCL 多媒体已于 2010 年度财务报表中对 TTE 诉讼计提预计负债 1 000 万欧元。

另外,在发展过程中随着汤姆逊对于专利权和产业链的"上屋抽梯",对于 TCL 更是雪上加霜。

汤姆逊在彩电和彩色显像管方面有超过 3.4 万件项专利,全球专利数量仅次于 IBM,每年仅专利许可费就超过 4 亿欧元,专利技术已经成为其电视机业务中最大的两点。在并购汤姆逊之前,这也是当初 TCL 看中的关键因素之一,TCL 表示汤姆逊的专利技术将给自己企业带来强大的技术支持,并成为其绕过彩电专利阻击的重要途径。

但是,在随后的合资协议中,TTE 却没有获得汤姆逊所拥有的品牌以及专利技术的使用权,因为根据协议规定,TTE 若未达到双方所议定的最低销售目标,专利许可协议将提前终止。如果 TTE 需要使用汤姆逊的专利技术,还需要与汤姆逊签订专利许可协议并按照协议缴纳费用。

TCL 收购的汤姆逊彩电业务所获得的 CRT(阴极射线管)技术已经落后于时代,世界电视机市场已经开始从显像管时代走向平板时代。而 TCL 在平板电视市场上明显落后于掌握平板电视屏幕资源的夏普、三星、索尼,所以用非主流技术来掌控市场也是难以做到的。在液晶和等离子平板电视的攻势下,市场份额急速下降,而 TCL 并没有及时调整战略方向,结果错失了抢占液晶和等离子平板电视市场的先机。

在产业趋势发生变化的同时,TCL 对收购部门的整合也颇不顺利,这更进一步加剧了 TCL 亏损形势的恶化,这使得其在并购后没有获得技术和效益的好处。而汤姆逊则通过"上屋抽梯"始终控制着专利权,在整个交易过程中占尽便宜，给我国企业造成了巨大的经济损失，这需要我国企业在"走出去"和"引进来"的过程中加以重视。

例 28-3

小小火机，遭遇欧盟 CR 法案安全锁的"上屋抽梯"

20 世纪 80 年代中期，当日本制造的数百元一只的高级防风打火机作为奢侈品进入中国市场之际，温州人看到了巨大的商机，便动脑筋研究其结构。仅用了 10 余年的时间，温州打火机就以价廉物美、品种繁多的优势彻底打破了日本、韩国、欧洲等一些国家和地区垄断世界打火机市场的局面。温州打火机约有 85% 的产量出口，年产 5 亿多只、占世界市场份额近 80% 以上。

2002 年 2 月，欧洲议会通过 CR 法案，要求售价在 2 欧元以下的打火机必须安装防止儿童开启的安全锁才能进入欧盟市场。这是欧盟对 1994 年美国 CR 法规的"克隆"。其核心内容，即规定进口价在 2 欧元以下的打火机必须设有防止儿童开启装置即带安全锁。这意味着，素有"打火机王国"之称的温州打火机即将遭受一场灭顶之灾。

严峻的事实摆在温州打火机企业的面前：温州打火机的外贸出厂价基本上是 1 欧元左右。这是温州金属打火机行业以劳动力成本低、专业化、协作化生产程度高等产业优势换来的。而根据 CR 法规，这些打火机均需安装安全锁。

然而，要在这么一只微型产品中安装安全锁又谈何容易！安全锁的工艺、结构专利已经被国外企业成功布局领先一步，中国当时尚无一家企业拥有类似的专利技术。

根据宁波市打火机行业协会的调查，全世界现在公认的有防止儿童开启装置的打火机安全锁约有 9 种，常用的有 5 种，这些技术全部已获专利保护。如此一来，温州打火机业就不得不花大价钱购买他人专利，其产品的成本必然大幅提高而失去竞争优势。更为糟糕的是，即使温州企业自我研制专利，搞不好千辛万苦研制出的成果还是撞上国外的知识产权壁垒。

目前自我研制安全锁的空间已经极小，CR 法案把出厂价定在 2 欧元的杠杠上，可谓"绝门"，深入分析，CR 法案主要是受欧洲著名的 BIC 公司、东海公司等欧洲制造商的影响，是为了保护自己在欧洲的市场，针对中国温州"物美价廉"（1 欧元左右）的产品所实施的"上屋抽梯"之计。

首先，把价格与安全标准牵合在一起，是不合理，不科学的，因为价格是可变的，而安全标准是相对稳定的，二者没有可比性；其次，出口价低于 2 欧元的打火机应该安装"安全锁"，这个表面上是以安全为目的、实质上是建立在产品价格基础上的法规，缺乏科学依据，是对自由贸易设置壁垒的"指桑骂槐"之术，有违 WTO 公平竞争原则。

虽然中国企业接下来对于 CR 法案进行了成功的抗辩，但是这些问题也从反面警示我们，中国的产品要想打入国际市场"走出去"，并站住脚，最根本的是要练好自己的"内功"，即企业要有响当当的品牌、质量和正当合理的价格。遗憾的是，一些目光短浅企业热衷于打价格战，打得价格太离谱丧失了正常的利润空间，到头来只能走进偷工减料、假冒伪劣、互相残杀的死胡同。

第五套　并战计

第二十九计　树上开花

一、计策解读

树上开花，是指树上本来没有"花"，但是，树上需要"花"，可以人为地剪彩花以粘贴在树上。不仔细观察，是难以分辨其真假的。

《三十六计》中原文为："借局布势，力小势大。鸿渐于陆，其羽可用为仪也。"古人按语说："此树本无花，而树则可以有花，剪彩粘之，不细察者不易发……"借助某种局面（或手段）布成有利的阵势，兵力弱小但可使阵势显出强大的样子。树上本来没有"花"，但是，树上需要"花"，可以人为地剪彩花以粘贴在树上，不仔细观察，是难以分辨其真假的。

图 5　千年枯树"繁花似锦"，专利果实"累累压枝"

如图 5 所示，"花"与"树"交相辉映，则玲珑剔透、满堂生辉。用此方法，等于布"精兵"在盟军阵中，可以造势而显示强大，借以威慑敌人。张飞长坂桥布疑阵单骑喝退曹兵，田单离间计大摆火牛阵计败燕军，都是利用"树上开花"之计，是善于运用各种因素壮大自己声势的典范。《孙子兵法》中也有关于"树上开花"的描述：激水之疾，至于漂石者，势也；转圆石于千仞之上，势也；势如弓弩，节如发机。

通俗来讲，"树上开花"中所蕴含的专利谋略思维的核心就是视势、借势、用势、谋势，对于专利布局要视势而事、顺势而为、因势利导、借局布势。

二、运用要点

李克强总理在十二届全国人大二次会议上作的"政府工作报告"中，谈到以创新支撑和引领经济结构优化升级工作时，要加强知识产权保护和运用，要重视专利的科技成果转化作用。国家知识产权局局长申长雨认为，知识产权既要当好"攀枝花"，又要做好"顶梁柱"，更好地支撑经济社会发展。申长雨局长将知识产权比喻成"攀枝花"和"顶梁柱"，与"树上开花"之计的运用有某些契合之处。

本节对企业专利布局和专利战略中的运用进行探讨，结合专利战中的应用实例进行分析例证，尝试将"树上开花"的内涵与战略思维应用于专利之道，就是审时度势、借势布局；或通过设置假专利布局，巧布迷魂阵，以虚张声势威慑对手。

在专利布局和/或专利战中使用"树上开花"之计，要做到进攻有道、防守有序，除了己方能虚张声势借局布势，还要有一双火眼金睛识破竞争对手的"伪饰专利"。作者认为在专利运用中，"树上开花"之计可以在以下场景中应用。

1. 铁树开花

俗话说："铁树开花，百年一遇。"当产业发展的良好机遇摆在面前时，就要充分借助社会环境、政策背景、社会心理状态、热门事件等进行市场推广、专利布局以及专利战略的制定，"机不可失，时不再来"。

正如小米的雷军所说："要找到台风口，做一头会借力的猪。"利用舆论热点聚焦产品创新和专利技术推广，将企业的专利技术放置于产业发展的"台风口"，让专利技术研发做到顺势而为，以发现、满足或创造产业需求为专利布局的核心理念，使市场拓展和专利布局相辅相成。

再如，2004～2015年连续12年发布以"农业、农村、农民"为主题的中央一号文件，说明我国政府政策倾向于"三农"问题，国家在政策补贴、资金投入、财税优惠等方面多方扶持，奇瑞旗下的奇瑞重工抓住良机"树上开花"，不断壮大。

2. 火树银花

为了吓唬竞争对手，虚张声势地进行专利造势也是"树上开花"之计的用途之一，可以利用外围专利技术或集成创新专利技术构建"火树银花不夜天"般的专利池来制造专利战的声威气势。这在一定程度上可以帮助企业起到显示研发实力、设置竞争障碍、满足融资需要、打压竞争对手获得专利谈判的砝码等作用。

在一定条件下，可以使用"稻草人"策略将竞争对手吓唬走，方法是申请大量的一系列模棱两可的专利，让有意侵占市场的企业对我方庞大的专利布局望而生畏，对专利诉讼唯恐避之不及。但是，与借局布势不同，虚张声势由于只是人为地制造一种强大的专利布局的假象，因此在运用时存在破坏自身形象、造成研发经费紧张等潜在的风险。此种情形下可以结合三十六计中的第七计"无中生有"来使用，最终目的是建立真正完善的专利池和专利布局，令对手防不胜防。

3. 寄驿梅花

对于中小企业而言，专利成果转化和推广在前期难以实施，使得专利与市场之间形成一种无形的脱钩现象，大量实用的专利产品不能及时找到"婆家"，反过来影响企业专利技术的纵向深度研发。

俗话说："背靠大树好乘凉。"中小企业一是可以利用自己的单点技术优势与行业巨头达成专利合作模式（专利联盟、交叉许可等），借助行业巨头的市场影响力进行产品推广；二是可以借助于一些专利技术相关的热门事件利用媒体力量、网络平台、移动终端平台、人脉平台（如Twitter、Facebook、微博、微信）等进行免费推广，让大家在关注热门事件的同时，更仔细地了解自己的专利技术。

应当注意的是，在该场景下使用"树上开花"之计所背靠之树要粗壮有力，"花"不能开得过多过大。

4. 枯树开花

"枯树开花"用在专利布局中就是合理利用失效专利、休眠专利和僵尸专利。

所谓失效专利，泛指因法律规定的各种原因而失去专利权、不再受专利法律保护的专利。这类专利有专利技术含量而不受专利法律保护，成为公利技术。在全球专利中，失效专利比例占85%。企业在失效的专利中找到的不仅是可免费使用的企业急需的适用技术，而且从失效的专利技术中受到启发，萌发了许多新的发明点，并开发出新的方法、新的产品。从免费使用中获得，从免费使用中提高，从免费使用中再创新，并申请自己的专利，形成企业创新与保护的良性循环。

利用失效专利发展比较成功的一个领域就是"仿制药"产业。据统计，2011 年全球仿制药市场规模已超过 1 300 亿美元。仿制药这一庞大的市场，让不少以新药为主的外资药企开始重新调整战略规划。

所谓休眠专利、僵尸专利，就是指获得专利权的专利技术由于与市场脱节，没有进行产业化转化的专利。我国现阶段大量的休眠专利、僵尸专利造成了专利的"只专不利"的局面，这主要是由于市场需求定位不准确、科技转化缺乏多方位支持以及部分申请人打着专利的幌子获取国家补贴等因素造成。对于符合市场需求的潜力股休眠专利，应加大经济层面和技术层面的政策扶持力度，才能真正地通过"专"而得"利"，促进专利科技成果的资本化和产业化发展。

三、总结陈词

专利运用三十六计中的"借刀杀人""借尸还魂""假途伐虢"和"树上开花"都属于借用外力来利于己方的专利运营，前三计都是借力于"点"，树上开花是借力于"面"，需要有较好的大局观。

"树上开花"所蕴含的专利战略谋略的核心是借势、用势、造势、谋势，"善专利战者，求之于势"是借专利之势；"水涨船高，借风使舵"是用专利之势；"挟重要专利以令诸侯"是谋专利之势。使用"树上开花"之计应当适时、准确、广泛、生动地利用形势，需要注意的是：借势有风险，造势需谨慎。

四、画龙点睛

专利大战廿九计，树上开花善借势。
产业机遇摆眼前，铁树开花抓良机。
虚张声势唬对手，火树银花来造势。
成果转化难实施，寄驿梅花用外力。
失效专利若妙用，枯树开花能延期。
借势用势有风险，谋势造势须谨慎。

五、活学活用

例 29-1

借势布局，我国发展 3D 打印产业须警惕专利陷阱

2012 年 4 月，英国《经济学人》杂志指出，以 3D 打印（增材制造）技术为代表的第三次工业革命即将到来，3D 打印将突破使工厂彻底告别车床、钻头、冲压机、制模机等传统工具，而转变为一种以 3D 打印机为基础的，更加灵活、所需要投入更少的生产方式，这便是第三次工业革命到来的标志。2012 年美国总统奥巴马在国情咨文演讲中多次强调 3D 打印技术的重要性，称其将加速美国经济的增长。奥巴马指出：政府不仅已经在俄亥俄州扬斯敦成立了首个制造创新中心，而且还有 3 个创新研究中心在筹建当中，最终将会发展成一个 3D 打印制造业的全美网络，美国一些落后地区将再次创造奇迹，成为全球新的高科技中心。

中国从 2013 年开始，企业和政府都在快速提升对 3D 打印的关注和投资热情，北京、上海、西安、武汉、无锡、浙江等省市的政府加大关注热度，3D 打印技术联盟、增材制造国际论坛、3D 打印工业园区、3D 打印示范园区等项目仓促上马。3D 打印相关产业的板块是股市上最热门的板块之一。

中国此举是有跟风之嫌，还是"树上开花"借势布局？

经过对准确对应 3D 打印技术的专利检索中发现，3D 打印的专利技术主要集中在美国、日本、欧洲等国家和地区的申请人手中，其中美国专利申请量占到了 40％以上，中国的专利申请仅占 5％左右。全球三大 3D 打印巨头，美国的 Stratasys 公司、3D Systems 公司和德国的 EOS 的专利申请量占据全球主要专利申请量的 75％以上，且三者各自垄断一定的专利技术领域。以德国 EOS 为例，EOS 的专利申请主要涉及激光烧结领域，在激光烧结方法、激光烧结装置、材料、辅助设备的比例基本上能够保证均衡发展，随着研发技术的积累和研发团队构架的日趋合理，EOS 在激光烧结各个领域的研发日趋完善，专利技术布局也日趋完整。EOS 在中国共申请 39 件发明专利，其中 PCT 国际申请 30 件，占总申请量的 79％，而其余的 21％也都享有国外申请的优先权，且专利技术授权率基本能达到 80％。EOS 的专利布局对于我国在激光烧结领域的专利技术研发和推

广造成了一定的专利壁垒和专利雷区。

从关键技术角度看，3D 打印主要涉及离散及建模的软件开发、材料加工、高精密激光器、控制系统等方面。我国企业基本没有掌握核心技术，操作软件和关键零部件（如大功率高精密激光器）只能依赖进口，材料（特别是金属材料）的种类和性能受到较大限制，成形效率和质量还需进一步提高，工艺尺寸、加工精度和稳定性上迫切需要加强。

从专利布局角度看，在全球 3D 打印的专利储备清单上，美国的 3D Systems 公司、Stratasys 公司，德国的 EOS，日本松下的专利储备数目遥遥领先，并且在中国已经开始大规模的"专利圈地"运动。国内企业在基础专利数目、专利布局的深度和广度上与国外巨头相比还有一定的差距，企业各自为战且低水平研发重复现象严重，如果不能进行有效的资源整合和重点专利技术攻关，就不能排除在国内 3D 打印产业成熟以后会遭遇国外对手"以逸待劳"的专利壁垒阻击的风险。

例 29-2

树上开花，互联网＋时代的专利开放式商业模式

为了保持可持续竞争优势，企业必须不断在创造市场商业价值方面进行创新，也就是商业模式的开放创新，建立开放式商业模式。商业模式的开放意味着企业的知识资源共享，企业不得不运用多种方式管理知识产权以耦合开放的商业模式。

专利的开放式商业模式包括开放式创新和开放式研发两种模式，二者都可以采取委托研发、专利相互许可、创建专利联盟、成立合资企业、创立发明工厂、技术专家进行头脑风暴等各种形式实现。目的是将企业的全体员工、日益苛刻的消费者、上下游合作伙伴、各种科研机构、大学、分散的个人发明家甚至竞争对手的创新优势综合利用起来，共同提高研发效率，然后各取所需。例如，中国近些年提倡的"政产学研"合作模式，就是专利开放式研发的主要形式之一。

苹果是企业提供平台开放式经营的最佳范例之一。以改变音乐行业的 iPod 为例，乔布斯从 NeXT 带来的一名老将 Jon Robinstein 负责统筹规划，iPod 的基本部件都是来自现成的商品：东芝的硬盘、索尼的电池、得州仪器的控制芯片，

硬件的设计蓝图购买自一个硅谷的初创公司 Portal Player。凭借各方力量"树上开花"，仅仅过了 6 个月就结出了"新苹果"——iPod。之后，苹果从一个备受欢迎的音乐软件 SoundJam MP 那里取得了授权，并雇用该软件的开发者 Jeff Robbins 进行软件开发，仅花了几个月的时间就成功开发了举世瞩目的配套软件—— iTunes，然后迅速构筑专利布局进行保护。另外，苹果还围绕 iPod 周边建立了许多经营模式，并引进索尼、耐克等大公司进行合作经营。如 2006 年与耐克合作，在耐克跑鞋中植入芯片，推出了一组套件：带传感器的 Nike+ 运动鞋和能对接 iPod 的无线接收器，iPod 据此来记录佩戴者的跑步和锻炼体验；2011 年，耐克推出 Nike+ Fuelband 腕带。此外，还有很多厂商付许可费给苹果，以制造 iPod 周边配套商品，如 Beats 的音响、森海塞尔的耳机、迪士尼的触控笔、HomeKit 的保护套等。

使用"树上开花"之计，苹果借势开发出新的产品后，往往迅速借助粉丝和媒体造势，然后配套产业的厂商就捧着钱来求着苹果合作研发了。

当然，开放式专利研发需要严格的专利管理，专利管理工作的成败决定着合作的成败和产业链的扩展效果。如果专利布局和管理工作不到位，开放式研发就会演变成"专利掠夺式垄断"模式，合作双方失去相互信任，导致各自分道扬镳。

开放式专利研发首先要管理的是知识产权的权属问题，合作双方需要在协议中详细列明权利分割和共享的方案，安排对于共同研发成果的实施产权归属和利益分配问题。

在开放式专利研发中，专利申请和专利布局工作也非常重要，以保证研发成功能够得到恰当的保护范围；由于双方是合作研发，还要注意商业秘密的管理工作和保密协议条款的规范工作；研发结束后，在专利运营和知识产权维权过程中，还会面临共有专利和技术秘密的单方运用问题。这些都需要合作双方作出规定，在具体的工作中也需要不断的沟通管理。

所以说，在开放式专利研发中，"谋势"能开花，"用势"有风险，"借势"需谨慎，互相的信任和沟通管理"势不可少"。

例 29-3

枯树开花，失效专利合理利用后未必落后

现实中，全球 95％的核心专利技术由少数发达国家把持，我国大部分企业

没有专利布局，即使有专利布局也没有拥有产业的核心专利技术，只能靠仿制产品而生存。如何让这些企业规避跨国集团专利大棒袭击，而合法生产？失效专利数据库打开了另一个视界：免费专利，不用白不用。

时效性方面，发明专利为 20 年，实用新型专利和外观设计都为 10 年。超过保护年限或虽在保护年限内但因种种原因又失去专利权的为失效专利。地域性方面，据《保护工业产权巴黎公约》的"专利一国独立原则"，外国专利如果在一定期限内不另行在中国申请，就丧失了优先权，永远不能在中国申请专利了，也就不受中国《专利法》保护。

据不完全统计，失效专利除了极少部分是因保护年限过期失效外，大部分是半途而废的。有的是专利权人没有按规定缴纳年费而失效；有的是专利权人没有能力开发，又没有将技术转让他人而自动放弃；有的是仅通过试制、实验结果的总结，其技术方法或技术方案还必须进一步完善或通过中间试验，因无能力继续实施而放弃权利的；还有的是在申请中途因种种原因放弃。正因为如此，发达国家把失效专利作为宝贵的信息和技术资源，充分挖掘失效专利价值，再进一步创新。据日本人自己估算，通过引进国外专利和使用失效专利，日本掌握了国外先进技术，大约节省了 2/3 的时间、9/10 的研究开发费用。

相比之下，失效专利数据库在我国备受冷落。企业、科研院所和高校无意品尝专利免费大餐，致使不少研究做了无用功。20 世纪 90 年代，北京市曾组织高校进行汽车尾气净化设备研究，科研人员穷数年之功终获成功，成果鉴定前进行水平查询时才发现，不少被视为独创的技术竟是国外失效专利，白白耽误了人力和时间，浪费了经费。吃一堑长一智。如今，科技立项前和研究过程中进行专利查询已成为惯例，但大多数查询还局限于有效专利，以规避侵权。专家认为，要杜绝重复研究，还应该查询失效专利。

对众多研发投入少、创新能力弱的企业而言，使用失效专利技术风险小、效益高，是一种既简便又经济的技术发展途径。失效的外观设计专利改善产品外观、提高产品附加值有立竿见影之效。即使超过保护期限看似"寿终正寝"的发明专利，也应具体分析，由于我国技术水平与发达国家相比有 10 ~ 20 年的差距，一些发达国家的失效专利，可能正是我国适用的技术。

公众获取失效专利的有效途径有：

第一，通过光盘获取失效专利。由知识产权出版社正式出版发行的《中国失效专利光盘数据库》，大约存储了25万条左右的失效专利信息，是检索中国国家知识产权局自1985年4月1日以来有关学科失效专利信息的重要文库，具有检索途径多、功能强、速度快的优点，检索结果还显示该专利失效的原因和日期。

第二，通过网络获取失效专利。进入中国国家知识产权局网站的中国专利文献数据库，便能查询失效专利文献，供人们选择利用。

第三，从常规出版物途径获取失效专利。通过专利文献《中国专利索引》《专利公报》和《专利说明书》获取失效专利。

第四，国外失效专利的获取。一般通过欧洲专利局网站检索国外专利数据库，并将获得的信息通过中国专利数据库进行验证，以证实这些国外专利是否申请了中国专利，以及是否期满等法律状态，从而获得一批相关的国外失效专利。

第三十计　反客为主

一、计策解读

反客为主，原指主人不会待客，反受客人招待。用在战争中是指善于利用机会，钻对方的空子，掌握其首脑机关，解决其要害问题，夺取主动权，从而取而代之。

《三十六计》中原文为："乘隙插足，扼其主机，渐之进也。" 其意思是，找准空隙插足进去，影响或控制对方的首要的人物、核心部门，继而逐渐发起攻势，就有可能实现预定目标。也就是说，要想取而代之，就不能操之过急，必须有计划地逐渐实现。

"反客为主"之计用在军事上，往往是借援助盟军的机会，自己先站稳脚跟，然后步步为营，想方设法取而代之。整个运作过程必须"渐进"，才能奏效。"汉高祖卑微事霸王""李渊亲书尊李密""林冲水寨大拼火，晁盖梁山小夺泊"均是讲的"渐进"求客位之后才能反客为主。

二、运用步骤

古人按语说："为人驱使者为奴，为人尊处者为客，不能立足者为暂客，能立足者为久客，客久而不能主事者为贱客，能主事则可渐握机要，而为主矣。故反客为主之局：第一步须争客位；第二步须乘隙；第三步须插足；第四足须握机；第五乃为主。为主，则并人之军矣；此渐进之阴谋也。" 通俗来讲，从受压迫者到暂客、久客、贱客，都还不是利用"反客为主"之计的最好时机，需要变被动为主动，把主动权慢慢地掌握到自己手中来。"反客为主"的具体实施步骤分为五步走：第一步须先占有客位；第二步要抓准时机；第三步是乘机而入；第四步是掌握主动权；第五步是发展成为主导者。

从专利战略上讲：专利布局以逸待劳、占据本国优势者为"主"，专利战争远征他乡，抢占新的市场者为"客"；先进行专利布局者为"主"，后进行专利布局者为"客"。

用在专利战中，"反客为主"是指要努力变被动为主动，争取掌握专利布局主动权的谋略。在进行专利布局时尽量想办法抓技术空白点，插脚进去，控制它的核心专利、基础专利和重要专利，抓住有利时机敢于"亮剑"，实现兼并或并购的目的。在专利运用过程中，"反客为主"一般而言可以分为专利追随、专利并行、专利领跑3个步骤，具体如下所示。

1. 第一步：乘虚（需）而进，乘隙而入

在市场先人者的专利布局尚未完善，还存在一定的技术空白点时，要利用对方急于完备专利布局、对我方有所需求的心情，达成专利联盟以争取客位；也可主动出击，抓住竞争对手专利布局的失误和 / 或把柄这个牛鼻子，要求交叉专利许可，亦能乘隙插足以争取客位。

2. 第二步：循序渐进，聚沙成塔

在企业的战略发展过程中，注意通过市场调查、专利信息分析、专利技术追踪、专利路线图的实时绘制来掌握专利相关的技术、市场、法律等客观条件，通过不断的技术创新和产品差异化过程来循序渐进地拥有重要专利的话语权，才能掌握专利布局的主动权。

在这个过程中要用辩证思维来看问题，既要坚信从量变到质变的飞跃对于"反客为主"是必然的，即数量布局、质量取胜；又要看到事物的前进性与曲折性，坚持专利信息和专利技术研发的积累以"聚沙成塔"，为量变创造条件，避免拔苗助长、急于求成。

3. 第三步：机不可失，敢于亮剑

《老子》六十九章中曰："用兵不敢为主而为客。"如果一旦掌握重要专利能够足以左右专利布局，应当抓住时机敢于亮剑，实现从防守到进攻的专利战略转化。

专利战机稍纵即逝，需要敏感地把握住，"反客为主"之计可以结合三十六计中的"趁火打劫""调虎离山""釜底抽薪""上屋抽梯""树上开花"等计谋来使用来把握战机。把握住战机后，要有"狭路相逢勇者胜"的气魄和敢于"亮剑"的无畏精神，才能后发先至反客为主。

同时，专利战在哪些地域进行？专利诉讼是速战速决还是打持久战？专利

进攻是单兵突击还是多路进军？进攻方式是先礼后兵还是进行闪电战？技术进攻是直线超车还是弯道超车？这些都需要在专利布局中渐进地积累和丰富战略战术，才能在关键时刻先发制人掌握主动权。

三、运用技巧

《孙子兵法》曰："兵者，诡道也。"反客为主之计在按照上述步骤实施的同时，在专利战的实际应用中还需结合一定的策略进行。

1. 核心技术专利是"太阿剑"

持有关键核心技术的专利是企业反客为主的"太阿之剑"，原创技术和经过二次创新的技术对于企业战略有时大同小异。例如，原创的蓝光二极管专利使日亚从一家中小企业一跃成为行业领军者，并借机形成推动整个产业的技术驱动力。

再如，三星则依靠早期购买和转让专利技术，从美国和日本企业手中获得DRAM 半导体存储器技术，并从日本企业购买获得新一代平板显示 TFT 技术的专利技术授权。在此基础上三星逐步进行二次技术创新，不仅为其产业发展奠定了坚实的基础，而且在短时间内形成了某些关键技术超越美国、日本的技术研发水平和产业化拓展能力。

2. 善用专利反诉战略

当企业被他人提起专利侵权诉讼时，具备一定专利储备和经济实力的企业不仅可以反诉对方专利权无效，还可以"以牙还牙"另案起诉对方侵犯自己的专利权，或者利用反垄断法进行有效抵御。这是一种变被动为主动，彻底扭转诉讼形式的策略。

3. 巧用专利回输战略

专利回输战略是指，企业在引进原专利输出国的专利技术后，对其进行消化、吸收和二次创新并进行专利布局后，将专利技术卖给原输出国"反客为主"的专利战略。专利回输战略对于正确处理好技术引进与消化吸收、改进创新的关系，有效摆脱原输出国的专利控制具有十分重要的意义。例如，日本在"二战"后以 100 亿美元的代价先后从欧美引进了 3.6 万件专利技术，使用专利回输战略创造了 3 000 亿美元的经济效益，仅专利运营的收益率就高达 30 倍。

此外，如果将专利回输战略和标准化战略相结合，既可以加快技术开发成本的回收，又可以扩大产品的销售市场和专利技术的使用范围，为企业在行业中从技术跟随型向市场主导型转型奠定坚实的基础。

4."珠联璧合"的合作共赢

合作研发是企业针对自己研发实力较弱的领域或新兴行业,借用人才、设备、资金等外力进行合作开发,在较短时间内解决技术难题,完成高水平的研发成果,是一种上水平、争时间、抢速度、高效率的专利技术开发模式。在"反客为主"之前身处客位时,合作是必要的,不论是"背靠大树好乘凉"式的依托于专利巨头,还是专利联盟军式的合作共赢,都是在激烈的专利战争中争取有利的专利客位,谋求生存发展乃至寻求"主位"的必经途径。

5."买椟还珠"带来的启示

在中国古代成语中，买椟还珠本来是指本末倒置、取舍不当，但是也在一定程度上反映了精美的包装对于消费者的影响力。

当竞争对手已经依靠专利技术占领市场先机，我方专利技术难以撼动其专利布局时，可以借鉴买椟还珠的启示，用高品质的外观设计、工业设计、精美包装来获得消费者的芳心,同时还要对外观设计专利进行布局,力争以此为契机,实现反客为主的市场逆袭。

6.逆向思维的必要性

在"反客为主"之计的专利运用过程中，主客之势常常瞬时发生变化，有的变客为主，有的变主为客，先发制人"敢于亮剑"的主动权就显得尤其重要。而对于专利战而言，一切的根本是准确的专利情报和专利信息分析，在"反客为主"之计中体现了逆向思维的必要性，即《孙子兵法》中的"知己知彼百战不殆"，需要时常换位思考才能立于不败之地。

四、总结陈词

"反客为主"之计适用于制定长期专利战略时采用，专利布局者运用此计，就是力争变客位为主位，变被动为主动，"青出于蓝而胜于蓝"完成逆袭。通过专利信息分析和追踪努力找出转化的条件和时机，以弱制强，并积极促使己方向有利局势转变。

"反客为主"在专利运用中最需要把握的关键点是"渐进"和"换位思考"，在专利布局不占优时要甘居客位，积极扩充和循序渐进地增强专利实力，后来居上、弯路超车般地占领"主位"实现逆袭；换位思考就是要在专利战略布局中，处盈虑亏有备无患，处亏思盈志存高远，以己之长，克彼之短，从而争得主动，抢得先机，取得成功。

五、画龙点睛

> 专利大战三十计，反客为主能逆袭。
> 乘隙而入争客位，莫失良机敢亮剑。
> 以牙还牙巧反诉，专利回输靠创新。
> 换位思考志高远，青出于蓝胜于蓝。

六、活学活用

《例 30-1》

反客为主，正泰反制施奈德

2009 年 4 月 16 日，浙江省高级人民法院宣布，杭州正泰集团股份有限公司（以下简称"正泰集团"）与施耐德电气（Schneider Electric）就施耐德电气低压（天津）有限公司（以下简称"天津施耐德"）专利侵权纠纷案达成调解协议，天津施奈德向正泰集团支付补偿金 1.575 亿元。

正泰集团和天津施耐德的纠纷案例可给中国企业以下经验：在企业转型升级过程中，既要规避侵犯他人知识产权的风险，也要学会对自有知识产权加强"自保"，必要的时候敢于"亮剑"、反客为主。

正泰集团创始于 1984 年 7 月，从最初成立于浙江乐清的求精开关厂，到中美合资温州正泰电器有限公司、温州正泰集团、正泰集团一步步走来，先后从低压电器、仪器仪表、输配电设备、建筑电器、汽车电器，最终发展成为全国产销量最大的工业电器高科技产业集团。作为能源优化领域的世界领先企业，施耐德电气自 1836 年成立以来，一直是法国的工业先锋之一、低压电器行业的跨国巨头，位列欧洲 50 强企业前列，是全球 500 强企业之一。

正泰集团是国内知名的低压电器行业的龙头企业，施耐德电气则是全球电力和控制领域的领导者。1994 年、1998 年、2004 年，施耐德电气 3 次要求收购正泰集团，均遭到拒绝。在遭到拒绝后，施耐德电气在国内外提起了近 20 起针对正泰集团的侵权诉讼，1995 年、1999 年、2005 年，施耐德电气数次起诉正泰集团侵权知识产权。仅 2005 年，施耐德电气在欧洲各国就对正泰集团提起 15 项侵权诉讼，但施耐德电气并没有实现吃掉正泰集团的目的，最多是得到一个双方和解的结果。几次收购未果后，施耐德电气开始谋求与中国另一低压电器龙头企业德力西集团合作，并于 2007 年 11 月 16 日合资成立了"德力西电气"，双方各占 50% 股份，总投资额为 18 亿元。施耐德电气与德力西合资案根本就是并购，施耐德的目的就是垄断，意欲包揽低压电器领域高、中、低端产品。

在这种情况下，正泰集团并没有坐以待毙，而是循序渐进发起了反击，其武器就是专利！并根据实际情况，进行了三步走的策略。

第一步，乘隙而入，进行专利布局。正泰集团于 1997 年 11 月向国家知识产权局申请了"一种高分断小型断路器"的实用新型专利，并于 1999 年 3 月 11 日获得授权及证书，于 1999 年 6 月 2 日予以授权公告，该专利的专利号为 ZL97248479.5。其以该专利生产的 NBI 系列产品一经推出即取得了良好的市场效果。

第二步，以逸待劳，等待良机。2006 年 7 月，正泰集团在市场上发现了天津施耐德生产的相关类似产品，正泰集团调查发现，天津施耐德在未经授权情况下，一直在制造、销售侵犯正泰集团上述专利权的产品。经仔细对比正泰集团认为，天津施耐德生产销售的 5 个型号产品属于正泰集团专利权的保护范围，已构成侵权。经审计，天津施耐德在 2004 年 8 月 2 日至 2006 年 7 月 31 日，共生产销售上述侵权产品达 8.8 亿多元，非法获利 3.3 亿多元。

第三步，机不可失，敢于亮剑。于是，2006 年 8 月，正泰集团以天津施耐德侵犯专利权为由，将其诉至浙江省温州市中级人民法院，要求立即停止侵权，并赔偿损失近 3.35 亿元（2006 年 8 月 2 日立案，案号为（2006）温民三初字第 135 号）。

正泰集团起诉后，天津施耐德随即向国家知识产权局专利复审委员会提出宣告涉案专利无效的申请，但遭到否决。

2007 年 9 月 26 日，温州市中级人民法院一审判决天津施耐德立即停止侵权行为，赔偿正泰集团损失近 3.35 亿元。宣判后，天津施耐德不服，向浙江省高级人民法院提起上诉（2007 年 10 月 9 日立案，案号为（2006）浙民三终字第 276 号）。浙江省高级人民法院在经过多次努力后，于 2009 年 4 月 15 日调解结案，促成双方和解。

从中我们可以发现：施耐德电气的起诉并非因为正泰集团真的侵权，而是跨国公司以知识产权为武器，打压正泰集团的一种手段，其目的在于消灭中国电气行业的龙头企业，获得庞大的中国市场垄断地位。随着知识产权保护意识的觉醒，中国企业针对知识产权被他人侵犯而提起诉讼的案件，不再束手待毙，而是都增强了知识产权保护的意识，敢于亮剑出反击。

例 30-2

乘隙而入，EOS 巧破 DTM 的专利 "铁桶阵"

3D 打印（增材制造）技术由于代表先进的制造理念而近年来被广泛关注，激光选区烧结技术（SLS）是 3D 打印中较为成熟同时也较有发展前景的技术分支之一。

早在 1986 年，美国得克萨斯大学奥斯汀分校的 Carl Deckard R 在其毕业论文中提出了 SLS 的概念，同年开发了 SLS 的初始机型，并在风险投资公司的资助下组建了 DTM。DTM 对 SLS 的专利布局策略，为典型的 "围栏式" 专利布局，即拥有核心专利技术——激光烧结的工艺和装置，以该核心专利为中心通过激光设备、粉末输送涂覆装置、激光扫描定位设备、气体保护装置等辅助设备和烧结材料等将核心专利包围起来，用围栏式的专利群进行全方位的外围专利布局（见图 6）。虽然外围专利的技术含量可能无法与核心专利相比，但是通过对外围专利的合理组合一定可以对竞争者的技术跟随造成一定的麻烦。

德国的 EOS 在对付 DTM 的外围专利布局策略上，采取 "围魏救赵" "围点打援" 的进攻策略。对 SLS 的外围专利如粉末输送涂覆装置和粉末烧结材料进行针对性的重点突破，并最终与 DTM 达成专利交叉许可，从而拥有其核心专利 DE1993004300478 的使用权，在此基础上进行改进或改良（SLM），并最终建立属于自己的技术体系（DMLS），完成了"源头开花"的改进型专利技术的开发（见图7）。在此基础上，EOS秉承"产业路线环环相扣，产品研发步步为营"的方针，自1998年开始针对金属烧结工艺，专门开发出四代EOSINT M系列装置 M250、M250X、M270 和 M280 系列，最新的 EOSINT M270 系列和 EOSINT M280 系列采用 DMLS 技术进行金属件制作，对材料的要求大大降低。

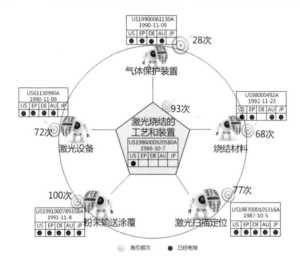

图6　DTM 的激光烧结专利布局模型

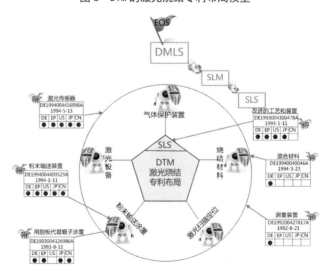

图7　EOS 突破 DTM 公司专利壁垒模型

据有关资料显示，2012 年 EOS 的金属激光烧结装置占据了全球接近60％的市场份额，真正做到了转守为攻、"反客为主"，从而最终实现了其主导金属激光烧结市场目的，将 DTM（被 3D Systems 公司并购）的金属激光烧结业务远远地甩在身后。

例 30-3

循序渐进，日本精工利用石英表逆袭瑞士机械表

日本精工（SEIKO）利用石英表逆袭瑞士机械表，就是典型的反客为主的案例。

瑞士表是靠钟表调整师的技术取胜，调整师熟谙机械表的性能，对调整机械表的温度差、姿势差等整合误差有着世界最高的技术水平。在这一点上，日本企业自叹弗如。

1969 年，瑞士的一位工程师发明了电子石英表技术，并设计出了第一只石英手表，但瑞士手表业没意识到它会引起手表工业的革命的发展前景，同时从感情上不愿意放弃自己引以为豪的机械表确定的优势地位，而没有给予石英表足够的重视。而日本精工却看到了其巨大的市场价值和潜在的商机，抓住机会，趁隙进入。日本精工总裁服部一郎立即买下了石英表的专利技术，把希望寄托在"石英表"上，投入巨资进行开发。

日本精工的石英表问世后，服部一郎客观地分析了自己的技术、人才、资金状况，觉得自己暂时还不能与瑞士表抗争，于是有意识地避开了瑞士这个手表市场，而是先循序渐进地在本国和瑞士以外的国家推销，以免引起瑞士手表业的注意而被打压。

在欧洲市场，日本精工的"循序渐进"战略是，一方面在周围慢慢地、悄悄地包围瑞士表，依靠其价格便宜和质量优良的优势，先在瑞典打开了销路。随后，又以强大的攻势进入希腊，以此作为向瑞士名表长期控制的英国、法国、德国等其他较大的欧洲市场进攻的"桥头堡"。另一方面集中大量的人才、财力从事石英表的新技术、新产品研发工作，为了能使石英表投入使用，日本精工的石英表创造出了多个独一无二的技术。例如，将石英晶体切割的形状调整为音叉的样式；通过研发集成电路和步进马达来更好地利用从晶体振荡器中发

出的信号并进行准确的运作。

除此之外，日本精工怀着改变腕表未来制造工艺的激情，以及发展更大的产业"生态圈"与瑞士机械表抗衡的决心，并没有在专利权问题上对自己独一无二技术进行垄断，而是向全世界公开。

由于石英表的运行原理是在石英上通入电流，使其发生伸缩性规律振动，将此振动以电气的方法联结马达来划出时间。从振动的正确性来说，机械表根本无法跟石英表相比。只要拥有耐震的能力，石英表计时并不受温度等变化的影响，能达到准确无误的程度。当1968年日本精工的石英表参加纽沙贴夫天文台的钟表比赛时，15块日本精工石英表的参赛成绩令考评官哑口无言：瑞士表全部都排在了日本精工表之后。

纽沙贴夫天文台"比武"的失败，让瑞士人脸上无光，瑞士人一味地追求机械钟表的极致和高精确度，而忽视了钟表耐震差、成本高等难以商品化的缺点。日本人则相反，没有居功自傲，而是迅速转移思路，准备将成绩转化为生产力，作出了将石英表商品化的战略决策，把握住石英表的发展良机后，又有"狭路相逢勇者胜"的气魄和敢于"亮剑"的无畏精神，才能后发先至反客为主。

同时日本精工通过为奥运会和足球世界杯等大赛提供官方计时器的机会，获得更大的市场知名度，起到了为产品的大规模生产和走向市场鸣锣开道的作用。

日本精工正是利用了"渐进"和"换位思考"的经营理念，在不占优时甘居客位，积极扩充和循序渐进地增强实力，后来居上、弯路超车般地占领"主位"，从而在全球钟表市场上实现了反客为主的逆袭。

经过不断的改进、创新，日本精工在石英表技术方面独领风骚，引导国际新潮流，在市场上所向披靡，盛销不衰。

第六套　败战计

如果到了连火并的机会都没有了，那就采取战略转移、战略撤退、战略调整的败战计策略，不作无谓的牺牲。

所谓败战计，是指处于敌众我寡、敌强我弱的专利态势时所经常运用的计谋，"潜龙勿用"。具体包括美人计、空城计、反间计、苦肉计、连环计、走为上六计。

企业实施专利战略时使用该套计谋的条件是：企业专利实力处于劣势、诉讼被动的局面时，不要丧失斗志、坐以待毙，通过积极防御就有东山再起的机会和转机。此时可使用专利回输策略、专利引进策略、专利协作策略、专利出售策略等。

总而言之，在专利战中，不能稳操胜券，就拒敌防守；拒敌防守不成，就伺机出击；出击不利，就混战取利；混战难成，就奋力火并；若出现极端不利于己方的专利战局面，就走为上。

第三十一计　美人计

一、计策解读

美人计,指用美女诱惑敌人,使其贪图享受,斗志衰退,从而击败敌人的策略,语出《六韬·武韬·文伐》:"……养其乱臣以迷之,进美女淫声以惑之……"

《三十六计》中原文为:"兵强者,攻其将;将智者,伐其情。将弱兵颓,其势自萎。利用御寇,顺相保也。"其意思是,对强大的敌军,要对付他的将领;对英明多智的将领,要设法动摇他们的斗志;将帅斗志衰弱、部队士气消沉,他的气势必然会自行萎缩;利用敌人内部的严重缺点来控制敌人,可以相应地保存自己的实力。

在军事行动中,对于难以征服的敌方,要使用"糖衣炮弹",先从思想意志上打败敌方的将帅,使其内部丧失战斗力,然后再行攻取。中国古代拥有"沉鱼落雁之容,闭月羞花之貌"的四大美女中,有3位是"美人计"的工具:"沉鱼"西施,越王勾践用来麻痹吴王阖闾;"落雁"王昭君,用来与匈奴和亲,换取民族团结;"闭月"貂蝉,王允用"连环美人计"挑拨离间诛杀董卓;只有"羞花"杨玉环,是唯一专宠不干政的美女,也难免被赐死马嵬坡的悲惨命运。

然而,"美人计"并不是放之四海而皆准的铁律,美色对人的诱惑必然受到这种因素的制约。因此,在现代商业社会里,古老的"美人计"虽仍有其用武之地,但由于其原意的狭隘性和非道德性,而不可避免地暴露了其局限性和不适用性。基于现代商战的需要,对"美人计"就要进行创新的运用,即将"美人计"从其以色诱惑、乱人心志的古老模式中摆脱出来,突破其局限性,把其内涵加以扩展、引申,从而成为现代版的"美人计"。在专利战中,企业应当通过塑造专利产品之美,去俘获消费者的芳心,去击败竞争对手,并进一步通过专利布局提高产品的市场竞争力。

二、运用技巧

本节就在专利战争中以"美人计"为分析入口,对"专利之美"的运用技巧进行探讨，将"美人计"引申出的"美"的内涵与战略思维应用于专利之道。

人们常说：英雄难过美人关。连万众景仰的英雄也容易被美人攻克，为美人倾倒，可见"美"有何等的威力，又是何等的惹人喜爱！但是，在注重人权的当下，我们不提倡在专利战中用美色获利。那么之于专利战中，"美人"安在？"美人计"尚能用否？

作者认为：专利中自有黄金屋，专利中亦有颜如玉，"专利之美"更多是借助专利产品晕染出来。一件"美"的专利产品，不仅体现在它能借助专利技术，以高效的实用功能满足人们工作和生活的需要；更多地还体现在它能以其形象所表现的样式形态、内涵韵味，给人以美的感觉和艺术享受。

挖掘"专利之美"需从"美人"的衡量标准切入：爱彼之貌容兮，香培玉琢；美彼之袅娜兮，回舞飞雪；羡彼之华服兮，闪灼文章；慕彼之良质兮，冰清玉润；喜彼之差异兮，环肥燕瘦；闻彼之美名兮，朗朗上口。将美人的貌、体、服、质、态、名之美，分别对应产品的外观设计、工业设计、包装装潢设计、人性化设计、差异化设计、商标品牌之美。

1. "爱彼之貌容兮，香培玉琢"——外观设计之美

在市场经济环境下，工业产品仅有实用性是不够的，还要富有可沉鱼落雁、闭月羞花的外观设计的美感。外观设计，总是同使用该外观设计的工业产品结合在一起，是指对工业产品的形状、图案、色彩或其结合所作出的富有美感，并适于工业上应用的新设计。外观设计已经成为产品整体质量的不可或缺的部分，在提高产品的市场竞争力方面扮演着十分重要的角色。

我国《专利法》规定的外观设计是指：对产品的形状、图案或者其结合以及色彩与形状、图案的结合所作出的富有美感并适于工业上应用的新设计。美国专利法规定：就产品而发明的任何新的、原创性的和装饰性的外观设计，其发明者可获得专利。

全球对于工业品外观设计的保护方式大体上有4种：①利用专利法保护，如中国、美国、俄罗斯、中国台湾地区；②利用版权法保护，如法国、德国；③将其视为"工业版权"受专利法和版权法的双重保护模式，如英国；④设立专门的外观设计法保护，如日本、北欧四国（丹麦、芬兰、挪威、瑞典）。一般而言，在认定外观设计是否构成侵权时，形状优于图案和色彩，图案和色彩

则一并考虑。

2. "美彼之袅娜兮，回舞飞雪"——工业设计之美

同身材需要塑形才能袅娜多姿一样，工业设计是基于美学、人体工程学等学科理论指导下的产品设计、是技术和艺术的合理结合。工业设计的水平反映了一个国家的工业产品水平，更标志着该产品的市场竞争能力。美国工业设计协会的一份统计数据表明，美国工业设计每投入 1 美元，其销售收入为 2 500 美元。日本日立的另一份统计数据表明，每增加 1 000 亿日元的销售额，工业设计的作用占 51％，而技术改造的作用仅占 12％。

工业设计与工业品外观设计是有区别的，其目的不仅在于确定产品的外形及表面特点，更重要的是决定产品的结构与功能的关系，因为好的工业设计离不开精密的生产制造工艺。所设计的产品要体现出工业设计的"内在美"，即功能的科学性、使用的合理性；而产品工业设计的"外在美"，主要是通过产品的结构形式、形体的塑造、线形的组织、色彩的调配、质体的肌理等体现。产品"内在美"和"外在美"的塑造，均离不开完美的生产制造工艺来保证。

工业设计可以同时采用专利保护和版权保护两种权利保护手段，即工业设计的"内在美"主要通过版权来保护，工业设计的"外在美"通过外观设计专利保护其外观设计和通过发明专利保护其加工工艺。

3. "羡彼之华服兮，闪灼文章"——包装装潢设计之美

人要衣装，佛要金装，飞燕尚需倚新妆！"利乐包"被誉为充满设计灵感的、让生活变得更简单、更方便、更安全的适度包装的杰作，"王老吉"与"加多宝"的"红罐"凉茶之争，侵权赔偿金额高达 1.5 亿元，更让我们见识到了包装装潢设计的重要性。

随着市场经济的发展，产品的包装装潢不再只是简单意义上的"漂亮"而已，它已逐渐发展成为企业间竞争的重要手段和有效途径，成功的包装设计将给产品披上华丽的外衣，将大幅提升产品价值，创收更多的利润。

在国外的相关立法中，包装、装潢包含在"商业外观"的概念中。我国现行立法现状，并没有明确地规定表述其为"包装装潢权"，目前包装装潢的权益还没有单独作为一项权利来进行明确的界定和保护，但可以通过专利申请、著作权以及商标注册等方式加以保护，而反不正当竞争法又为其提供选择或者兜底的保护。

4. "慕彼之良质兮，冰清玉润"——人性化设计之美

马斯洛将人类需要从低到高分成 5 个层次，即生理需要、安全需要、社会需要、尊敬需要和自我实现需要，人性化设计位于"马斯洛金字塔"的顶端。好的人性化产品必须贴近消费者，了解消费者的偏好；应用现代科学技术，应用于开发新产品，增加产品的高科技附加值；并准确预测了解产品的发展趋势。

人性化设计是指在设计过程当中，根据人的行为习惯、人体的生理结构、人的心理情况、人的思维方式等，在原有设计满足基本功能和性能的基础上，对产品进行优化，在设计中对人的心理、生理需求和精神追求的尊重和满足，是设计中对人性的尊重。赋予设计产品以"人性化"的品格，使其具有情感、个性、情趣和生命。苹果最大的成功之处在于：用人性化的设计，以用户体验为蓝图，凭借产品销售情感。

企业如果有了自己独特的产品创新，而要享有这种产品创新的独占权，唯一的办法就是将这种创新处于保密状态，并及时申请专利保护，设置完善的专利布局。

5. "喜彼之差异兮，环肥燕瘦"——产品差异之美

不管是阳春白雪的"环肥燕瘦"，还是下里巴人的"萝卜白菜各有所爱"，都间接地表示了公众审美的差异化。同样，实施产品差异化策略是企业提供同一种类的、与竞争对手不同类型的产品和服务，有效地避免同质化竞争，以获得竞争优势的一种竞争生存战略。

在宝马出现之前，奔驰已在高档轿车市场占据了绝对的统治地位，代表着尊贵、舒适、身份、品质、速度、安全、稳重，是横在宝马前面的一座看似不可逾越的高山。宝马另辟蹊径，不在上述品牌价值方面与奔驰拼高低，而是遵循营销的差异化原理，即在市场细分出新的产品领域和价值，对宝马车进行全新的定位。奔驰车是以设想坐车主人是坐在后面为基础来设计的，舒适、气派是突出特点，宝马则以自己驾驶为基础进行设计，突出驾驶的乐趣和速度，代表青春、活力，一下子就将宝马的特色立了起来，在高档车市场取得了一定份额。在专利布局方面，宝马申请、拥有一大批与发动机有关的专利，从而在"汽车心脏"领域占据市场优势地位。

功能创新所获得竞争上的差异化优势，有赖于通过专利权或商业秘密的保护得以维持，否则很快会被复制，市场产品由差异化走向非差异化。另外，企业在不断创新的同时，也要采取有效措施策略性地保护自己的核心技术，推迟核心技术变为一般技术的时间。

6．"闻彼之美名兮，朗朗上口"——商标品牌之美

美人如若有好听的名字能锦上添花，产品也不例外，如有朗朗上口且寓意深远的商标品牌名称，能够助力企业快速发展。让人最为成功的范例当数美国的可口可乐公司。1935 年，这种美国汽水在打开中国市场时，我国书法家蒋彝译出的"可口可乐"既传神又达意，不但符合英文名 Coca Cola 的双声叠韵、朗朗上口，而且"既可口又可乐"，音义皆美，远胜过英文名中的 Coca 和 Cola 仅仅是两种植物名称的含义。"可口可乐"的名字，对于这种汽水在中国的风行，实在是功不可没。随后而来的 Pepsi Cola 步人后尘，最终采纳"百事可乐"的中译名，也是一音义俱佳的美译，"百事大吉大利"。这两种品牌的中译名颇合中国人喜欢美味、期望吉利美满的心理，让人"望文生爱"，使得这两种汽水能够抓住占领中国消费者的心。

企业对自己使用的产品名称通过商标注册，确保商标注册人享有用以标明商品或服务，或者许可他人使用以获取报酬的专用权，而使商标注册人及商标使用人受到保护。面对商标品牌侵权行为，采取行政、司法保护手段，积极维权，维护自己的品牌形象和商誉。

三、总结陈词

在专利产品运用"美人计"过程中，要做到勤于为消费者提供"糖衣炮弹"、善于对消费者以柔克刚、乐于为消费者夺心伐情、便于消费者之各有所爱、甘于消费者所津津乐道，还要注意对专利产品进行知识产权保护，用法律的武器进行保护，才不会"赔了美人又折兵"。

但是，一旦被侵犯，"美人"也可锋利如刀。因为外观设计和工业设计的特点是简单直观，通过简单对比就能确定是否存在侵权行为，诉讼成本相对较低，发布禁令的速度也会更快。

四、画龙点睛

专利大战卅一计，倾国倾城美人计。

自有专利颜如玉，莫使幽居空叹息。

外观设计俊俏貌，工业设计袅娜姿。

包装设计灼华服，人性设计添丽质。

差异设计生百媚，商标设计扬美名。

以色侍人有时尽，专利之美无绝期。

五、活学活用

例 31-1

源自美人，可口可乐的曼妙弧形瓶全球独享

在大部分人心目中，可口可乐瓶经典的诱惑曲线几乎与神秘的可口可乐配方同等重要，成为可口可乐的代名词，可口可乐瓶身设计灵感，也是来自"美人"。

1898 年鲁特玻璃公司（Root）一位年轻的工人亚历山大·山姆森在同女友约会中，发现女友穿着一套筒型连衣裙，显得臀部突出，腰部和腿部纤细，身材窈窕曲线柔美，非常好看。约会结束后，他突发灵感，根据女友穿着这套裙子的形象设计出一个玻璃瓶。经过无数次的反复修改，不仅将瓶子设计得非常美观，他还把瓶子的容量设计成刚好一杯水大小，而且使用非常安全，易握不易滑落。瓶子试制出来之后，有经营意识的亚历山大·山姆森立即到美国专利局申请专利，并经由美国装瓶商协会认可成为标准包装瓶。

当时可口可乐公司的决策者坎德勒在市场上看到了亚历山大·山姆森设计的玻璃瓶后，认为非常适合作为可口可乐的玻璃瓶包装。经过一番讨价还价，最后可口可乐公司以 600 万美元的天价买下此专利。

这种曲线瓶子给人以窈窕、婀娜、甜美、柔和、流畅、爽快的视觉和触觉享受，让人感觉这种造型完美的瓶子"女人味十足"。更令人叫绝的是，其瓶型的中下部是扭纹型的，如同少女所穿的条纹裙子；而瓶子的中段则圆满丰硕，

如同少女的臀部。此外，由于瓶子的结构是中大下小，当它盛装可口可乐时，给人视觉上的感觉比实际容量更多。

当时，可口可乐正受到百事可乐的冲击，市场销量一直徘徊不前。1915 年，采用亚历山大·山姆森设计的玻璃瓶作为可口可乐包装以后，可口可乐的销量飞速增长，在两年的时间内，销量翻了一倍。从此，采用山姆森玻璃瓶作为包装的可口可乐开始畅销美国，并迅速风靡世界，为可口可乐公司带来了数以亿计的回报。

1915 年 11 月 16 日，弧形瓶模具申请了专利。1923 年 12 月 25 日，由于之前的专利权保护过期，可口可乐公司又重新为弧形瓶申请并获得了专利权，这种带有在圣诞节当天申请新专利的弧形瓶后来被称为"圣诞瓶"。

1957 年，制瓶技术的进步使得专利技术——应用颜色标签技术 (ACL) 取代了将可口可乐标记凸刻在玻璃瓶上的做法，白色的 ACL 字体使得瓶体更为干净，也使得可口可乐的标志更容易被消费者认出。

1960 年，为了确保弧形瓶的专利一直为可口可乐所有，可口可乐公司获得了美国专利商标局授予弧形瓶商标权。尽管对产品包装进行商标注册的情况极为罕见，但可口可乐公司称弧形瓶是如此知名，以致它本身即拥有了商标的地位。1960 年 4 月 12 日，弧形瓶的商标权申请终于获得了批准，从此可以获得无限期的保护。

1963 年，"Coke"商标首次出现在弧形瓶上。

1994 年，印第安纳州政府在鲁特玻璃公司举行了"可口可乐瓶诞生地"纪念仪式。与此同时，可口可乐公司在美国推出了新的 20 盎司的塑料弧形瓶，仍然同它的"前辈"刚推出时一样深受消费者欢迎。

1996 年亚特兰大奥运会期间，可口可乐公司精心策划了一次以弧形瓶为载体，向民间艺术致敬的展览。来自 50 多个国家和地区的民间艺术家们，以不同国家的文化和特产为素材，创作成立体效果艺术瓶。这些风格迥异的艺术瓶以可口可乐弧形瓶为骨架，将各国特色表现得淋漓尽致，将弧形瓶的"美"与各国的文化融合到一起。

"美人计"在现代专利竞争中正以文明的内涵发展，每个人都有一颗爱美之心，企业经营者应尽迎合大众消费的审美观念，从人类的爱美之心出发。时至今日，源自"美人"的可口可乐弧形瓶已经问世110多年，它始终作为世界上最受欢迎的、与其他产品截然不同的、富有创意的饮料包装，打动着一代又一代消费者的心。同时，可口可乐公司通过专利保护和商标保护，一直牢牢地把控者"美人"弧形瓶的全球独享权。

例 31-2

美人心计，"太太口服液"不变的情怀

在茫茫商海、激烈商战中，胜负的关键是什么？一种商品怎样才能稳操胜券？这种胜利的荣耀又能保持多久？让我们看一看"太太口服液"如何使用"美人计"，或许能够从中找到些许答案。

"太太口服液"由深圳太太保健食品有限公司（2003年更名为健康元药业集团股份有限公司，以下简称"太太公司"）开发研制，是一种用首乌、当归、白芍等十几种中草药制成的颇具药文化色彩的女性专用营养保健口服液，并申请了与之相关配套的40余件专利，光包装盒外观专利就有23件。"太太口服液"通过外观设计专利给"太太"穿上美丽的华服，通过发明专利和实用新型专利给"太太"的权益以法律保障。

1993年3月8日，朱保国带着几位闯深圳的年轻人根据祖传的女性养生配方推出了"太太口服液"，口服液在当时的中国足足有300多种，单单深圳就有50多种。在竞争激烈、群雄逐鹿的保健品市场，想要赢得消费者的好感和认可，除了产品质量过硬、产品包装精美外，首要的就是优秀的产品营销术。而营销术中，最重要的是攻心广告术，朱保国和他的"太太口服液"用的正是三十六计之"美人计"！

无论对于保健品行业的消费者还是业内人士而言，"太太口服液"最引人注目的是其优秀的广告创意和脍炙人口的广告语。

"太太口服液"广告语最初出现在报纸上的"三个太太两个黄""三个太太一个虚""三个太太三个喜"，一下就抓住了太太们的心理，激发她们想看下文是什么的强烈好奇心。

太太公司在深圳国贸大厦的灯箱外包上一块黄布，上面写着："里面有一个太太""里面有两个太太""里面有三个太太"，背后写着巨大的"猜"字，

如此吸引住了进出国贸大厦的人群。

太太公司在深圳国贸大厦人流如潮的地方，拉出长达 180 米、宽 1.2 米的巨大布幅，写着"太太留名"，结果不到 6 个小时，上万人在布幅上写了名字和地址。此事之后，"太太口服液"怎能不让人记忆深刻？无论是太太们还是先生们，都牢牢记住了"太太口服液"，并通过朗朗上口的名字口口相传。

随着时代的变化，产品的内涵也要随之变化，时尚和创新永远是消费者追逐的热点，可口可乐等百年品牌永葆青春的秘诀正在于此。"太太口服液"根据各个时代的特点，从产品的配方、专利技术、品牌理念到广告，都围绕着创新进行。每个阶段的定位都恰好满足了当时女性的内心需求，在强调女性权益的时代以紧贴女性内心、充满情感的广告语"做女人真好""十足女人味"来满足女性消费者的精神需求，同时结合自己在行业内领先的专利技术优势不断加强宣传攻势，加深公众对"太太口服液"的高科技印象和市场认知度。

此外，在包装方面，"太太口服液"于 1995 年推出"九五新装样式"，2006 年推出"太太美容口服液 2006 版包装盒"（申请号为 20063001670.2），2007 年推出"新太太美容口服液包装盒"（申请号为 20073017391.5）从包装上进行创新以满足消费者求新的心理，并用专利权进行合理保护。

就这样，通过"闻彼名朗朗上口"的商标、"爱彼之美貌"的外观包装、"兼具有内涵美"的专利产品、结合各种有创意的媒体广告的配合的"美人攻心计"，"太太口服液"几乎家喻户晓，深深地印入了人们的心中，时间一长，就形成一种消费气候，在国内许多家庭，妻子自己买"太太口服液"保养、丈夫买"太太口服液"送给妻子作为礼物，已成为一种不可阻挡的时尚。

例 31-3
苹果之美，乔布斯推崇的技术美学的人性化呈现

当 1998 年华丽出众的 iMac、2001 年精美细致的播放器 iPod、2007 年功能强大的酷炫 iPhone、2010 年轻薄多用的 iPad 等时尚高端的苹果产品映入人们眼帘时，无不瞬间成为众多消费者强烈的追求对象，这种追求大都体现在人们对苹果设计美感的喜爱。苹果产品的设计美涵盖了使用功能与视觉审美的统一、人性化互动与情感化体验的统一、设计创新与技术开发的统一、营销模式与产

品包装的统一等美学特征。近年来苹果产品能如此迅速地占领市场，并给人强烈的视觉印象和审美体验，源于苹果产品以独特的设计美抓住了时尚的消费者及更多消费群体。

从苹果产品的设计美发展来看，苹果产品一直延续着简约美的风格，主张设计具有创造性，重视设计色彩美，注重产品的人机交互性，开发产品的技术美和功能美等设计美特征。

苹果产品的功能美形成过程中以好用的功能为宗旨，力图打破传统的交互方式，竭尽增添一些使用乐趣，如苹果手机设计中采用的触摸交互方式，通过滑动、轻按、挤压及旋转等触摸控制形式来驾驭用户与产品之间的交流，让简易、直观的手势也变成数字产品世界的一种交流形式。这种快速轻巧般的触摸技术是为了用户"一触即开，开箱即用"的轻松自在的追求，从而为用户创造了一种体验文化之美。

苹果产品的形态美体现在造型设计坚持简洁、纤薄的基调，即简洁平面和略微过度的小弧度。苹果一直秉承"把技术简化到生活"的宗旨，从主体到周边产品的高度一致性，纯洁和通透的形体，超越了通常的视觉感受，让人从内心深处产生一种共享的形态美感。例如，苹果产品 iMac 电脑外观设计中将具体的形态和色彩结合，通体化的整机像是半透明的雕塑作品，透过绿白色调的机身，可隐约看到内部的电路结构，左右手通用的对称设计和半透明圆形鼠标，色彩运用鲜明的海蓝色，电脑主机和显示器大面积使用圆弧形造型，这种极致简约的形态美给人一种无所约束的自由审美感。

苹果产品的色彩美体现在创新和具有感情。在苹果产品 iMac 电脑设计中打破了运用传统的、单调呆板的黑白灰中性色彩到多彩的色彩设计，使冰冷的电脑变成了彩虹，高纯度、明亮的色彩加上适当的灰色、白色，顷刻之间变得那么生动活泼。再如 iPod MP3 播放器在色彩设计过程中采用大面积留白设计，通体的黑色或白色令人产生无限遐想的空间，这种独到的色彩美运用传达出的语言使消费者有种由衷的归属感。

苹果产品在技术美的形成过程中的出发点和归宿点是"以人为本"，基于"便于所有用户使用"的理念来设计自己的产品，使人性化设计符合人们的需要。如圆滑、超薄的 iPad 平板电脑外观简洁、特殊的材料和生产工艺的创新使用户不易从手中滑落,触摸屏和重力感应技术更是让使用者得到了完整的情感需求,获得了一种饱和的沉浸感和满足感。另外,这款产品的组成部件都是由可回收利用的特殊塑胶材料和对人对环境不会造成影响和污染的经济、环保材料制成,这更加体现了苹果产品的人性化设计与自然和谐设计之美。

苹果产品体现的设计美,将会是这个体验经济时代的一个完美标志。苹果产品的设计美源自其不断创新和探索,有赖于以乔布斯为首的设计团队聪慧的头脑和高超的设计水平,取决于苹果追求以消费者为核心的思想和以产品完美主义为设计的理念,从而通过科学技术手段来实现设计预想而自然形成的美。

苹果产品在不断地进行技术创新和设计创新以满足人们审美的同时,也在用专利利剑保护着自己的"苹果美人",在苹果官方网站上列举出的最引以为豪的九大专利(见表2)中,外观设计专利就占了7件。

表2　苹果最引以为豪的九大专利

序号	名称	专利号	获得专利日期
1	玻璃楼梯	USD478999S（外观设计）	2003 年 8 月 26 日
2	苹果店内 iPad 支架	USD662939S（外观设计）	2012 年 7 月 3 日
3	iPhone 包装	USD596485S（外观设计）	2009 年 7 月 21 日
4	图像用户界面	USD604305S（外观设计）	2009 年 11 月 17 日
5	iPhone 的机身设计	USD593087S（外观设计）	2009 年 5 月 26 日
6	苹果耳机末端的胶套	US8280093（发明专利）	2012 年 10 月 2 日
7	音乐图标	USD668263S（外观设计）	2012 年 10 月 2 日
8	苹果耳机扣	USD577990S（外观设计）	2008 年 10 月 7 日
9	高触感手套	US7874021（发明专利）	2011 年 1 月 25 日

苹果原 CEO 乔布斯坚持"设计唯美，用户体验至上"的设计理念把苹果产品推向了电子产品世界的一个高潮，影响苹果产品设计美的因素可以说是源自其创始人乔布斯对于追求完美和创造性的激情。乔布斯还坚持将自己的创造用专利进行有效保护，截至 2015 年乔布斯作为发明人已被授权的专利总数共有458 件，其中近 1/3 都是在他于 2011 年 10 月去世后授予的，即 141 件。

中国企业的产品设计都应该向苹果产品设计理念学习，应更多地使用人性化、设计化、外观化的"美人计"，在观察和了解用户的基础上找出属于中国产品设计主导未来发展的可能方向。

第三十二计　空城计

一、计策解读

"空城计"是《三国演义》在第九五回的情节：街亭失守，司马懿大军直逼西城，诸葛亮无兵御敌，却大开城门，并在城楼抚琴，司马懿疑有埋伏，遂退兵。后常以"空城计"泛指掩饰自己力量空虚、迷惑对方的策略。

《三十六计》中原文为："虚者虚之，疑中生疑；刚柔之际，奇而复奇。"其意思是，空虚的就让他空虚，使他在疑惑中更加产生疑惑，在进攻和防御中运用空虚战术来隐蔽自己的空虚，用这种阴柔的方法对付刚强的敌人，愈发地显得用兵之奇。

"空城计"用于军事上，是指在敌众我寡的情况下，缺乏兵备而故意示意人以不设防备，造成敌方错觉，从而惊退敌军。"空城计"是虚虚实实、兵无常势、虚而示虚的疑兵之计，是一种疑中生疑的心理战，多用于己弱而敌强的情况。但此计切勿多次使用。

二、运用技巧

在专利战中，风险往往与机遇、利益和成功共存，不入虎穴，焉得虎仔。"空城计"的奇巧之处在于：要善于正确、及时地把握对方的专利战略、市场环境、社会环境、企业动态等，因时、因地、因人地以奇异的谋略解除自己的危机。

文献公开战略、专利授权免费公开战略等，都属于专利战中不走寻常路的"空城计"。

1. 文献公开战略

企业从专利战略的角度考虑，如果认定自己开发的技术没有必要取得专利权，但又担心其他企业取得这一技术的专利权而给本企业带来威胁时，将该发明创造的技术内容进行防御性公开，通过"大开城门"以破坏其新颖性，使之变成现有技术，从而阻止别人获得专利权，这就是文献公开战略。

文献公开战略的公开形式包括：在报纸杂志等社会出版物上公开，在本单位对外公开发行的技术公报上发行，在其他专利申请的说明书中附带公开，相关产品在展览会上展出或使用，在特定的专利公开平台上公开等方式。其中，美国专利商标局的《防卫性公告》专栏、日本特许厅的《公开技报》、英国的《研究公开》、IP.com 网站等，都是用于文献公开战略的专有平台。

在实行文献公开战略之前，应该反复评估"技术公开空城计"对于自己的利弊得失以及对他人可能带来的竞争优势；如果专利公开策略实施失败，在 6 个月之内根据《专利法》第 24 条还可以有挽回的余地。

2. 专利授权的免费开放

有的企业在不放弃专利权的前提下，会把自己的专利技术向第三方免费开放，大摆空城计，2005 年美国 IBM 宣布开放部分软件源代码所涉及的 500 多件专利；2014 年美国特斯拉在其官方网站上发表了一篇文章《我们的所有专利属于你》，声称开放其 600 件专利；2015 年初，丰田宣布在全球范围内开放 5 680 件有关氢燃料电池技术的专利，其中包括 Mirai 的 1 970 件关键技术，丰田声明汽车专利的免费时间被限定在 2020 年之前，并希望与使用其专利的公司签订一份专利共享互惠协议；2015 年 5 月，福特宣布对外公开自己的上千件电动汽车技术专利，而共享福特的专利技术需要支付一定的费用。

对于专利实力强大的公司（如 IBM、丰田）而言，免费开放部分专利权，一是能够起到"抛砖引玉"的作用，能够迅速普及产品和技术、搭售相关的产品、占领行业标准制定的先机；二是能够对于试图进行专利进攻的企业进行"心理震慑"；三是把产业技术路线图纳入自己的轨道上来，"套牢"竞争对手，以后技术升级时再逐步实行有偿使用的策略。

对于专利布局相对较弱的公司（如特斯拉）放开专利权，一是能够起到"抛砖引玉"的作用，打造充电汽车行业的"生态圈"；二是能够起到"欲擒故纵"的作用，通过免费开放现有的专利权，绑定更多的企业，在进行技术升级换代后收取更多的专利许可费；三是在不掌握核心专利的情况下（特斯拉拥有的是对 8 000 枚电池组的管理技术，电池制造核心技术在松下手中），使用空城计"虚则虚之"，使竞争对手迫于行业和舆论的双层压力，不敢轻易对其发起专利侵权诉讼。

但是，如果免费开放专利权的"空城计"策略使用不当，将会遭受反不正当竞争法和反垄断法的指控。例如，一面开放专利授权，另一面附加搭售产品的霸王条款；再如，实施"请君入瓮"的方式，中途突然实行有偿授权策略等，都是不合理的竞争方式。

三、总结陈词

"空城计"用的是虚虚实实、虚实相生、兵不厌诈、兵无常势、变化无穷的道理。"虚者虚之"，是使敌方产生怀疑、犹豫不前，就是所谓"疑中生疑"，此计在多数情况下，同"无中生有"之计一样，只能当作缓兵之计，还得防止敌人卷土重来；"实者虚之"，则指故弄玄虚、诱敌深入，然后结合"以逸待劳""关门捉贼"之计获得最终胜利。

军事上使用"空城计"考验的是指挥员"大军来临之际，坐在城楼观山景"的胆量和淡定，专利战中使用"空城计"更多的是考验管理者的战略眼光，通过主动舍小利谋大远，去保全或者争取全局的、整体性的胜利。总之，运用空城计需做到胆大包天，心细如发。

四、画龙点睛

专利大战卅二计，虚者虚之空城计。
战略策略胆包天，战术运用心如丝。
文献公开来防御，破坏专利新颖性。
免费开放专利权，舍小谋远要合理。

五、活学活用

例 32-1

开放授权，IBM 反而有可能借助中国厂商之手形成新的垄断

自 2013 年 8 月与谷歌、英伟达等多家科技公司成立 OpenPOWER 基金会并宣布开放 IBM POWER 芯片的相关技术 1 年后，IBM 于 2014 年 10 月 28 日宣布成立中国 POWER 技术产业生态联盟。此举一出在业内引起了强烈反响，而引起反响的主要原因是，中国 POWER 技术产业生态联盟的成立，意味着 IBM 唱了一出不设防的"空城计"！加入中国 POWER 技术产业生态联盟的中国相关企业将可以享受到 IBM POWER 芯片的授权，进而根据需要开发自主的芯片（类似于移动互联网设备芯片市场的 ARM）。业内人士都知道，拥有自己的芯片，尤其是在企业级 IT 市场，一直是中国企业的梦想。

在此，我们首先看看为何 IBM 要开放自己的 POWER 芯片授权。业内人士都知道，作为一家商业企业，IBM 的 POWER Systems（基于 POWER 芯片的主机和服务器）此前一直是高度封闭的系统，也正因为封闭，IBM 在此获得了高额的利润并锁定了高端市场和用户。例如，在中国市场，IBM 就占据了以 POWER 服务器为代表的 80% 左右的 Unix 服务器市场，并在政府、银行、金融等企业占据绝对优势地位。

与中国市场相比，IBM POWER 在全球市场则被基于英特尔 X86 架构芯片的服务器不断挤压。据统计，2013 年，IBM 的 POWER Systems 的销量下滑了 1/3，而进入 2014 年，IBM 在全球服务器市场的营收被惠普超越，且在不久前甚至倒贴 15 亿美元将自己的芯片制造业务出售，以减轻 POWER 芯片产业给自己业绩带来的压力。种种迹象表明，POWER 芯片的最终开放是 IBM 迫不得已而为之的商业行为，而中国市场从某种程度上决定着 POWER 开放的效果，甚至是 POWER 的未来。IBM 开放 POWER 芯片架构希望借此吸引更多厂商加入 POWER 阵营，尤其是中国的企业。所谓众人拾柴火焰高。这也道出了 IBM 开放给自己带来的最大好处。

从商业角度看，IBM POWER Systems 在中国市场某些行业中的应用很难替代，但仍不排除被替代的可能性。例如，之前中国服务器厂商浪潮就提出过"I2I"，意为"IBM to Inspur"的计划，并借此欲抢夺要抢夺 IBM 中国近 20% 的市场。当然，浪潮服务器的芯片主要还是英特尔的 X86 架构芯片，这恐怕才是 IBM 从商业角度最为担心的。还有一点 IBM 最为担心的非商业因素就是，它无法把控中国政府的相关政策和风向，而从 2014 年的趋势看，鼓励自主创新和以国产设备替代国外设备的呼声有增无减，所以 IBM 对未来这些维系和给自己带来高额利润的 POWER Systems 是否被替换掉没有十足的把握。

所以 IBM 此次成立中国 POWER 技术产业生态联盟（包括重要的开放

POWER 架构授权），除了前面所说的商业因素的考量外，还有捞取在中国继续留存、获得高额利润市场的政治资本的目的。

POWER8+AIX 正是目前其 POWER Systems 利润和垄断性最高的市场。而所谓开放后的组合，鉴于竞争和抢夺市场份额的需要，IBM 是不会考虑利润的。放到中国市场，就意味着我们相关企业即便获得 IBM POWER 芯片的授权，也不会进入高利润的市场，这块市场今天是 IBM 的，未来也不会变化，充其量我们的企业利用这种开放去为 IBM 的 POWER 站脚助威。

熟悉 IBM 的人应该知道，IBM POWER Systems 之所以强大，关键在于它是一种应用优化的高端服务器系统，即软硬件紧密结合，进行深度调优，这才是 IBM POWER Systems 的撒手锏。可惜的是，作为软硬结合最紧密部分之一的 AIX，IBM 并未开放。其实针对此次中国 POWER 技术产业生态联盟的成立，业内就有评论认为，AIX 及其上运行软件资产与其芯片同等重要。

从中国 POWER 技术产业生态联盟成立后，加入联盟的中国相关厂商制定的国产 POWER 处理器发展路线图中看出：英特尔的 E5-2600 系列早在 2012 年就已经发布，而我们基于 POWER 开放架构设计的 POWER 芯片最早在 2015 年，最迟在 2017 年才达到英特尔的水平。但让我们疑惑的是，IBM 几年发布的自己的 POWER8 芯片在诸多性能和应用测试中已经与英特尔 E5-2600 系列难分伯仲了。

到底是我们设计的水平低呢，还是 IBM 自己设计的水平高呢？抑或是 IBM POWER 架构开放得不够彻底，自己留了一手呢？或者与上述的 AIX 及应用不开放相关？

总之，最终的结果是，我们自己基于 POWER 开放架构开发的芯片不仅比英特尔要落后，甚至落后于提供给我们开放芯片架构的 IBM，那么我们未来的竞争力何在呢？倒是 IBM 未来有了可以让自己继续在中国攫取市场的理由。

对于 IBM 借中国 POWER 技术产业生态联盟向中国相关企业开放自己的 POWER 芯片架构应理性看待，毕竟作为一个以追求高利润闻名的商业企业无利不起早，就像我们前面分析的，通过所谓 POWER 芯片架构的开放，IBM 至少在中国市场获得了 3 年可能被替代的缓冲期，并获得了继续存在和竞争的充分理由，甚至有可能借助中国厂商之手形成新的市场垄断。

所以，作为中国企业，不能将自主芯片完全寄托在 IBM 身上，同样基于前面的分析, IBM 仍是我们最大的竞争对手, 我们在利用其架构开放大摆 "空城计" 的同时, 仍需两条腿走路, 即利用成熟和领先的 X86 架构系统去争夺 IBM 目前占据的市场, 同时要大力发展自己的芯片技术生态系统, 以真正形成开放之下与 IBM 的鼎立之势, 否则这种开放最终的结果就是为 IBM 做嫁衣。

例 32-2

防御公开, 印度展开 "非专利文献防御性公开" 战略

专利海盗 (英文名为 Patent Troll 或 Patent Pirate), 也叫专利流氓、专利蟑螂、专利钓饵或专利投机者等, 是指那些本身并不制造专利产品或者提供专利服务, 而是从其他公司 (往往是破产公司)、研究机构或个人发明者手上购买专利的所有权或使用权, 然后专门通过专利诉讼赚取巨额利润的专业公司或团体。

为应对国外专利海盗公司抢滩国内市场或在境外对印度企业发起攻击, 印度政府近年来出台一系列防御性专利策略, 例如, 发起专利公益诉讼, 阻止印度技术被抢注专利; 通过非专利的 "防御性公开数据库", 帮助全球各国专利局审查员驳回抢注印度技术的专利申请; 积极挖掘大量可能被抢注专利的印度技术, 抢先实施专利 "防御性公开" 等。

从 2000 年开始, 印度政府开始启动传统知识数字图书馆 (TKDL) 数据库项目的建设, 先后组织了 1 000 多名专家, 负责搜集、整理印地文、梵文、阿拉伯语、波斯语、乌尔都语、泰米尔语等各种语言记载的印度现有技术, 以及印度公开使用而未有文字记载的一些现有技术, 还负责把上述技术翻译成 5 种国际语言: 英语、日语、法语、德语、西班牙语, 以此来阻击外国企业申请与印度民间传统技术相冲突的专利, 争夺印度知识产业的利益。

TKDL 数据库设立了强大的搜索引擎, 可供各国专利局检索使用。目前, 印度已与欧洲专利局、美国专利商标局、英国知识产权局等国际知名大局签署合作协议, 向后者提供 TKDL 数据库的数据检索服务, 并不定期提供针对特定专利申请的检索、分析报告, 帮助外国专利局审查员驳回专利申请。

目前 TKDL 数据库已包含印度数千年来积累的数十万项天然药物和生物技术发明, 如 20 多万个天然药物处方发明; TKDL 的电子文献量已超过 3 500 万页, 并仍在快速增加。

在印度，任何人如果认为一件专利申请没有披露或错误地披露了专利申请涉及的遗传资源或传统知识，都可以提出异议，要求驳回专利申请。因此，为了促进专利授权，发明人会尽量全面、准确地公开发明涉及的遗传资源或传统知识。这一规定对促进 TKDL 数据库的扩张和应用也有好处。

TKDL 数据库是发展中国家中第一个被欧洲专利局、美国专利商标局等使用的大型非专利数据库。印度政府可以向其添加任何现有技术资料，或者把可以申请专利的大量技术创新抢先在 TKDL 数据库中实现防御性发表，从而节省专利部署费用。这样，TKDL 数据库就会成为一个大型的非专利防御性公共数据平台，在各国专利审查中发挥重大作用。

同时，印度政府还在国内组建了一个团队，负责"全球范围内侵犯印度技术的专利性审查"，即跟踪、监视全球范围内可能"抄袭、侵犯"印度公知技术的专利申请，把检索、分析报告抢先发送给各国专利局审查员，帮助其驳回相关专利申请。从某种意义上说，印度实际上组建了一个阻止全球"有害专利"授权的"专利预审团"。

这个团队的工作效率很高，业绩不菲。例如，仅在天然药物领域，印度这个团队在 2009 年向欧洲专利局提供了 36 份应予以驳回的专利申请及其对比证据清单；截至 2010 年 6 月下旬，名单中已有 15 件专利申请被欧洲专利局驳回。不久的将来，印度"全球专利预审团"的专利检索报告产量将突破每年 3 000 份，这些报告的目就是要阻止危害印度利益的专利获得授权。

这些防御性公开策略对保护印度经济安全发挥了重要作用，值得我国相关机构借鉴和学习。我国可以借助于中国知网（CNKI）、万方数据库等成立非专利文献防御性公开平台，为企业实施技术公开战略提供服务。

例 32-3

专利防御，专业的专利防御性公布平台——IP.com

在全球专利战的大环境下，很多公司都认识到了专利技术公布的战略价值，但是一直苦于没有好的途径使这些公司能够及时地、低成本地公布技术，同时也没有一个专门的、全球范围内的、公共可搜索的专利数据库便于公众查询。这就意味着即使公司公开公布了专利技术，专利审查员和公众查阅到并作为现有技术，对竞争对手的技术进行新颖性、创造性评述的概率也较低。

这时，IP.com 等专业的专利防御性公布平台应运而生。以 IP.com 为例，这家美国公司是世界上最大的专利和非专利现有技术信息咨询机构。其除了具有简单易行的操作之外，还在现有技术数据库中提供延伸的安全防护，提供文件完整性的证据和发表日期印记，这些都能在专利纠纷审判中提供需要的证据。

IP.com 等专业的专利防御性公布平台的主要特点为：

第一，在先技术数据库的优势在于其高可见性和易访问性，并且每天都在更新扩容。专利审查员以及公众能够仅在一个网站检索，就能查阅到最相关的现有技术，也能够保证各国审查员对比文件证据的一致性。

第二，克服行业出版物公开发表的缺点，很好地适应出版量快速增加的需求。在传统的出版物中，版面会受到文章字数的限制，发表内容也会受到编辑的约束。这样，很多发明创新需要策略性公开的要求，可能得不到实现。

第三，将部分信息匿名公布，而不泄露其身份信息。为了保护企业的专利战略和市场策略，这些平台会应客户需求进行身份保密，防止企业被竞争对手的情报人员进行追踪和技术破解。另外，还能保证审查员能够简便地检索、无限制地下载，并能访问直接数据源，订阅公司期刊。

第四，加上可见的第三方公正。区别于公司网页上的公开文件，发表在专利公布平台上的文件在公布后不再受到作者的控制，这就保证了公开文件信息的一致性。另外，其还使用电子文件日期印记、水印和公证，确保将来需要时完全可以用它们证明文件的完整性。

第五，提高资料的可利用度和备份功能。除了将文件资料通过网站进行公布供人查询外，还采取多种保护措施来确保他人能够通过多种渠道访问所公布的文本。比如，各国专利审查机构等可以定期得到他们的数据源文件，添加到自有的检索系统中。

这种专利技术公开平台为企业实施防御性出版公开的"空城计"专利战略提供了新的途径，同时也能够有效应对专利蟑螂等 NPE 的恶意专利诉讼。

第三十三计　反间计

一、计策解读

反间计，就是利用敌人派来的间谍转而离间敌方，使敌人自相怀疑和猜忌，"间者，使敌自相疑忌也；反间者，因敌之间而间之也。" 这是一种"以其人之道，还治其人之身"的计谋。

《三十六计》中原文为："疑中之疑，比之自内，不自失也。"其意思是，在疑阵中再布置一层疑阵，利用敌人派来的间谍为我服务、反用作自己的内应，相当于接受来自敌方内部的援助，可以有效地保全自己，攻破敌人。

《孙子兵法·用间篇》曰："故用间有五：有因间，有内间，有反间，有死间，有生间。五间俱起，莫知其道，是谓神纪，人君之宝也。"第一种叫做"因间"，又称作"乡间"，就是指利用敌方阵营中的同乡亲友关系打入敌人内部，探消息，搞情报；第二种为"内间"，即舍得花大本钱，网罗收买敌方的成员充当间谍；第三种为"反间"，就是用乾坤大挪移的功夫，借力打人，设法使敌人的间谍自觉或不自觉地为我方所利用，从而达到扰乱敌人视听，搜集各种情报的目的；第四种为"死间"，就是要有"舍不得孩子套不住狼"的思想准备，故意散布一些虚假情报，以牺牲自己方面间谍的代价，诱使敌人上当受骗；第五种为"生间"，就是让自己的间谍在完成搜集情报的任务之后，能够巧妙脱身，平安返回大本营报告敌情。

孙武将军事中用间活动按其性质和特点分门别类划分为 5 种，主要论述在战争活动中使用间谍以侦知、掌握敌情的重要性，以及间谍的种类划分、基本特点、使用方式等。"反间计"是最有智慧的一种用间方法，其应用关键在不声不响中，引诱敌人上钩，从而"以子之矛，击子之盾"。三国时期，周瑜巧用曹操派来的间谍蒋干，去离间归顺曹操的水军大将蔡瑁、张允，"群英会蒋干中计"就是使用反间计的典范。

二、运用技巧

西方世界的商业战中，派遣间谍窃取经济、技术情报，已是公开的秘密。

我国最著名的"照片泄密案"，就是1964年《中国画报》封面刊出的一张照片（见图8）。大庆油田的"铁人"王进喜头戴大狗皮帽，身穿厚棉袄，顶着鹅毛大雪，握着钻机手柄眺望远方，在他身后散布着星星点点的高大井架。日本情报专家据此解开了大庆油田的秘密，他们根据照片上王进喜的衣着判断，只有在北纬46°～48°的区域内，冬季才有可能穿这样的衣服，因此推断大庆油田位于齐齐哈尔与哈尔滨之间；并通过照片中王进喜所握手柄的架势，推断出油井的直径；从王进喜所站的钻井与背后油田间的距离和井架密度，推断出油田的大致储量和产量。有了如此多的准确情报，日本人迅速设计出适合大庆油田开采用的石油设备。当我国政府向世界各国征求开采大庆油田的设计方案时，日本人一举中标。庆幸的是，日本当时是出于经济动机，根据情报分析结果，向我国高价推销炼油设施，而不是用于军事战略意图。

图8　日本企业通过"铁人"宣传照片分析出重要情报

专利战作为商业战的一个重要组成部分，"用间"当然现象必然不少。从狭义上定义，"反间计"就是诱使敌方技术间谍为我方所利用的计谋；从广义上划分，就是应对防御对方用间的手段和方法。

现代经济社会的专利战，从某种角度上讲是信息的战争，为了在专利战中处于主动地位，一方面要通过各种手段（包括用间）广泛收集商业信息、专利情报，尤其是主要竞争对手的情报；另一方面，应严守自己的商业秘密以"防间"，防止被对手"反间"。

1. 专利分析，既能"用间"又能"防间"

在专利战中，需要"知己知彼"，知己就是要清楚自己的专利实力和专利战略，知彼就是要了解竞争对手的专利实力和专利战略意图，了解自己的情况比较容易，要了解竞争对手的情况就很困难。

专利的一个最主要的特点是，用公开技术手段换取一定时间内技术垄断权的法律保护，竞争对手为了获取垄断利益，其专利布局必然会结合企业战略实施。

要"知彼知敌情"，最为重要的手段之一，就是使用"不是间谍胜似间谍"的探析情报的手段——专利分析。利用专利信息公开的特点，通过专利分析，能够"遍知敌情"以全面了解竞争对手和产业现状，能够"先知竞争对手"以预先掌握竞争对手的研发动向。

具体而言，通过调查、研究、分析、预测专利信息情报，了解竞争对手，掌握专利市场行情，认清产业链和供需链各个环节的技术现状和趋势，发现产业的技术热点和空白点；通过专利风险监控、专利风险评估以及专利预警机制，在对相关技术领域和产品的专利申请信息、专利授权信息、专利纠纷信息以及国内外市场信息和国家科技、贸易、投资等活动中的重大专利信息进行采集、分析的基础上，能够分析潜在竞争对手，能够预测可能发生的重大专利争端和可能产生的危害及其风险等级。

2. 申请专利有效"防间"

专利保护和技术秘密相结合，是防止技术泄密的有效手段。将核心技术通过专利申请进行保护，即使部分研发成果被"技术间谍"盗窃，也基本不会对企业的产品营销和市场推广造成影响。

而可专利性的商业秘密、技术秘密一旦被"技术间谍"泄露出去，除了采取法律手段，追究侵权人或违约人的法律责任外，可立即启动专利申请程序，仍然有机会"追讨"失去的权利。《专利法》第24条规定："申请专利的发明创造在申请日之前六个月内，有下列情形之一的，不丧失新颖性：……（三）他人未经申请人同意而泄露其内容的。"可见，如果被"技术间谍"泄密6个月之内，符合专利授权条件的技术秘密可以重新获得"专利保护"的权利，从而成功"反间"。当然，证明技术间谍"未经公司同意而泄露其内容"要求公司有完善的技术研发、技术保密管理制度、操作流程和实施规范。

3. 建立实验室登记制度"防间"

进入 21 世纪，人才流动加快，企业为了防止在研发过程中的技术泄密，可以通过建立实验室登记制度为后续纠纷提供有力证据。例如，可通过建立研发人员工作日志，详细记载研发项目解决的技术问题、技术特征、最佳实施例、实验参数、与现有技术的差异等，附上相关照片、分析资料和相关研究资料备份，由当事人签名后、再到公证机构进行公证，一旦发生技术泄密的情况，该证据将为企业维权提供最强有力的支撑。

4. 签订竞业禁止合同"防间"

如果员工离职后，将企业的商业秘密和技术秘密透露给新的雇主，前雇主可能难以在宽限期内发现对方在利用自己的技术秘密，即使发现也难以证明其是前任员工泄密所得，因为对方可能拿出事先准备的证据表明是自己的研发所得。因此，为了配合技术秘密保护的执行，公司应选择与重要的员工根据《劳动合同法》的相关规定签订竞业禁止合同。

所谓竞业禁止，又称为竞业回避、竞业避让，即要求企业员工在离职后一定时间内，禁止经营或从事与原公司业务性质相同或有竞争关系的事业，从而切断员工泄露商业秘密和技术秘密的可能性。

三、总结陈词

在专利战中，"反间者，因其敌间而用之"，如果反间计应用成功，就能让对手"偷鸡不成蚀把米"。对于"反间计"，唐代杜牧说："敌有间来窥我，我必先知之，或厚赂诱之，反为我用；或佯为不觉，示以伪情而纵之，则敌人之间，反为我用也。"

"反间计"是"借刀杀人"之计的子集，所借的正是敌人的间谍。在发现敌人派来间谍时，为了借机离间敌人，可以利用优厚的待遇收买他，或直接获得情报，或令其成为"双面间谍"向竞争对手传递虚假情报；也可以"假痴不癫"假装没有发觉，而故意把假情报透露给他，从而在专利信息战中"顺手牵羊""反客为主"。如此这般，竞争对手派来的间谍就反为我所用，使我方能在不受任何损失的情况下获取对手的信息情报。

除此之外，企业在专利经营时要想更广泛地施用"反间计"，还要走好三步：一是要建立市场反馈机制和专利预警机制；二是要在不违背正当竞争的前提下，广泛收集竞争对手的内部情报；三是要善于通过专利分析等手段分析情报，去伪存真，做到万无一失，从而为总体专利战略奠定胜局。

四、画龙点睛

> 专利大战卅三计，谍中之谍反间计。
> 专利宽限巧利用，泄密也能得专利。
> 专利信息勤分析，既能用间又防间。
> 竞业禁止要签订，严防离职窃机密。

五、活学活用

例 33-1

合力应对，中国电池企业运筹帷幄用"反间计"胜"337 调查"

随着我国对美国贸易的快速增长，美国对我国出口产品的限制手段也在发生变化，除了不断加强反倾销和反补贴措施外，还越来越多地使用其关税法中的"337 条款"。"337 条款"主要是规制进口贸易中的不公平竞争行为，尤其是保护美国知识产权权利人的权益不受进口产品的侵害，但在实践中该条款已日益演变成为美国限制外国产品进口的一种极具杀伤力的贸易保护手段。

2003 年 4 月 28 日，美国劲量控股集团（以下简称"劲量集团"）及其下属的 EV-EREADY 电池公司依据"337 条款"向美国国际贸易委员会（ITC）提交申请，指控中国内地、中国香港、日本、印尼等国家和地区的 24 家企业侵害其"无汞碱性电池"的知识产权。2003 年 5 月 28 日，ITC 发表公告，对此事展开调查。

在长达 207 页的起诉书中，劲量集团和 EV-EREADY 公司指控 24 家企业侵犯了 1995 年美国政府授予的 US5464709 号专利。其中，中国内地的南孚、双鹿、豹王、虎头、长虹、三特、正龙 7 家电池企业被列入"黑名单"。起诉书中指控这些"黑名单"企业，仿冒劲量集团工艺生产碱性电池。

第一回合：劲量集团层层施压，中国企业团结应战，不输在起跑线上。2003年5月30日，中国电池工业协会组织建立"337调查"应诉协会，除了被诉的南孚、双鹿、豹王、虎头、长虹、三特、正龙、香港金力、香港高力9家电池企业之外，另有三圈、白象、野马、永高、新华、力可达、甬微、三金、金丸等9家企业参与应诉，组成18家企业的联合应诉团队。

第二回合：劲量集团实施"离间计"，中国企业协成合作应对"反间计"。劲量集团在得知我国企业联合应诉后，采取"离间计"拉打结合，分化瓦解应诉联盟，在开庭前一周与香港金力、香港高力等企业达成和解，并与这些企业签订了信息资源不能共享的协议，原来的国际应诉联盟被瓦解。在开庭前3天，香港的两家公司宣布和劲量集团庭外和解，而这两家公司的技术负责人也突然失踪了，这两家公司手里握着技术上对中国公司有利的重要证据，它们的"临阵脱逃"，使其他中国公司顿时处于很被动的地位。对此，中国电池工业协会没有气馁，积极动员各方力量重新组成应诉联盟，并在最短时间内搜集证据，保证该案顺利开庭。

第三回合：经过多次太极推手般你来我往的诉讼战之后，中方企业终获胜。2008年4月21日，美国联邦巡回上诉法院对无汞碱性电池"337调查"案作出终裁：原告美国劲量集团的专利无效。2009年3月23日，美国联邦最高法院驳回了劲量集团的再审请求。

该案历时近6年，在其他国外被告均与原告达成和解并支付巨额专利费的情况下，从立案时的组织应诉，到初裁时的"山穷水尽"，再到终裁时的"柳暗花明"和上诉阶段的"好事多磨"，中国企业在"337调查"应诉中展现出了强大的凝聚力和向心力。

在该案中，作为涉案产业的行业组织中国电池工业协会，建立了"企业为主、协会牵头、商会配合、政府支持、选好律师"的应诉工作模式，充分发挥了企业为主体、行业协会的组织协调作用，动员和组织全行业的力量联合应诉，共同分摊应诉费用。这些工作为此案的成功应对奠定了坚实的基础。

我国应诉企业克服了法律、资金、技术、专业知识等方面的巨大困难，面对对手的"离间计"以及咄咄逼人的态势，采用全行业、产业甚至政府齐心协力共同抗辩的"反间计",增强了在国际贸易战和诉讼战中的竞争优势,有效地维护了行业对美出口利益,也使其成为我国企业成功应诉"337调查"的经典案例。

例 33-2

新无间道,两员工化名跳槽侵犯商业秘密获刑

两名80后研究生学历的技术人员,在高薪诱惑下,不顾与原公司签订的保密协议,携带商业秘密跳槽,利用化名在新公司开展工作,给"老东家"造成了巨额损失。江苏省南通市中级人民法院对这起备受关注的侵犯商业秘密案作出终审刑事裁定,江苏神马电力科技有限公司(以下简称"神马公司")前员工刘某、李某以侵犯商业秘密罪,分别被判处有期徒刑2年6个月,并分处罚金8万元。

神马公司成立于1996年,是一家国际著名的输变电设备用橡胶密封件和电力复合绝缘子制造企业。2000~2004年,神马公司自主研发成功空心复合绝缘子并投入生产,其产品于2005年获国家重点新产品证书。空心复合绝缘子产品设计图纸及各类资料均为神马公司重要商业秘密,于是神马公司通过与员工签订保密协议等方式,对该秘密加以严格保护。2007年、2008年,拥有研究生学历的刘某、李某被神马公司录用为技术人员,两人与公司签订了保密协议、竞业限制协议等。在神马公司工作期间,两人逐渐掌握了生产空心复合绝缘子的工艺流程及相关技术信息。

2009年4月,浙江一房地产企业成立了九天科技有限公司(以下简称"九天公司"),并计划生产空心复合绝缘子产品,但苦于缺少掌握该项技术的专业人员。于是九天公司以承诺给刘某、李某比神马公司高出一倍的薪酬,向两人发出招聘邀请。两人经商议,分别于2009年5月和6月先后从神马公司辞职。

离职前,两人分别将空心复合绝缘子生产的作业指导书、设计图纸等生产技术资料用U盘进行备份,并通过神马公司原总工程师朱某私自解密后带出神马公司。2009年6月和7月,九天公司录用两人。在九天公司工作期间,两人分别化名为"吴文"和"王清"。

2009年7~12月,刘某、李某在九天公司研制空心复合绝缘子产品的过

程中，擅自使用在神马公司工作中掌握的技术信息以及窃取的神马公司的生产空心复合绝缘子的部分技术资料。其中，李某参照神马公司的设计图纸、利用了神马公司的相关制造技术信息，设计了110kV空心复合绝缘子的法兰（使管子与管子相互连接的零件，连接于管端）和与之相配套的"O"形密封圈图纸。

同期，刘某、李某共同使用掌握的神马公司空心复合绝缘子的注射工艺制造技术，为九天公司试制出了220kV空心复合绝缘子产品。

九天公司在生产的产品还没上市时，便对外宣称其产品技术和神马公司是一样的，但价格要低于神马公司20%左右。九天公司的消息一出，不少神马公司的客户向神马公司提出降价、解除合同等要求，给神马公司正常经营带来了很大的影响。据神马公司初步估算，直接损失已达数百万元，而间接损失更是难以估量。

经上海市知识产权司法鉴定中心鉴定，神马公司的上述技术信息，属于不为公众所知悉的技术信息。九天公司空心复合绝缘子产品中使用的相关技术信息与神马公司的上述技术信息实质相同。因涉嫌侵犯商业秘密罪，刘某、李某于2010年1月28日被当地公安机关监视居住，同年7月27日被刑事拘留，同年9月2日被逮捕。

法院经审理认为，两被告人在神马公司工作期间，与神马公司签有保密合同，决定了两被告人应承担相应的保密义务。但两被告人在明知九天公司将生产与神马公司同类产品时，违反保密协议约定，窃取了神马公司的诸项技术信息，并在九天公司擅自披露、使用了神马公司的技术信息，主观上具有侵犯神马公司商业秘密的故意，客观上实施了侵犯商业秘密的行为，并给商业秘密权利人造成重大损失，其行为均已构成侵犯商业秘密罪，应予以惩处，遂分别判处刘某、李某有期徒刑2年6个月，并分别判处罚金8万元。

南通市中级人民法院认为一审法院认定事实清楚，证据充分，定罪正确，量刑适当，审判程序合法，遂驳回上诉，维持原判。

职工跳槽、人才流动是劳动力市场存在的普遍现象。据有关部门统计，近年来，我国80%的商业秘密外泄案都发生在职工跳槽之际，此类案件已占到知识产权案件类的20%，而跳槽者大多是企业或科研部门的业务骨干。随着市场经济的快速发展，现代科学技术转化为现实生产力的速度加快，特别是知识经济的兴起，商业秘密已经成为现代企业在商业竞争中保持绝对竞争优势的秘密武器，甚至成为企业生死存亡的关键。如何防止跳槽者带走商业秘密，有效地保护好自己的知识产权，这已经成为许多企业和科研部门亟待解决的问题。

对于商业秘密，企业应该建构多层次立体法律保护空间以期成功"反间"，具体采取以下几方面措施。

一是限制接触。即对接触企业商业秘密的工作人员及其接触到的商业秘密进行严格的限制。

二是建立商业秘密登记制度。主要目的在于，日后万一发生企业商业秘密侵权诉讼时的举证需要。

三是签署保密协议。企业要从规范管理出发，及时与有可能知悉企业商业秘密的工作人员签署保密协议，同时，企业还应当与业务往来单位签署保密协议，约定保密范围和期限及违约责任等。

四是签署竞业禁止协议。公司的职员，尤其是高级职员在其任职期间不得兼职于竞争公司或兼营竞争性业务，在其离职后的特定时期和地区内也不得从业于竞争公司或进行竞争性营业活动。

五是适当发放保密费用。企业在发放薪酬的时候，可以适当考虑对负有保密义务的员工，支付保密费用，这样保密义务就与享有保密费的权利成对等，也能增强员工的保密意识。

六是要增强维权意识。企业一旦发生商业秘密泄露事件要及时收集证据，必要时可先申请法院强制执行，使侵权企业和个人立即停止生产，避免给企业造成更大的损失。

例 33-3

谍影重重，IBM 巧施"反间计"应对日本公司间谍

1980 年，此时的 IBM 是世界最大的电子计算机公司，它拥有 36.5 万名员工，产品畅销世界 130 多个国家和地区。IBM 产品一年的销售额即达到 300 亿美元，日本 6 家最大的电子计算机公司的总销售额才是它的 1/3。

1980 年 1 月，IBM 丢失了一份有关电子计算机软件设计的秘密技术文件。曾在美国联邦调查局（FBI）当过 7 年侦探的理查德·卡拉汉临危受命，负责调

查 IBM 的秘密技术文件泄露事宜以及保密工作。卡拉汉忙碌了将近 2 年，终于从一位名叫佩里的老朋友那里找到了线索：发现佩里刚从日本回来，日本日立主任工程师林健治就企图收买他，以期获得 IBM 的最新电子计算机 3081K 的全部技术资料和专利布局规划。林健治还交给佩里一份 3081K 设计手册的复印件，而该设计手册正是 IBM 失窃的那份文件。

卡拉汉立即向联邦调查局请求援助，联邦调查局在加利福尼亚州的硅谷地区设有一家格来曼公司，其任务就是保护美国的高精尖技术，侦破重大科技案件。卡拉汉和格莱曼公司经理阿兰·贾连特逊共同制订了详细的"反间计"计划，专等林健治等日本企业间谍上当。

1981 年 11 月，林健治应佩里的邀请来到格莱曼公司，贾连特逊化名哈里逊接见了林健治，卡拉汉以公司职员的身份做哈里逊的副手。林健治提出参观 3081K 计算机系统的实物，贾连特逊连连摇头，表示是 IBM 的绝密技术谢绝参观。林健治又表示可以给他们一笔巨额报酬，贾连特逊假装与对方讨价还价，最后达成协议。

1981 年 11 月 15 日，日立驻旧金山办事处主任工程师成濑进入美国普莱德·惠特尼公司参观 IBM3380 计算机系统，成濑从各个角度对计算机进行了拍照，但他不知道自己已经被"瓮中捉鳖"了，美国联邦调查局用一台隐蔽摄像机把他偷窃技术资料的所作所为全部实录下来。

日本三菱探听到日立派间谍人员去了美国，也急忙派遣工业间谍木村富藏等人进入美国，企图窃取 IBM 的电子计算机情报。哈里逊笑脸相迎来者不拒，心中暗喜，打算将工业间谍一网打尽。

1982 年 6 月，林健治为了尽快得到 IBM 3081K 型计算机的全部资料，再次来到美国，哈里逊狠狠地敲了一下林健治的竹杠，双方约定以 52.5 万美元成交。6 月 22 日，林健治带着助手到哈里逊办公室取货，迎接他们的却是联邦调查局的特工人员和反不正当竞争机构的工作人员。与此同时，三菱的木村富藏等人也相继被捕。

这是一个成功的反间计，日本公司的间谍反为美国公司所用成功"关门捉贼"。日本日立收买的工业间谍佩里反而被 IBM 成功策反成为"谍中谍"，不但成功擒住了日立的林健治等人，还"顺手牵羊"抓住了三菱的间谍，并借此机会控诉日本违反反不正当竞争法，可谓"一箭三雕"！

第三十四计　苦肉计

一、计策解读

苦肉计，指故意毁伤自己的身体以骗取对方信任，从而达到自己预先设计的目标。

《三十六计》中原文为："人不自害，受害必真；假真真假，间以得行。童蒙之吉，顺以巽也。"其意思是，正常情况下，人不会自我伤害，若是受到伤害必然是某种自己无法抗争的力量导致的；利用这种思维定式，以假作真，以真作假，那么离间计就可实行了。本计用此象理，是说用采用这种办法蒙骗敌人，使敌人被我方操控。

在军事上，"苦肉计"是一种特殊做法的离间计。运用此计，"自害"是真，"他害"是假，以真乱假，己方要造成内部矛盾激化的假象，再派人装作受到迫害，借机钻到敌人心脏中去进行间谍活动。郑武公伐胡，先以女妻胡君；韩信下齐，骊生遭烹；周瑜打黄盖，一个愿打，一个愿挨。这些都是人尽皆知的"苦肉计"的故事。

二、运用技巧

在专利战中，用"自害"手法谋取利益，最终都要以实现专利价值为前提，"苦肉计"通常表现在4个方面：一是"自己诉讼自己"，用"自我破坏性的诉讼"向公众证明自己的专利权牢不可破，或者发起"不侵权之诉"；二是用"牺牲价格"的手段抢占市场，来推销专利产品或服务；三是用"牺牲秘密"的方式公开专利技术，为竞争对手设置专利布局障碍；四是用"牺牲技术先进性"的方式，继续垄断老技术来独享利润。

1. 自己诉讼自己

专利诉讼的目的往往都是争夺市场，通过专利诉讼抑制竞争对手的生产规模，同时不断扩大自己的市场。

对于专利权人，在诉讼之前，可使用"苦肉计"，以子公司的名义或委托他人先行对自己的专利启动无效程序，使专利经过一次无效的考验，如果是"真金不怕火炼"，再起诉他人侵权发动专利进攻。对于专利权人而言，"自害"式诉讼能够起到以下两个作用：第一，经过无效的初步检验，能够证明自己的专利权权利的稳定性和可靠性，在诉讼侵权方的时候心里有底，并且能够较为容易地把握侵权判定的关键点和赔偿金数额；第二，让侵权方看到公开的无效程序，能够知难而退，尽快与专利权人达成赔偿或和解，从而有效地缩短专利维权的过程。

对于非专利权的技术实施方，如果针对专利权人的专利主动发起"确认不侵权"之诉，以主动采取措施规避潜在的专利风险，能够获得先发优势，抢先争夺巨大的市场份额。

2. 牺牲价格"重新布局"

企业在一定时期内，迫于市场压力（消费者需求、竞争对手崛起、专利权到期、产品更新换代），利用产品降价快速占领市场，提升市场占有率的手段，就是牺牲价格赢取市场的"苦肉计"。通过价格促销占有市场后，为新一代产品赢得口碑和客户群基础，从专利战略上讲，也是"抛砖引玉"和"欲擒故纵"相结合的"苦肉连环计"！

例如，在专利药的专利权即将到期，面临"专利悬崖"之前，为了应对仿制药的性价比优势，原专利权企业往往提前采取下调价格或与仿制药厂合作的方式，通过薄利多销的手段积极地"重新布局"。

3. 牺牲秘密"设置障碍"

在通过专利跟踪、专利预警和专利间谍等手段，获知主要竞争对手已经率先抢占新兴产业专利布局先机时，在这种情况下可以针对性提前公布自己的部分技术秘密或尚未完善的技术，为竞争对手专利布局设置"路障"，为自己赢得抢占市场宝贵的缓冲时间，从而能够重新夺回先机或共享产业利润。

4. 牺牲技术先进性"独享利润"

企业在新技术推广过程中，遭遇到竞争对手设置"专利路障"，如果为了独享利润不愿意达成专利交叉许可，往往采取"苦肉计"采用效能稍差的替代技术，以达到垄断市场的目的。

例如，蒸汽机之父詹姆斯·瓦特（James Watt）于 1776 年发明制造第一批新型蒸汽机并应用于实际生产，在将蒸汽机活塞推动技术从直线往复运动转化为圆周运动，以获得更大的推动力的过程中，由于曲柄传动专利技术的所有人约翰·斯蒂德（John Steed）要求同时分享瓦特的分离冷凝器专利而瓦特不同意，只能暂时以效能较差的轮回式活塞技术代替曲柄式活塞，以规避曲柄专利的限制，并于 1884 年 4 月获得英国政府授予的制造蒸汽机的专利证书，独享蒸汽机技术带来的丰厚利润达 20 年之久。

三、总结陈词

苦肉计就是利用"人不自害"这一人们习惯的心理定式，造成受损失的假象，以迷惑和欺骗对手，从而得到对自己有利的结果。推而广之，凡是为了达到某种战略目的而甘愿做出牺牲的计谋，都与苦肉计的原理相通，如"李代桃僵""抛砖引玉""欲擒故纵""假痴不癫"。

在专利战中，"受降如受敌"，当面临竞争对手"自害"的情形时，不要局限在固定的思维模式下，要通过全面的专利分析、专利预警和专利评议等工作，认清形势。

四、画龙点睛

专利大战卅四计，骗取信任苦肉计。
牺牲价格重布局，只因保护期将至。
公开秘密设路障，赢得市场缓冲期。
自己也能讼自己，真金不怕火来炼。
自害是真他害假，以真乱假难分辨。

五、活学活用

例 34-1

当众喝漆，商家为营销施"苦肉计"证无毒

2014 年 9 月，在青岛市四方装饰城一家刚开业的涂料公司内，经理当众吃起了涂料，这让周围的人目瞪口呆。该公司经理介绍，他们的涂料以糯米为原料生产，已经获得了多件国家专利，环保、零甲醛，为了让人们相信涂料的环保性，他曾多次当众吃涂料。

据考古专家介绍，很多古城墙都是用糯米作为黏合剂，使其坚固而保存长久，该装饰材料公司就充分利用糯米的黏合原理，生产出糯米涂料，荣获了2013年度"中国科技创新最佳发明成果奖"。

该装饰材料公司经过多年探索，形成了多元化的经营模式，产品主要覆盖胶黏合剂、水性油漆、内外墙涂料、实木地板等。该公司坚持以科技创新为先导，自主研发出科技创新产品——福娃糯米涂料，按照欧盟生产标准，经过170多项检测，其各项指标领先国内行业的同类产品。用糯米涂料制作的那些图案、色彩、纹理也都很漂亮，而且经久耐用，相当环保。

从专利数据库中检索到，从2012年开始，该装饰材料公司目前已经申请了6件发明专利，但是均还未授权。分别为纳米抗醛、抗菌多功能环保胶（申请号为201210132676.7）、强力液体木胶粉（申请号为201210132542.5）、高效植物液纳米涂料（申请号为201210431242.7）、糯米粉环保水性涂料（申请号为201310250355.1）、多功能糯米植物液涂料（申请号为201310212913.5）、含填充料钛白粉的高档水性涂料（申请号为201310288625.8）。

"人不自害"是人尽皆知的常识，而油漆有害也是公知常识。该公司的销售人员相信自己公司具有自主知识产权的产品的环保性，利用喝油漆的"苦肉计"吸引消费者的注意力，并声称拥有自主知识产权的优势"趁热打铁"，从而抓住消费者的心。随后，该经理坦言糯米涂料虽然环保，但不是食品，请消费者不要模仿他。

该经理一放一收，通过利用"苦肉计"推广专利产品这样的营销手段，来推销专利产品或服务的手段确实高明。但是将状态未决的专利描述成已经授权的专利，就属于欺骗消费者的行为，需要消费者擦亮双眼，避免被其一面之词所谓的授权专利产品"混水摸鱼"。

⟨ 例 34-2 ⟩

千万警惕，外国企业也擅长"苦肉计"

"苦肉计"不只是中国人的专利，现在这个计谋被很多外国知识产权权利人用得很熟练。

比如，在最近北京高级人民法院受理的美国超导诉中国华锐风电侵犯商业秘密案以及山东高级人民法院受理的韩国晓星公司诉国内某氨纶生产企业侵犯商业秘密案中，"苦肉计"被美国的公司和韩国的公司都用得极其娴熟。

美国超导是美国清洁能源领域的明星企业，总部设于马萨诸塞州戴文斯(Devens)，主要设计并生产风电系统和导线。华锐风电作为风力发电机制造商，并曾是美国超导的最大客户，贡献了美国超导 2010 年营业收入的逾 75％。2011 年 9 月，美国超导一名前工程师在奥地利被判定犯有欺诈和"工业间谍罪"，同时指控华锐风电花费百万美元雇间谍。这位现年 38 岁的塞尔维亚工程师卡拉巴斯维克 (Dejan Karabasevic)"主动"承认："由于对美国超导的调职感到不满，随后想到了和华锐风电打'交道'。他受到华锐风电的挑唆，于 2011 年 4 月获取机密信息，通过篡改华锐风电所持有的美国超导公司的软件，特别是'C12 -软件代码'，并通过使用属于美国超导公司商业秘密且受源代码保护的程序 (和结构文件)，使得该软件能够不受限制地使用于华锐风电的风电设备上，并可以免费复制，而无须支付许可费用或购买该产品的更新版本，从而侵害了美国超导公司的财产权。"卡拉巴斯维克被奥地利法院判处 3 年有期徒刑并赔偿美国超导公司 20 万欧元，但是据悉很快被美国超导的"朋友"保释出狱，且不用担责。

2008 年 12 月 22 日，山东高级人民法院受理的原告韩国晓星公司、晓星氨纶公司与被告山东如意公司、中远氨纶公司、中远机械公司、中原差别化纤维公司、桑向东侵犯商业秘密纠纷一案中，原告晓星公司、晓星氨纶公司指控被告授意其原来雇佣的金姓员工，先后盗窃原告的连续二次反应聚合器及技术图纸和工厂设备布置图等商业秘密，要求被告赔偿 5 300 万元。当时韩国晓星公司部分证据是，指控的该金姓员工表示认罪服法和掌握中方公司挑唆窃密的口供。但令人吃惊的是，金姓员工甚至一天监狱没坐，判完后就跑到中国来旅游了。

两案的故事情节十分雷同，如出一辙。原被告对簿公堂前均是多年的合作伙伴，由于国内企业通过引进、吸收、消化逐步掌握了核心科技并不再依赖外国公司的技术，致使双方的合作不再延续，外国公司不甘心就此失去中国公司这个财神爷，遂指责中国合作伙伴盗窃其商业秘密。

为了把这出戏唱好，唱得真实博人同情，都使出了"苦肉计"。那就是先在国外起诉其前员工，指控他们因受到其中国合作伙伴的唆使和利诱，非法窃取了公司的核心商业秘密并将其卖给了中国合作伙伴。在这些发生在国外的刑事案件中，我们看到这两个并无任何前科的前员工均非常配合法庭的讯问和调查并自认有罪，而且在其证词中也都反复提及是公司的中国合作伙伴唆使他们这么做的。但是，判决结果也都是重打轻放。如果事实真相外国公司所指控的那样，这两个员工给各自公司造成的损失高达数亿美元，外国法院又岂能如此轻判了事，其各自的母公司又岂能轻易放过他们。

因此，毫无疑问，事实真相是这两人不过是扮演了"黄盖"的角色，配合其母公司实施了一出对付中国企业的"苦肉计"而已。

近年来，随着我国对自主知识产权研发的日益重视，中国在某些领域已经拥有了和国外巨头抗衡的技术和经济实力。也正因为如此，外国企业在无计可施的情况下，现在也不得不改用"苦肉计"来栽赃陷害了。因此，我国企业在面临外国企业员工主动的"投怀入抱"时，需要格外注意对方的"苦肉计"。

例 34-3

起诉自己，仿制药厂家通过"不侵权"之诉规避专利风险

左洛复是辉瑞的一种专利药，约占辉瑞公司销售收入的 7%。它的仿制药有广阔的市场前景。总部位于以色列的 Teva 公司是全球前二十大制药企业，也是全球最大的仿制药供应商之一。它 91% 的销售收入来自北美和欧洲市场。为了抢先进入左洛复的仿制药市场，Teva 公司向美国食品和药品管理局（FDA）提交了针对左洛复仿制药的简化新药申请（ANDA）。在申请书中，它向 FDA 提交了关于不侵害专利的证明，并给专利权人辉瑞发去了"不侵权"的通知书。辉瑞没有在 45 天时效内对 Teva 公司提起专利侵权诉讼。于是，Teva 公司首先向法院提起了"不侵权"之诉，要求法院作出宣告式判决，确认自己的仿制药不侵犯辉瑞在《药品目录》上登记的专利。不难理解，这种主动提起"不侵权"之诉的做法是 Teva 公司为了规避专利风险的自我保护之举。

马萨诸塞区地区法院驳回了 Teva 公司的诉讼，认为当事人之间没有出现宣告式判决法要求的真实争议，因此法院没有管辖权。该院认为，按照联邦巡回上诉法院在"Amana 冷藏公司诉 Quadlux 公司案（1999）"中的裁决，在同时

满足如下两个要求的时候，法院才能依据宣告式判决法审理"不侵权"之诉：第一，专利权人明确的威胁或者其他行为可以被"不侵权"之诉请求人合理地理解为自己将面临侵权诉讼。第二，"不侵权"诉讼请求人已经采取的行动或者它期望采取的行动可能使自己侵犯他人专利。通过审查诉讼材料，马萨诸塞州联邦地区法院认为，Teva 公司提交 ANDA 申请的行为使它满足了第二个要求，但是它就辉瑞的行为提交的证据不能满足第一个要求。

在上诉程序中，Teva 公司主张，辉瑞在 FDA《药品目录》上登记专利的行为足以构成诉讼威胁。但是，联邦巡回上诉法院认为，辉瑞只是遵照法律规定行事，没有威胁要控告 Teva 公司。因此，在 2005 年 1 月 21 日，上诉法院裁决确认了下级法院驳回诉讼的判决。

按照规定，证明文件必须就专利问题作出下列声明之一：①仿制药申请人提交给 FDA 的 ANDA 不涉及任何专利。② ANDA 涉及的专利已经届满保护期；③ ANDA 涉及的专利将在某日届满保护期。④相关专利无效或者不会被 ANDA 申请人的制造、使用、销售行为所侵害。如果 ANDA 申请人提交第④种证明，那么他必须给每位专利拥有人、NDA（简化新药）持有人发去通知书，详细描述相关专利无效或者自己不侵权的实事和法律依据。收到这种通知后，当事人有 45 天的时间对 ANDA 申请人提起专利侵权诉讼。如果当事人不在时效内提起诉讼，FDA 将快速审查 ANDA 申请。如果时效内出现诉讼，那么 FDA 将自动搁置审查 ANDA 申请，直至产生不侵权判决，但是搁置期间不能超出专利权人收到上述通知书后的 30 个月。当然，法律允许法院根据实际需要缩短或者延长这 30 个月的搁置期。在该案中，Teva 公司向 FDA 提交的就是第④种证明。

在上述 45 天时效届满后，NDA 持有人仍然可以控告 ANDA 申请人构成专利侵权，但是不能再获得上述 30 个月的搁置期。提交上述证明书的第一个 ANDA 申请人可以比后续的仿制药申请人获得一些优待。例如，从法院作出专利无效或者不侵权裁定之日，或者第一个仿制药开始上市之日起，第一申请人有 180 天时间禁止其他厂商的竞争性仿制药上市销售。当然，上述两个起始日以在先的日期为准。在这种法律背景之下，首先提出 ANDA 申请的公司往往可以在仿制药市场上获得"先发"优势，并在短期内赚取巨额利润。重赏之下必有勇夫，诸多仿制药厂商在这一领域展开了激烈争夺。

尽管上述案件中，法院最终驳回了 Teva 公司的诉讼请求，但是上级法院合议组的 Mayer 法官仍表达了不同意见：把专利登记在《药品目录》上，这是一种诉讼威胁，足以满足仿制药申请人提起不侵权之诉的第一个要求。

为了生产并销售其仿制药，Teva 公司首先发起了针对左洛复的专利"不侵权"之诉，以主动采取措施，规避专利风险，意图抢占巨大的市场份额。虽然，美国法院最终驳回了 Teva 公司的诉讼请求，但是这种具有专利风险意识的做法值得引起我们的重视与思考。

对于我国仿制药企业而言，应设立一套系统的专利风险规避制度，在自主创新能力较弱的情况下，可以尝试在自己的所在地对《药品目录》上出现的外国专利权人提起"不侵权"之诉，提前激活新药注册程序中的专利博弈活动，缩短新药注册周期。

第三十五计　连环计

一、计策解读

连环计，是指将数个计略，好像环与环一样，一个接一个地相连起来施行，环环相扣。假如连环计中其中一计不成功，对于整套策略的影响很是深远，甚至会是以失败为告终。

《三十六计》中原文为："将多兵众，不可以敌，使其自累，以杀其势。在师中吉，承天宠也。"其意思是，敌人兵多将广，不可与之硬拼，应设计让他们自相牵制，以削弱他们的势力；三军统帅如果用兵得法，就像受到上天的眷顾一样，无往而不胜。

在军事上，由于战场形势复杂多变，对敌作战时，使用计谋只孤立地施用一计，往往容易被对方识破；而一计套一计，计计连环，数计并施，作用就会倍增。《孙子兵·兵势篇》中说："声不过五，五声之变，不可胜听也；色不过五，五色之变，不可胜观也；味不过五，五味之变，不可胜尝也。"后人总结赤壁之战肯定了"连环计"的作用，有诗为证："赤壁鏖兵用火攻，运筹决策尽皆同。若非庞统连环计，公瑾安能立大功？"

二、运用技巧

在专利战中，施用连环计者，目的在于使敌自累，而后图之；盖一计累敌，一计攻敌，两计扣用，以摧强势也。

施计关键在于使敌"自累"，在专利战中让竞争对手背上包袱，使其自己牵制自己，战线拉长，兵力分散，为我方集中兵力，各个击破创造有利条件。

1.应用连环计，专利计中计

两个以上的计策连用称连环计，在专利战中，"连环计"的应用有一定的规律可循，就像多米诺骨牌一样，紧紧连环，一倒俱倒。

例如，诱敌深入的"上屋抽梯"之计，通过专利布局的"关门捉贼"配合才能断敌后路；坐山观虎斗的"隔岸观火"之计，在时机成熟时还要结合"趁火打劫"，才能从中渔利。利用"金蝉脱壳"之计成功脱险后，结合"走为上计"对专利布局退思补过，才能终有所成。利用疑终之疑的"空城计"和"树上开花"之计获得缓兵良机后，要运用"无中生有"完备自己的专利储备，才能真正地"反客为主"。面对强敌"调虎离山"之后，一种方式是结合"抛砖引玉""打草惊蛇""欲擒故纵"之计诱敌深入，然后"以逸待劳""关门捉贼"；另一种方式是结合"声东击西""金蝉脱壳""反客为主"之计，迅速占领其专利市场，自己占山为王。

2. 施展连环计，构筑专利组合

专利组合（Patent Portfolio）是由一定数量的专利依托于整体专利战略、以核心专利为中心而构筑成的"专利连环"，其包括技术目标组合、空间组合、时间组合、申请模式组合、不同技术领域组合等组合方式，也可以交叉组合。与单个专利相比，形成有效专利群的专利组合具有以下的优势。

① 提升专利防御水平。在面临竞争对手的专利诉讼时，拥有一定规模的专利组合，意味着能够凭借更宽系列的侵权请求项，大大增加反诉的成功率。同时，拥有保护严密的专利组合，使得竞争对手难以绕过或规避，从而可以增加模仿者的成本，起到更好的专利防御效果。

② 避免高昂的诉讼费用。企业通过在特定领域拥有较强控制力的专利组合，能够有效地减少被专利诉讼的次数。因为，第一，能够对试图发动专利攻击的对手产生震慑，使其害怕被反诉而不敢轻易发起诉讼，从而用谈判和解的方式替代专利诉讼；第二，发现其他人侵权时，通过专利组合宽大的范围更容易取证，从而占据主动；第三，如果在某个领域有多个专利权人持有专利组合，由于彼此忌惮，更容易组建行业"专利池"，共建产业"生态圈"，消除对立影响，寻求共同发展。

③ 提高谈判地位。拥有专利组合的企业，能够依托于其完善的产品系列保护措施，获得较高的谈判地位，从而团结更多的上下游供货商和分销商，且能够吸引意图提升和扩展现有技术的合作伙伴。

④ 在标准制定中占据优势。在标准制定过程中，专利都是以组合的形式来评估考察的，所以在标准分红时，专利组合的大小非常关键。

⑤ 提升吸引资本的能力。在高新技术产业中，有效专利组合能够消除投资

者对于专利风险的担心，且通过专利信息能够为资本市场提供有关竞争能力、理性和长期预测方面的情报。

⑥ 便于企业持续创新。拥有宽大保护范围的专利组合，能够使企业获得自由研发、应用、生产、出口的能力，也方便企业资源的整体调配，企业可以自由地投入技术研发和领域的扩展中，从而便于企业持续创新。

⑦ 能够吸引外部创新。强大的专利组合能够为企业带来强大的市场竞争力，从而产生产业"虹吸效应"，让更多的拥有创新能力的中小企业来投靠自己，企业就能在相关的市场领域内发挥更大的创新集合相应。

3. 环环相扣，专利数量、质量和效益之间的平衡

企业在实施专利战略时，必须遵循市场规律，协调专利申请的数量、专利维持数量、专利申请质量和企业经营效益之间的平衡，能够做到数量布局、质量取胜、效益为王。

如果企业拥有该领域的核心技术，围绕核心专利构筑少量的专利组合就能获得市场竞争优势；如果企业所在的产业专利密集，无法形成绝对的核心专利优势，必须依靠专利群的力量来参与竞争，力图与竞争对手达成专利交叉许可。

专利储备数量与是否拥有核心专利共同构成掌握市场话语权的主导因素，因此环环相扣，协调好专利数量、专利质量和专利运营之间的平衡点，是维持企业核心竞争力的关键所在。

4. 互相牵制，诉讼连环

发动专利诉讼时，将侵权专利和被告多个产品整体紧密联系在一起进行"打包诉讼"，一是能够增加胜诉的可能性，二是一旦胜诉能够使侵权赔偿数额倍增。

一次列举多个侵权产品、多件侵权专利，结合多种知识产权途径进行诉讼，甚至还将著作权侵权、侵犯商业秘密、违反技术合作合同等一起诉讼，是跨国公司进行专利侵权诉讼惯用的"连环计"，目的是通过多种方式提高对方的风险应对成本和应对难度，令对方知难而退。

此外，为了对侵权方形成全面的围剿和打击，还可采取分期、分批次、阶段性和目的性地在多个不同的地区提起专利诉讼，令竞争对手陷入"顾此失彼"的境地。例如，苹果为了起诉三星，先后在美国、德国、荷兰、英国和澳大利亚等地发起了针对性的、密集的专利诉讼，令三星应接不暇。在"337 调查"

案件中，申请人往往开辟多个分战场，其不仅在美国国际贸易委员会提起诉讼，还同时在美国的联邦地区法院或其他国家进行立案，拉长战线对竞争对手形成"合围打击"的局面，使用连环计牵扯对手的应对精力，进而放弃应诉。

同时，在专利诉讼时，还用申请销售禁令连环配合，目的是在短时间内给对方的销售市场造成重大影响，通过诉讼和市场打击双管齐下的方式逼迫对手让步。

三、总结陈词

"连环计"其实是对专利三十六计谋略的优化创新和灵活组合运用，是"专利计中计"。用"连环计"重在有效果，一计不成，又出一计，在情况变化时，要相应再出计，这样才会使对方防不胜防。就像拳击一样，最有效的攻击手段是将刺、直、勾、摆等拳击法进行不断组合，打出变化的组合拳形成多点进攻。

专利战中使用"连环计"，大致有纵向性连环计与横向性连环计之分。纵向性连环计是从时间上按先后顺序进行的，中计人中了对方的第一个连环套，就再难以脱身，必然还要中对方第二个、第三个连环套；横向性的连环计是从空间上进行的，即各个连环之计同时发挥作用，这就是我们常说的"一箭双雕""一石多鸟""一举数得"。

四、画龙点睛

> 专利大战卅五计，连环计策喜相逢。
> 优化创新和活用，数计并施功力增。
> 连环诉讼要紧密，多管齐下互牵制。
> 专利组合优势多，连环运用威力猛。

五、活学活用

例 35-1

环环相扣，中国通领成功挑战美国莱伏顿

2006 年 7 月，美国新墨西哥区地区法院对美国莱伏顿（Leviton）起诉中国

温州通领科技集团（以下简称"通领"）侵犯其美国专利案作出判决，判定通领制造销往美国的 GFCI（漏电保护装置）产品，不侵犯莱伏顿的美国专利。这是中国企业赢得的第一场由美国法院审理的中美知识产权官司，标志着中美知识产权诉讼史上中国企业胜诉零的突破。

通领是浙江的一家外向型出口企业，专门生产 GFCI 等产品。为了进入美国市场，事先必须清楚了解美国市场的形势。GFCI 产品，作为美国政府强制推行的安全装置，年市场需求量高达 30 亿美元。是肥肉人人都想来吃一口，然而20 世纪 80 年代以来，美国莱伏顿等 4 家美国企业就垄断了这个市场需求巨大的产品。莱伏顿采用机电一体化技术原理，在 GFCI 产品中申请了 70 多个专利，构成了一道几乎不可逾越的专利障碍，在之前的 20 多年的时间里，莱伏顿利用知识产权诉讼手段，以侵犯其专利为由，将进入美国市场的日本、韩国和中国台湾地区等 38 家非美国企业统统"赶"出了美国市场。

在这种形势下，通领为了规避在国外遭受知识产权的诉讼风险，不再重蹈前面 38 家企业的"覆辙"，采用的第一计是"打草惊蛇"——专利预警的策略。2003 年 11 月，通领支付巨额司法费用把自己试制好的 GFCI 产品，送给美国两家律师事务所作非侵权的法律评定，两家律师事务所得出了相同的结论：通领产品不侵犯美国莱伏顿的专利。

然而，通领的 GFCI 产品进入美国市场后，还是没有逃过诉讼。美国莱伏顿于 2004 年以侵犯其 US6246558 号（申请日为 1999 年 8 月 20 日，授权日为2001 年 6 月 12 日）专利权为由，先后在美国 4 个州起诉通领的 4 家美国经销商。因受到诉讼的影响，通领的客户纷纷订货延期、停购甚至退货，对通领在美国市场的拓展造成巨大影响。

通领迅速调整战略，采取第二计"反客为主"和"调虎离山"相结合的战术积极应对，敢于亮剑。于 2004 年 10 月 6 日，以原告的身份进行反诉，与此同时选择对己方判决有利的新墨西哥区地区法院。通领向法院提出两项动议：一是侵权诉讼案在终审判决之前，莱伏顿必须停止其利用同样案由起诉通领的其他客户；二是将分布在其他 3 个州的联邦地区法院的同样的诉讼案集中到新墨西哥区地区法院统一审理。法院同意了通领的动议。

经过 2 年多的艰苦诉讼，2006 年 5 月 23 日，美国法院下达了长达 33 页的"马克曼命令"，明确表明通领的产品没有侵犯莱伏顿的专利权。这是中美知识产权纠纷案中，首例中国企业获得美国法院的全胜的"马克曼命令"，同时为中国企业实施自主知识产权保护，参与国际竞争，"反客为主"地抵制恶意诉讼树立了一个典范。

通领在这次专利诉讼中的成功并不是偶然，而是使用了环环相扣的"连环计"！

在进入美国市场之前，首先，"拨草问路"，充分了解了美国市场的形势，找出之前的企业没能成功进入美国的原因，就是败在了知识产权上，并开发出了具有独立知识产权的且能规避竞争对手专利的产品，这是成功的根本所在。其次，"抛砖引玉"，高薪聘用熟悉美国知识产权诉讼的美国律师，事先在美国律师事务所取得的非侵权法律意见书，为最终的胜诉埋下了"伏笔"。最后，在面对莱伏顿的专利诉讼时，通领充分了解对方意图，积极反诉，了解美国的专利诉讼程序，实施"调虎离山"之计，选择最适合自己的应诉法庭，这也是能够胜诉的关键原因之一。

业内专家认为，通领与美国莱伏顿3年的知识产权诉讼历程，体现出中国企业已经开始逐步掌握美国知识产权专利诉讼的游戏规则，并且开始拥有应对美国非常复杂和难以操作的知识产权专利官司的驾驭能力。"走出去"的中国企业要充分了解和掌握竞争对手及其所在国同行业的知识产权保护现状和法律法规，知己知彼，才能立于不败之地，不被对方用知识产权"大棒"打出来。

例 35-2

连环制胜，"斗地主"游戏中蕴含专利运营之道

"斗地主"也叫"二打一"，其作为一种纸牌游戏具有简便、多变、轻松、老少咸宜等特点。在逢年过节、朋友聚会、出差旅游时，大家往往"斗"得天昏地暗，"炸"得波涛汹涌，真是"智慧与勇气共存，男女共老少一乐"！

诚然，纸牌游戏作为一种智力活动的规则方法，属于《专利法》第25条第1款第（2）项明确不授予专利权的范围，但是其中蕴含的专利运营策略和博弈理论仍然值得我们知识产权从业者进行研究学习。

专利运营在我国处于探索运用的初级阶段，国内大部分企业对于专利运营的战略和战术懵懵懂懂不知端倪。在"斗地主"游戏中，手握一副好牌也可能被打得一败涂地，拿着一副差牌也常常能够出奇制胜"打出自己的一片天"。

若以妇孺皆知的"斗地主"的游戏规则解析其中蕴含的某些专利运营思想，既能用通俗的语言和实例来让社会公众明白"高大上"的专利运营，又能够使管理者从游戏中借鉴专利运营之道，可谓顺手牵羊、一石二鸟。以下是专利运营"连环计"列举。

（1）远交近攻，以患为利

丘吉尔说："世界上没有永远的朋友，也没有永远的敌人，只有利益。"这句话在"斗地主"中体现得淋漓尽致，每次重新洗牌后都要摆正心态，重新选择合作伙伴。

同样，谋求最大利益和竞争优势是商业合作永远不变的真实基础，专利运营的竞合同样依赖利益的分配，企业应根据自身的特点和市场需求，根据产业、天时、地利和人和的情况，利用"远交近攻"之计，择机选择单干或专利合作等不同运营模式。在合作的过程中要注意：在一定程度上需要牺牲自我"李代桃僵"，为"地主"设置障碍，为"农民"铺平道路。

（2）处弱应善联合，居强必当立断

在"斗地主"中，每人 17 张牌，剩 3 张底牌，叫牌的过程本身就是一种博弈，账面溢价最高者当地主，但是底牌并不一定是自己所需之牌面，因此叫牌需慎重。

在专利并购时，也往往面临资源整合的博弈，如果所购专利能补缺现有专利布局短板，则皆大欢喜；如果所购专利不能与企业现有专利战略相匹配，则会成为累赘。这时，专利并购参与者应通过专利分析评议尽量知己知彼，根据自己的"牌势"去推算输赢的概率，然后再决定是否参与报价。

（3）以逸待劳，先发制人

在"斗地主"中，先手很重要，能够根据自己的优势牌型抢先出牌决定"牌势"。

在专利专营中，要重视先导性专利技术的研发。先进入者由于其选择的空间首先很大，首先能够挤占国际舞台专利主导地位，其次能够根据先导技术建立行业标准，阻断后进入者。

（4）顺手牵羊，理顺"产业链"

牌的结构合理（"牌顺"）是打牌时输赢的决定因素，牌越顺胜面就越大：首先便于清牌，其次杜绝了对手有"炸弹"，进行逆袭的可能性。

对于专利运营而言，理顺产业链、结构合理化布局则显得尤其重要，且如经济学中"微笑曲线"阐述的一样，上游产业链的利润远远大于下游产业链。

（5）釜底抽薪，"炸弹"妙用

洗牌后，我方小牌或中牌有"炸弹"，说明对方就难以形成顺子，我方除了能用"炸弹"进攻外还能通过"釜底抽薪"防止对手形成顺牌。

专利运营中，如果一方拥有垄断产业链某一环节的能力，便能够依托绝对的优势实现"攻防兼备"。例如，深圳富士康科技集团为价值2美元的连接器，进行深入研发和挖掘，耗费大量的人力、物力布局8 000多件专利申请，形成该技术领域富有成效、密不透风的专利防护网。对于富士康的竞争对手而言，面对如此严密的专利布局，意欲进行技术规避和市场渗透，简直是一件难以完成的事情。

（6）擒贼擒王，用"王牌专利"争取话语权

打牌时，得有大牌压阵才能获得出牌权，小王永远被大王拍死，拥有"王炸"无异于拥有核弹。

在专利运营时，一是要拥有核心技术专利、主要专利、诉讼率高的专利、开拓市场型专利、市场主导型专利等"王牌专利"；二是要选取重点企业、重点项目、重大专利纠纷等事件作为导入专利工作的契机和依托"擒贼擒王"，更易获得高层管理者的重视，重点项目成功后形成巨大的示范效应，专利工作推广往往更易见成效。

（7）中流砥柱，中坚专利很重要

打牌时，一手牌要有2、A这些中坚牌承上启下，才能和其他牌形成有效搭配。

同样，在专利运营中企业提升专利运营潜力，只有积极分析专利容量、挖掘专利数量、提高专利质量、调节专利平衡，才具有专利运营的中坚力量，才能达成"数量布局，质量取胜"的目的。

（8）借尸还魂，无用之用

打牌时，通过"三带一""四带二""飞机"来使得杂牌、乱牌成功打出。

在专利运营中，可以通过"借尸还魂"之计中的战略思想"巧借无用之专利"，将其打包销售。这样处置无用专利，不但能够减负，还能够增加专利运营砝码，在操作过程中需要秉承"全面谋划、整体布局、局部突破"的专利战略思维。

（9）"农民"协作斗"地主"，专利联盟共运营

打牌时，"农民"需要通过缜密的分析和准确的判断，不但要了解"地主"的牌局，还要了解队友的牌局相互掩护、互相配合。

专利运营就是智慧与协作能力的一场博弈：企业积极培育专利运用业态发展，建立专利协同机制和联合保护机制，推动建立专利运营机构，引导专利联盟和专利池建设，共同对付"专利寡头"和"专利巨头"，以联盟化、协作化等方式，整合专利资源，推动专利的集成运营。

（10）实力为王，谋略次之

拿到一手无敌的牌，又握有先手时，对手谋略再高明也无计可施。

在专利运营中，"以奇胜者以正合"，企业的专利市场要想做大做强，还得依靠稳扎稳打增强专利创新实力、增加专利技术储备才能实现既定目的。

综合以上10条，根据"斗地主"游戏总结的专利运营之道，按照牌理无缝接合到专利运营的层面，需要考虑是否掌握主动权、运营时机是否拿捏得当、攻防守掠是否进退有度、凭实力便宜行事、处弱时善于联合以制约对手、处于强势时迅速出击不拖泥带水。另外，在专利战中，还要整体谋划、头脑清醒，绝不要犯"四个二带两王"的低级失误。

"斗地主"带给我们的专利运营智慧的同时，也带给我们对专利战略、专利斗争的全面领悟。正像歌里唱的一样："是非成败，都要看开；放的下得自在，所有的一切不过只是一场牌！"

是的，专利运营也是一场牌，是一场运用"专利连环计"的组合牌！

例 35-3

步步为营，三星的核心竞争力发展之道

三星作为"世界最受尊敬的企业"之一，对于我们来说并不陌生，从手机到笔记本电脑，从电视到数码照相机、数码摄像机，再到打印机、MP3、存储器，其业务涉及电子产业、金融保险服务、化工重工业和贸易等多个领域。有近20种产品市场占有率位居世界第一，在全世界68个国家，设立了429个分支机构，员工数量高达23万之多。

三星这艘多元化航母居然是由一家名不见经传的小贸易公司发展起来的，历时仅70多年。我们不禁要问，是什么让三星在这么短的时间内取得如此卓越的成绩？是什么驱使三星在激烈的市场竞争中取胜，塑造了令人叹为观止的产业帝国？在如此短的时间内，三星能够从一个模仿型企业到一个世界知名创新

企业，其技术研发、专利布局、专利运用、品牌提升，是如何"反客为主"，走出了一条后发追赶的成功之路的？

通过研究三星的成长历程，我们惊讶地发现，自20世纪80年代开始引进国外专利许可开始，经过"技术引进—消化吸收—自主创新—追赶超越"的环环相扣的发展过程，专利战略在三星核心竞争力提升的过程中起到了重要的"催化剂"作用。

第一阶段，技术导入期，实行专利许可战略积蓄力量。1980 ~ 1994年，三星以技术引进学习为主，通过外围专利的大量聚集，积极进行专利布局，专利申请量大幅增长，从年均3 000件迅速增长到年均15 000件项的水平。同时积极获取与跨国公司和技术领先公司进行技术合作研发的机会，在赢得市场先机的同时，还能不断聚集研发人才，为以后的自主研发铺路。

第二阶段，技术撬动期，实施专利跟随战略，聚沙成塔。1995 ~ 2004年，三星依靠技术引进和专利许可获得的领先技术，通过技术模仿、反向工程以及二次创新获得更高的产业附加值。除了专利数量上对日本索尼等追赶对象完成了超越，在专利申请质量上也在进一步提高，从而形成了全球企业中领先的专利储备库，有效地增加了专利授权和交叉许可的谈判主动性。

第三阶段，技术引领期，实施专利超越战略，敢于亮剑。2004年之后，三星的全球专利申请量快速增长，在反映专利质量的美国专利授权数量上连续6年位于第二位。此时，三星已经具备了在市场上开展专利进攻和专利防御的双重能力，成功借助专利战略实现了企业核心竞争能力的跨越式提升。敢于与全球公认的技术创新引领型企业苹果在全球范围内展开专利对攻战，且互有胜负，也间接证明了三星专利策略的运用成功。

在三星转型升级的过程中，实施"无中生有"积累专利实现市场突破；实施"打草惊蛇"摸清市场竞争的态势和规律；实施"远交近攻"重视专利的国际化布局；实施"假途伐虢"合理运用技术借力；实施"反客为主"实现模仿到自主创新的转变；实施"关门捉贼"积极进行专利布局和专利质量的提升；实施"抛砖引玉"积极参与国际分工合作和技术联盟的建立，构造了通过专利的手段，融合技术、产业和市场的"连环计中计"，帮助企业获得了飞速的提升，这值得我国企业在"走出去"和"引进来"的过程中不断地学习和运用。

第三十六计　走为上计

一、计策解读

走为上，出自《南齐书·王敬则传》："檀公三十六策，走为上计，汝父子唯应急走耳。"此语后人竞相沿用，宋代惠洪著《冷斋夜话》："三十六计，走为上计。"《水浒传》第二回："娘道，我儿，三十六着，走为上着。"均意为败局已定、无可挽回之时，唯有暂时主动退却，保全自己、东山再起，方是上上之策。

《三十六计》中原文为："全师避敌。左次无咎，未失常也。"古人按语说："敌势全胜，我不能战，则：必降；必和；必走。降则全败，和则半败，走则未败。未败者，胜之转机也"。其意思是，全军退却避开强敌，以退为进灵机破敌，这样，同正常的兵法并不违背。敌军处于全面优势的态势，一方军队无法战胜敌人，只有投降、讲和或退却 3 条出路。投降就是彻底失败，求和属于半败，退却则未必失败。未必失败就有可能找到胜利的转机。

军事上通俗来讲，"走为上计"就是指打不过就跑，但是不能崇尚败退消极逃跑，而是有策略地主动退却，或在被迫撤退时进退有节、退而不乱，寻求或制造"战机"。

二、运用技巧

专利战的目的是赢得商业利益，而不是"为战而战"，所以在专利战中处于不利地位的一方采取"走为上计"，能够在劣势时仍保证利益最大化。在专利运用中，可以分为以下 7 个场景。

1. 以退为进

以退为进，指以退让的姿态作为进取的手段，退是一种表面现象，作为专利战中重新进取的阶梯。

在核心专利技术被竞争对手把持，实力明显不占优势的情形下，全部和／

或部分地退出主流产品和热点市场的红海区域，转而实施专利蓝海战略。所谓专利蓝海战略，就是不以竞争对手为标杆，而是以专利技术的附加值增加为基础，采取完全不同的战略逻辑，通过试水下游产品和外围专利布局，利用"农村包围城市"的迂回专利战略进行突破；或占领冷门市场区域，自己培育新的未来的市场，占据先入优势。

2. 急流勇退

急流勇退，指在急流汹涌的专利战中面对不利局面时，勇敢地立即退却，防止遭遇到不测风险。

对于某项在研发和／或推广中的技术和产品，通过市场调查和专利分析等手段能够预测到有较大的专利技术风险，及时刹车转型。急流勇退谓之知机，在专利技术研发方向错了的情况下，及时地停止是上上之计，减少投资降低成本，是企业在撤退中损失最小化的重要手段。

3. 退避三舍

退避三舍，指主动退却和回避，为避免专利战冲突升级，暂时回避对方锋芒。

在专利战中，如果没有发现竞争对手的任何破绽，经过分析后发现暂时没有胜利的希望，选择退避三舍，给竞争对手让出一定的市场空间。这样，一是可以缓解专利战的局面，避免树敌太深，提供双方和解的机会；二是可以在竞争对手沾沾自喜放松警惕时，找到其专利布局的破绽和突破口。

4. 退思补过

退思补过，指战略撤退后通过查缺补漏，补全自己的专利短板，全面提升己方专利综合实力。

专利战暂时的失败并不可怕，主动退却后经验教训的总结和自省至关重要。根据经验完善专利布局和专利技术，提高产品差异化竞争力和提升产品价值；或是找到对手的专利布局漏洞，针对性地制定专利应对战略，准备专利谈判的砝码。

5. 功成身退

功成身退，指大功告成后自动隐退，比喻技术生命周期处于衰退阶段时果断退出。

技术生命周期一般包括萌芽期、发展期、成熟期和衰退期，技术生命周期与产品生命周期密切相关，准确判断技术生命周期，进而形成对产品发展周期和未来市场发展趋势的有效预测，能够帮助企业掌握市场先机。

分析专利技术路线后，确定产品的技术生命周期，进行综合战略评估。如果发现专利技术周期已到末期或者处于市场衰退阶段，已经取得较大的市场份额的时候择时也应果断进行专利技术转型，而不要步美国影像巨人柯达转型失误的后尘。

6. 退位让贤

退位让贤，指在用新技术来代替老技术的过程中，平稳地完成升级、换代、转型。

果断地、有步骤地转型处于专利技术成熟期和衰退期的技术产品，重点开发和推广处于专利技术成长期和导入期的产品。应注意的是，新产品不应过早地进入既有市场，应有计划地搞好新老产品的协调和交替开发，保证市场的有序推广。

7. 退一步海阔天空

退一步海阔天空，是指退一步想，能使你的专利格局站得高、看得远；退一步看，能使你更清醒地认识自己地专利实力；退一步做，能给你提供重新起飞的助跑距离……

专利权设置的初衷是保护创新促进创新，而不是垄断。专利战大多时候没必要拼得鱼死网破，达到双方共赢才是正道。正是基于相同的目的，所以在法院作出最后判决前，专利诉讼大多都以和解的方式结案。

大多数企业都不希望进入诉讼的持久战，因为专利诉讼是个"杀敌一千，自损八百"的游戏，一旦启动时间就非常漫长，整个过程中必须要投入很多人力、物力和精力，经过一审、二审再加上反诉的专利无效等程序，可能要好几年时间才能结束专利战。对于市场瞬息万变、专利技术高速更新换代的今天，将大量的精力投入专利战中，即使最终打赢了官司，也已经失去了最佳的市场和发展时机，可能造成双方两败俱伤的"负和博弈"现象出现。因此，如果原被告双方能就各自利益的平衡点互相达成妥协，采取积极和解的方式是一种可行的解决方案。

同时，当企业已经成为市场上一个潜在的垄断势力，在政府根据反垄断法进行打击之前，主动地让出部分市场或公开部分专利技术。企业退出一定的市场换取更大的发展空间，规避被反垄断打击的同时还能培育更大的产业生态圈。

三、总结陈词

制定专利战略时选择三十六计之"走为上"，分析决策、撤退理由、撤退时机、撤退步骤、撤退后的布局都得合理安排才能实现正确的专利战略转移，保存实力以期卷土再来。

企业的专利布局或市场推广，在主动撤退之前还要有全局的专利规划和长远的目标，结合精心部署有步骤地进行，才能做到战略撤退、退而不乱、以退为进。

四、画龙点睛

专利大战卅六计，走为上计巧撤退。

以退为进拓市场，急流勇退早应对。

退避三舍寻突破，退思补过奋力追。

退位让贤换新业，功成身退靠转型。

你争我斗彼此衰，和谐共赢万物嗨。

五、活学活用

例 36-1

走为上计，其实更适合国内 DVD 生产企业

2000 年之前，国外的 DVD 企业最初采取"欲擒故纵""放水养鱼"的策略任凭中国的 DVD 企业快速发展。由于成本优势，中国 DVD 产品以同类产品的价格，畅销欧盟和美国市场。据 2002 年数据统计，中国 DVD 产量已占世界产量的 90%。

在中国加入世界贸易组织（WTO）的第一年，一场来自国外 DVD 专利权人的"专利收费"风暴不期而至，使中国企业在进入全球市场时接受一场专利战的洗礼。2000 年，由东芝、松下、JVC、三菱电气、日立、时代华纳组成的

6C DVD 专利联盟（以下简称"6C 联盟"），出台了 DVD 专利许可激励计划，开始与中国 DVD 企业就专利使用费缴纳问题进行正式谈判。2002 年 4 月，6C 联盟与中国电子音响工业协会达成专利许可协议：中国公司每出口 1 台 DVD 播放机，支付 6C 联盟 4 美元的专利使用费。

2003 年 10 月，在第 94 届广交会期间，5 家 DVD 生产企业因为拒绝缴纳专利使用费，被驱逐出馆，从此停止出口业务。由索尼、先锋、飞利浦组成的 3C 联盟，使中国出口欧盟国家的 DVD 产品因侵权频频被海关扣押。

为此，2002 年 10 月，中国电子音响工业协会与 3C 联盟达成协议，中国公司每出口 1 台 DVD 播放机向 3C 联盟支付 5 美元的专利使用费。2004 年，汤姆逊公司同中国电子音响工业协会达成意向，向中国 DVD 收取每台 1 ～ 1.5 美元专利使用费。2004 年 6 月，DTS 也声称，要强制征收国内 DVD 企业每台 10 美元专利使用费。

在接二连三的 DVD 专利收费打击下，曾经繁荣的国产 DVD 一片萧条，民族企业进退维谷。2004 年中期，国内 DVD 生产企业已从鼎盛时的 140 多家锐减到仅 30 多家。

作者认为在应对 DVD 专利侵权案时，在中国的企业在专利技术不完善，专利布局明显处于败势的前提下，完全可以应用以下 3 条"走为上计"，以退为进，寻求利益最大化。

第一，寻找在专利权人没有进行专利布局的地区销售。

没有一个企业会在世界上所有国家进行专利布网，因为那样做是不经济也是不可能的。西方国家一般主要在美国、欧洲、日本、中国等国家和地区申请专利，所以我们的 DVD 产品完全可以在东南亚、拉美、非洲等新兴市场销售，同时在这些区域进行合理的专利布局，反客为主。

第二，以退为进，通过专利分析找到合理突破口。

国内 DVD 企业联起手来，暂时不再扩大生产规模，看能否通过专利信息分析和技术研发找到国外联盟的技术空白点；如果难以在技术研发层次突破，则通过专利分析对国外 DVD 专利池中的专利进行筛选，将失效专利和不相关专利从"DVD 专利池"中精简出去，以保证所缴纳专利许可费的最小化。

第三，与享有专利权的相关企业成立合资公司。

成立合资公司给国外专利权人一定的利润空间，这样我们就有了使用专利池里的所有专利权的权利，在此基础上进行外围专利的布局或进行二次技术研发，实现和谐共赢的局面。

以上建议虽然难免有"事后诸葛亮"之嫌，但是也能为我国企业提供些许启示。在专利战中，合理使用"走为上计"，正所谓：

> 身在矮檐下，低头又何妨？
>
> 柔藤攀枯树，理应相互帮。
>
> 你争我也斗，只会彼此衰。
>
> 和谐又共赢，才能万物嗨。

例 36-2

以退为进，松下退出 2G 竞争提前布局 3G 市场

2005 年 12 月 9 日，松下宣布关闭其位于菲律宾和捷克的两家手机制造工厂，以及美国和英国的手机研发中心，并将裁员 1 400 人，此举意味着松下手机退出包括中国在内的海外 2.5G 移动通信市场。是什么让在日本本土手机市场风光无限的松下手机退出海外市场？难道，松下就真的放弃极具增长潜力、并拥有多年行业经验的通信市场？

很多业内人士都认为：松下其实是以退为进，在积极筹划 3G 市场布局。在中国 3G 时代即将到来之际，松下很可能是以退为进，暂时回避 2G 市场的竞争，通过与运营商定制手机悄悄完成了 3G 产业布局。

据悉，世界上第一部 3G 手机就是松下生产出来的。在世界 3G 应用最先进的日本，松下也几乎包揽了 3G 业务中从基站设备到终端的所有环节，并在各环节上进行了严密的、针对性的专利布局。同时，松下与全球知名的 3G 运营商 NTT DoCoMo 保持着长期深度的合作，无论终端、设备还是解决方案，松下都积累了丰富的经验。

2002 年，松下与 NEC、华为联合开发 3G 移动终端技术；2003 年 11 月 6 日，松下与 UT 斯达康合作开发 3G 基础设备，宣布在杭州合资共建宇通科技（杭州）有限公司；2003 年，松下又通过与清华大学、北京邮电大学等高校和科研机构的合作，大大增强了松下在 3G 移动通信领域的核心实力，加快了其 3G 技术优势在中国的落地。

此外，随着 3G 时代的到来，运营商将占据产业链中的主导地位，松下在 2005 年进一步加大了与电信运营商合作的力度，中国运营商保持密切关系。其中有力的佐证是已经上市的 X70、X800 和新近上市的 VS6、MX6 和 MX7 等多款手机都获得了中国移动的认证，成为运营商的定制手机。

松下对国内 3G 市场的布局中所蕴含的野心，已昭然若揭。在竞争激烈、利润率日趋降低的 2G、2.5G 市场，松下选择了全身而退。3G 已经在中国市场已呼之欲出，在这个令各通信巨头垂涎不已的大蛋糕中，松下已早早布下棋子。

以退为进，是一个源远流长的中国传统兵法策略，在当今的移动通信行业，日本松下也将这个古老的兵法为其所用。

例 36-3

提前撤退，微软面对摩托罗拉移动的诉讼将损失降至最低

2012 年 3 月 10 日，摩托罗拉移动在德国以涉嫌侵权视频技术专利对微软提出指控。摩托罗拉移动认定微软应该支付 H.264 影片格式技术包括适应性动态补偿、数字影片数据的适应性补偿在内的 50 项相关专利权利金；但微软认为 H.264 技术已成为业界使用的标准技术之一，在受到 FRAND 原则保护下，摩托罗拉移动要求每年 40 亿美元的权利金高得离谱，跟微软估算的金额相差约 1000 倍。

微软的欧洲分销中心原本设在德国，由于法制环境好、对诉讼者的鼓励和保护强、法院判决速度快等因素，德国一直是苹果、三星、摩托罗拉、微软等跨国企业专利诉讼的主战场。

微软经过专利分析后发现，法院判决摩托罗拉移动胜诉的可能性较大，为了避开专利纠纷可能带来的不利影响，微软提前将欧洲分销中心的部分业务迁往了荷兰。因为一旦败诉，其在德国的外包合作公司贝塔斯曼集团旗下的欧唯特（Arvato）也被牵连。微软将欧洲分销中心设立在德国已有多年时间，与欧唯特的合作也非常愉快，迁出德国完全是不得已的举动，与摩托罗拉移动之间的专利纠纷让微软软件分销的风险大幅提升。因为摩托罗拉移动如果最终获胜的话，微软旗下许多产品在欧洲的销售都将会受到不小的影响。

2013 年 5 月 2 日，德国法院最终判决：微软的 Xbox 360 和 Windows 7 的

视频编码/解码引擎以及整合在系统当中的 Windows Media Player、Internet Explorer 都侵犯了摩托罗拉移动的专利，这些专利多数与 H.264 视频编码/解码有关，按照当地法律，Windows 7 和 Xbox 360 都必须退出德国市场。

业内人士称，该裁决对于微软欧洲业务影响有限，因为微软已经提前将欧洲分销中心从德国转移到荷兰。由于微软此前已经预测到，法院的此次裁决可能对摩托罗拉移动有利，因此微软 2013 年 4 月初就开始筹备欧洲分销中心转移的事宜。

微软通过专利分析预测判决局面后，提前选择"走为上计"的专利策略，将欧洲分销中心进行转移，最大限度地降低了败诉的损失，真可谓：急流勇退谓之知机！

后 记

　　晨光熹微，呷完最后一口咖啡，我的书稿几经修改终于完成，即将交稿。漫步走出咖啡馆，五十度灰的穹顶之下，PM2.5 显然比人们更加勤劳。而我，已任性地做好准备，将本书创意灵感投放到喧嚣的市场中，让不屑将她过滤，让批评把她净化，让时间令她积淀。

　　在国家知识产权局专利局机械发明审查部 8 年，审查了 600 余件发明专利、PCT 案件和复审案件，参与或主持了 10 余项局级课题研究工作，我积累了扎实的业务基础，拥有了敏锐的创新掌控力和见微知著的分析判断力；在国家知识产权局保护协调司参与的各类工作，使我对知识产权有了更加宏观的认识和理智的思考，也使我对工作、生活、人生有了些许独特的体会和感悟。

　　道可道，非常道。我在知识产权领域内一直尝试从"道"的角度研究"术"，从"术"的角度提炼"道"，心痒难耐灵感喷薄欲出之际，一年内也有创纪录的几十篇文章侥幸得以刊登，在业内有赞誉也有批评……但是，我坚信"良农能稼而不能为穑，良工能巧而不能为顺"，做好专利不能太在乎他人的评价，而应只问耕耘不问收获。

　　适值爱子出生之春夜，喜降瑞雪，润泽万物。在回家路上，灯影摇曳，蓦然回首，身后赫然一行深深的脚印，起心动念间的我决心用一本书记录下自己专利审查多年耕耘的步伐，作为送给孩子的礼物。没有一点点防备，没有一丝丝顾虑，撰写本书的灵感就这样降临在我的世界里，情不自禁带给我惊喜。

　　繁忙的工作之余，我开始搜集资料、钻研古今中外战例、深入挖掘计谋的内涵，经过长时间的准备后，试探着写出了第一篇文章《专利三十六计之走为上计》，并投稿到了《中国发明与专利》杂志。当时的想法是，通过这一篇文章投石问路，如果不被接受就直接"走为上"。意想不到的是，《中国发明与专利》杂志的王瀛编辑认为选题非常新颖，对此表示支持，给出了修改建议、注意事项和写作参考，在杂志头版设立专栏允许我节选部分章节内容进行连载推广。系列文章引起了一定的反响，并得到了众多业内外读者的反馈意见和建议。一旦消除了恐惧、怀疑和着急的根源，进入了写作的惯性轨道，随之迸发的无数灵感伴随了我 300 多个难眠之夜。写作的过程无意中也成就了我的"修行之旅"，在作品完成之时顿悟：所谓作品，就是 1％ 的灵感，加上 90％ 的资料素材搜集，再加上 9％ 的夜以继日的劳碌，持之以恒终于成就了洋洋洒洒 30 万多字的书稿。

感谢朱振宇，在所有人都不看好，在没有任何既定模式可以参照的情况下，他亦师亦友地在我迷茫困惑时给予指引和点拨，使我在"山重水复疑无路"时，能够收获"柳暗花明又一村"的灵感。感谢解放军总后勤部的李师长，不厌其烦地给我提供了撰写本书的很多战略思路和应用技巧。

感谢解放军总参谋部军训部原副部长、中国科普作家协会原副理事长陈有元少将。年逾古稀的陈将军花费 3 个月时间通读书稿，提出了许多宝贵的意见，并亲自为本书作序。我感慨老将军对后辈的关爱和栽培，惊叹老将军对本书的评价之高，敬仰老将军谦逊的作风和认知务实的态度。感谢我敬爱的老领导、国家知识产权局专利局机械发明审查部的王澄部长在百忙之中为我作序，对我的工作给予了很大的帮助。

感谢国家知识产权局专利局机械发明审查部和保护协调司的各位领导和同事一直以来的厚爱和支持。感谢可口可乐（中国）、小米、新东方、孔子学院、盛景网联、金风科技、大象等机构的相关人员无偿为我提供案例和素材。

感谢知识产权出版社以及李琳老师和胡文彬编辑，是你们的支持和努力才令本书顺利出版。

感谢启功先生的弟子、书法家王纪仪先生为本书题写书名。

感谢小米创始人、董事长兼 CEO 雷军先生为本书作评（见本书封底）。相信梦想的力量使雷总成功，而您的支持和点赞也将助我开启驶向梦想的航程！

感谢我的父母，焉得谖草，言树之背，养育之恩，无以回报，你们永远健康快乐是我最大的心愿。感谢我的妻子崔文，时刻秉承"天高任蕊飞，文文永相随"的诺言，敬老扶幼、默默付出，对我事业一贯地理解和支持。感谢我的儿子董润泽，是你的到来令为父有了更强的责任感和进取心，你是我写这本书的动力和灵感之源，希望你快乐长大之后能够喜欢我送给你的这份礼物，并由此爱上知识产权事业。

最后，借用乔布斯的一句话来自勉："Stay hungry, stay foolish."——求知若饥，虚心若愚。

参考文献

[1] 梁艳. 专利攻防战略: 如何在专利战争中炼成领袖型企业 [M]. 北京: 法律出版社, 2014.

[2] 刘建. 战略 [M]. 上海: 中国经济出版社, 2005.

[3] 王健民. 三十六计（绣像本）[M]. 哈尔滨: 北方文艺出版社, 2007.

[4] 田力普. 中国企业海外知识产权纠纷典型案例启示录 [M]. 北京: 知识产权出版社, 2010.

[5] 迈克尔·波特. 竞争战略 [M]. 陈小悦, 译, 北京: 华夏出版社, 2013.

[6] 钟永森. 孙子兵法与战略管理 [M]. 南京: 凤凰出版社, 2010.

[7] 周培玉, 黄飞. 透视企业创新成败 [M]. 北京: 中国经济出版社, 2011.

[8] 孔祥俊. 知识产权保护的新思维: 知识产权司法前沿问题 [M]. 北京: 中国法制出版社, 2013.

[9] 王晋刚, 张铁军. 专利化生存 [M]. 北京: 知识产权出版社, 2005.

[10] 马秀山. 说三国谋略 话专利经营 [M]. 北京: 专利文献出版社, 1993.

[11] 何敏. 企业专利战略 [M]. 北京: 知识产权出版社, 2011.

[12] 马银文. 三十六计商战智慧活学活用 [M]. 北京: 中国商业出版社, 2011.

[13] 贺德方. 数字时代情报学理论与实践 [M]. 北京: 科学技术出版社, 2006.

[14] 冯晓青. 企业知识产权管理 [M]. 北京: 中国政法大学出版社, 2012.

[15] 王晋刚, 刘旭明. 企业专利风险管理手册 [M]. 北京: 知识产权出版社, 2014: 194.

[16] 袁真富. 专利经营管理 [M]. 北京: 知识产权出版社, 2011.

[17] 迈克尔·波特. 竞争论 [M]. 北京: 中信出版社, 2003.

[18] 杨铁军. 专利分析实务手册 [M]. 北京: 知识产权出版社, 2012.

[19] 毛金生, 冯小兵, 陈燕. 专利分析和预警操作实务 [M]. 北京: 知识产权出版社, 2009.

[20] 黄贤涛, 等. 专利战略管理诉讼 [M]. 北京: 法律出版社, 2008.

[21] 冯晓青. 企业知识产权战略 [M]. 3 版. 北京: 知识产权出版社, 2008.

[22] 贺化. 评议护航: 经济科技活动知识产权分析评议案例启示录 [M]. 北京: 知识产权出版社, 2014.

[23] 毛金生, 等. 专利运营实务 [M]. 北京: 知识产权出版社, 2013.

参考文献

[24] 李雅明 . 半导体的故事 [M]. 台北：台湾新新闻文化事业股份有限公司，1999.

[25] 汪洪 . 展会知识产权保护指导案例 [M]. 北京：中国商业出版社，2012.

[26] 冉瑞雪 . 337 调查突围 [M]. 北京：知识产权出版社，2015.

[27] 孙兆刚 . 潜水艇专利的规避对策研究 [J]. 科技管理研究，2012（9）.

[28] 赵平生，等 . 专利预警企业风险之防火墙 [J]. 中国发明与专利，2007（8）.

[29] 谢顺星，等 . 专利布局浅析 [J]. 中国发明与专利，2012（8）.

[30] 镜泊，明翔 . 声东击西：出其不意的制胜之道 [J]. 科学决策，2006（6）：60.

[31] 王海波 . 专利收购策略分析 [J]. 中国知识产权，2011（56）.

[32] 林笑跃 . 工业设计和知识产权保护与企业发展 [J]. 中国发明与专利，2007（1）.

[33] 董新蕊，等 . 孙子兵法中蕴含的专利申请策略浅析 [J]. 中国专利代理，2014（2）.

[34] 林笑跃 . 从喜糖包装看工业设计的文化 [J]. 中国发明与专利，2007（4）.

[35] 夏露 . 基于微笑曲线理论的企业专利战略研究 [J]. 湖北工业大学学报，2009（12）：29-31.

[36] 刘晓勇，张永灿 . 技术倾销：基于微软市场策略分析 [J]. 商场现代化，2007（3）：104.

[37] 王妍 . 浅谈柏拉图的逻辑陷阱：从形式逻辑看柏拉图的美学思想 [J]. 安徽文学，2013(3).

[38] 吴桂山 . 企业专利战略之"指桑骂槐"[J]. 法制与社会，2010（3）：203-204.

[39] 董新蕊 . 铧式犁领域专利申请趋势分析 [J]. 中国发明与专利，2014（2）：46-50.

[40] 董新蕊 .3D 打印行业巨头德国 EOS 公司专利分析 [J]. 中国发明与专利，2013（12）：45-50.

[41] 葛存根 . 谋商之道：三十六计与战略思维 [J]. 大视野，2007（8）：43-45.

[42] 袁真富 . 企业专利经营的成本控制 [J]. 科技与法律，2009（1）.

[43] 王海波 . 专利收购策略分析 [J]. 中国知识产权，2011（56）.

[44] 董新蕊，等 . 从世界杯排兵布阵品味专利布局之道 [N]. 中国知识产权报，2014-06-11（5）.

[45] 董新蕊，等 . 从《中国好声音》看"中国好专利"[N]. 中国知识产权报，2014-07-30（5）.

[46] 董新蕊，等 . "舌尖"上的专利分析之美 [N]. 中国知识产权报，2014-05-21（5）.

[47] 周胜生 . 如何避免成为专利诉讼的大肥羊 [N]. 中国知识产权报，2014-09-24（7）.

[48] 林华 . 特斯拉的弃子争先术 [N]. 中国知识产权报，2014-06-18（5）.

[49] 刘友华 . 知识产权研究：中国高校知识产权研究会第十三届年会论文集，2006.

[50] 王澄：车企共享知识产权有利于对外谈判 [EB/OL].（2008-11-13）[2014-05-20].http://
auto. sina.com.cn/news/2008-11-13/ 1657428294.shtml .

[51] 工业设计及其专利保护的几个问题 [EB/OL].（2011-03-04）[2014-11-14]. http://www.china
machinist.net/study/120647.html.

[52] IBM 专利战略 . [EB/OL]. （2011–05–24）[2014–05–20].http://www.cnipr.com/ news/dailykey word/201105/t20110524_133876_1.html.

[53] 中兴爱立信专利之争 [EB/OL]. (2012–01–20)[2014–05–21].http://tech.ifeng.com/telecom/special/ zte–erisson.html.

[54] 福布斯公开信: 苹果应拉拢 Android 厂商以赢得专利战 [EB/OL]. (2011–12–30)[2014–05–21]. http://www.iteye.com/news/23884.html.

[55] Facebook 上市将导致专利侵权诉讼急剧上升 [EB/OL]. (2012–02–01)[2014–05–21]. http://tech. 163.com/12/0201/08/7P5P4A4K000915BF.html.

[56] IBM 指责 Twitter 侵犯三项专利: 欲寻求和解 [EB/OL]. (2013–11–04)[2014–5–21]. http://tech. sina.com.cn/i/2013–11–04/23358882517.shtml.

[57] 苹果, 谷歌, 微软 从此是否三国演义? [EB/OL]. (2013–09–26)[2014–05–21]. http://www. leiphone.com/news/201406/zhinengshouji–sanguo–zhilu.html.

[58] 昔日死敌, 今日恋人: 曝苹果和三星牵手了! [EB/OL]. (2015–05–05)[2015–05–21]. http:// www.souqian.com/infor/16183395.html.

[59] "伟哥"专利到期, 仿制大战一触即发 [EB/OL]. (2014–07–03)[2015–05–21]. http://epaper. yzwb.net/html_t/2014–07/03/content_169778.htm?div=–1.

[60] IBM 再转型 [EB/OL].(2014–03–01)[2015–05–21]. http://ibm.e–press.com.cn/wio/v/id/8476319.

[61] 祸不单行, 艾伯维、Achillion 相继争夺吉利德丙肝药市场 [EB/OL]. (2014–12–26)[2015– 05–21]. http://news.bioon.com/article/6664104.html.

[62] 查尔斯·固特异人物简介 [EB/OL]. (2014–12–26)[2015–05–21]. http://baike.baidu.com/link ?url=LTodP6pYtUAs6pTbtGoMMOqGEEQuD4h87C_nyX0KfjuDKdQyKw0_2ZNhxjwSOqRjv GB–XaVgVaviu–HqSdiApa.

[63] 三蛇酒因为被专利侵权而退出市场 [EB/OL]. (2014–05–03)[2015–05–21]. http://www. ledolady.com/view–68879.html.

[64] 假"国公"叫板真"国公" 外包装设计专利遭遇两次侵权 执法"短腿"难擒坑人"李 鬼"[EB/OL]. (2013–03–12)[2015–05–21]. http://www.jxnews.com.cn/oldnews/n1158/ca783872. htm?COLLCC=1135302961.

[65] 甩掉手机业务包袱: 诺基亚重新崛起? [EB/OL]. (2014–08–07)[2015–05–21]. http://www. big–bit.com/news/177624.html.

参考文献

[66] 刨根问底：高通反垄断案，你究竟能看懂多少？ [EB/OL]. (2015-02-11)[2015-05-21]. http://www.tmtpost.com/195664.html.

[67] 邱则有：中国专利第一人 [EB/OL]. (2013-04-16)[2015-05-21]. http://ip.people.com.cn/n/2013/0416/c136655-21149486.html.

[68] 擒贼先擒王 苹果悄然改变专利战策略 [EB/OL]. (2012-11-13)[2015-05-21]. http://tech.qq.com/a/20121113/000029.htm.

[69] 山丽网安谈专利在加密软件业的重要性 [EB/OL]. (2012-11-11)[2015-05-21]. http://m.ctocio.com.cn/news/323/12343823_m.shtml.

[70] 乔布斯曾威胁 Palm：挖我人就告你侵犯专利 [EB/OL]. (2013-01-23)[2015-05-21]. http://tech.qq.com/a/20130123/000168.htm.

[71] G-BOOK 退出中国？丰田智能副驾系统侵权 [EB/OL]. (2013-12-23)[2015-05-21]. http://www.autohome.com.cn/news/201312/689370.html.

[72] 三个月内，小米与联芯完成合资，进入芯片领域 [EB/OL]. (2014-11-07)[2015-05-21]. http://www.huxiu.com/article/100878/1.html.

[73] 爱立信专利大棒砸向小米：雷军恐怕只能花钱消灾 [EB/OL]. (2014-12-11)[2015-05-21]. http://tech.sina.com.cn/t/2014-12-11/doc-iawzunex5908981.shtml.

[74] 金蝉脱壳：HTC 修改界面巧妙绕过苹果专利陷阱 [EB/OL]. (2012-05-18)[2015-05-21]. http://www.evolife.cn/html/2012/65150.html.

[75] 三星 – 微软专利协议对谷歌造成打击 [EB/OL]. (2011-09-29)[2015-05-21]. http://www.sfw.cn/Xinwen/phone/id/346859.html.

[76] "假途伐虢"与商战赏析 [EB/OL]. (2009-09-08)[2015-05-21]. http://www.icbuy.com/info/news_show/info_id/42495.html.

[77] 华为华三 3COM 的关系？ [EB/OL]. (2012-07-12)[2015-05-21]. http://www.yihengit.com.cn/index.php?option=com_content&module=29&artid=204.

[78] 知识产权是企业发展的命脉 [EB/OL]. (2015-03-15)[2015-05-21]. http://www.gs160.cn/tradeinfo/article-detail.html?aid=199.

[79] 专利大战：详解苹果三星矩形设计风波 [EB/OL]. (2012-08-05)[2015-05-21]. http://www.leiphone.com/news/201406/apple-samsung-rectangle.html.

[80] "毒胶囊"所涉专利无效 国家知识产权局：获专利不代表可生产 [EB/OL]. (2012-04-27)[2015-05-21]. http://ip.people.com.cn/GB/17766447.html.

[81] "官员发明家"武长顺靠专利套现敛财 [EB/OL]. (2014-08-14)[2015-05-21]. http://tj.sina. com.cn/news/zhzx/2014-08-14/080990824.html.

[82] 鲍曼与孟山都，一场实力悬殊的较量 [EB/OL]. (2014-08-14)[2015-05-21]. http://www. iprchn.com/Index_NewsContent.aspx?newsId=61423.

[83] 施乐：不卖产品 只卖服务 [EB/OL]. (2014-07-14)[2015-05-21]. http://yanxiu.22edu.com/ gongsiguanli/jicengguanli/143624.html.

[84] 高智发明：专利创富新模式 [EB/OL]. (2013-10-11)[2015-05-21]. http://www.chinaipmagazine .com/journal-show.asp?id=1092.

[85] TCL 并购汤姆逊遭 2.11 亿元索赔 [EB/OL]. (2011-03-17)[2015-05-21]. http://jjrbpaper.yun nan.cn/html/2011-03/17/content_307407.htm.

[86] 温州打火机成功跨越 CR 法案 [EB/OL]. (2002-07-03)[2015-05-21]. http://www.china.com.cn/ chinese/ChineseCommunity/167981.htm.

[87] 打火机国产专利冲破欧美等国的 CR 技术壁垒 [EB/OL]. (2002-10-01)[2015-05-21]. http:// www.ceconline.com/manufacturing/mn/8800024381/01/.

[88] 正泰与施耐德的十年恩怨 [EB/OL]. (2009-04-30)[2015-05-21]. http://www.legaldaily.com.cn/ zmbm/content/2009-04/30/content_1085000.htm.

[89] 精工痛击瑞士表 [EB/OL]. (2009-01-30)[2015-05-21]. http://www.maigoo.com/news/234703.html.

[90] 太太口服液的营销策略 [EB/OL]. (2009-01-30)[2015-05-21]. http://www.doc88.com/p-36214 2123051.html.

[91] 神一样的存在：乔布斯去世后仍获得 141 项专利 [EB/OL]. (2014-11-30)[2015-05-21]. http://tech.163.com/14/1130/18/ACANUEC1000915BF.html.

[92] 无利不起早：理性看待 IBM 倾"芯"中国 [EB/OL]. (2014-10-31)[2015-05-21]. http://tech. sina.com.cn/zl/post/detail/it/2014-10-31/pid_8464076.htm.

[93] 保护商业秘密 "神马"不遗余力 [EB/OL]. (2011-06-25)[2015-05-21]. http://www.shenmatech. com/html/2013-03/166.html.

[94] 日本产业间谍二十世纪八十年代窃取 IBM 核心技术案揭秘 [EB/OL]. (2013-06-17) [2015-05-21]. http://www.360doc.com/content/13/0617/09/607082_293416082.shtml.

[95] 商家为营销施苦肉计 当众喝油漆证无毒 [EB/OL]. (2014-11-11)[2015-05-21]. http://news. qingdaonews.com/qingdao/2014-11-11/content_10762935.htm.

[96] 郑州中原差别化纤维有限公司等侵犯商业秘密纠纷案 [EB/OL]. (2012-06-04)[2015-05-21].

http://ipr.court.gov.cn/zgrmfy/bzdjz/201206/t20120604_148653.html.

[97] 通领科技完胜美国莱伏顿 [EB/OL]. (2007–07–19)[2015–05–21]. http://www.sipo.gov.cn/yw/ 2007/200804/t20080401_355690.html.

[98] 松下移动反驳退出中国市场说　放弃 2G 专攻 3G [EB/OL]. (2006–07–22)[2015–05–21]. http://www.verydemo.com/demo_c161_i151582.html.

[99] 德国法院裁定摩托罗拉并未侵犯微软专利 [EB/OL]. (2012–10–05)[2015–05–21]. http://tech. qq.com/a/20121005/000057.htm.